개정2판

# 매장관리론

이 상 윤 저

도서출판 두남

# 개정2판 머리말

본서는 각 유통 관련 기업의 가장 많은 분이 종사하는 직무군이 매장관리직인데도 불구하고 각급 대학과 대학원에서 전문적인 교수에 필요한 매장관리 관련 교과서가 거의 없다는 현실에서 처음으로 2010년 9월에 초판을 출간하게 되었고, 그동안 독자들의 많은 질책과 조언을 통해 꾸준히 보완해야 할 점을 점검하여 개정판에 이어 개정2판을 출간하게 되었다.

이번 개정2판은 각 대학에서 수업할 때 한 학기 수업 진도에 적정한 수업계획에 체계적으로 반영할 수 있도록 제1부 매장관리기획(PLAN) 제2부 매장관리 6믹스 실행(DO) 제3부 매장관리평가(CHECK)라는 대주제 아래에 총 제15장으로 구성하였다.

초판 출간 후 14년의 세월이 흘러 판과 쇄를 거듭할 때마다 시대에 맞지 않는 내용을 삭제하고 새로운 내용을 추가하는 작업을 지속하였고 한글 맞춤법이나 띄어쓰기 준수, 일본식의 '의' 남용 억제 등 그동안 출간 때마다 최대한 교정해 왔으나 이번 개정2판 원고 작업하면서 추가로 발견된 오류를 수정하였다.

개정2판이 발간되기까지 여러 가지 신경을 써주신 도서출판 두남 전두표 사장님과 언제나 도서 출간에 적극적으로 길을 열어주시는 이승구 상무님, 본서 편집에 노고가 많았던 편집부 외 임직원 여러분에게 지면을 통해 감사의 뜻을 표한다.

그리고 제가 회장으로 있으면서 섬겼던 존경하는 (사)한국유통과학회와 동아시아경상학회, 한국인공지능학회, 한국세일즈협회의 선후배 교수님과 각 업계 임원, 실무진 여러분에게 그간 많은 관심과 격려를 보내주시고 수업교재로 채택해주신 성원에 진심으로 감사를 드린다.

아무쪼록 본서가 우리나라 유통학의 학문적 발전에 조그마한 보탬이 된다면 저에게 더 없는 보람이 되겠다.

2024.7<br>남북평화를 기원하며<br>海沆 李相允

# 개정판 머리말

우리나라에는 그간 여러 가지 이유가 있겠지만 각 유통 관련 기업의 가장 많은 분이 종사하는 직무군이 매장관리직인데도 불구하고 각급 대학과 대학원에서 전문적인 교수에 필요한 매장관리 관련 교과서가 거의 없다는 사실이다.

그러나 최근에 발간된 매장관리 관련 서적들을 보면 국내외 저자의 기법 위주의 간단한 내용의 실무서나 외국 설명서를 번역한 그것밖에 없어 대학이나 대학원, 일반 유통이나 점포 운영 관련 기업, 실무자를 위한 체계적인 종합서의 발간 필요성이 증대되었다.

또한, 매장관리의 일부 분야를 부분적으로 다룸으로써 총론적인 접근성이 부족하여 강의하면서 항상 미흡함을 느껴왔었다.

이러한 필요에 따라 이번 개정판에 매장관리의 광의적인 학문적 접근을 위하여 이론과 실무분야 등을 통합하고 총 3부 15장 장별 3절씩으로 나누어 시스템적 접근을 시도해 보고자 학계와 업계의 교육 현장에서 30년간 강의한 내용을 새롭게 편집하여 대학 교재와 관련 업계 실무자들의 교육 및 업무 지침서용으로 적합하도록 본서를 발간하게 되었다.

본 저자의 발간과 관련 나름대로 매장관리 전반을 다룸으로써 유통 및 경영 관련 학과의 기본서가 되고자 하였으나 막상 초판을 출간하고 보니 처음 의욕과는 달리 여러 가지 미흡한 부분이 있었다. 이에 따라 독자들의 많은 질책과 조언을 통해 꾸준히 보완하여 8년 만에 개정판을 출간함으로써 명실상부하게 이 책자가 우리나라 유통 교육의 기본서로 자리매김할 수 있도록 할 것을 약속드린다.

이 책자가 발간되기까지 여러 가지 어려운 출판 환경 속에서 신경을 써준 도서출판 두남의 전두표 사장님과 언제나 학회에 도움을 주시고 위험이 따르는 새로운 영역의 도서 출간에 적극적으로 길을 열어주시는 이승구 상무님, 편집부 박소희 과장님 외 직원 여러분에게 지면을 통해 감사의 마음을 전하고자 한다. 그리고 존경하는 (사)한국유통과학회와 동아시아경상학회 및 한국세일즈협회 선후배 교수님과 각 업계 임원,

실무진 여러분에게 그간 출간된 졸저에 많은 관심과 격려를 보내주시고 수업교재로 채택해 주신 은혜에 진심으로 감사를 드리는 바이다.

아무쪼록 본서가 우리나라 유통학 학문적 발전에 조그마한 보탬이 된다면 본인에게는 더 없는 보람이 될 것이며 아울러 우리나라 유통학 분야가 더욱더 발전해 나아가기를 간절히 소망하는 바이다.

2018.1. 혹한

海沆 李 相 允 씀

# 머리말

우리나라에는 그간 여러 가지 이유가 있겠지만 각 유통 관련 기업의 가장 많은 분이 종사하는 직무군이 매장관리직인데도 불구하고 각급 대학과 대학원에서 전문적인 교수에 필요한 매장관리 관련 교과서가 거의 없다는 사실이다.

그러나 최근에 발간된 매장관리 관련 서적들을 보면 국내외 저자의 기법 위주의 간단한 내용의 실무서나 외국 설명서를 번역한 그것밖에 없어 대학이나 대학원, 일반 유통이나 점포 운영 관련 기업, 실무자를 위한 체계적인 종합서의 발간 필요성이 증대되었다.

또한, 매장관리의 일부 분야를 부분적으로 다룸으로써 총론적인 접근성이 부족하여 강의하면서 항상 미흡함을 느껴왔었다.

이러한 필요에 따라 이번에 매장관리의 광의적인 학문적 접근을 위하여 이론과 실무분야 등을 통합하고, 총 3부 16장으로 나누어 시스템적 접근을 시도해 보고자 학계와 업계의 교육 현장에서 16년간 강의한 내용을 새롭게 편집하여 대학교재와 관련 업계 실무자들의 교육 및 업무 지침서용으로 적합하도록 본서를 발간하게 되었다.

본 저자의 발간과 관련 나름대로 매장관리 전반을 다룸으로써 유통 및 경영 관련 학과의 기본서가 되고자 하였으나 막상 출간하고 보니 처음 의욕과는 달리 여러 가지 미흡한 부분이 있으리라 생각된다. 이 점에 대해서는 앞으로 독자들의 많은 질책과 조언을 통해 꾸준히 보완하여 나감으로써 명실상부하게 이 책자가 우리나라 유통 교육의 기본서로 자리매김할 수 있도록 할 것을 약속드린다. 이 책자가 발간되기까지 여러 가지 어려운 출판 환경 속에서 신경을 써준 도서출판 두남의 전두표 사장님과 언제나 학회에 도움을 주시고 위험이 따르는 새로운 영역의 도서 출간에 적극적으로 길을 열어주시는 이승구 상무님, 임직원 여러분에게 지면을 통해 감사의 뜻을 표하고자 한다. 그리고 존경하는 (사)한국유통과학회의 720명 회원인 선후배 교수님과 각 업계 임원, 실무진 여러분에게 그간 출간된 유통학개론, 상권분석론, 유통영업관리론에 많은 관심과 격려를 보내주시고 수업교재로 채택해 주신 은혜에 진심으로 감사를 드리는 바이다.

아무쪼록 본서가 우리나라 유통학 학문적 발전에 조그마한 보탬이 된다면 본인에게는 더 없는 보람이 될 것이며 아울러 우리나라의 유통학 분야가 더욱더 발전해 나아가기를 간절히 소망하는 바이다.

2010년 제65주년 민족해방절에 평화적 조국 통일을 기원하면서

북한산 자락 갈현동 서재에서

海沆 李 相 允 씀

# 차 례

## 제1부 매장관리기획(PLAN) / 23

## 제2부 매장관리 6믹스 실행(DO) / 131

# 제3부 매장관리평가(CHECK) / 341

# 표/그림 차례

**【표】**

【그림】

# 제 1 부
# 매장관리기획(PLAN)

# 제 1 장 소매 마케팅 전략

## 제 1 절 소매 마케팅 전략

### 1. 소매업과 제조업의 마케팅 관점 차이

소매업과 제조업은 마케팅 관점 상 <표 1-1>과 같이 근본적인 차이점이 있다.

차별화 소매 마케팅 전략은 그동안 제조업의 판매 대행처 또는 판매전시장이라는 하수인 역할에서 벗어나 소매업 고유 마케팅 관점에 의한 고객 중심, 점포 중심 전략 전술을 수행하는 것이다.

<표 1-1> 소매업과 제조업 관점 차이

| 소 매 업 | 제 조 업 |
|---|---|
| ▷ 투자이익률(R.O.I) = $\frac{\text{총투자이익(순이익)}}{\text{총자본(총투자)}}$<br>▷ 지역 시장 규모 및 수요구성<br>▷ 점내 공간 활용 최적화<br>▷ 경쟁점 간 가격 차이<br>▷ 경쟁점과 상품 구색 차별화 | ▷ 시장점유율(M.S)<br>▷ 전국 해당 상품 시장 규모<br>▷ 진열 공간 확대<br>▷ 가격 유지<br>▷ 제품 취급률 확대화 |

차별화 소매 마케팅을 성공적으로 수행하려면 물자가 부족한 시대 경영철학인 프로덕트 아웃에서 물자가 충족되고 있는 현재와 같은 고도 복합 경쟁체제에서 생존하기 위한 경영철학을 마켓 인으로 패러다임을 전환해야 한다. 그러나 이는 말은 쉽지만 실제로 대단히 어려운 과제이기도 하다.

<표 1-2> 경영 패러다임 변화

| 시 대 | | 물자 부족 단계 | 물자 충족 단계 |
|---|---|---|---|
| 환경 | 수요와 공급 | 판매자 시장(수요>공급) | 구매자시장(수요<공급) |
| | 상품 선택 기준 | 상품을 더 많이(양) | 자기에게 맞는 상품(질) |
| | 경쟁구조 | 완만(공존공영) | 격화(약육강식) |
| 점포경영 | 경영철학 | 프로덕트 아웃 | 마켓 인 |
| | 판매전략 | 물자 판매 | 생활 원조 판매(가치 판매) |
| | 경쟁전략 | 평균치 경영 | 차별화 경영 |

소매점이 담당하는 상권은 점포 단위 중심으로 볼 때 전국적이라기보다는 지역 밀착형이므로 몇 가지 유의해야 할 점이 있다.

### 1) 상권 내에 사는 목표 고객 특성 파악

다시 말해 상권 내 고객 생활 조사에 의한 생활 요구를 파악해야 한다. 그런 연후에 자점(自店)의 개성을 부각해 나가는 것이 중요하다.

### 2) 상권 내 경합점 동향 파악

여기서는 경합점에 대한 차별화 전략이 가장 중요하다. 다른 점포에 없는 특성을 갖춘 상품 구비, 판매 방식, 서비스가 점포 지지율을 올려주기 때문이다.

### 3) 3년 앞 상권변화를 고려한 소매 마케팅 전략 수립

어느 정도 전망을 예측할 수 있는 3년 앞의 시가(市街) 변화와 사람들 흐름이 어떻게 이동해 갈 것인지, 고객 생활 감각에는 큰 변화가 없는지 새로운 경합 점포 신규 설치는 어떤 특성을 가지고 행해지는가 등에 대한 전략을 수립해야 한다.

## 2. 스토어 콘셉트와 고객가치 경영전략(동조구조)

소매 마케팅이란 궁극적으로 고객 마음 조작이다. 모든 인간관계가 그렇듯이 인간과 인간의 관계는 마음 연계이다. 인간을 육체와 마음 두 가지로 이원화한다면 소매

점포는 인간 육체에 해당하는 물리적인 점포와 마음에 해당하는 스토어 콘셉트 두 가지로 나누어 대비시킬 수 있다. 다시 말해 마음이 없는 인간은 죽은 것과 같이 스토어 콘셉트가 명확히 정립돼 있지 않은 점포는 죽은 것과 마찬가지이다. 소매업 성공 비결은 바로 이 스토어 콘셉트를 고객으로부터 이성적으로뿐만 아니라 감성적으로도 긍정적인 반응을 얻느냐에 달려있다. 즉, 고객으로부터 얼마나 동조를 얻느냐에 달린 것이다. 그러나 상당수 소매점포가 소매 마케팅 전략에 따른 종합적이고 거시적인 차원의 점포 진단, 개선 방안에 근거한 스토어 콘셉트를 설정하고 고객에게 어떠한 최상의 가치를 전달할 것인가에 중점을 두지 않고 있다. 임시방편적이고 단기 처방적인 경쟁점 대응책인 판촉, 점포 레이아웃, 상품 진열에만 신경을 곤두세우고 있다. 더구나 일선 점포 직원이나 본사 간부조차도 자점(自店)의 스토어 콘셉트를 중구난방으로 인식한 상태에서 타성에 빠진 점포 운영을 하고 있다. 이러한 문제를 해결하기 위해서는 먼저 '현대 소매업은 심리전이다'라는 대명제를 이해할 필요가 있다. 즉, 성공하는 소매업은 상품 구색과 진열, 레이아웃 등과 같은 미시적인 차원의 싸움이 아닌 스토어 콘셉트의 차별성 부각 및 고객 동조를 획득하기 위한 장기적이고 거시적인 차원의 인식 싸움이라는 것이다. 그렇다면 경쟁점과 크게 차별화된 성공적인 소매점포를 어떻게 창출해야 할 것인가? 먼저 고객의 보이지 않는 심리적 차원의 깊은 성찰을 통해 지역 특성별 소매 마케팅 믹스를 최적화하고 최고의 만족감을 줌으로써 스토어 콘셉트를 지지하는 많은 고정고객을 확보해야 한다. 아울러 그에 따른 고객 구매심리를 깊이 있게 분석한다. 고객 의식이 인식하고 있는 것은 주로 이성 작용이지만 실제로 행동에 영향을 미치는 것은 감성이 훨씬 강하기 때문이다. 이성에 의한 고객 평가를 공명, 감성에 의한 고객 평가를 공감이라고 하는데, 소매점포는 고객 공감을 얻는 데 전력을 기울이도록 해야 한다. 즉, 인간이 지닌 본능, 자기 욕구, 정념, 체험 등에 수용되어 유쾌하게 느껴지는 스토어 배경 이미지를 만드는 것이다.

이를 위해서는 세 가지 사항을 실천해야 하는데, 지역 고객과의 관계를 중시하는 커뮤니티 웨어(community ware), 고객을 한 사람의 인간으로서 그 마음에 접근하도록 하는 휴먼 웨어(human ware), 전문성을 갖춘 프로로서 신뢰감을 형성하는 프로페셔널 웨어(professional ware)이다. 그런 다음 이성 영역에 긍정적 이미지를 확립한다. 즉, 영업 방법과 시대의 적합성, 상품과 서비스의 양과 질, 가격, 상품 구색과 매장 만들기 등 점포를 이용하게 하는 직접적 조건을 만드는 것이다. 이에 따라 점포를 이용하는 고객의 반응을 공감과 공명 구조, 다시 말해 전체적인 스토어 콘셉트에 대한 고객 태도를 분석한다. 이를테면 감성이 (−)이미지, 이성이 (−)이미지일 경우 고객의 태도는 반대, 즉 싫다는 반응을 보이지만 감성이 (−)이미지, 이성이 (+)이미지일 경우에는 왠지 싫다는 저항심을 갖게 된다. 또 감성이 (+)이미지, 이성이 (−)이미지일 때는 이해할 수 없다는 비판심을 갖게 되지만 감성이 (+)이미지, 이성이 (+)이미지일 경우 고객은 비로소 그 소매점포의 스토어 콘셉트와 동조를 이루어 성공한 점포가 창출되는 것이다. 결론적으로 우리나라 유통업체와 소매점포는 이러한 점을 고려해 다시 한번 스토어 콘셉트를 피드백 차원에서 재검토해 보고 진정으로 고객에게 어떠한 가치(value)를 줄 것인가를 고객 중심, 점포 중심으로 진지하게 고민해 보아야 할 것이다.

**<표 1-3> 소매 마케팅 성공 비결 : Store 동조(공감, 공명 활동)**

| | | |
|---|---|---|
| Store Concept | 스토아공감활동<br>스토아배경이미지<br>(감성) | ▷ Community Ware (지역성)<br>→ 지역 사람들과 관계를 중시한다.<br>▷ Human Ware (인간성)<br>→ 고객을 한 사람의 인간으로서 그 마음에 접근하도록 한다.<br>(인간의 처지에서 생각한다.)<br>▷ Professional Ware (전문성)<br>→ 프로로서 신뢰감 형성 |
| | 스토아공명활동<br>스토아직접이미지<br>(이성) | ▷ 지역성과 입지 조건<br>▷ 영업 방법과 시대성<br>▷ 상품과 서비스(양, 질, 가격)<br>▷ 상품 구비와 매장 만들기 등 |

## 3. 계절 변화와 고객 관심 구조(심리 계절 마케팅)

스토어 마케팅활동에 있어서 계절마다 심리변화, 즉 고객이 느끼는 '심리적 계절'을 정확히 파악하는 것은 아주 중요하다. 이는 곧 점포 운영 시 눈에 보이지 않는 심리적인 영향에 한층 더 커다란 주의를 기울인다는 것을 의미한다. 일반적으로 심리 계절은 자연 계절보다 1~2개월 정도 빨리 온다. 따라서 자연 계절이 오기 전에 고객의 심리 계절에 따른 관심 구조를 심층적으로 파악하고 이에 대응하는 점포 운영에 온 힘을 쏟아야지만 매력 있는 점포, 다시 말해 스토어 콘셉트를 지지받는 성공점이 될 수 있다. 그렇다면 고객 심리 계절과 이에 따른 점포 영업활동을 어떻게 전개해 나가야 할 것인가? 봄은 1월에서 4월 중순쯤으로 고객 관심 구조는 더 즐겁게, 구애받지 않고 마음이 밖으로 향하고, 또 더 적극적이며 충동적이기 쉽다. 따라서 이에 대응하는 점포 영업활동은 고(高) 이미지 상품, 비(非) 실용품을 중심으로 상품 구색을 갖추고 전단 광고를 포함해 연상하기 쉽게 하며 점포를 개방적으로 꾸며 봄 분위기를 연출한다. 여름은 4월 중순에서 8월 중순쯤으로 고객 관심 구조는 상기한 봄의 경향이 급격히 상승해서 참가하고 행동하기를 원하며 가격에 구애받지 않고 저녁과 밤 외출이 늘어난다. 이에 대응하는 점포 영업활동은 휴일 전날 밤을 잘 활용하고 점포의 입구 주변을 특가품 판매를 위한 평대 진열 등을 하지 않고 시원하게 개방하며 점포 전체적으로 여름 분위기를 한껏 느끼도록 연출한다. 가을은 8월 중순에서 10월 말경으로 고객 관심 구조는 자기 자신과 가족으로 눈을 돌리며 인간의 따스함을 추구한다. 이에 대응하는 점포 영업활동은 점포 전반적 분위기를 '인간으로서의 따스함'을 표출하도록 하고 전단보다는 DM을 중심으로 '당신만'을 강조하는 판촉 수단을 활용한다. 한편 날이 추워질수록 가격에 조금씩 민감해지므로 이득이라는 느낌을 강하게 드러내는 상품정책을 수립한다. 또한, 추석 대명절에 대비해 전통적인 면에 접근하도록 신경을 쓴다. 겨울은 10월 말에서 1월경으로 고객 관심 구조는 방위하는 기분이 강해지고 보다 소극적이며 가격에 아주 민감한 반응을 보이기 쉽다. 따라서 월동(越冬)하기 위한 본능 작용 때문에 생활 방위에 관심이 많고 실생활품에 대한 구매율이 상대적으로 높게 나타나는 특징이 있다. 따라서 이에 대응한 점포 영업활동은 집객력을 강화하기 위해 점포 입구 쪽에 특가품을 산적해 싸게 판매하고, 구매 용이성 등 구체적인 상품 장점을 강하게 드러내는 상품정책을 시행하며 가격표시를 잘한다. 또한, 연말연시에 따른 가족 중심의 상품을 중점적으로 판매하도록 한다.

결론적으로 계절 변화에 따른 고객 관심 구조에 대응하는 점포 영업활동은 크게, 봄과 여름의 중심 주제가 쾌적 생활 추구라고 한다면 가을과 겨울은 생활 방법 추구라고 할 수 있다. 이러한 두 개의 주제에 의한 변화 있는 심리계절별 점포 운영은 고정고객뿐만 아니라 신규고객에게도 고루하지 않고 역동적이며 파노라마적인 매장 분위기를 느끼도록 해 준다. 또 점포 입장에서도 점포 배경 이미지(감성 측면) 제고에 매우 긍정적인 효과를 얻을 수 있다. 우리나라 대기업에서 운영하는 선진적인 점포를 제외한 대다수 중소형 개별점포의 경우 이에 대한 대응이 상당히 부족한 점을 고려해 볼 때 향후 고객 심리 계절에 따른 점포 운영에 온 힘을 쏟아야 할 것으로 보인다.

**<표 1-4> 심리 계절과 소매 마케팅 활동**

| 심리 계절 | 점 포 활 동 | 비고 |
|---|---|---|
| 봄 | ▷ 高이미지품, 비실용품을 취급한다.<br>▷ 전단 광고로 연상하기 쉽게 한다.<br>▷ 점포를 개방적으로 한다.<br>▷ 봄의 분위기를 연출한다. | ▷ 심리 계절은 자연 계절보다 1~2개월 빨리 온다. |
| 여름 | ▷ 가격에 구애받지 않는다.<br>▷ 휴일 전날 밤을 활용한다.<br>▷ 점포 입구 주변을 개방적으로 한다.<br>▷ 여름 분위기를 연출한다. | |
| 가을 | ▷ 인간으로서 따뜻함을 표현한다.<br>▷ DM을 중심, '당신만'을 강조한다.<br>▷ 이득이라는 느낌을 강하게 한다.<br>▷ 전통적인 면에서 접근한다. | |
| 겨울 | ▷ 입구 쪽에 특가품을 연출한다.<br>▷ 구매 용이성, 구체적 장점을 강하게 드러낸다.<br>▷ 가격표시를 우선한다.<br>▷ 가족 중심 상품을 취급한다. | |

## 4. 소매 마케팅 7가지 고객 심리영역

인간에게는 신체 각 방향에 따른 7가지 독특한 심리영역이 있다. 이러한 인간의 심리영역을 잘 파악해 점포구조의 설계라든지 레이아웃, 상품 배치, 상품 진열, 비주얼 머천다이징, 접객 서비스 등 소매 마케팅 전반에 제대로 반영한다면 매장 쾌적성이 크게 증대돼 많은 고객이 만족할 수 있게 된다. 따라서 성공적인 소매 마케팅을 하려면 이성적인 차원의 물리적 접근에만 신경을 쓸 것이 아니라 감성적인 차원의 무의식적 접근에도 더욱 관심을 가져 적극적으로 매장에 활용할 수 있도록 해야 한다. 그렇다면 고객이 가진 7가지 독특한 심리영역이란 도대체 무엇일까? 측면선호 영역, 공포영역, 성장 기대 영역, 안전 기대 영역, 자기주장 영역, 이성 청결감 영역, 정애 습관 영역 등이 그것이다.

### 1) 측면선호 영역

인간은 처음 대면한 사람 즉 친숙한 관계가 아니면 경계심리가 발동해 심리적 바리케이드를 치게 되므로 대면판매를 중심으로 하는 소매업 판매사원은 고객을 대할 때 정면에 서지 말아야 한다. 상품설명이나 상담 시에는 될 수 있는 대로 '측면'에 위치해야 고객은 안심하게 되고 받아들이기 쉬운 상태에서 편안한 대화를 시작할 수 있게 된다.

### 2) 공포 영역

인간은 자기의 뒤에서 일어나는 일에 대해서는 상당한 공포를 느끼므로 고객의 뒤편에서는 아무것도 하지 말아야 한다. 따라서 고객의 배후에서 접근하거나 이야기를 하거나 혹은 커다란 소리를 내는 것은 절대적으로 피해야 한다.

### 3) 성장 기대 영역

옛날 중국에 하늘이 무너질까 노심초사했던 인물에 관한 고사성어에 '기우'라는 말이 있는데 여기에 압박감까지 더해지면 불쾌감과 불안감을 느끼게 된다. 따라서 천장을 높이거나 파랑과 같은 가벼운 색을 사용함으로써 '낮다'라고 느끼지 않도록 할 필요가 있다. POP 등도 머리 위로 늘어지는 것은 피해야 한다. 또한, 상담 시 고객의 위에서 무엇인가를 이야기하는 것도 피해야 한다. 일부 편의점과 같은 소형점에서는 점원이 고객보다 높게 위치하도록 레지 바닥에 받침대를 설치해 고객 응대를 하도록 하고 있는데 이는 꼭 피해야 할 사항 중 하나이다.

### 4) 안전 기대 영역

안정감을 주는 대지나 초원의 색을 의식하고 매장에 반영하되 통로나 바닥에 걸림돌이 될 만한 불필요한 상품을 늘어놓아 고객 동선과 회유성을 방해하지 않도록 해야 한다.

### 5) 자기주장 영역

이는 눈높이를 중심으로 한 주변을 말하는데 특히 소매업에서는 매장에서 가장 중요한 부분으로 '골든 라인'이라고도 한다. 따라서 반드시 고객이 주목해 주기를 바라는 상품은 여기에 진열한다.

### 6) 이성·청결 영역

다른 부분이 어느 정도 정리되어 있어도 여기에 상품이 너저분하게 놓여 있거나 이곳의 진열대가 정돈돼 있지 않으면 불결한 인상을 주게 된다. 따라서 점포나 매장에서 근무하는 직원은 수시로 진열대 윗단에 대한 정리 정돈과 보충 진열 및 청소에 온힘을 쏟아야 한다. 이곳은 곧 점포 청결함을 연출하는 데 있어 최대의 포인트가 되는 위치이기 때문이다.

### 7) 정애, 습관 영역

이는 고객의 얼굴 앞쪽 아래에 해당하는 손이 닿는 위치, 다시 말해 눈높이와 발 사이의 중심이다. 일상적으로 친숙해진 상품이나 가격 인하 상품 등은 여기에 두면 좋다. 슈퍼마켓의 경우 생활잡화나 신선도 상품, 특가품 등을 진열하는 장소로 활용하면 좋다.

이상 고객의 7가지 심리영역에 따른 개괄적인 소매 마케팅 활용 방법을 살펴보았다. 따라서 앞으로는 대형점, 중소형점 할 것 없이 신규 출점이나 기존점 재단장, 부진점 활성화 대책 수립 시 인간 심리영역의 특성을 잣대 삼아 최대한 매장에 반영, 고객 중심으로 개선함으로써 고객에게 심리적 안심과 쾌적함을 주는 성공점을 창출하는 데 노력해야 할 것이다.

**<표 1-5> 신체 각 방향이 지닌 심리영역**

| | |
|---|---|
| 머리 위쪽 | ▷ 성장기대 영역 → 압박감이 있으면 불쾌감과 불안감을 느낀다. 따라서 천장을 높이거나 천장 색에 블루 같은 가벼운 색을 사용하여 낮다고 느끼지 않도록 할 필요가 있다. |
| 발 아래쪽 | ▷ 안전, 안전기대 영역 → 안정된 분위기 연출 색으로 말하자면 대지나 초원 색을 의식할 것, 또 통로나 바닥에는 걸림돌이 될만한 불필요한 물건을 놓지 않도록 하는 것이 중요하다. |
| 얼굴 정면 | ▷ 자기주장 영역 → Golden Line.<br>반드시 고객이 주목해 주길 바라는 상품을 진열해두는 것이 좋다. 상품이 가장 잘 보인다. |
| 얼굴 앞쪽 위 | ▷ 이성, 청결감 영역 → 점포 청결함을 연출할 경우 최대 포인트이다. 또, 논리적으로 설명하고 싶은 상품을 진열한다. |
| 얼굴 앞쪽 아래 | ▷ 정애, 습관 영역 → 눈높이와 발 사이 중심<br>친숙해진 상품이나 가격 인하 상품 등을 진열하며 슈퍼마켓에서는 생활잡화, 신선상품, 특가품 등을 진열한다. |

## 5. 음향 감성마케팅

효율적인 매장관리 매출 증가를 기대할 수 있어 더욱 효과적인 신개념 매장 음악 서비스를 제공하는 P&I(프라이드 앤 인텔리전스)의 '뮤직 즐거운 음악으로 매장의 활기를! '뮤직 플러스 알파' 플러스 알파'(대표 은지희)가 [경향닷컴 2009년 상반기 유망 브랜드 대상] 음악마케팅 분야에 선정되며 한 단계 도약하는 발판으로 삼았다. 프라이드 앤 인텔리전스(www.pandi.kr)는 안정적인 매장 음악 서비스 필요성과 저작권에 대한 인식 강화 시점에 발맞추어 2008년 12월 '일본 매장 음악 서비스 신기술'을 도입하여 설립된 국내 독자 법인이다. 2006년 일본에서 개발된 본 시스템은 매장 음악 BGM에 마케팅 도구가 결합한 독특한 음악마케팅 기법이 인정받아 약 16,000여 개의 매장을 보유한 편의점 등 유통기업과 패밀리레스토랑, 카페 등 서비스업을 중심으로 이용이 증가하였으며 특히 NEC Nexsolutions(엔이씨 넥스솔루션즈)의 사운드 인포메이션 시스템으로 선정되어 일본 대기업 사운드 네트워크 시스템으로 사용되고 있다. 최적 매장 음악과 매장 음악을 활용한 무한한 가능성을 모토로 하고 있다는 'MUSIC+α' 특징을 살펴보면 크게 4가지로 나눌 수 있다. 첫째, 회원사 업종, 매장 위치, 고객층, 시간, 계절별 등 해당 매장만의 상황 등을 철저히 분석, '최적의 음악 콘텐츠'를 선정해 매장 분위기를 디자인한다는 것이다. 한국음악저작권협회, 한국음원제작자협회, 한국음악실연자연합회와 계약을 체결한 합법적인 음원을 현재 방송국 음악 작가로 활동 중인 최상의 '뮤직 코디네이터팀'이 최신가요, 팝, 록, 재즈, 클래식, 국악, 힐링 음악 등 다양한 장르의 음악 채널들로 편성하고 있으며 특히 해외에서 저작권자 허락을 얻은 특화된 음원까지 다수 확보하고 있어 타 업체와는 차별화된 고품격 콘텐츠를 공급한다. 둘째, 'MUSIC+α'는 고객 성향, 구매패턴 등을 분석하여 음악 방송 사이에 회원사 이미지광고 혹은 로고 송 등을 반복적으로 재생하여 회원사 브랜드의 이미지 및 콘셉트를 각인시키기 위한 홍보 도구로써 활용할 수 있다는 강점이 있다. 셋째, 매장에서 지정한 제품 소개 및 각종 프로모션, 이벤트 등 안내방송을 음악 사이에 자연스럽게 편성할 수 있으며, 시보, 영업시간 안내, 휴일 안내, 세일 기간 안내 등을 지정한 시간에 지정한 횟수만큼 방송할 수 있어 매장관리를 위한 도구로써 활용도 가능하다. 넷째, 'MUSIC+α'의 가장 획기적인 시도는 기업과 광고주에게 매력적이고 혁신적인 다이렉트 광고 미디어로서 매장 음악을 활용할 수 있도록 한 점이다. P&I에서 수주한 상품 광고를 회원사 매장 내 음악방송 사이에 삽입하여 방송하게 허락함으로써 매장 음악을 광고매체로 활용하여 '매체 이용료'라는 부가 수익을 확보할 수 있도록 만든 시스템이다. 'MUSIC+α'는 단순한 매장 음악 BGM 서비스만이 아닌 음악 BGM에 효율적인 매장관리 및 매출 향상을 기대할 수 있는 안내방송, 광고 삽입 등 다양한 프로그램을 접목하여 홍보와 매출 향상을 위한 신개념 판촉 미디어로서 매장 음악 서비스 영역을 확대하여 한 단계 업그레이드된 최상의 매장 음악 서비스를 제공하였다. 음악 저작권 보호에 대한 사회적인 인식에도 많은 변화가 있다. '저작권법'이 개정되어 불법복제 CD, P2P 서비스를 통해 내려받은 음악, PC 온라인 스트리밍 서비스를 통해 매장에서 음악을 재생하는 것은 저작권법 위법행위로 규정하였고, 최고 5년 이하 징역 또는 5,000만 원 이하 벌금을 부과할 수 있도록 하였다. 저작권 보호에 대한 관계 당국의 강력한 단속 강화 의지와 저작권에 대한 인식 확산, 경비 절감, 관리 효율을 위해 점차 매장 음악서비스업체를 이용하는 매장이 증가하고 있다.

## 제 2 절 경쟁우위 차별화 소매 마케팅 전략

### 1. 소매 포지셔닝 전략과 전략 요인별 중요도

소매업태 포지셔닝(retail positioning)은 소비자에게 전달하고자 하는 유통기업의 스토어 콘셉트와도 밀접하게 관련한다. 소매업태가 다양해지면서 앞으로는 어떤 업태를 영위해야 하는지도 물론 중요하겠지만 그보다는 업태를 구체적으로 어떤 내용으로 끌어 나갈 것이냐 하는 포지셔닝 문제가 더욱 크게 대두될 것이기 때문이다.

지금까지의 우리나라의 소매점은 사실상 직접적인 경쟁이 아닌 상권을 임의대로 나누어 그 안에서 각기 영업을 해왔다. 그러나 전국 주요 지역 곳곳에 많은 소매업, 유통업들이 생겼고 이에 따라 우리나라도 선진국처럼 다수 대형점이 직접 경쟁하는 단계를 이루게 되었다.

업태 간 복합 무한경쟁이 생기면서 소매점 포지셔닝이 더욱 중요하게 되었는데 이런 경우 목표상권과 목표 고객을 명확히 설정하고 점포, 머천다이징, 프로모션, 조직 등 모든 구체적 전략 요인을 목표 고객에게 집중시키는 소매 포지셔닝 전략이 무엇보다 중요하게 되었다.

점포의 크고 작음을 떠나 치열한 경쟁에서 성공하기 위한 소매 마케팅 전략 요인으로 입지(立地)와 점포(store), 머천다이징(MD), 촉진(promotion), 조직, 자금, 정보 시스템 등이 필요하다. 이를 토대로 과거 한국 백화점의 소매 마케팅 전략을 비교해 보면 천편일률 유명브랜드 유치 전략, 기존 업태 업무처리 방식에 다른 업체의 유경험자를 스카우트해 조직을 구성하는 등 기존의 틀을 크게 벗어나지 못하고 동일 상권에서 다수 점포가 치열한 경쟁을 벌였다. 이로 말미암아 차별화된 MD 전략을 볼 수 없었다. 따라서 앞으로 유통업 경영에 있어 정보(소비자 동향, 고객쇼핑 패턴, 경쟁구조 등)를 전략 요인으로 어떻게 활용하느냐에 따라 영업 효율의 성패가 달라질 것이다.

백화점보다 앞서 성장을 한 할인점과 비교해 보면 백화점 같은 대형소매점 형태는 상권 범위가 넓은 번화가 형 입지가 필수적이며, 할인점과 같은 할인형 업태는 외곽형과 번화가 형 입지의 중간 위치인 준 외곽형 입지, 즉 투자비 절약이 가능한 곳이 좋다. 특히, 대형소매점의 경우 상권 위치에 따라 소비자 구매력이 달라질 수 있다. 그 예로 상권의 소비자층이 중상위층이라면 그렇지 않은 소매점과 일용품에서도 차이를 보이지만 특히 하이패션이나 레저용품, 사치용품 등의 구매력에 있어 많은 차이를 보이게 된다. 따라서 대형소매점의 경우 경쟁이 치열한 상권임에도 불구하고 위험을 무릅쓰고 점포를 출점하는 때도 있다. 이러한 것을 중상급 포지셔닝이라고 하는데 어느 점포든 자신의 소비자층을 파악해 적절한 포지셔닝을 선택하여야 한다.

또 상권 선택 중 중요시되고 있는 것 중의 하나가 역세권 입지이다. 계속 증가하는 교통체증으로 빠르고 편리한 지하철을 많이 이용함으로써 역을 가까이에 둔 역세권 입지가 중요한 사항이 된 것이다.

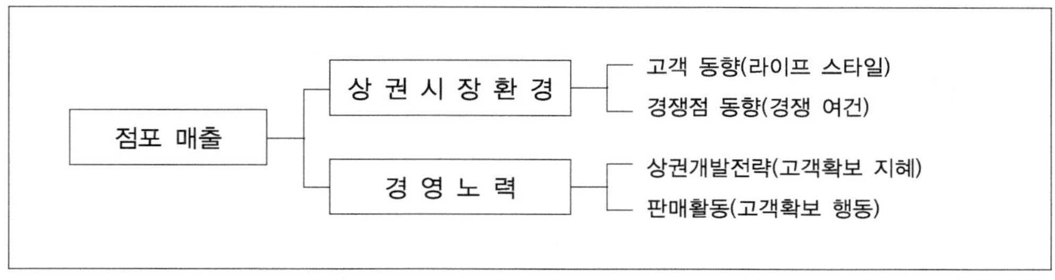


**<그림 1-1> 점포의 매출을 뒷받침하는 요소**

아울러 아파트단지를 끼고 성장한 소매점의 경우 단지를 조성한 건설업체는 실질적으로 유통에 대한 지식이 없으므로 상가를 적합하게 개발할 줄 알아야 할 것이다.

소비자 패턴이 개성화되고 소매업태가 다양해지면서 무엇보다도 중요한 전략 중 하나가 바로 소매 포지셔닝인데 이는 다음 몇 가지로 구분된다.

기업 포지셔닝은 스토어 콘셉트처럼 하나의 기업으로서 소비자에게 기업 이미지를 심어주어야 하므로 무엇보다도 상권 내에 있는 소비자 구매패턴이나 기업의 주 고객층을 정확히 파악해 포지셔닝 전략을 세우는 것이 중요하다. 예를 들어 '롯데백화점'은 다양한 상품 구색과 대형매장 백화점, '현대백화점'은 전통 고급백화점 등 기업이 원했든 원하지 않았던 소비자 생각 속에서 포지셔닝이 이루어지게 된다. 따라서 기업은 기업 스토어 콘셉트를 소비자 머릿속에 포지셔닝하기 위해 그만큼 노력이 필요한 것이다. 업태 포지셔닝은 어떤 고객을 목표로 어떤 상품을 판매할 것인가를 정하는 일일 것이다. 업태별로 경영방침이나 원칙이 달라지기 때문에 업태를 명확히 구분 짓는 것이 점포 운영을 세부적으로 집행하는데 위험이 적기 때문이다. 그러나 너무 업태에 연연하다 보면 고정관념 때문에 새로운 아이디어가 무시될 수 있으므로 업태 포지셔닝시 주의해야 한다. 점포 포지셔닝과 부문 포지셔닝은 대형소매점의 경우 매장 면적도 넓고 상품 종류도 다양하므로 상품 부문별로 포지셔닝이 달라질 수도 있고 또 소비계층 비교에 따라 복합 포지셔닝을 할 경우도 있다. 그러나 가능한 부문별 포지셔닝이 서로 다르지 않도록 만듦으로써 점포 전체의 포지셔닝이 가능할 수 있도록 명확성을 기하는 것이 필요하다. 매장을 레이아웃하고 상품기획(MD)을 구성하는데 있어 가장 중요한 점은 하드웨어(집기, 건축물) 측면과 소프트웨어(상품, 영업) 측면 모두 목표 고객을 향해 조화를 이루며 계획되어야 한다는 점이다. 매장의 레이아웃이나 상품기획(MD)을 통해 할인형 신업태 소매점의 경우 무엇보다도 공간 효율이 달라질 수 있고 이에 투자 효율성 증가나 업태의 경쟁우위 확보 요인으로 작용하므로 더욱 신중히 처리해야 한다. 특히, 하드웨어, 소프트웨어가 서로 달리 움직이는 것이 아니라 하드웨어 전문가와 영업경험자가 서로 협조해 매장 레이아웃이나 상품기획(MD) 구성을 하는 것이 가장 좋다. 한편, 상품기획(MD) 전략은 크게 상품구성과 재고관리로 분류할 수 있다. 예를 들어 식품이나 일용품의 재고 사이클은 상당히 단순하므로 어떤 경험과 평균 개념 때문에 비교적 쉽게 재고관리를 할 수 있다. 그러나 패션 상품이나 계절상품과 같은 모델상품의 경우에는 수시로 매출액 변화가 심하고 소비자의 소비패턴과 선호도 등의 변화가 예측하기 힘든 수준이므로 일용품보다 모델상품의 상품기획(MD) 전략이 더욱 중요하고 그만큼 치밀한 분석과 오랜 경험이 필요하다. 또한, 객단가보다는 세대 단가 개념을 도입한 생활방식형 매장구성도 적극적으로 고려해 보아야 한다. 어느 나라를 막론하고 고급화 → 저렴화 → 다양화 → 세분화 단계를 거쳐 소매업이 성장한 세분화를 기본으로 하는 가치형 소매업이 가장 이상적이고 궁극적인 목표이기 때문이다. 장기적으로 본다면 현재 대형소매업을 하는 곳에서는 가치형 소매업으로 전략을 이동해야 할 것이다. 또 포지셔닝이 불명확한 업체나 점포는 경쟁에서 낙오될 수 있으며 지금까지의 상권 나눠 먹기식의 영업에서 동일 상권 내에서 다수의 점포가 치열하게 경쟁하는 상황이 도래하였다. 이를 볼 때 지금의 매출보다는 소비자와 유통기업이 모두 만족할 수 있는 소매시장환경을 만드는 것이 중요한데 이는 경쟁우위 소매 마케팅 전략 요인과 소매 포지셔닝이 고객가치에 모두 잘 맞아야 이루어진다.

## 2. 경쟁우위 차별화 소매 마케팅 전략 과정

상권 특성 및 목표 고객을 명확히 하여 그 고객 요구에 맞는 점포 창출이 경쟁우위 차별화 소매 마케팅 전략 목표이며 다음과 같은 과정에 의해서 차별화 소매 마케팅 전략을 수립한다.

**점포 단위 경쟁우위 차별화 소매 마케팅 전략 과정**

(1) 자점(自店) 매력도 평가
(2) 상권 매력도 평가
(3) 점포활성화전략과 중점과제 설정 (스토어 포지션 설정)
(4) 고객 세그먼테이션 명확화 (고객 세분화)
(5) Store Concept 설정 (점포 운영 방향 설정)
(6) Store Concept에 의한 점포 재창조

▷ Store Concept의 방침에 따라 상품구비, 내/외장, 레이아웃 등 매장구성, 접객, 서비스 방법 구체적인 전개 - 기존점포 Renewal(재창조작업)

### 1) 경합 점포와 비교 자점 매력도 평가

경쟁 점포와 비교하여 경쟁하기 쉬운 조건이 충족되어 있는가? 또 점포 관리 수준이 우수한가? 그 결과 고객 지지를 어느 정도 받고 있는가? 또 경영 실적은 어떠한가를 다음과 같은 세부 항목에 의하여 해당 점포의 강점과 약점을 분석 평가한다.

#### (1) 전략적 경쟁자원에 의한 자점의 매력도 평가

① 입지 유리함
② 매장 면적
③ 인허가 사항 등

#### (2) 점포 관리 수준에 의한 자점 매력도 평가

① 점장 관리능력 및 직원의 열의
② 서비스 수준과 청결 관리
③ 상품구성 및 매장구성 등

#### (3) 고객 앙케트에 의한 자점 매력도 평가

경합 점포와 비교하여 어떤 이유로 고객의 지지를 받고 있는지 평가

#### (4) 경영 실적에 의한 자점 매력도 평가

① 총매출액
② 고객 수
③ 객단가
④ 인적 생산성, 스페이스 생산성 등

### 2) 점포 입지 지역 상권 매력도 분석

상권의 매력도가 높다는 것은 상권 수요 규모가 상대적으로 크고 그 상권 내에 있는 잠재고객 수가 많고 잠재고객 질, 즉 소득수준뿐만 아니라 소비수준이 높고 경쟁 정도가 낮은 상태를 말한다. 이는 다시 말해서 그 점포를 둘러싼 외부 환경의 기회 요인과 위협요인을 분석하는 것이다. 해당 점포의 매력도와 상권의 매력도를 분석하여 강점과 약점, 기회 요인과 위협요인을 도출한 후 아래 도표에서 보는 바와 같이 각 네 개 분면 중에서 한 분면을 선택해 스토어 포지셔닝을 하여 점포 활성화 전략과 중점 과제를 설정한다. 해당 점포가 A 분면에 포지셔닝이 되었다면 현재 상태로는 우수한 점포지만 향후 경쟁점 출현 등 외부 환경 위협요인에 대비하여 꾸준하게 고정고객을 확보하기 위한 "접객 서비스와 부가적 서비스"를 중점 활성화 전략 방향으로 설정하여야 한다. B 분면에 포지셔닝이 된 경우 신규 고객 수 증대에 초점을 맞춰 "인 스토어 프로모션"에 중점을 두며 C 분면인 경우 점포 내부 역량을 강화하기 위하여 먼저 내부 문제점을 개선 처리하고 객단가나 세대 단가의 증대에 목표를 둔 "인 스토어 머천다이징"에 중점을 둔다. 마지막으로 D 분면에 포지셔닝이 된 경우에는 부진한 실적을 가진 점포이므로 "단기적이며 집중적인 부진점 활성화 대책"을 수립하여 중점 관리한다.

스토어 포지셔닝을 통하여 점포 활성화 전략과 중점과제를 설정하였다면 각기의

포지셔닝에 따른 고객 세분화를 더욱더 명확히 하여 각 해당 분면의 전략을 중점적으로 적용한다. 점포 활성화 전략과 중점과제를 성공적으로 수행하고 세분된 고객에게 최대한 만족을 주며 지속적인 스토어 로얄티를 확보하려면 유통기업 전체단위 차원으로서 고객에게 어떠한 가치를 일관되게 제공하고 그렇게 함으로써 어떤 기대성과를 얻을 것인지를 명확히 정립하여야 하며 그러한 가치를 전달하기 위한 체계를 어떻게 구축하며 그 핵심기술은 무엇으로 할 것인지 우선으로 확립하여야 한다. 이러한 가치체계 정립에 따라 점포 단위 차원의 각 스토어 포지셔닝에 의한 중점과제를 세분화된 고객에게 어떤 점포 운영 방침으로 대응할 것인지 스토어 콘셉트를 설정하여야 한다. 점포 운영 방침인 스토어 콘셉트가 설정되었다면 이를 근거로 점포 재창조 작업에 착수하여야 한다. 보다 체계적으로 점포 활성화 전략을 전개하려면 다음 표의 소매마케팅 6P'S 믹스에 의거 분야별 정책을 수립, 시행한다.

| | |
|---|---|
| 상권 매력 대<br>경쟁 자원 강<br>(A구역) | 상권 매력 대<br>경쟁 자원 약<br>(C구역) |
| 상권 매력 소<br>경쟁 자원 강<br>(B구역) | 상권 매력 소<br>경쟁 자원 약<br>(D구역) |

**<그림 1-2> 스토어 포지셔닝**

소매마케팅6P'S MIX : 점포 창조 전개

1. PRODUCT(상품구성)
2. PRICE(가격)
3. PLACE(상권/입지 : 목표고객)
4. PROMOTION(판매촉진)
5. PEOPLE(접객,서비스)
6. PRESENTATION(매장구성)

**<그림 1-3> 소매 마케팅 믹스 체계**

# 제 3 절 마케팅과 소매 마케팅

## 1. 소매경영 특징

오늘날 소매기업의 임무는 소비자를 위하여 상품 효율을 높이고 사회적 유통비 절감을 꾀하는 것이라 할 수 있다. 이런 의미에서 소매업은 그것을 자본 수익 활동을 통해 실현하고 있다. 자본 수익 활동, 즉 투자수익률은 매출이익률과 자본회전율의 상승 곱으로 결정된다. 따라서 소매기업의 영업활동은 환경에 잘 적응하면서 이러한 것들을 제어하여 이익이 있는 매출액을 신장시켜 가지 않으면 안 된다. 소매업은 제조업과는 다른 다음의 3가지 특수성이 있다.

### 1) 매출 수량이 많더라도 부가가치율(소매업은 총이익률에 포함)은 변화가 없고 따라서 제조업과 같은 탄력성은 없다.

소매업에서는 상품 원가가 이미 고정적이며 매출액의 70~80%를 점하고 있다. 그러나 제조업 경우 도매가격 대부분을 차지하는 것은 재료 원가가 아니라 인건비와 투하자본 상각비이다. 그래서 매출 수량이 많으면 그것에 대한 경비는 점점 줄어들게 된다. 반대로 소매업에서는 매입에서의 한계로 인하여 상품 원가를 대폭으로 인하하는 것이나 줄일 수 있는 원가를 대폭으로 변화시킬 수 있는 여지가 매우 적다. 또한, 소매 원가를 어느 정도 내린다 해도 보통 경우 수량할인이 되는 것이며 이런 것은 계획적 대량 매입을 통해서 다소 삭감된다. 그러나 이에는 <그림 1-5>에서 보는 바와 같이 그 한도가 있기 마련이다.

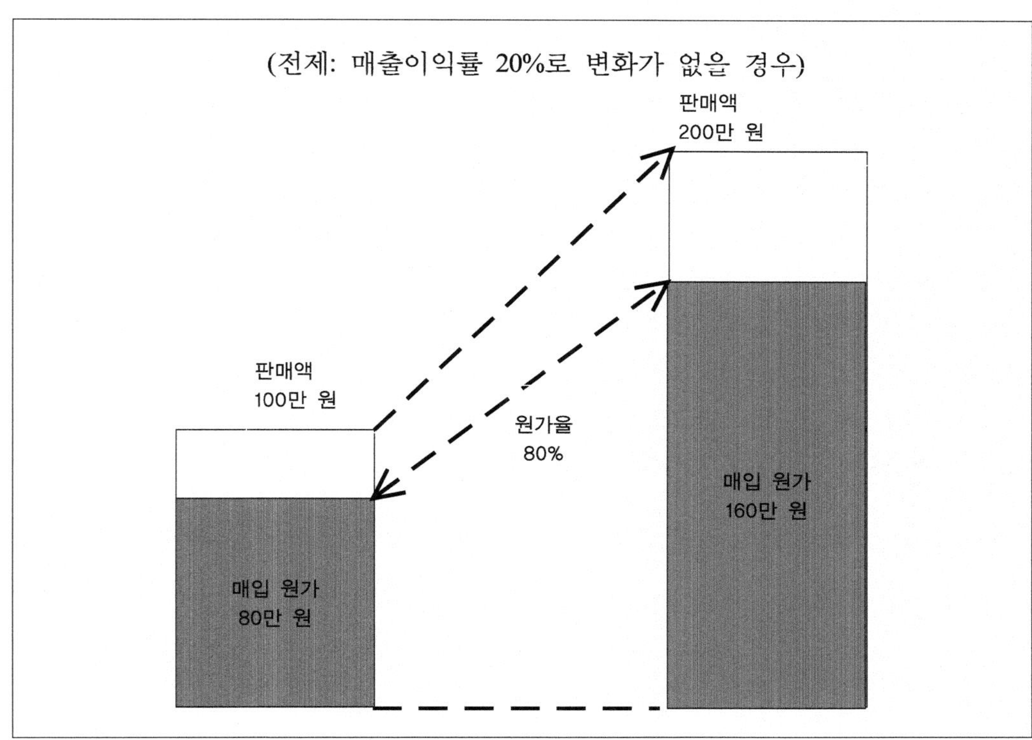


**<그림 1-4> 소매업의 부가가치율 탄력성(예)**

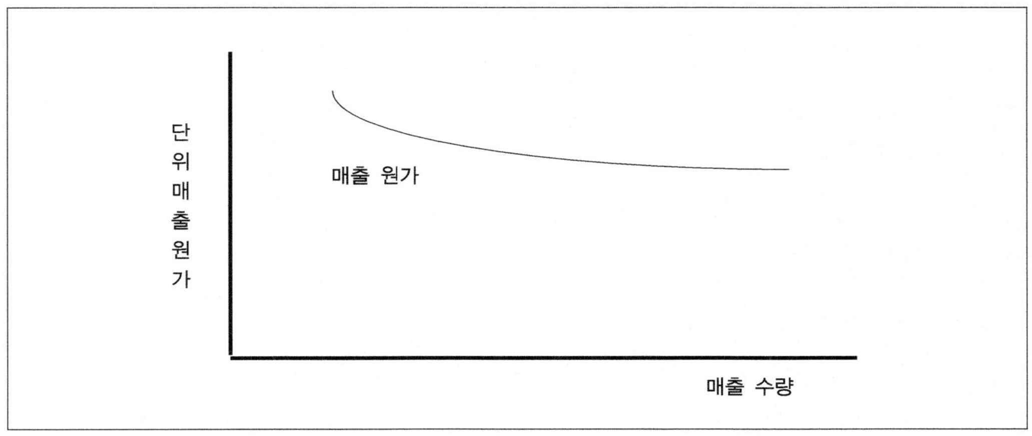


자료: 체인스토어 경영전략(31p). 이광종.

**<그림 1-5> 매출 수량과 매출 원가와의 관계**

### 2) 소매업이란 지역적 산업이라 매출 신장에는 한도가 있기 마련이다.

매출신장률에는 한도가 있어도 경비율은 그렇지 않다. 이 때문에 경비율은 체증(遞增)하고 수익은 체감(遞減)하는 경향을 보인다. 왜냐하면, 소매업 경비 대부분은 인건비 등 매출액과 직접 관계가 없는 고정비로 구성되기 때문이다. 따라서 소매업 매출을 신장시키기 위해서는 점포를 대형화하든가 아니면 새로운 시장을 개척하여 신규점포를 계속 늘려나가야 한다. 예컨대 기존 점포 입지가 나빠지면 신규 점포를 개설하는 것도 필요하다. 소매업에서 신규 점포 개설은 비교적 쉬운 편이다. 왜냐하면, 투하자본이 제조업과 비교하여 비교적 낮기 때문이다. 또한, 기회가 있으면 기업확장 수단으로 합병하는 것도 필요하다. 우리나라 유통업계에서는 합병을 대형할인점 체인의 확대 전략의 하나로 생각하고 있다.

### 3) 소매업이 경영지표로 쉽게 이용할 수 있는 매출이익률은 분단 지표로서 불완전하다.

소매기업 총투자이익률(ROI : Return on Investment)은

「ROI={순 매출이익률($\frac{\text{순매출이익액}}{\text{매출액}}$)} × {총자본 회전율($\frac{\text{매출액}}{\text{총자산}}$)}」

이 되어 기업 총자산 또는 사업 투자 부분 이익이 매출이익률보다 유효하게 되는 것이다. 예를 들면 매출이익률이 높더라도 설비투자나 재고투자가 잘 이루어지지 않으면 자본회전이 나빠지고 최종 이익률도 낮아지게 된다. 즉, 매출이익률은 낮아져도 투자 회전이 좋아지려면 투자액에 대한 이익률이 높아져야 한다. 이 때문에 소매업에서는 매출이익률이 가장 높은 점포라 하더라도 투자에 대한 이익률이 가장 높은 점포는 아닐 수 있다. 오히려 낮은 매출이익률의 점포라도 자본회전이 높아지면 투자에 대한 높은 이익률을 달성할 수 있다.

## 2. 경영전략 수립 사고방식

소매기업이 지속해서 성장해 나가기 위해서는 어떠한 경영체제로 시장변동에 대한 대응 경영전략을 전개해 나가는가가 중요하다. 이와 관련해서는 다음과 같은 핵심 사항이 있다.

### 1) 시장변화 대응 점포 확대 출점

### 2) 소매기업 지속적 혁신

(1) 머천다이징 혁신

(2) 관리조직 혁신

이와 같은 혁신 중에 (1) 머천다이징 혁신은 기업 상품정책과 가격정책을 경쟁상대 상품정책 및 가격정책과 어느 정도 차이를 두는, 즉 차별화하는 것을 의미한다. 이 머천다이징 혁신에 있어서 어떤 소매기업이 상권 내 경쟁 점포와 격차를 크게 하면 할수록 그 기업은 그것만큼의 이익을 얻게 된다.

### 3) 점포 규모 대형화 노동생산성 제고

### 4) 기업경영 계획화

계획성을 가진다는 것은 경영 프로세스 면에서 다음과 같이 구분하여 접근할 수 있다.

(1) 통제 가능한 영역

(2) 통제 불가능한 영역

(2) 통제 불가능한 영역에는 가능한 한 시장조사·정보기술 확대 운용으로 위험을 최소화한 것으로 하여 통제 가능한 영역을 확대하고 이를 위해 합리적으로 경영계획을 세워야 한다. 소매기업에서 상품은 기본적인 것으로 (1) 통제 가능한 영역에 속한다.

① 상품·서비스 믹스(Mix)(예를 들면, 어떤 종류의 상품을 어떻게 판매해야 하는가? 소비자 서비스를 어떻게 할 것인가? 재고라인의 선정 등은?)
② 물적 유통 믹스(재고 수준의 결정, 재고의 조사, 보충, 유지 등)
③ 커뮤니케이션 믹스(판매촉진, 진열, 광고, PR 등 소매 촉진 방법)
④ 신규 출점, 점포 입지의 선정, 점포 규모의 결정
⑤ 조직 형성과 조직 운영

이러한 영역은 소매업자 통제 가능한 영역이다. 그리고 이것은 해당 소매기업의 머천다이징 관리능력으로 그 효과가 결정된다. 다음으로 (2) 통제 불가능한 영역은 소비자 동향, 경쟁기업 동향, 경제 동향, 법률상 혹은 사회적 제약 등이다. 물론 이 가운데서도 소비자 동향은 시장조사와 예측으로 어느 정도 수요관리가 된다. 또한, 경쟁에서도 타 경쟁 점포와의 특이성을 고려함으로써 어느 정도 통제는 가능하다.

### 5) 비용개념 확대 대규모화

비용을 근본적으로 절감하는 것은 비용지출을 단순히 개별기업 처지에서 보는 것이 아니라 원재료에서 시작하여 최종 소비자까지 하나의 경제적 프로세스로 보는 자세가 필요하다. 소매업 비용구성을 보면 80% 가까이가 기업 외에서 발생하는 비용(원가 포함)이다. 따라서 내부적으로 통제 가능한 것은 15%에서 20% 정도밖에 안 된다. 여기서 비용을 절감한다는 것은 생산에서 최종 소비자에 이르기까지의 전체비용을 적게나마 절감한다는 의미이다. 미국 월마트 체인스토어가 성공한 원인은 메이커를 찾아 상품 제조 프로세스를 개발하여 완성품 원가를 지정하고 그것을 자사 점포에서 판매하는 것이었다. 이것은 양자와 개개 소매업 범위를 뛰어넘어서 외부 메이커 원가, 상품 제조 프로세스, 물류비용에 대하여 적극적으로 책임을 지는 것을 의미한다. 이것은 유통 채널 관리 정책에 있어 매우 중요한 수직적 통합을 이룬 것이다.

### 6) 시장점유율 향상 수직적 통합

수직적 통합은 거래 내용 비능률성을 줄여주어 비용 절감 효과를 가져온다. 이 같은 머천다이징 힘은 점포 경쟁력을 높여주는 역할을 한다. 예를 들면 기업 전체 비용지출을 줄이는 방법의 하나로 메이커와 협력해서 상품 원가를 낮추는 것이다. 이렇게 함으로써 점포에서는 경쟁력 있는 저렴한 가격으로 판매할 수 있게 된다.

### 7) 비용 대 성과비율 관리인(Controller)제도 확립

기업 전체비용 흐름을 볼 수 있어야 한다. 비용은 그 자체 존재가 나름대로 의의와 목적을 지닌다. 성과를 올리기 위하여 지출된 수단으로서 존재성을 갖는 것이다. 기업이 확대되면 비용이 급격히 늘어나게 된다. 그래서 비용과 성과와의 비율은 중요한 것이다. 그것 때문에 관리인제도가 필요하다.

### 8) 1인당 자본투자액 증대

소매기업 자금 대부분은 사람에게 투자되고 자본적 설비에는 비교적 적은 금액이 투자된다. 그리하여 노동생산성을 올리기 위해서는 궁극적으로는 1인당 자본투자액을 크게 해야 한다. 신규 출점이라든가 물류센터라든가 하는 성력화 설비보다 더 중요한 것은 인간에 대한 교육투자이다. 그러므로 되도록 인건비 부분을 자본비로 교체할 필요가 있다. 소매 경영전략 수립 대표적인 사례로 세븐일레븐 재팬과 경영자인 스즈키 도시후미 경영 능력에 전 세계인의 관심이 쏠렸고 미국 경영학자들은 이후 세븐일레븐 자팬에 대해 많은 연구를 수행하였다. 일본에서 세븐일레븐은 경쟁자인 로손(Lawson)과 훼미리마트(Familymart)를 큰 격차로 따돌렸다. 매장 수로 본다면 2위인 로손과 18% 차이, 점당 매출액은 45%, 영업이익 면에서는 무려 77%의 격차를 보였다. 또한, 품목별로 본다면 패스트푸드 부문 1위, 잡지나 단행본 판매 2위, 스타킹 등 잡화 시장 1위를 차지하였다. 무엇보다 상품 회전 횟수가 일반 유통업체 10배를 넘는 무려 55회에 달했다. 다시 말해 일주일에 한 번꼴로 매장 내 모든 상품이 교체된다는 뜻이다. 이렇게 발전을 거듭한 세븐일레븐 재팬은 2005년 4월에는 이토요카도와 데니스(Denny's)를 인수 합병하여 주식회사 세븐 앤드 아이 홀딩스를 출범시켰고 모기업인 미국 사우스랜드 사의 지분을 전량 매입하여 세븐일레븐을 완전히 일본기업으로 전환했다. 이후 세이부 백화점과 소고 백화점을 차례로 인수함으로써 편의점·대형할인점·백화점을 포함 전 세계 3만 3천 개 매장과 총매출 8조 엔을 자랑하는 일본 최대, 세계 5위 유통그룹으로 성장하였다.

## 3. 소매업 가치 경영전략

글로벌 선진기업들의 핵심 경영전략인 가치 정립(Value Proposition)과 가치 전달체계(Value Delivery System) 요소에 대해 알아보면 다음과 같이 정리할 수 있다.

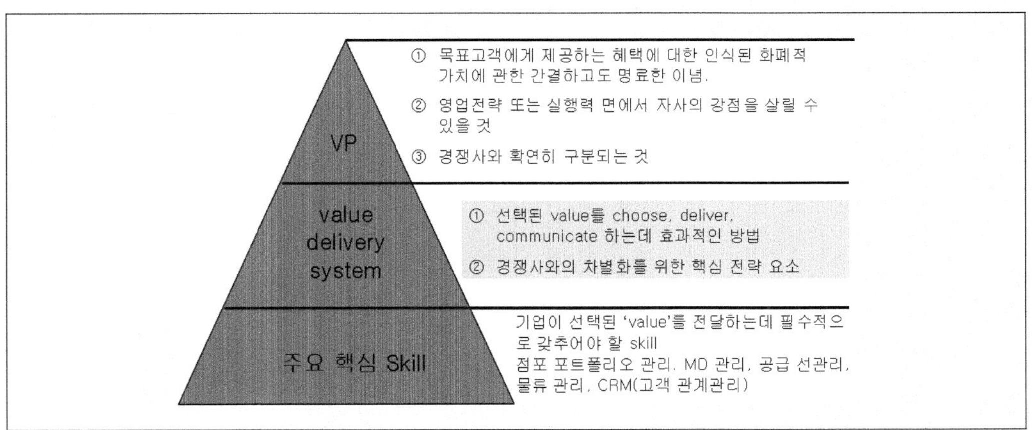


<그림 1-6> 가치 정립(VP)과 가치 전달체계

자료: 이상윤, 명지대 유통경영대학원 소매 마케팅 교재 인용.

### 1) 가치 정립(Value Proposition)

세계 수준 소매기업 사업전략을 살펴보면 다음과 같은 몇 가지 공통적 요소를 발견할 수 있다. 선진기업들은 고객 특정 요구(Needs)에 맞추어 명확히 정의된 VP(가치 정립)를 개발하고 있다. 우선 목표 고객을 선정하고 고객 요구를 심층적으로 이해하는데, 상당한 노력을 기울이며 이를 바탕으로 목표 고객에게 전달하고자 하는 독특하고 우수한 자기 기업만의 '가치'를 선정하였다. 여기서 '가치(Value)'란 제공된 서비스에 대해 고객이 지급하는 가격에 상응하는 고객으로서 혜택을 의미한다. 그러나 대부분 소매기업은 이러한 'VP' 개발 및 확립에 충분한 노력을 기울이지 않고 있다.

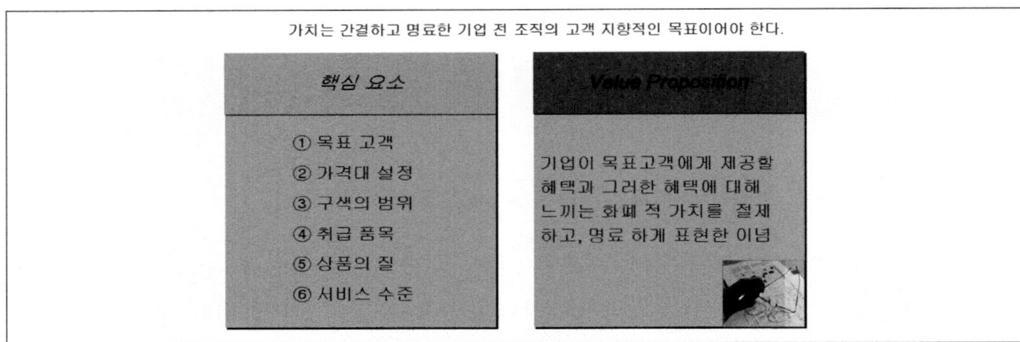


**<그림 1-7> 가치 정립(VP)과 핵심 요소**

자료: 이상윤, 명지대 유통경영대학원 소매 마케팅 교재 인용

반면 선진기업들은 이러한 일련 과정을 결정적인 기업활동으로 간주하고 고객 관점에서 공유할 수 있는 조직 가치를 세우는 과정에 모든 사업 부문 역량을 모아 조직 내 의견을 수립하고 이를 반영하여 실천하고 있다.

### 2) 가치 전달체계(Value Delivery System)

'VDS(가치 전달체계)'란 선정된 '가치'를 모든 인력 및 자원을 활용하여 더욱 활성화하고 조직 전체에 확산시키느냐 하는 것을 의미한다. 이 사업 성공 여부는 어떤 'VP'를 선정하는가 보다는 그 가치를 조직 내에 공유하고 전달하는데 얼마만큼 철저히 성과 집중적인 노력을 기울이고 혁신을 유지하느냐에 달려있다고 할 수 있다. 따라서 세계적 소매기업들은 자사만의 독특한 '가치 정립(VP)' 및 이를 뒷받침하는 '가치 전달체계(VDS)'의 개발에 상당한 노력 및 시간을 투자하고 있다. 그러므로 자기 기업만의 독특한 '가치'를 고객과 조직 전체 모든 임직원에게 더욱 효과적으로 전달하기 위해서는 가치 정립(value proposition)과 가치 전달체계(value delivery system 다음 요소들을 충족하는지 점검하여야 한다.

<표 1-6> **우수한** 'value proposition' & 'value delivery system'**을 위한** check list

| 체크 내용 | check |
|---|---|
| 1. 고객에게 제공하고자 하는 혜택이 명백하고 구체적으로 명시되어 있는가? | |
| 2. 가격에 대한 정책이 명확한가? | |
| 3. 목표 고객이 명확하게 정의되어 있는가? | |
| 4. 목표 고객층에서 해당 value proposition 우수성이 명료하게 나타나 있는가? | |
| 5. 경쟁사 value proposition 대비 차별적 우위가 있는가? | |
| 6. 성공적 value delivery 달성을 위해 요구되는 business system 상 개선이 가능한가? | |
| 7. 검토된 모든 value proposition 중 최고 선택인가? | |
| 8. 그것들은 명료하게 절제(=요약)되어 제시되고 있는가? | |

기업의 독특한 가치를 고객과 조직 전체의 구성원들에게 더욱 효과적으로 전달하기 위해서는 '가치 정립'과 '가치 전달체계'가 위의 요소를 충족하는지 체크!

자료: 이상윤, 명지대 유통경영대학원 소매 마케팅 교재 인용.

다음은 글로벌 소매기업인 월마트 경영전략 예이다. 뚜렷하게 정의되고 실행된 월마트 VP(value proposition)는 실제에 있어 고객이나 직원 모두가 명확히 이해하고 있는 것으로 간주한다.

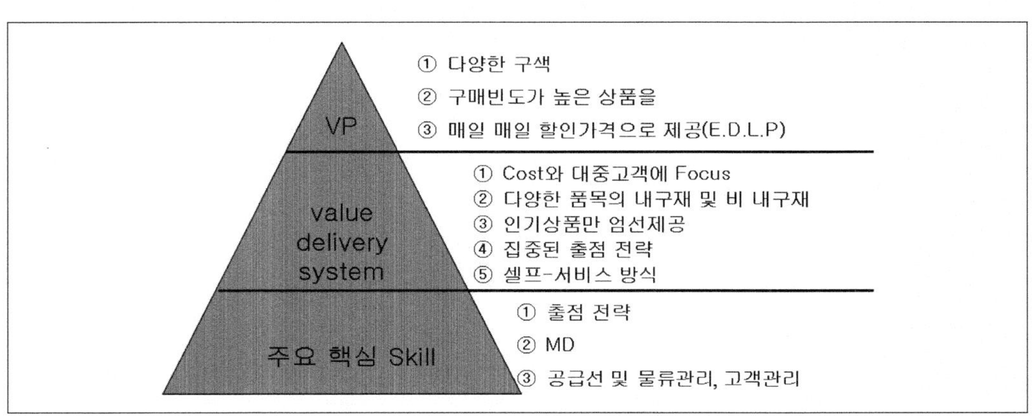


<그림 1-8> **월마트** VP(value proposition)

자료: 이상윤, 명지대 유통경영대학원 소매 마케팅 교재 인용.

**<표 1-7> 월마트 핵심 기능**

| 구분 | 내용 |
|---|---|
| 출점전략 | ① 물류센터를 중심으로 집중적 점포 배치<br>② 접근용이 한 위치 |
| MD | ① 인기상품만 엄선 제공<br>② 지역 특성에 맞는 상품구성 및 가격 조정 |
| 공급자 및 물류 | ① 공급자와 합심하여 피나는 Cost 관리<br>② 효과적인 유통망 확보<br>③ 공급자 책임으로 JIT 체제 확립<br>④ 공급자와 연결된 커뮤니케이션 시스템을 통한 재발주 신속대응 |
| 고객관리 | ① 전국규모 광고, 규모 경제성 활용<br>② 높은 수준 고객서비스 |

자료: 이상윤, 명지대 유통경영대학원 소매 마케팅 교재 인용.

### 3) 월마트 가격정책

이 가격정책 핵심은 '매일 최저 가격(Every Day Low Price)'이다.

#### (1) 고객지향적 정책

① 선 다운 규칙(Sun Down Rule),

모든 가격 관련 요청은 그날 해 지기 전에 처리함을 원칙으로 한다. (예: 일일 결산 제도)

② 고객 감동 서비스 제공

고객 만족을 넘어 고객 감동 수준 높은 서비스를 제공한다.

③ 3m 접객 태도

고객과의 거리 3m 권에 이르면 '무엇을 도와드릴까요?'하고 인사한다.

④ 월마트 사기진작

아침 모임 시 구호 반복으로 자부심을 고취하고 이를 서비스 개선과 연결한다.

#### (2) 효율적인 배송 · 재고관리시스템

① 배송시스템

배송센터는 자동차로 1일 거리 이내, 물류비용 1.3%로 경쟁업체 3~5%보다 저렴하다. 음성 데이터 쌍방향 위성통신시스템을 도입하고 소비자가 많이 찾는 상품은 상시 재고로 보유하고 있다.

② 재고관리시스템

판매예측과 재고정리가 재고관리시스템과 연결되어 자동 관리되고 있다.

(3) 병원, 비영리 기구에 기부금 및 장학사업, 환경사업지원 등 여러 가지 기부로 수익 일부를 사회에 환원하며 특히 지역사회 발전에 참여하고 있다.

또한, 이 같은 가격정책을 뒷받침하는 전략적 요소로는 다음과 같은 것들이 있다.

① 정교한 분석 기능
- ㉠ 적정가격 수준 설정
- ㉡ 매출액 추이 모니터링
- ㉢ 원스톱 쇼핑 행태 모니터링
- ㉣ 실제 가격과 체감 가격 비교

② 융통성 있는 내부 프로세스(Process)
- ㉠ 상시 시장조사에 의한 경쟁사 파악
- ㉡ 경쟁사 가격 상시 모니터
- ㉢ 각 점포 단위 가격 자율권 부여

③ 진보된 시스템
- ㉠ 중간이윤의 계속적 추적 통해 적정 중간이윤 제시
- ㉡ 가격변화 영향 예측
- ㉢ 각 점장에게 지침 제시

## 4. 소매 마케팅

### 1) 도매 마케팅

일반 소매기업이 수행하는 마케팅 목적은 소비자 필요와 욕구를 충족시킬 방법이나 단서를 찾아내기 위한 시장조사, 신상품 계획과 개발, 그리고 상품 주기별로 가장 적절한 마케팅 믹스를 창조해 내는 일에 있다고 할 수 있다. 그러나 도매 기업이 수행하는 마케팅 목표는 상품 유통 과정상 중간단계에서 생산자와 소비자, 제조기업과 소매기업 사이에 존재하는 차이를 조절하기 위해 상품을 수집하고 단위별로 나눠서 적절하게 배분하는 일에 중점을 두고 있다. 따라서 도매 마케팅은 상품 중간 유통을 추진하기 위한 마케팅이라 할 수 있다.

## 2) 소매 마케팅

소매기업 소매 마케팅은 상품 유통과정을 최종적으로 마감하기 위한 활동을 중심으로 전개된다. 소매 마케팅은 소매업에서 '고객이 무엇을 희망하는가?'라는 데서 출발해서 그러한 것들을 조달하고 판매하고 또 그 후의 사후관리까지 포함하여 고객으로부터 시작하여 고객에게서 끝나 판매 활동이라 할 수 있다. 즉, 소매 마케팅은 상품·상권 그리고 고객을 탐색하여 대응하는 일인 것이다. 따라서 소매기업 마케팅은 유통 과정상 다른 단계에 개입하는 유통 당사자들과는 강조되어야 할 역할에 있어서 분명한 차이가 있다.

## 3) 소매 마케팅 특징

### (1) 상대적으로 적은 판매 규모

상품 단위당 가격은 낮으나 구색은 풍부해야 하고 상품회전율은 높아야 하므로 소비자 한 사람이 사는 구매 규모는 비교적 적다. 따라서 고정고객을 확보하기 위한 전략과 부가 서비스 등 프로그램으로 고객관리에 대한 능률을 높여야 하고 소액 구매가 많아서 발생할 수 있는 재고관리 효율성 증대에 힘써야 한다.

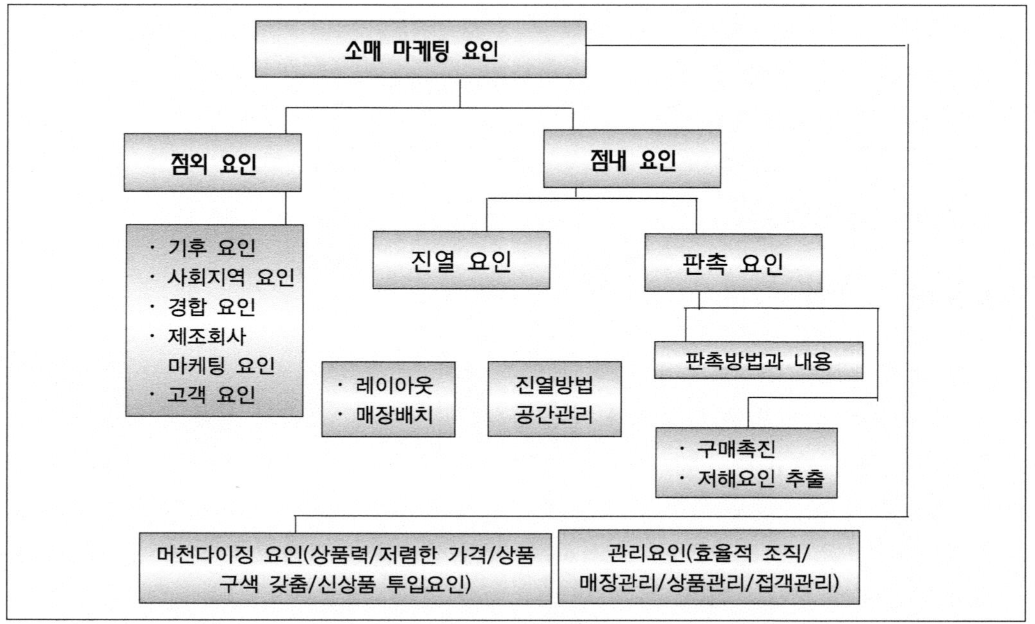


<그림 1-9> 소매 마케팅 요인

### (2) 비 계획적 구매

일반적으로 소비자들은 소비 빈도가 비교적 높은 생필품·일용품 등 상품을 구매할 때는 사전 구매계획 없이 점포를 방문해서 상품을 직접 확인하고 구매하는 경향이 높다.

### (3) 소비자 유인

가능한 한 많은 소비자가 소매점을 방문해서 매장에 진열된 다양한 상품을 확인하고 구매할 수 있도록 해야 한다. 이를 위해서 소매기업 경영자는 이들 고객이 쉽게 점포를 방문해서 더욱 많은 상품을 구매하여 매출을 증진할 수 있도록 다양한 유인전략을 펼쳐야 한다.

### (4) 제한된 목표 소비자 대상

소매점이 목표로 하는 고객 범위는 대개가 특정 지역 내에서 생활하고 있는 사람들로 제한되어 있다. 즉, 소매점 상권은 한정되어 있으므로 소매기업이 수행하는 마케팅활동은 일정한 상권 범위 내로 한정될 수밖에 없다. 따라서 소매기업과 소비자 사이에 교환되는 커뮤니케이션 밀도는 매우 높아지게 된다. 그러므로 소매기업은 자사 점포 차별적 이미지를 창출하고 그에 합당한 고품격 소매 마케팅 활동 전개를 위해 필요한 노력을 기울여야 한다.

### (5) 매력적 상품구성

소매기업 마케팅은 대량 생산된 획일적 상품을 대량으로 제안해서 판매하는 소품종 대량 판매시스템이 아니므로 어떤 특정 지역 또는 특정 상권 소비자를 대상으로 하여 목표시장을 설정할 것인지 역점을 두어야 하고 그 지역에 적합한 상품을 세련되고 매력적으로 구색화 하는 데 중점을 두어야 한다.

### (6) 취급 품목 신축성

물리적 점포 규모는 한정되기 때문에 소매기업은 취급하는 상품 종류 및 수량에 대한 확대와 축소, 대체가 쉽도록 상품관리에 힘을 기울여야 한다. 이를 위해 소매기업은 지속해서 변화하는 시장변화를 조사하고 신축적으로 이에 대응하는 마케팅활동을 적극적으로 전개해야 한다. 예를 들면 정기적으로 시장조사를 하여 소비자 구매 행위를 파악하고 이에 대한 적절한 대응책을 마련해야 한다.

### (7) 상권 형성

소매기업 매출액 증감에 강력하게 영향을 미치는 것은 소비자를 얼마나 자사 점포 내로 유인할 수 있는가 하는 전략이다. 그러나 소비자는 개별점포를 먼저 선택하기보다 상품을 구매할 지역을 먼저 선택하는 때도 있으므로 점포가 속해 있는 상권 흡인력은 매우 중요하다.

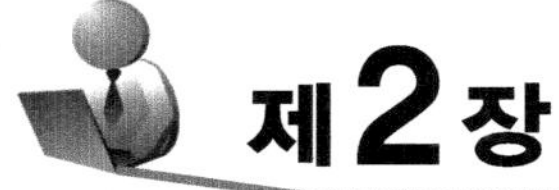

# 제 2 장 매장 마케팅 전략

## 제 1 절 소매점포 전략체계와 기술혁신

### 1. ISM(인 스토어 머천다이징)과 ROI(투자수익률)

#### 1) ROI 개념

ROI(Return on investment)란 투자수익률로서 (이익 ÷ 투자)로 구할 수 있다. 투자에는 토지, 건물, 설비, 상품 등을 포함한다. 소매업 경영 본질을 깊숙이 생각해 보면 경영 목표는 ROI 향상에 있다고 말할 수 있다. 즉 점포, 설비, 상품에 얼마를 투자하고 그 반대로 얼마나 수익을 올릴 것인가이다. 그러나 'ROI를 올린다.'라는 자체로서 무엇을 하는 것이 좋은지 알기 힘들다. 실제 ROI는 점포 개점 시에 시뮬레이션(Simulation) 등에는 활용되지만 영업활동에는 자주 활용되지 않는다. <그림 2-1>은 ROI 도표이다.

ROI를 높이기 위해서는 영업활동에서 무엇을 하면 좋은가? 또한 영업 노력을 어떻게 ROI와 연결할 것인가를 아는 것이 중요하다.

#### 2) ROI 개선 영역

소매업에서 ROI를 개선한다는 것은 7가지 영역 즉 <그림 2-2>의 7가지 영역에서 개선이 필요하며 상호 간 균형점을 맞춰 향상해 나가는 것이 필요하다.

ISM(In-Store-Merchandising)은 이 7가지 영역 중에서도 매출을 증가시키기 위한 중요한 의미가 있다.

참고로 재고문제도 단순히 재고를 줄이는 것만이 능사는 아니고 다른 영역과 균형을 이루는 것이 중요하다는 것을 인식해야 한다.

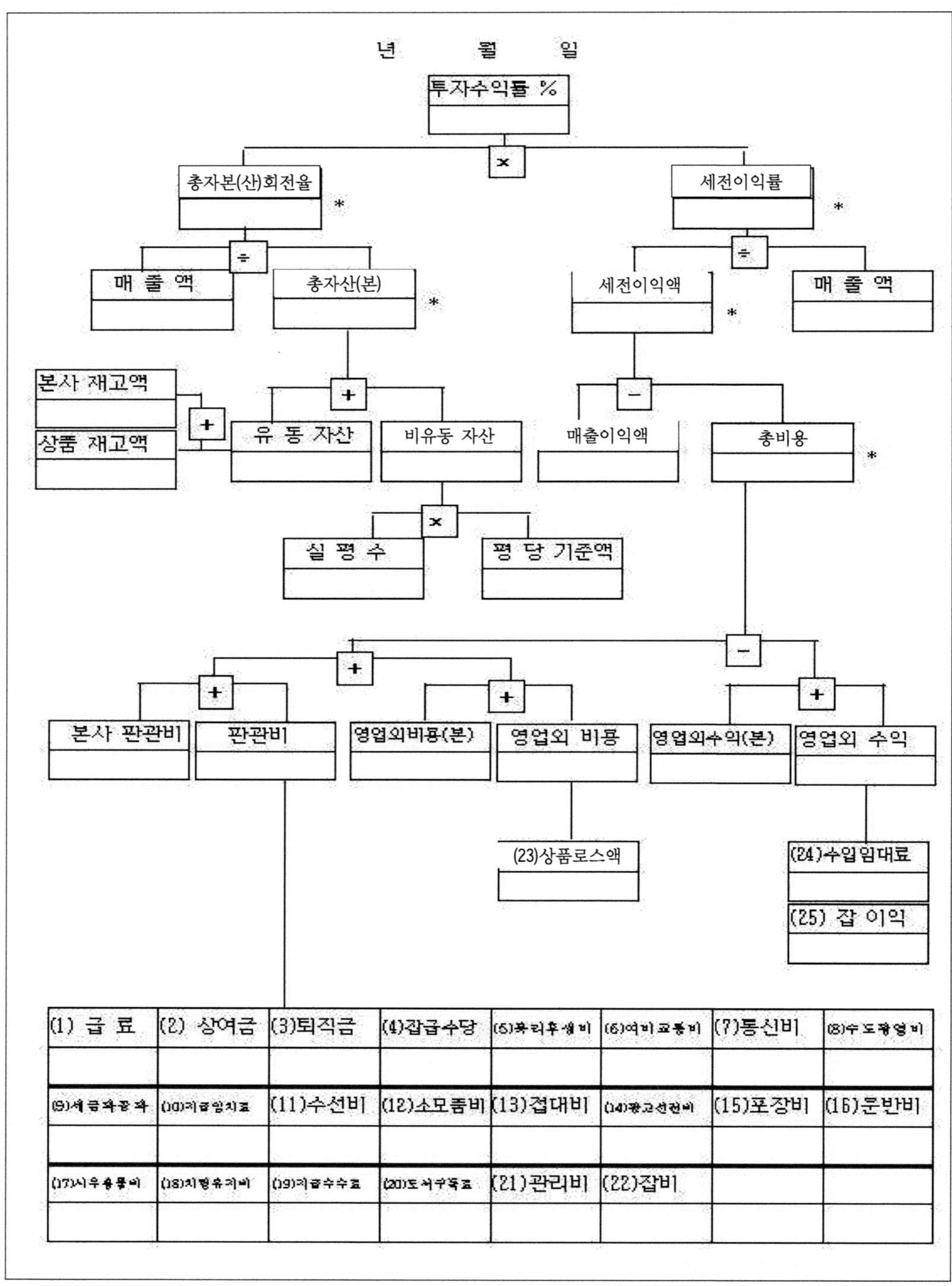
년 월 일
투자수익률 %
총자본(산)회전율
세전이익률
매 출 액
총자산(본)
세전이익액
매 출 액
본사 재고액
상품 재고액
유 동 자산
비유동 자산
매출이익액
총비용
실 평 수
평 당 기준액
본사 판관비
판관비
영업외비용(본)
영업외 비용
영업외수익(본)
영업외 수익
(23)상품로스액
(24)수입임대료
(25) 잡 이익
(1) 급 료
(2) 상여금
(3)퇴직금
(4)잡급수당
(5)복리후생비
(6)여비교통비
(7)통신비
(8)수도광열비
(9)세금과공과
(10)지급임차료
(11)수선비
(12)소모품비
(13)접대비
(14)광고선전비
(15)포장비
(16)운반비
(17)사무용품비
(18)차량유지비
(19)지급수수료
(20)도서구독료
(21)관리비
(22)잡비

<그림 2-1> ROI 도표

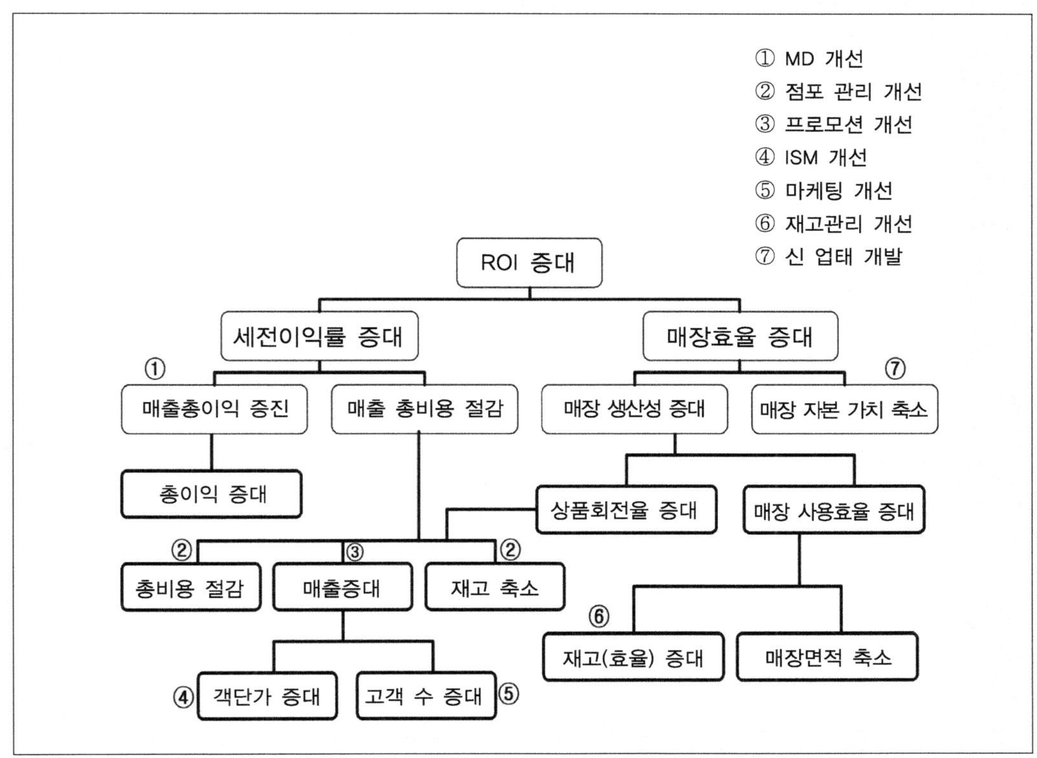


**<그림 2-2> ISM과 ROI 메커니즘**

<그림 2-3>은 ROI 증대 방법을 나타낸 것이다. 더욱 구체적인 개선 방법을 살펴보면 다음과 같다.

(1) 가치를 높인다. ----- (머천다이징 개선)

① 고 이익 상품 취급을 확대한다.
② 판매 단가를 높인다.
③ 매입 원가를 낮춘다.

(2) 로스를 줄인다. ----- (점포 관리 개선)

① 가격할인을 줄인다.
② 오염과 훼손·파손 상품 등 불량상품을 줄인다.
③ 선도관리 상품 (신선식품) 로스를 줄인다.

(3) 고정비를 줄인다. --- (점포 관리 개선)

① 인건비를 줄인다.

② 점포 비용(Cost)을 줄인다.

③ 판촉비를 줄인다.

(4) 객단가 증대 ------- (ISM 개선)

① 인당 평균 구매개수 증가

- 계획 구매 개수 증대
  (브랜드 로열티를 올린다. 사전 정보제공으로 상품을 알린다.)
- 비 계획 구매개수 증가 ~ 매출 품목 수 증대(연상구매↑, 관련 구매↑, 충동구매↑, 제안접수↑, 일괄 구매 유도로 구매개수 증대한다.)

② 구매 상품 개당 단가 상승(고가격 상품구매 유도)

(5) 고객수 증대 ------- (마케팅 개선)

① 기존 고객 방문 횟수 증대

- 방문 의욕을 높인다(스토어 로열티↑, 차별화).
- 방문 수단을 늘린다.
- 방문 기회를 늘린다.

② 신규고객 증대

- 상권 내 고객 증대
- 상권 확대(상품구성 깊이)

(6) 취급 품목 축소 ----- (재고관리 개선)

팔리지 않는 상품을 줄인다.

(7) 품목당 재고량 축소 - (재고관리 개선)

① 1회당 발주량 축소

② 리드 타임(Lead time 축소)

이외에도 매장 자본 가치 축소 경우 새로운 업태 개발로 그 돌파구를 찾을 수 있다.

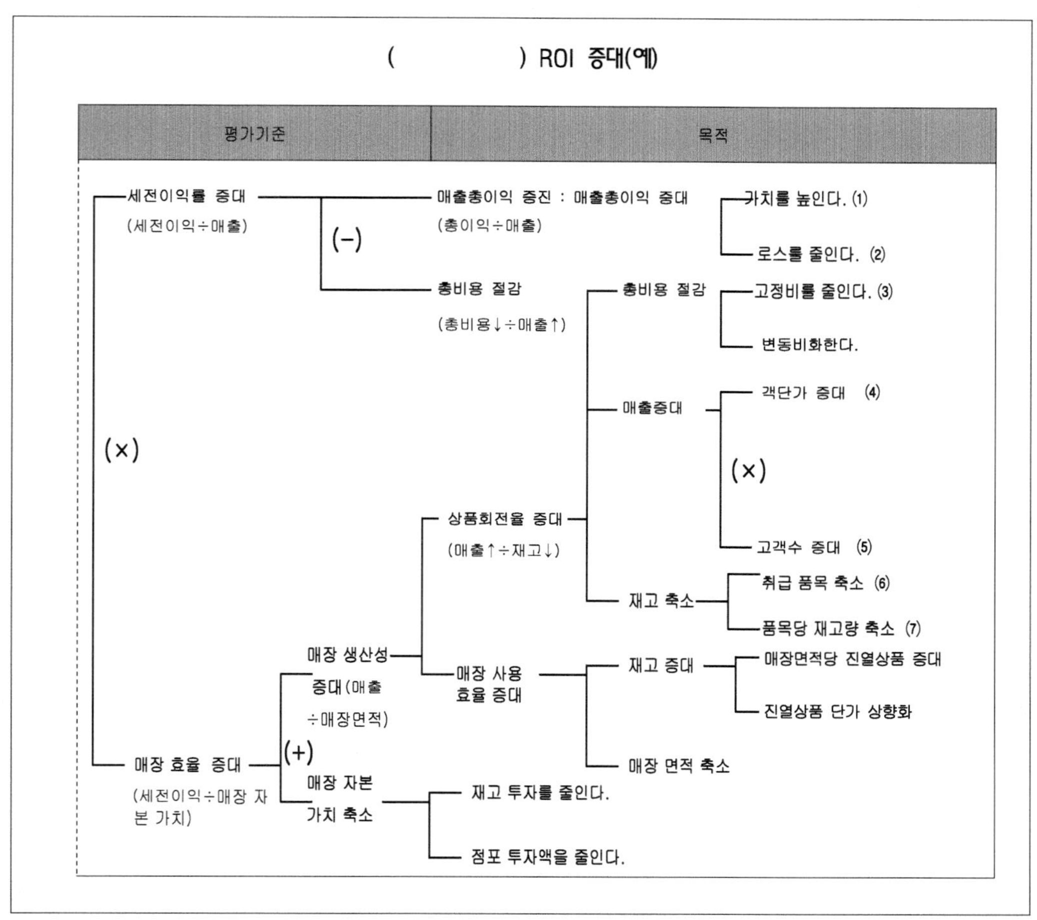


<그림 2-3> ROI 증대 방법

# 2. 객동선 조사기법

## 1) 객동선 조사기법

객단가는 객동선 길이와 정비례한다. 소매업은 내점한 고객을 어떻게 하면 판매와 연결하느냐 그리하여 더욱 많은 상품을 구매하게 만드느냐 하는 것이 최대 목표이다. 그러므로 점포 구성 측면에서 볼 때 객동선 향상에 의한 객단가 증대는 소매업 최대 과제 가운데 하나이다. 객동선 조사는 상품 배치, 통로, 조명, 구매시점광고(POP), 매장 배경 음악(BGM) 등 종합적인 측면에서 검토되어야 하는데, 우선 중요한 것은 매장 내에서 고객의 순회성이다. 따라서 이러한 순회성의 문제점을 고객의 움직임에서 찾아내어 개선해야 한다.

### (1) 객동선 조사

객동선 조사는 점포 동선, 상품 배치 등이 적정한 상태에 있는가를 측정하는 것이며 제한된 매장 면적을 최대한으로 활용하는 기준을 세우는 것이 주된 목적이다.

객동선 조사는 미리 준비한 매장 평면도 위에 조사 대상 고객의 입점부터 출점까지의 움직임을 추적하여 선으로 표시한다. 조사 고객 수는 전체 고객 수에 비례하여 시간대별로 정하고 고객이 잘 다니는 통로 고객에게 매력적인 상품 판매대와 고객이 계산하기 위한 대기 장소 등 이동 경로를 그대로 표시한다. 따라서 고객 통행이 없는 곳은 여백으로 남게 된다.

한 장 도면에 입점 시간과 출점 시간을 적게 되므로 점내 평면도는 조사하려는 고객 수만큼 준비하는 것이 좋다. 조사가 끝난 후에는 그것을 한 장의 대형 평면도에 옮겨서 정리하면 전체적 고객 움직임을 파악할 수 있다. 그러나 이런 방법으로 매장에 체류하는 고객 체류 시간과 이동 경로를 안다고 하더라도 상품을 손으로 만져보는 상품 판매대, 상품을 자세히 살펴보기만 하는 상품 판매대 혹은 계산하기 위해 기다리는 대기 시간 등은 알기가 어렵다. 실제로 이러한 움직임은 중요하지만 단지 동선을 형식적으로 파악하는 것만으로는 점포 내부 문제점을 찾아내기는 어렵다. 그러므로 다음 <표 2-1>과 같은 점내 체류 시간 측정표로 이러한 문제점을 보완한다.

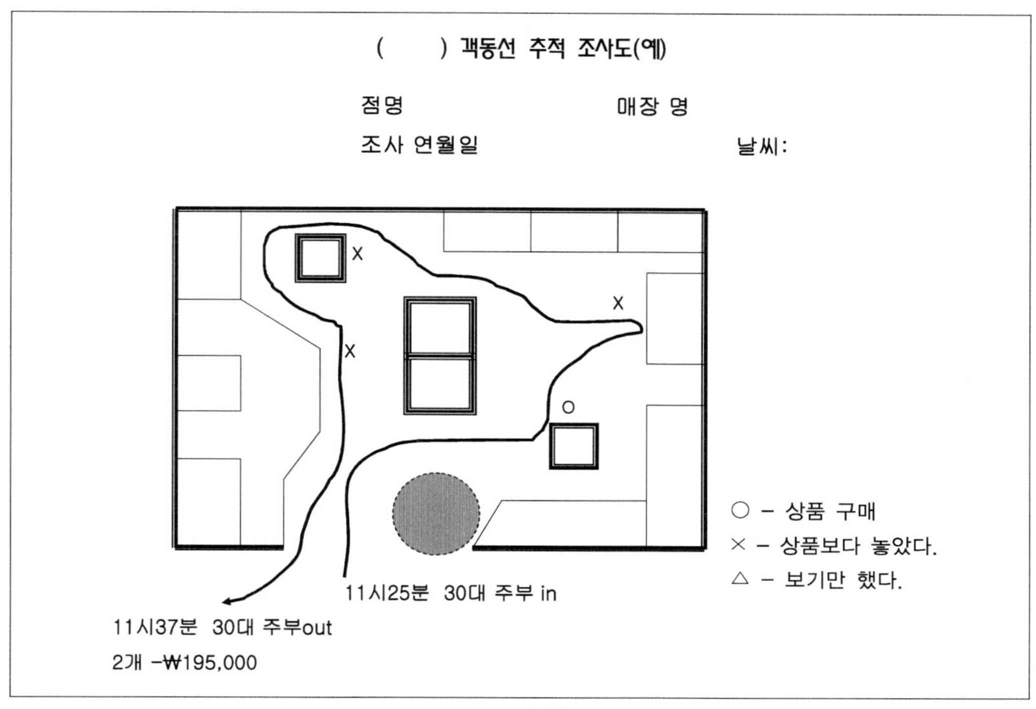


<그림 2-4> 객동선 조사도

<표 2-1> 점내 체류 시간 측정표

○ --- 샀다.
△ --- 만졌다.
× --- 멈추었다.

| 매장 번호 | 진행 순위 | 소요시간 | 행동 구분 | 비고 |
|---|---|---|---|---|
| 1 | 1 | 1분 | △ | 1. 소요시간 난 '0분'은 통과 고객을 의미한다.<br><br>2. 행동 구분란의<br>○ --- 샀다.<br>△ --- 만졌다.<br>× --- 멈추었다. 식으로 예측되는 고객 행동을 기호화하여 표시한다. |
| 2 | 2 | 0분 | | |
| 3 | 5 | 0분 | | |
| 4 | 3 | 4분 | ○ | |
| 5 | 4 | 0분 | | |
| 6 | 7 | 0분 | | |
| 7 | 15 | 2분 | × | |
| – | | | | |
| – | | | | |
| 15 | 12 | 1분 | × | |
| 계 | | 28분 | | |

### (2) 조사 방법

<표 2-2>와 같이 점내 체류 시간 측정표는 조사 고객 수만 준비하여 조사 항목에 조사 내용만 기재한다. 점내 체류 시간 측정표와 기재 방법은 다음과 같다. 위의 표에서 조사 고객 체류 시간은 28분이다. 일반적으로 보아 짧지 않은 시간이다. 그러나 시간만으로 이렇다저렇다 평가할 수 없다. 예를 들어 생선판매대 판매직원이 신입사원인 관계로 생선 다루는 솜씨가 서툴러 조사 고객을 오래 기다리게 했다면 여기에서 조사 시간은 의미가 없다. 이처럼 조사 고객 측정표를 집계하면 매력이 없는 상품 판매대는 어느 곳이고, 그냥 지나치는 곳은 어디이며 대면 판매원 판매 솜씨는 충분한가 하는 점 등을 알 수가 있다. 그리고 측정표 집계 결과를 점내 평면도에 선으로 표시하면 조사 고객 구매 행동 및 객동선 흐름을 동시에 알 수가 있다.

**<표 2-2> 점내 체류 시간 측정 양식**

**(　　　　　) 점내 체류 시간 측정(집계 양식)**

| | 진행 순위 | | | | | | 소요 시간 | | | | | | 행동 구분 | | | | | |
|---|---|---|---|---|---|---|---|---|---|---|---|---|---|---|---|---|---|---|
| | 고객 | | | | | | 고객 | | | | | | 고객 | | | | | |
| 매장 번호 | a | b | c | – | – | 계 | a | b | – | – | – | 계 | a | b | c | – | – | 계 |
| 1 | 1 | | | | | | | | | | | | | | | | | |
| 2 | 2 | | | | | | | | | | | | | | | | | |
| 3 | 5 | | | | | | | | | | | | | | | | | |
| 4 | 3 | | | | | | | | | | | | | | | | | |
| 5 | 4 | | | | | | | | | | | | | | | | | |
| – | 7 | | | | | | | | | | | | | | | | | |
| – | 15 | | | | | | | | | | | | | | | | | |
| – | | | | | | | | | | | | | | | | | | |
| – | 12 | | | | | | | | | | | | | | | | | |
| 계 | | | | | | | | | | | | | | | | | | |

### (3) 조사 사항

객동선은 상품 배치, 조명, 통로 등 매장 전체적인 면과 관련이 있으며 여기서 역점을 두어야 할 것은 '순회성'과 '유도성'이다. 일단 입점한 고객은 점내를 구석구석까지 돌아보게 하고 상품 연관성, 연속성으로 고객을 유도하여 판매 목표를 달성해야 한다. 그러므로 입점에서부터 출점까지 고객 움직임을 연결해 흐름에 조화를 이루게 하여야 한다. 객동선 조사에서 이렇듯 여러 가지 항목을 조사하는 이유는 다음과 같다. 고객이 상품을 보는 것은 '상품구성, 진열 방법'이 끌리기 때문이다. '가격, 품질, 맛' 따위를 타점과 비교하는 것이다. 목적구매와 충동구매를 별개로 치더라도 그 시점에서 매력이 있다고 생각되는 코너를 보는 것이다. 바꾸어 말하면 상품을 보는 고객 행동을 통해서 판매 가능성 유무를 판단하는 것이다. 상품을 손으로 만지는 것은 구매 의사결정을 하는 단계이다. 또한, 상품을 구매한다는 것은 그 상품 판매대의 존재가치를 인정하는 것이다. 구매에 필요한 시간은 그 상품 배경을 결정한다. 예를 들어 목적구매일 때 체점 시간이 오래 걸리지 않는다. 왜냐하면, 구매 상품 '가격, 품질, 맛'은 비교적 장시간에 걸쳐 경쟁점과 비교가 이루어진 상태이기 때문이다. 고객이 관심 없이 지나치는 상품 판매대는 신중하게 검토해 보아야 한다. 고객이 무시하고 있다는 것은 무언가 문제점이 있다는 것을 나타내며 많은 검토와 연구 결과로 만들어지지 않았다는 것을 말해주기 때문이다. 그다음에 대면 코너에서 포장이나 계량을 기다리게 하는 시간은

① 불필요하게 시간을 소비하게 하는 것은 아닌가?
② 그래서 다른 고객에게 방해가 되어 판매 기회를 놓치고 있지는 않은가?
③ 대면 판매원, 계산대 계산원 일을 처리하는 솜씨는 능숙한가?
④ 대면 판매대, 체크아웃 공간은 적당한가 등을 판정하는 측정 기준이 된다.

만약 이 가운데에서 하나라도 해당하는 것이 있다면 그것은 고객 불만 원인이 되고 매출에 큰 영향을 미치게 되므로 고쳐야 한다. 이렇게 객동선 조사는 체크아웃, 대면 코너, 종업원 교육훈련 등을 구체적으로 검토하는 중요한 요소가 된다. 점장은 레이아웃 개선점을 찾아내는 방법과 객동선 조사 방법을 연구하여 개발해야 한다. 그러기 위해서는 먼저 고객 구매 행동을 알아야 할 필요가 있다. 점장은 객동선과 각 상품 판매대에서의 소요 시간을 조사하여 상품 배치, 상품구성 등 문제점을 해결하기 위한 개선점 마련에 활용해야 한다.

#### (4) 객동선 조사 진단 체크 항목

① 조사에 앞서 총내점객 수를 조사하고 적정한 비율로 조사 대상 고객 수를 선정하였는가?
② 조사 대상 고객은 시간대별 내점객 수에 비례하여 결정하였는가?

③ 조사일은 객층・요일별 특성 등을 검토하여 결정하였는가?
④ 입점부터 출점까지 동선을 그릴 매장 평면도는 준비하였는가?
⑤ 조사 방법은 상황에 맞게 추적조사, 감시 조사 등으로 적합하게 결정하였는가?
⑥ 조사 시에 다른 고객에게 방해되지 않도록 사전에 조사원에게 조사 방법을 훈련하였는가?
⑦ 통로, 조명, 상품 진열 등 점내 상황은 평상시 상태로 되어있는가?
⑧ 점내 체류 시간 측정표는 부문별로 준비하고 있는가?
⑨ 입점 경로는 직선 입점과 유도 입점을 구별하고 있는가?
⑩ 조사 대상 고객이 서서 상품을 바라보기만 한 코너에 대한 그 시간을 조사서에 기재하고 있는가?
⑪ 조사 대상 고객이 손으로 상품을 만져보기만 한 코너에 대한 그 시간을 조사서에 기재하고 있는가?
⑫ 조사 대상 고객이 상품을 구매한 코너에 대한 그 시간을 조사서에 기재하고 있는가?
⑬ 조사 대상 고객이 지나친 상품 판매대는 조사서에 기재하고 있는가?
⑭ 계산, 포장, 기타 대면에서 대기 시간 등 체류 시간에 영향을 준 시간도 조사서에 기재하고 있는가?
⑮ 매장에서 고객이 잠시 체류하고 있는 장소는 조사서에 기재하고 있는가?

### (5) 객동선 추적조사법

객동선 추적조사를 하기 전에 준비해야 할 것은 다음과 같다.

① 매장 레이아웃 도면
(상품 부문 배치가 표시된 레이아웃 도면 50～100매)
② 필기 용구(될 수 있는 대로 색상이 다양하게)
③ 조사 표본 수는 50～100명 구매 고객
④ 조사 시간대는 개점에서 폐점까지이며 시간대별 평균 고객 수 비율에 맞추어서 표본 수를 결정한다.
⑤ 조사 횟수는 평일, 주말, 공휴일 등 주 3일 이상 조사한다.
⑥ 1매 조사 용지에 5～6명 고객을 조사한다.
(고객 동선 표시는 고객별로 다른 색상 필기구로 표시하여 구별이 쉽게 한다.)
⑦ 객동선 조사 때에는 고객이 알지 못하도록 뒤따르며 조사한다.

⑧ 조사표에 기재하는 1인당 표본 고객의 체크 내용은,

㉠ 고객 이동 동선(매장 입구에서 출구까지 도면 위에 선으로 표시)

㉡ 입점 시각(몇 시 몇 분), 퇴점 시각(몇 시 몇 분)

㉢ 체점 시간

㉣ 성별 → 남, 여

㉤ 연령대(10대, 20대, 30대, … 50대 이상)

㉥ 구매 금액 → 체크아웃 금액

㉦ 구매 물품 개수 → 체크아웃 개수

㉧ 체크아웃 계산대 번호

㉨ 샀다 → 구매 물품 상품명

㉩ 멈춰 섰다. (고객 정지 행동) → "~ 앞에 멈춰 섰다."

㉪ 주목했다. → "~을 보기만 했다."

㉫ 만졌다. → "~을 만지다가 사지 않고 놓았다."

⑨ ⑧에서 조사한 객동선을 준비한 대형 레이아웃 도면에 몰아서 기록한다.

⑩ ⑧에서 조사한 내용을 조합해서 객동선 추적조사 통계표 <표 2-3>을 작성한다.

**<표 2-3> 객동선 추적조사 통계표**

**(　　　) 객동선 추적조사 통계표**

| | 입점/퇴점 | 체류 시간 | 구입액 | 구입개수 | 성별/나이 | 특징 |
|---|---|---|---|---|---|---|
| 1번 고객 | | | | | | |
| 2 | | | | | | |
| 3 | | | | | | |
| 4 | | | | | | |
| 5 | | | | | | |
| 6 | | | | | | |
| 7 | | | | | | |
| 8 | | | | | | |
| 9 | | | | | | |
| 10 | | | | | | |

### (6) 객동선 추적조사를 기초로 한 매장 개선책

매장 매출을 증대시키기 위해서는 먼저 내점객 1인당 구매 물품 수를 증가시켜야 한다. 그 이유는

① [ 매출액 = 총판매 개수 × 상품 평균단가 ]인데,

② [ 총판매 개수 = 고객 수 × 평균 판매 개수 ]이므로, ①식은

③ [ 매출액 = 고객 수 × 평균 판매 개수 × 상품 평균단가 ]식이 된다.

여기서 상품 평균단가는 그 점포 상품구성에 따라 거의 결정되므로 점포 상품구성을 바꾸지 않는 한 대개 큰 변동이 없는 게 일반적이다. 그러므로 상품 평균단가가 상품구성을 변화시키지 않고 고정적이라면 매출액은 총판매 개수에 따라 비례하게 된다. 따라서 매출액을 증가시키는 것은 총판매 개수를 증가시켜야 한다.

총판매 개수 즉, 1인당 구매 물품 수를 증가시키기 위해서는,

① 점포 내 사각을 없앤다.

② 객동선을 길게 한다.

③ 걸음을 멈추게 하는 정지율을 높인다.

④ 구매율을 높인다 등 개선책이 필요하다.

그리고 고객 객동선 조사 내용을 분석하여 구체적인 대책을 다음과 같이 수립한다.

첫째, 통과율이 적은 통로 개선책을 마련한다. 둘째, 매출률이 낮은 진열대를 찾아내어 개선책을 마련한다. 셋째, 만지며 보는 횟수는 높으나 매출률이 낮은 진열대를 점검하여 개선책을 마련한다.

① 매가 체크

② 내용량 체크

③ 선도 체크

④ 날짜 체크

⑤ 유행 체크

이와 같은 세 가지 개선책을 기본으로 하여 매장 레이아웃을 재설계함으로써 1인당 구매 물품 수를 증가시킬 수 있게 된다. 또한, 고객들의 통로 주행에 있어서 ‘부메랑’ 비율을 낮추는 것이 관건이다. 부메랑 비율이란 통로 한쪽 끝에서 다른 쪽 끝까지 완전히 통과하지 못한 고객들 비율을 말하는데 이것을 높이기 위해서는 곤돌라 진열라인에 있어 자석 상품 배치 방법을 응용하면 부메랑 비율을 낮출 수 있다.

# 제 2 절 소비 수요 파악

## 1. 상품화 활동(Merchandising) 체크리스트

### 1) 상품화 활동

(1) 좋은 상품은 자연히 팔린다.
(2) 능숙한 매입은 거의 다 판매한 것과 같다.
(3) 뛰어난 상품은 광고가 필요 없다.

이 같은 말은 소비자 욕구에 적합한 상품을 제공함에 따라 소비자에게 만족감을 주어 재구매를 촉진하고 점포에 관한 호의, 신뢰를 얻어 결과적으로 매출 증가와 이익 증가를 가져오는 원천이 되는 기본임을 의미한다. 따라서 적절한 머천다이징은 고객 필요, 요구를 충분히 만족하게 할 수 있어야 하며 이를 위해서 다음 <표 2-4>과 같은 5R(Right) 체크리스트를 언제나 염두에 둘 필요가 있다.

<표 2-4> 5R 체크리스트

( ) 5R 체크리스트(5-①)

(1) 적정한 상품

| | | 필요한 데이터 |
|---|---|---|
| 판매 관계 | (1) 취급상품 종류<br>한정품종인가? 다품종인가?<br>상급, 중급, 하급품 중 어느 것인가?<br>(2) 상품 및 포장 디자인, 스타일, 색, 형, 크기, 재질 등<br>(3) 전에 취급하지 않던 상품이거나 별로 관심 두지 않았던 상품이지만 앞으로 관심을 두고 판매해야 할 상품은? | 사내기록<br>품절 전표<br>매입처로부터 정보<br>신문잡지<br>실태 조사 |
| 매입 관계 | 판매해야 할 상품이 무엇인가를 알게 되면 이에 따라 매입해야 할 상품을 알게 된다.<br>(1) 매입을 강화해야 할 상품<br>(2) 매입을 중단해야 할 상품<br>(3) 새로 취급해야 할 상품을 결정한다. | |

(2) 적정한 장소

| | | 필요한 데이터 |
|---|---|---|
| 판매 관계 | (1) 점두인가, 점포 안쪽인가?<br>(2) 시야 또는 조망이 트인 장소인가?<br>(3) 상품이 놓이는 높이는?<br>(4) 어느 지역에서 잘 팔리는가? | 사내기록<br>실태 조사<br>사외 기록 및 정보 |
| 매입 관계 | 〈매입처 선정〉<br>(1) 취급상품<br>(2) 점포 신용<br>(3) 지급 조건<br>(4) 점포에 대한 태도, 기타 | |

**(3) 적정한 시기**

| | | 필요한 데이터 |
|---|---|---|
| 판매 관계 | (1) 봄, 여름, 가을, 겨울 및 특정 공휴일, 기념일, 각종 행사 등에 따라 현저하게 영향을 받는가?<br>(2) 일반적으로 보아 팔리는 시기, 팔리지 않는 시기는? | 사내기록에 의한 판매변동 패턴 파악. 유행품, 신제품, 최신 유행품 사외 정보수집 |
| 매입 관계 | (1) 언제까지 매입하면 좋은가?<br>(2) 월별 판매변동에 맞는 매입계획 수립 | |

**(4) 적정한 수량**

| | | 필요한 데이터 |
|---|---|---|
| 판매 관계 | (1) 구매방법은 규칙적인가, 불규칙적인가?<br>(2) 구매 빈도는 높은가, 적은가?<br>(3) 1회 구매 수량은 많은가, 적은가? | 사내정보에 의한 경우가 많다. |
| 매입 관계 | (1) 일일매입인가? 대량매입인가?<br>(2) 공동 매입인가? 단독 매입인가? 또는 집중 매입인가? | |

**(5) 적정한 가격**

| | | 필요한 데이터 |
|---|---|---|
| 판매 관계 | (1) 가격 라인 결정<br>(2) 저가격, 고가격 중 어느 쪽인가?<br>(3) 특매정책, 기타 가격정책은? | 사내정보<br>동업자 움직임 |
| 매입 관계 | 매입가격 및 거래조건 | |

## 2) 상품특징

소비자가 상품을 선택할 때 중시하는 상품특징을 고려할 필요가 있다. 이는 상품에 따라 요구되는 특징도 달라지기 때문이다. 예를 들면 다음 <표 2-5>와 같다.

**<표 2-5> 상품특징 중요도 순위**

( ) 상품특징 중요도 순위(예)

| 상품명 | 1순위 | 2순위 | 3순위 | 4순위 |
|---|---|---|---|---|
| 커피포트 | 사용상 편의 | 재료 | 용량 | 가격 |
| 콜 세트 | 치수 | 타입 | 가격 | 브랜드 |
| 장갑 | 섬유, 가죽 | 치수 | 색 | 스타일 |
| 보석 | 종류 | 가격 | 재료 | 색 |
| 남자용 셔츠 | 스타일 | 색채, 치수 | 소매 길이 | 재료 |
| 넥타이 | 계절(소재) | 색 | 디자인 | 품질 |

## 2. 수요조사

모든 상품은 각기 누군가에 의해 사용, 소비되기 위해 만들어지며 상품구매나 사용은 점포 경영 능력 최종결과라 할 수 있다. 이를 위한 여러 활동을 효과적으로 수행하기 위해 소비자 욕구, 기호, 관습 등을 고려하여 이에 적합하게 나가야 한다.

### 1) 상품 수요 유형

상품에 대한 수요를 창조하기 위해서는 많은 사람이 특정 상품에 대해 욕망해야 하며 이들에게 구매하는 의사와 구매력이 있어야 한다. 이처럼 상품에 대한 수요는 구매력이 있고 구매 의사를 가진 많은 사람의 욕망에 의존하고 있다. 이 수요에는 실제로 상품을 구매해서 사용하고 있는 현재 수요와 어떠한 작용을 하거나 자극을 주면 그 상품을 구매할 것으로 생각하는 잠재 수요가 있다.

### 2) 소비자가 상품을 사지 않는 이유

일반적으로 소비자가 상품을 사지 않는 이유로는 다음과 같다.

(1) 계절적 이유

(2) 상품 존재 무지

(3) 용도, 사용 방법 불명, 이해 부족

(4) 편견

① 점포에 대한
② 상품에 대한
③ 종업원에 대한

(5) 상품 자체 결함

(6) 구매력 부족

(7) 경쟁상품과의 관계

(8) 경쟁력 불비(不備), 열세

① 구색 갖춤

② 타 업종 침입 · 경쟁
③ 인적 판매력
④ 프로모션(판촉)
⑤ 가격정책 등이 있다.

### 3) 일반 고객조사

#### (1) 시장동기 파악

① 상품에 대한 새로운 욕구가 있는가?
② 표적 소비자에 변화가 없는가?
③ 시장 크기는
- 상품을 구매하는 소비자 계층은?
- 잠재 수요는? 그 이유는?

④ 시장 동향은 상승 경향인가, 하향 경향인가, 현상 유지인가?
⑤ 상품에 영향을 미치는 구매 관습은?
⑥ 자점 및 자점 취급 상품에 대한 소비자 태도는?

#### (2) 경쟁 관계 파악

① 경쟁상품은 무엇인가?
② 경쟁점 구색 갖춤은?
③ 경쟁점 가격정책은?
④ 경쟁점 경영정책은?
⑤ 새 경쟁점이 참여할 여지가 있는가?
⑥ 경쟁에 이길 충분한 취급 상품 특성이 있는가?

#### (3) 상품정책 검토

① 어떤 서비스가 필요한가?
② 가격은 적절한가?
③ 소비자 수요에 적합해지고 있는가?
④ 상품이 진부화해 가지 않는가?
⑤ 새로 추가해야 할 상품이 있는가?

등을 조사해서 대책 수립에 참고 자료로 한다. 이와 더불어 기업 내외의 각종 판매 관련 자료를 수집하여 분석 검토할 필요가 있다.

# 3. 판매예측

## 1) 판매예측

판매예측은「매출액을 예측한다.」,「자사 상품에 대한 수요를 추정한다.」,「잠재 시장을 검토한다.」등으로 해석되지만 모두 자사 상품이 장래 일정 기간, 일정 장소에서 얼마나 판매할 수 있는가를 추정하기 위한 것이다. 미국 마케팅 협회 정의에 따르면 판매예측은「제한된 마케팅 계획 혹은 프로그램 아래서, 또 예측 대상 상품을 둘러싸고 예상되는 경제 압력 및 그 밖의 압력 아래서 장래 특정 기간에 대한 금액 혹은 수량 단위로 매출 추산이다. 예측은 특정 상품 또는 상품 라인을 대상으로 시행된다.」고 기술하고 있다. <그림 2-5>와 같이 효과적인 마케팅을 수행하면서 과거 정보와 미래 정보의 적절한 사용이 필요하지만, 계획이나 의사결정 관점에서 미래 정보는 과거에 관한 것 이상으로 중요한 뜻이 있다. 또 판매예측에는 피드백(feed back)이 필요하다. 피드백은 과거 사건과 그 실제에 관한 정보를 관련짓는다. 이러한 사실 자료를 통해 경영자는 현재 활동과 계획을 조정하고 또 이에 따라 모든 경영 활동 효과를 개선해 나갈 수 있다.

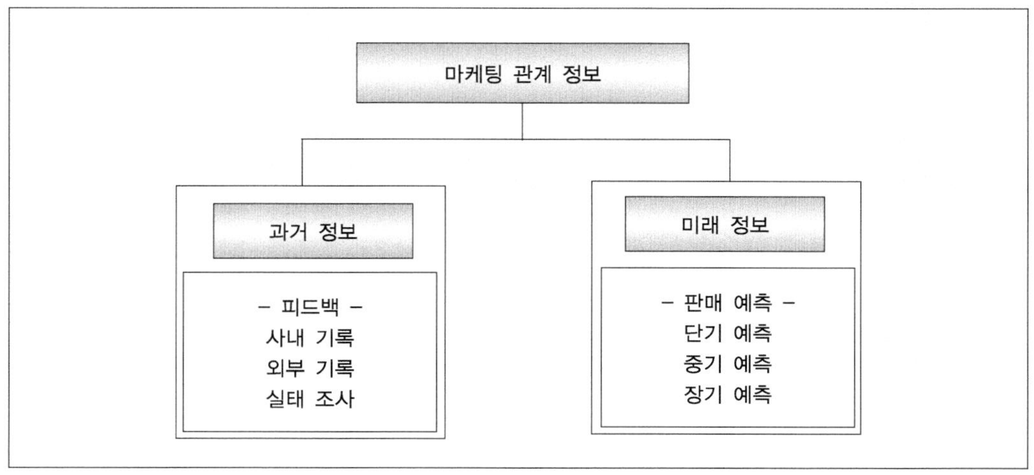


**<그림 2-5> 판매예측을 위한 마케팅 관계 정보**

## 2) 판매예측 순서

판매예측을 하기 위해 보통 통계학이나 수학 기법을 사용하는 객관적 어프로치와 경영에 실제로 종사하고 있는 사람들의 경험과 지식에 바탕을 둔 주관적 어프로치가 병용되는데 그 순서를 정리하면 다음과 같다.

### (1) 1단계: 각 원천으로부터 정보수집

① 경영 외부 자료
정부 관공서, 업계, 대학, 연구소 등이 발표하는 각 데이터, 연구자료
㉠ 과거 데이터
㉡ 미래 데이터

② 사내 기록
판매액 동향, 재고액 동향, 가격 동향, 반품 등 기록

③ 매입처와 고객으로부터 정보

### (2) 2단계: 자료가공 분석

① 시계열 분석
㉠ 최소자승법
㉡ 연환비율법 등

② 판매액과 다른 요인과 상관분석

③ 과거 경험과 지식 집대성을 동원한 판단
㉠ 경영자 의견
㉡ 과거 유사성

④ 실태 조사

### (3) 3단계: 판매예측 I

① 경향변동, 계절변동, 순환변동

② 선행지표와 지체지표 등 각 지표

③ 관련 패턴 결정요소로부터 임의 예측

④ 고객 구매 행동조사와 의견조사

#### (4) 4단계: 판매예측 II

① 판매예측 구분
- ㉠ 상품 라인별
- ㉡ 지역별
- ㉢ 고객별
- ㉣ 월별 등

② 직전 프로그램 특정 표적 이행
- ㉠ 계획 확립과 조정
- ㉡ 매입계획
- ㉢ 인재, 설비확장 등
- ㉣ 마케팅프로그램
- ㉤ 자금

#### (5) 5단계: 차이 분석

① 예측 재검토로 실적과 예측을 정기적으로 비교·검토하는 차이 분석하여 차이 이유를 명확히 밝혀내어 대책을 수립한다.

② 계획을 재평가하여 예측기법을 조정한다. 그 결과보다 정확한 판매예측을 하도록 한다.

### 3) 판매예측 여러 가지 방법

판매예측액을 수량적으로 파악하기 위해서는 여러 가지 기법이 쓰이지만, 이들 예측치를 그대로 채용하는 것이 아니라 질적 및 불규칙한 각 요소를 고려한 후 주관적인 판단에 따라 예측치를 수정할 필요가 있다. 일반적으로 쓰이는 판매예측 방법은 다음과 같다.

#### (1) 추량법

이는 주관적 어프로치라고도 불리며 가장 무난한 방법으로서 실제로 경영에 종사하는 사람들 경험과 지식을 바탕으로 추량하는 것이다. 이 같은 추량법 유형에는 판매원에 의한 방법과 간부나 경영자 판단에 의한 방법이 있다.

### (2) 소비자계획분석법

데이터 대부분은 회사 시장조사 부서에서 수집한 사실이다. 시장조사 부서는 기대하는 장래의 매출액에 관한 정보를 수집하기 위해 조사대상자에게 면접 조사원을 파견하거나 설문지를 보내어 이들 회답과 보충적 원천자료로부터 데이터를 분석한다.

### (3) 판매실적법

과거 판매실적을 바탕으로 판매액을 예측하는 가장 대표적인 방법이다. 이 방법에서는 시간적 변화를 포함한 수치를 분석하여 과거 판매실적으로부터 장래 경향을 예측하려는 것이다. 이용되는 과거 수치는

① 분기 수치만을 참고로 하는 방법

② 전기까지 기간 수치(혹은 그 평균)를 참고하는 방법이 있다.

**<표 2-6> 연도별 판매실적 신장률**

| 연도 | 판매실적(억 원) | 신장률(%) |
|---|---|---|
| 1차연도 | 215 | – |
| 2차연도 | 232 | 7.90 |
| 3차연도 | 238 | 2.58 |
| 4차연도 | 322 | 35.29 |
| 5차연도 | 389 | 20.80 |
| 평균 신장률 | | 16.64 |

판매실적법 유형에는 다음과 같은 것들이 있다.

① 전년 동월 매출액에 일정률을 적용하는 방법(일정률 증가법)

② 연속상관법

$$\text{* 당년 차기 예정 매출액} = \text{전년 차기 매출액} \times \frac{\text{당년 당기 매출액}}{\text{전년 동기 매출액}}$$

③ 월별 실적 비율법

$$\text{* 월별 비율} = \frac{\text{월간 판매실적}}{\text{년간 판매합계}}$$

④ 경향수치를 참고하는 법 등이 있다.

# 4. 판매 계절변동

판매 계절변동은 순환변동보다도 발생이 규칙적이다. 따라서 과거 계절적 패턴은 장래 계절적 패턴을 예측하는데 상당히 신뢰할 수 있는 기초를 제공해 준다. 이때 연간 월별 매출액 퍼센트 혹은 지수는 계절변동을 나타내게 된다.

## 1) 월별 평균법

이 방법은 단순 평균법이라고도 하며 과거 수년간 월별 판매 숫자를 월별로 합계하여 산술 평균해서 절대 수를 나타내는 경우와 그 절대 수 12개월 합계를 평균한 것을 100%로 지수로 표시하는 때도 있다.

<표 2-7> 월별 평균법(예)

| 월 | 1 | 2 | 3 | 4 | 5 | 6 | 7 | 8 | 9 | 10 | 11 | 12 |
|---|---|---|---|---|---|---|---|---|---|---|---|---|
| 제1년 | 370 | 380 | 410 | 420 | 400 | 390 | 410 | 400 | 430 | 450 | 440 | 420 |
| 제2년 | 390 | 410 | 430 | 440 | 420 | 400 | 410 | 420 | 450 | 470 | 460 | 430 |
| 제3년 | 410 | 430 | 450 | 470 | 440 | 430 | 440 | 440 | 460 | 500 | 480 | 470 |
| 합계 | 1,170 | 1,220 | 1,290 | 1,330 | 1,260 | 1,220 | 1,260 | 1,260 | 1,340 | 1,420 | 1,380 | 1,320 |
| 평균 | 390 | 407 | 430 | 443 | 420 | 407 | 420 | 420 | 447 | 473 | 460 | 440 |
| 지수 | 91 | 95 | 100 | 103 | 98 | 95 | 98 | 98 | 104 | 110 | 107 | 102 |

여기서 평균의 평균, 즉 430만 원을 분모로 하고 각 월평균을 분자로 해서 제해나가면 팔리는 달과 팔리지 않은 달, 판매 노력을 더 기울여야 하는 데도 참고가 된다.

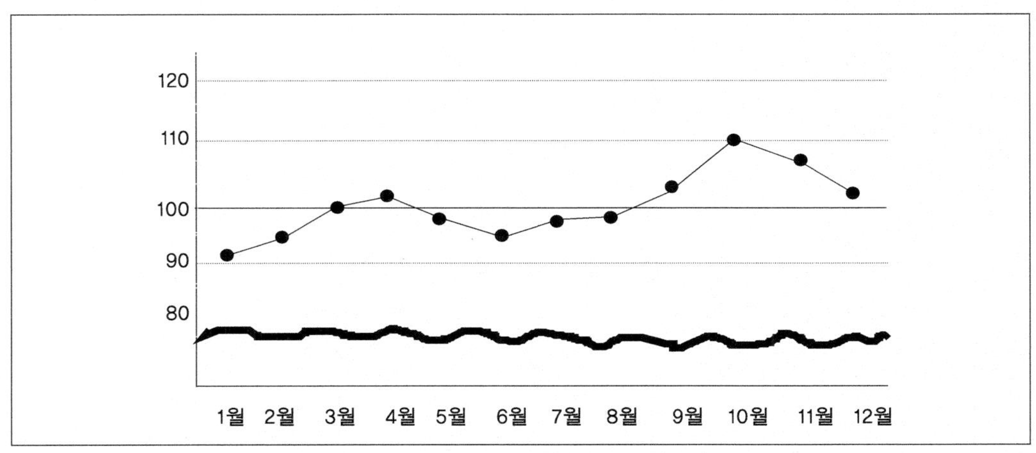


<그림 2-6> 3개년 평균 계절지수

월별 평균법은 비교적 단기 예측을 직 전기 실적에 따라 차례를 편성해 나가는데 편리하다. 이 경우

$$X\ 월\ 판매\ 예정액 = 전월\ 실적 \times \frac{당월\ 지수}{전월\ 지수}$$ 로 구할 수 있다.

가령 12월 판매실적이 5억 원이었을 때 이를 바탕으로 다음 해 1월 매출을 어느 정도를 기대할 것인가 할 때 12월 지수 102, 1월 지수가 91일 때(<표 2-7> 참조) 얼마나 팔린 것인가를 12월 실적을 중심으로 살펴보면,

$$X=500\times\frac{91}{102}=466백만\ 원$$

1월 판매액을 466백만 원으로 예상할 수 있다.

## 2) 연환비율법

월별 평균법은 계산이 간단하지만, 판매 경향 변동이나 석유파동, 환율 등 영향이 판매계획에 크게 작용할 때는 그 결과는 반드시 현실에 맞지 않고 차질이 생기는 경우가 있다. 이와 같은 결점을 보충하는 수법으로 연환비율법을 이용하며 이 방법은 과거 수년간 매출액 데이터의 최초 월을 100으로 하여 그것을 기준으로 각 월의 매출액 연환비율을 구한다. 그리고 이 연환비율에 의하여 계절지수를 산출하고 월별 판매계획을 설정하는 방법이다. 다만 계산이 다소 번잡하지만, 이 방법에 대한 신뢰도가 높으므로 컴퓨터 등에 의하여 활용할 것을 권하고 싶다. 이 연환비율법에 따른 계절지수 구하는 방법과 월별 판매계획 입안 절차를 기술하기로 한다(<표 2-8> 참조).

(1) 순서 1 [과거 3개년간 월별 판매실적 자료를 수집 · 정리한다.]

(2) 순서 2 [각 월 연환비율을 구한다.]

① 먼저 최초 월의 매출액을 100으로 한다(이것은 최초 출발점이 되는 기준치이다).
② 제2의 월 이후 각 월의 연환비율은 다음 공식으로 순차 계산한다.
   ◎ 각 월의 연환비율 = 당월 매출액 / 전월 매출액
③ 계산 결과는 표에 정리한다(<표 2-8> 사례 참조).

(3) 순서 3 [각 월의 연환비율의 중앙치(M)를 선정한다.]

① 각 년의 각 월의 연환비율을 계산하였으면 월별 연환비율이 중앙치($M_0$)를 선정한다.

② 이 경우 중앙치(*M*)를 선정하는 것은 판매의 이상한 연도의 영향을 제거한다는 의미가 있다.

③ 데이터가 4년간이라는 짝수 경우 중앙의 두 개의 치(値)를 평균하여 중앙치로 한다.

④ 또한, 중앙치가 아니라 평균치를 사용하는 경우는 각 월의 연환비율 최대치와 최소치를 제외하여 평균치를 구한다.

(4) 순서 4 [각 월 가짓수를 구한다.]

※ 최초 월을 100으로 하여 각 월 가짓수를 다음 공식에 의하여 구한다.

◎ 제2월 이후 가짓수 = 전월 가짓수 × 당월 중앙치

(5) 순서 5 [각 월 가짓수를 경량치로 수정하고 보완지수를 구한다.]

① 먼저 12번째 월 가짓수 × 최초 월 중앙치 = X로 한다.

② X = 100일 때에는 경향 치가 움직이지 않는다고 보아 가짓수가 그대로 계절지수가 된다.

③ X > 100일 때에는 (X-100) / 12 = Y로 하여 Y 치를 제2월 이후 가짓수에서 순차 차감한다. 다만, 제2 월은 Y만, 제3 월은 2Y, 제4 월은 3Y………제12번째 월은 11Y로 한다.

④ X < 100일 때에는 반대로(100-X) / 12 = Y' 치로 하여 Y' 치를 제2월 이후 가짓수로 순차 가산한다. 다만, 제2 월은 Y', 제3 월은 2Y'……… 제12 월은 11Y'로 하는 것은 위 ③항과 같다.

(6) 순서 6 [보완지수 평균치를 산출한다.]

※ 보완지수를 합계하여 그 합계치를 12로 나누어 보완지수 평균치를 산출한다.

◎ 보완지수 평균치 = 보완지수 합계치 / 12

(7) 순서 7 [각 월 계절지수를 구한다.]

① 각 월 보완지수를 보완지수의 평균치로 나누어 다시 100을 곱하여 각 월 계절지수를 구한다.

◎ 계절지수 = [각 월 보완지수 / 보완지수 평균치] × 100

② 이 경우 계절지수의 합계가 1,200이 되도록 조정한다.

(8) 순서 8 [월별 판매계획을 설정한다.]

① 월별 평균법과 같이 연간 매출액 목표를 12로 나누어 월평균 매출액 목표치를 산출한다.

② 이 월평균 매출액 목표를 상기 각 월 계절지수를 곱하여 각 월 판매 계획치를 구한다.

◎ 월별 판매계획 = [연간매출액 목표 / 12] × 각 월 계절지수

③ <표 2-8> 설정 사례를 참조한다.

**<표 2-8> 연환비율을 구하기 위한 연 · 월별 판매실적표**

| 항목 / 월 | ① 매출실적 | | | ② 연환비율 | | | ③ 중앙치 (M) | ④ 가짓수 | ⑤ 보완지수 | ⑥ 계절지수 | ⑦ 판매할당 (만원) |
|---|---|---|---|---|---|---|---|---|---|---|---|
| | $X_1$ | $X_2$ | $X_3$ | $X_1$년 | $X_2$년 | $X_3$년 | | | | | |
| 1 | 664 | 836 | 656 | 1.00 | 0.53 | 0.47 | 0.53 | 100 | 100 | 71 | 833 |
| 2 | 727 | 751 | 897 | 1.09 | 1.18 | 1.37 | 1.18 | 118 | 117 | 83 | 974 |
| 3 | 865 | 916 | 976 | 1.19 | 1.22 | 1.09 | 1.19 | 140 | 138 | 98 | 1,150 |
| 4 | 894 | 1,040 | 1,087 | 1.03 | 1.14 | 1.11 | 1.11 | 155 | 152 | 108 | 1,267 |
| 5 | 1,019 | 1,120 | 1,220 | 1.14 | 1.08 | 1.12 | 1.12 | 174 | 170 | 120 | 1,408 |
| 6 | 1,025 | 1,123 | 1,219 | 1.01 | 1.00 | 1.00 | 1.00 | 174 | 169 | 120 | 1,408 |
| 7 | 928 | 1,021 | 1,187 | 0.91 | 0.91 | 0.97 | 0.91 | 158 | 152 | 108 | 1,267 |
| 8 | 884 | 1,080 | 1,130 | 0.95 | 1.06 | 0.95 | 0.95 | 150 | 143 | 101 | 1,185 |
| 9 | 848 | 885 | 910 | 0.96 | 0.82 | 0.81 | 0.82 | 123 | 115 | 81 | 950 |
| 10 | 794 | 853 | 967 | 0.94 | 1.06 | 1.06 | 1.06 | 130 | 121 | 85 | 997 |
| 11 | 780 | 817 | 958 | 0.98 | 0.96 | 0.99 | 0.98 | 127 | 117 | 83 | 974 |
| 12 | 1,190 | 1,398 | 1,593 | 1.53 | 1.71 | 1.67 | 1.67 | 212 | 201 | 142 | 1,677 |
| 합계 | 10,620 | 11,640 | 12,800 | – | – | – | – | – | 1,695 | 1,200 | 14,080 |
| 비고 | | | | | | | | X=112 Y= 1 | 평균 =141 | | 월평균 =1,173 |

또한, 경제변동이 수년간에 걸쳐 너무 격심하지 않을 때는 월별 평균법과 연환비율법으로 구한 계절지수는 별로 차이가 크지 않다. 그러나 석유파동이나 환율 경향 등의 영향을 크게 받을 때는 월별 평균법과 연환비율법으로 구한 계절지수는 큰 차이가 생긴다. 따라서 번거롭지만, 양자 수법으로 계절지수를 산출하여 현상에 비추어 검토하고 어느 것을 채용할 것인가를 결정하여야 한다.

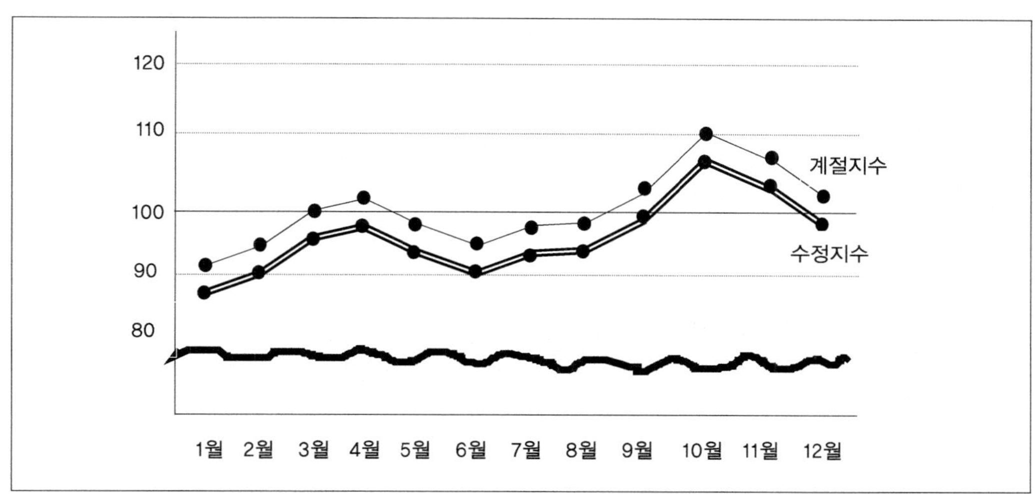


<그림 2-7> 연환비율 계절지수와 수정지수

## 5. 판매 경향 변동

판매 경향 변동은 단기간 소비 경향을 파악하는 게 아니라 장기적으로 보아 판매는 상향경향을 보여주고 있는지 아니면 하향 경향을 보이는지 보합 상태가 계속되는지 등에 관한 추세를 보는 것이다.

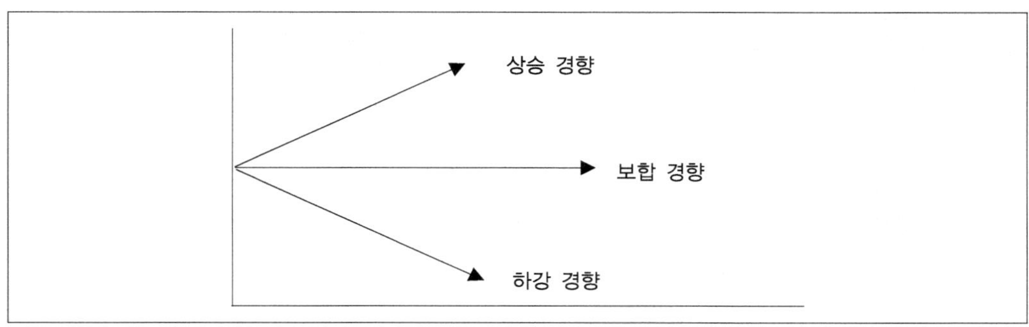


<그림 2-8> 3가지 경향

즉, 이 같은 경향 변동을 파악함으로써 지엽적인 문제에 얽매이지 않고 전체적인 판매 경향이 상승기류를 타고 있는지 아닌지 하는 것을 찾아내기 위한 것이다.

이와 같은 경향 변동은 당년 · 당월에 걸치는 경영 성장패턴을 나타낸다. 예를 들면 어떤 상품 '도입기' 매출은 완만한 성장, 그로부터 점차 급속한 '성장기'를 거쳐 성숙기에 이르면 완만한 성장 혹은 결정적으로 급격한 쇠퇴기를 맞기도 한다. 결국, 성숙기에 이르러 점진적으로 하향되는 감소 시기는 그 상품 '쇠퇴기'를 맞는 것이다. 구체적으로 경향 변동을 파악하는 방법엔 다음과 같은 것들이 있다.

## 1) 목측법

데이터를 도표상에 표시해 나간 후 눈대중으로 선 상하에 평균된 점이 흩어지도록 해서 자유로이 판매 경향선을 그어 나가 눈대중으로 장래 경향을 추정해 보는 방법이다. 이 방법은 적용이 쉬워 숙달된 판단이 가능하여 더욱이 경영 활동과 일반경영 상태에 관해 충분한 지식이 있는 사람이 활용한다면 다른 방법보다 월등한 효과가 기대된다. 다음 그림은 (<표 2-9> 연도별 판매실적 일람표)의 판매실적을 바탕으로 실적선을 연결하고 목측법에 따라 눈대중으로 선을 그은 것이다. 이 방법은 최소자승법으로 경향선을 구할 때의 예비적 수단으로 쓰이기도 한다.

**<표 2-9> 연도별 판매실적 일람표**

(단위: 백만 원)

| 1년 | 127 | 4년 | 165 | 7년 | 215 | 10년 | 322 |
|---|---|---|---|---|---|---|---|
| 2년 | 134 | 5년 | 159 | 8년 | 232 | 11년 | 389 |
| 3년 | 176 | 6년 | 179 | 9년 | 238 | 12년 | 368 |

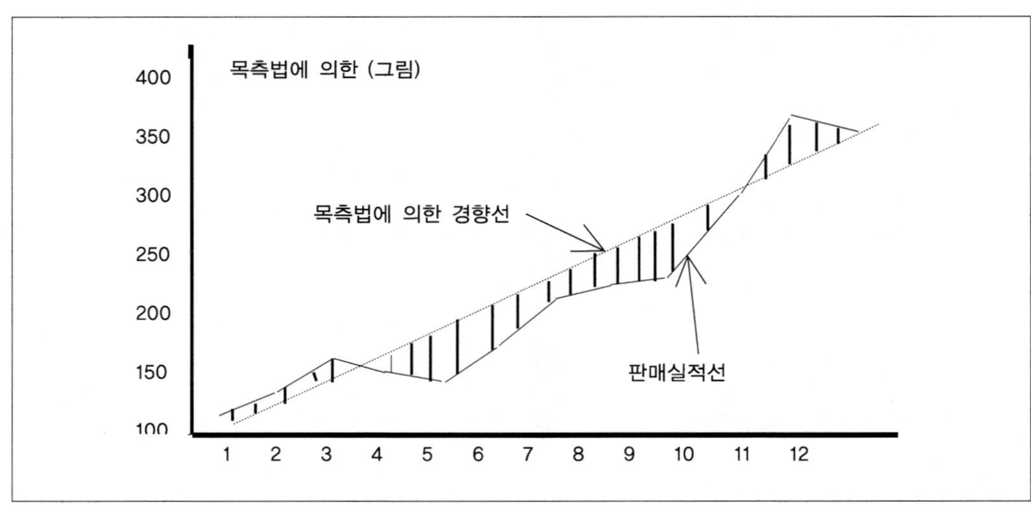


**<그림 2-9> 목측법**

## 2) 양분 평균법

계산 단계에서는 다음 <표 2-10>과 같이 일정 기간을 두 부분으로 나눈다. 다만 연수가 홀수일 때는 중심 년·월을 무시하고 2분 한다. 양분 총계는 일정 기간 각 반반씩을 계산한다. 양분 평균을 일정 기간 년도 별로 각 합계를 계산하여 산출한다. 표에서 1년도~6년도까지 합계가 940백만 원으로 이 기간 평균 연 판매액은 $\frac{940}{6}$=156.7백만 원이다. 양분 합계와 양분 평균은 각 기의 중심점 자리에 기재한다.

마지막 단계는 도상에 양분 평균을 표시하며 이는 직선으로 한다. 이 경우 기간 선택은 선의 경사에 직접 관계되므로 충분한 주의가 필요하다. 불황이 전반기간에 계속되고 후반에는 번영(호황)이 계속됨을 알 수 있다.

<표 2-10> 양분 평균법

(단위 : 백만 원)

| | 매출 실적 | 양분 총계 | 양분 평균 |
|---|---|---|---|
| 1 | 127 | | 145.7 |
| 2 | 134 | 437 | |
| 3 | 176 | 940 | 156.7 |
| 4 | 165 | | |
| 5 | 159 | 503 | 167.6 |
| 6 | 179 | | |
| 7 | 215 | | |
| 8 | 232 | 685 | 228.3 |
| 9 | 238 | | |
| 10 | 322 | 1,764 | 294.0 |
| 11 | 389 | 1,079 | 359.6 |
| 12 | 368 | | |

## 3) 이동평균법

이것은 <표 2-11>과 같이 비교적 단기간을 잡아 그 기간만의 평균을 먼저 산출하고 1기씩 자리를 옮겨 차례로 같은 기간 별로 평균치를 내는 방법이다. 먼저 각 기간 합계를 계산한다. 이 경우는 3개년 이동평균법을 쓰고 있다. 1년도~3년도 합계는 437백만 원이며 2~4년도는 475백만 원, 각 이동 합계의 최초 해를 빼고 마지막 연도의 다음 연도 것을 가산하여 계산한다. 1~3년 평균 이동은 년도 수로 합계를 나누어 산출한다. 즉 437÷3≒145.7(백만 원)이다.

이동평균법에서는 판매실적을 보지 않고 이동평균의 움직임으로 경향적 동향을 파악하려는 것이다. 따라서 이 이동 평균치를 그래프상에 표시하고 그 오르내리는 모양을 살펴 판매상의 기본적 추이를 확인하는 것이다. 이 이동 평균치를 내면 이전의 판매실적보다도 변동 폭이 좁아져 있으므로 누가 해도 거의 같은 정도의 판매 경향선을 쉽게 그을 수 있기 때문이다.

<표 2-11> 판매실적과 이동평균법

(단위 : 백만 원)

| | 판매실적 | 3개년 이동합계 | 3개년 이동평균 |
|---|---|---|---|
| 1 | 127 | 0 | – |
| 2 | 134 | 0 | – |
| 3 | 176 | 437 | 145.7 |
| 4 | 165 | 475 | 158.8 |
| 5 | 159 | 500 | 166.7 |
| 6 | 179 | 503 | 167.7 |
| 7 | 215 | 553 | 184.3 |
| 8 | 232 | 626 | 208.7 |
| 9 | 238 | 685 | 228.3 |
| 10 | 322 | 792 | 264.0 |
| 11 | 389 | 949 | 316.3 |
| 12 | 368 | 1,079 | 359.7 |

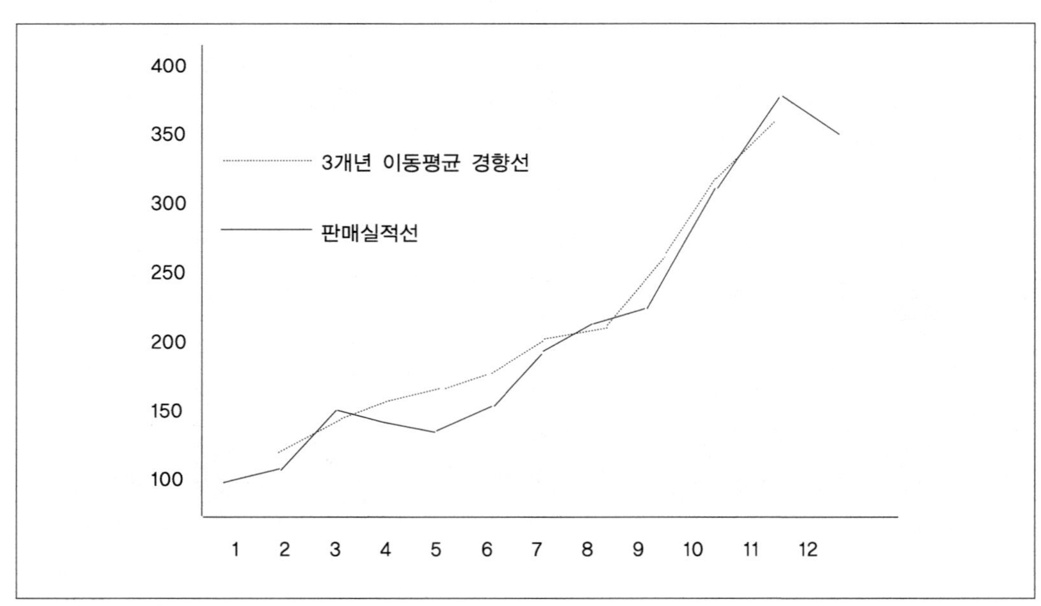


<그림 2-10> 판매실적과 이동평균에 의한 경향성

# 제 3 절 소비자 점포 선택 행동

## 1. 소비자 내점 행동 모형

소비자들이 점포를 선택하는 과정 즉 소비자 내점 행동은 대략 다음 <그림 2-11>과 같이 단순화할 수 있다. 일반적으로 쇼핑 욕구를 가진 소비자는 다음 3가지 형태로 구분된 점포 선택 행동 중 한 가지를 취하게 된다.

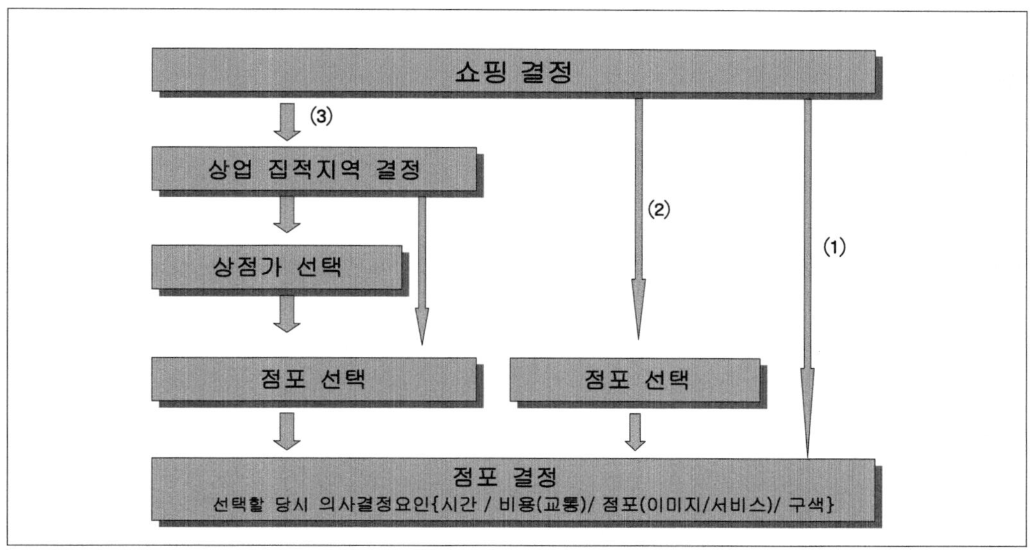


<그림 2-11> 소비자 내점 행동 모형

첫째, 특정 점포에 대한 스토어 로열티(Store loyalty)를 갖는 경우이다. 이런 유형 소비자는 직접 점포를 선택한다.(1) 둘째, 점포보다는 쇼핑지역에 대한 로열티가 있는 경우이다. 이 경우는 소비자가 선호하는 특정 쇼핑지역이 있는 상황에 해당하며 지역적인 이동 경쟁이 일어난 후에 점포를 비교·평가하고 점포를 선택하는 과정을 거친다.(2) 셋째, 비록 과거 경험이 있다고 해도 지역과 점포에 대한 로열티가 전혀 없거나 새로운 쇼핑과제를 지니는 상황에 해당한다. 물론 업종과 업태 그리고 쇼핑 동기에 따라 이들 행위는 달라진다. 특히 할인점 경우에는 특정 점포에 대한 충성심이 강하기 때문에 첫 번째(1) 상황에 해당하는 경우가 많다. 따라서 이들 소매기업은 점포 사용료를 제고시키기 위한 점포 이미지 고취와 점포 매력도 향상에 노력을 기울여야 한다.

## 2. 쇼핑 동기와 방문 점포 평가

소비자가 점포를 방문하는 동기는 대략 다음 두 가지로 나뉜다.

### 1) 개인적 동기

#### (1) 역할수행

주부의 역할, 가장의 역할 등 사회생활에서 나름대로 임무를 수행한다. 사람들은 이러한 역할수행을 통해 자기 자신과 타인으로부터 만족을 얻는다.

#### (2) 기분 전환

반복되는 일상생활 속에서 겪게 되는 단조로움을 벗어나 상품을 구경하고 점포를 둘러보면서 기분을 전환하기 위한 동기로 쇼핑 혹은 점포를 둘러보는 경우이다.

#### (3) 욕구불만 해소

욕구불만이 있는 소비자 경우 점포를 방문하여 마음에 드는 상품을 구매함으로써 이를 해소해 대리만족을 느끼려는 경우이다.

#### (4) 최신경향 탐색

유행이나 새로 나온 상품 최신경향에 대한 정보를 얻기 위하여 점포를 방문한다.

#### (5) 신체적 활동 필요성

운동 부족과 사회생활 분주함으로 인해 적절한 활동이 요구되는 경우 쇼핑기회로 이를 보충하는 경우이다.

#### (6) 판촉에 의한 점포 방문

점포 광고 자극 및 판촉 활동 결과로써 소비자들이 호기심에 이끌려 점포를 방문하기도 한다.

### 2) 사회적 동기

#### (1) 사회 경험에 대한 욕구

쇼핑을 통해 새로운 사람을 만나거나 이웃이나 친구를 만나는 등 간접적인 사회적 경험을 하게 되는 점을 의미한다.

#### (2) 관심이나 취미가 같은 사람들끼리 만나 의사소통과 교제를 하고자 하는 동기

같은 취향을 가진 사람들끼리 만나서 자신들 취미 상품에 대하여 논의하기도 하고 소유하고 있는 상품을 소개하는 측면에서 점포를 방문한다.

#### (3) 사회적 동조성에 대한 욕구

동료집단 내에서 일체감을 형성하기 위한 동기가 쇼핑하게 되는 동기가 될 수 있다. 이는 친구들이나 동료집단과의 일체감 때문에 쇼핑하고 비슷한 점포에 방문하는 경우를 가리킨다.

#### (4) 개인의 사회적 지위나 권위를 추구하기 위한 욕구

이는 루이뷔통 같은 명품 등을 사용함으로써 자신을 돋보이게 하고 싶은 소비자들이 이를 사기 위해 특정 점포를 찾는 경우를 가리킨다.

#### (5) 쇼핑 자체를 즐기기 위한 동기

그저 쇼핑 자체를 즐기기 위해 점포를 방문하여 쇼핑 과정 자체를 즐기며 거기서 만족을 얻는 행위를 말한다. 이외에도 점포를 찾는 소비자 쇼핑 동기는 전체시장을 구성하는 소비자 특성에 따라 다양하다. 따라서 이에 대응하기 위해서는 이들 소비자 집단을 유사한 욕구를 가진 집단으로 세분화하여 이에 대한 적절한 대응책을 마련해야 한다. 소비자 점포 방문 동기를 파악함으로써 쇼핑 동기에 따른 시장세분화와 점포 차별화를 할 기회를 포착할 수가 있다. 즉, 소매업자는 상품구매 동기를 이용한 차별화 전략을 추구하거나 또한 개인적 동기와 사회적 동기를 중심으로 차별화 전략을 수립할 수 있다. 만약 저가격이나 신용정책과 같이 단순히 상품과 관련된 혜택을 강조함으로써 점포 차별적 우위를 추구한다면 경쟁자에 의해 쉽게 모방할 수 있다. 반면에 상품구매와 관련성이 적은 쇼핑 동기에 호소할 때 그 점포만이 가질 수 있는 차별적 우위를 달성할 수 있게 된다. IT 홈쇼핑 등이 쇼핑 편의성을 제공하지만, 높은 소매매출액 점유율을 차지 못하는 현상을 이해하기 위해서 고객이 점포를 방문하는 이유가 단순히 상품구매를 위해서뿐만 아니라 다양한 쇼핑 동기에 있다는 점을 유의해야 한다. 이상으로 살펴본 바와 같이 점포 방문 동기를 파악하는 행위를 마케팅에서는 세분화라고 하는데 이 세분화는 마케팅전략을 위한 기본과정이라 할 수 있다.

# 3. 점포 선택 요인

## 1) 점포 선택 요인

### (1) 비교 쇼핑

비교 쇼핑이란 소비자가 유사한 여러 점포를 두고 나름대로 기준으로 평가하여 하나의 점포를 이용하게 되는 것을 가리킨다. 즉, 소비자 스스로가 사고자 하는 상품이나 점포를 비교해 가며 구매하는 행위를 말한다. 이 경우는 전문품과 선매품을 판매하는 백화점이나 전문점 등이 일용품 및 편의품을 판매하는 마트나 슈퍼마켓보다 훨씬 더 빈번하게 나타난다. 비교 쇼핑은 상품이나 점포에 따라 그 차이가 아주 크게 나타난다.

### (2) 켈리와 스테판(Kelly and Stephenson)의 점포 선택 기준

켈리와 스테판은 소비자들이 점포를 선택하는 기준을 업태와 소비자 특성에 따라 다음과 같이 구분했다.

① 점포 일반적 특성

이것은 소매기업 인지도와 그 소매기업 점포 수 등에 의해 점포 선택이 달라짐을 의미한다.

② 점포 물리적 특성

이는 점포 물리적 요인, 예를 들면 점포 인테리어 디자인, 매장 청결성, 체크아웃 서비스 등이 점포 선택에 영향을 미친다는 것이다.

③ 점포 이용 편리성

점포 이용 소요 시간과 주차시설 등에 따라 점포 선택 행동에 영향을 받음을 말한다.

④ 점포 상품 특성

점포가 제공하는 상품 다양성이나 의존성 또는 품질에 따라서 선택하는 점포가 달라진다.

⑤ 점포 판촉 특성

점포가 제시하는 상품 가치 차이를 높이는 활동, 예를 들면 판촉 활동으로 특별 세일을 한다든지 그 점포만의 특별한 고객 관리 활동으로 인해 점포를 선택하기도 한다.

## 2) 점포 매력도와 점포 이미지

점포 선택은 점포 매력도 또는 고객 흡인력에 의해 결정된다. 즉, 점포 이미지를 구성하는 점포 속성들 결합 때문에 결정된다.

### (1) 점포 매력도 형성 과정

점포 매력도는 다음과 같은 점포 평가 기준과 지각된 점포 특성 비교 과정을 통해 매력도가 형성된다.

<표 2-12> 점포 매력도 형성 과정

| 〈평가 기준〉 | | 〈인식된 점포의 특성〉 | |
|---|---|---|---|
| 1. 입지(이용 비용) | | 1. 입지(이용 비용) | 점포 이미지 |
| 2. 상품 구색 | | 2. 상품 구색 | |
| 3. 가격 | ⇦ ⇨ | 3. 가격 | |
| 4. 광고 및 판매촉진 | | 4. 광고 및 판매촉진 | |
| 5. 판매원 | 비교 과정 | 5. 판매원 | |
| 6. 서비스 | | 6. 서비스 | |

점포 매력도는 위와 같은 비교 과정을 통해 매력 정도가 결정되고 평가된 매력도는 점포 이미지와 결합하여 점포 이용률에 영향을 미치게 된다. 매력도가 높은 경우 소비자는 그 점포에 방문하여 상품을 구매하게 된다. 이와 같은 과정이 지속해서 이루어지는 경우 점포에 대한 로열티가 형성되고 점포 성과에 커다란 영향을 미친다.

### (2) 점포 이미지

점포 이미지란 '소비자 속성에 의해 인식된 점포 전반적인 인상'을 말한다. 이러한 이미지를 구성하는 요소는 다음 <표 2-13>과 같이 객관적 속성과 주관적 속성으로 구분된다.

<표 2-13> 점포 이미지 속성

| 객관적 속성 | 주관적 속성 |
|---|---|
| • 취급 상품 구색<br>• 상품 가격<br>• 서비스 | • 쾌적한 점포 분위기<br>• 매장에서 느끼는 편의성<br>• 만족감 |

<표 2-13>에서 객관적 속성이란 관찰 가능한 기능적 특징을 의미하며 주관적 속성은 소비자 심리와 관련된 심리적 속성들을 의미한다. 이 같은 이미지는 점포 선택에 있어 매우 중요한 역할을 한다. 특히 같은 상권 내에서 둘 이상 경쟁 점포가 존재할 때 고객이 어떤 점포를 선택할 것인가 하는 것은 전적으로 점포 이미지가 좌우한다. 예를 들어 상품 구색과 품질이라는 두 가지 속성에 따른 점포 이미지를 그려보면 다음 <그림 2-12>와 같다.

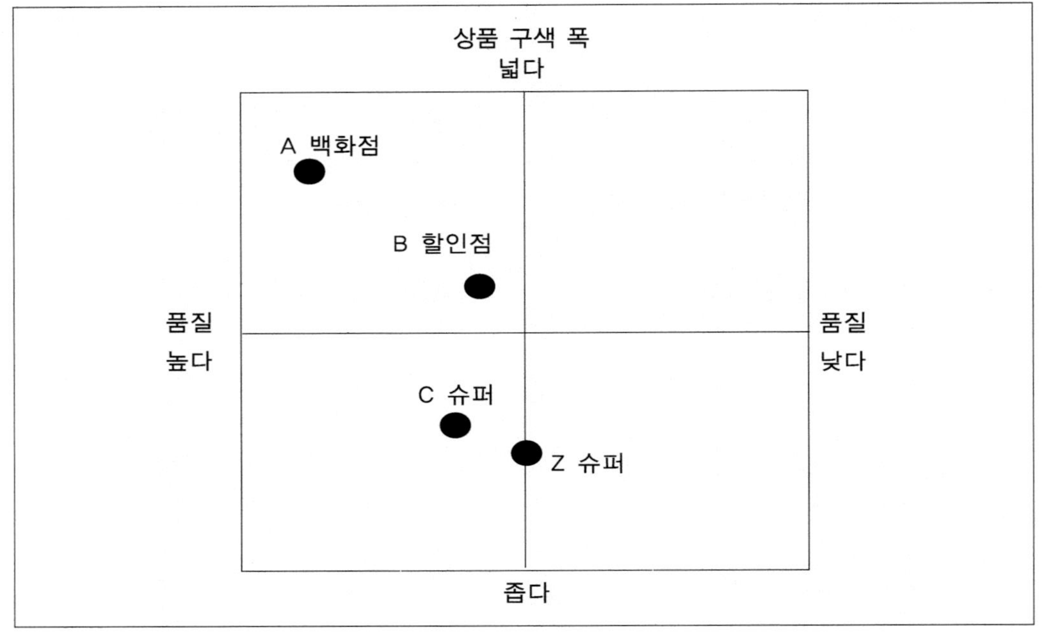


**<그림 2-12> 두 가지 속성으로 본 이미지**

위 표에서 볼 수 있듯이 A 백화점은 상품 구색 폭이 넓고 품질 수준도 우수하다. 이에 비해 C 슈퍼마켓은 A 백화점보다 품질 수준도 떨어지고 상품 구색 폭도 좁음을 알 수 있다. Z 슈퍼마켓은 C 슈퍼마켓보다 품질도 떨어지고 상품 구색의 폭도 좁음을 알 수 있다. 이 경우 다른 조건이 일정하다면 소비자 대부분 Z 슈퍼마켓보다는 슈퍼마켓을 이용하게 될 것이다. 즉, 점포 이미지가 좋은 경우 소비자는 그 점포를 이용한다. 그리고 지속적 이용을 하게 되면 소비자는 그 점포에 대해서 스토어 로열티가 형성된다.

## 3) 스토어 로열티

스토어 로열티란 소비자가 특정 점포에 대해 지닌 평소 이미지가 대단히 좋음에 따라 상품을 구매할 때마다 항상 그 점포를 선택하려는 경향이 두드러짐을 일컫는 것이다. 일반적으로 스토어 로열티는 다음과 같은 과정으로 형성된다. 우연한 기회에 하나의 점포에 대한 호의적 태도가 형성된다. 다음으로 그 점포에서의 쇼핑이 잦아지며 쇼핑할 때마다 호의가 축적되게 되면 그 점포와 그 점포 상품에 대해 이해하고 신뢰를 형성한다. 이러한 신뢰는 나름대로 확신과 신념을 형성하고 그 점포를 꾸준히 이용하게 된다. 이러한 과정에서 스토어 로열티가 형성된다.

<표 2-14> 스토어 로열티 형성

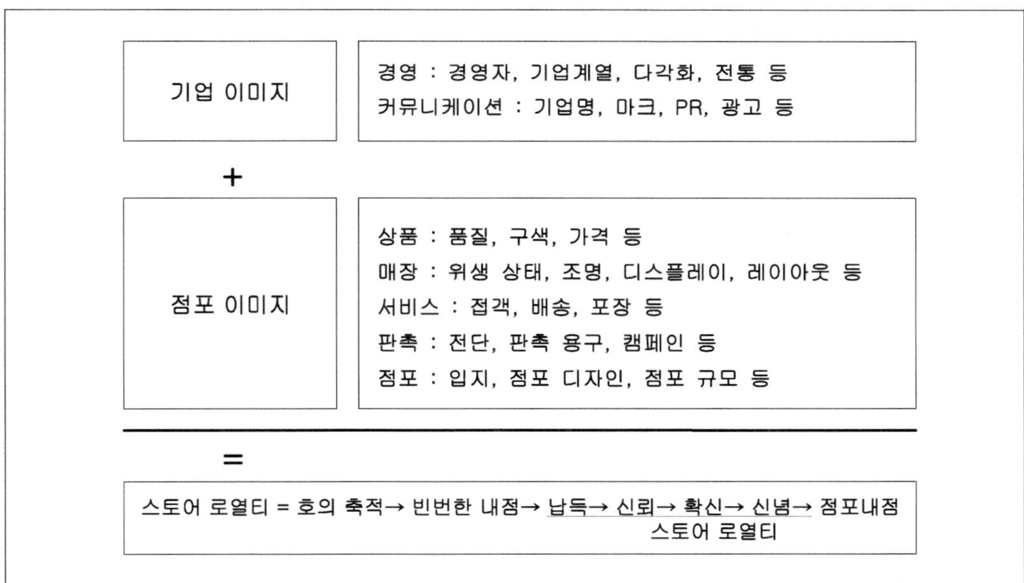


## 4) 차별화 콘셉트(Concept) 만들기

상권조사, 가두 동선 조사, 경쟁점 조사 등 고객 구매 행동에 대한 조사와 상품 측면에서 평가한 데이터와 그리고 그 지역 생활실태에서 얻은 각종 사실 자료를 종합적으로 분석하고 검토하여 지역에서 요구하는 문제의 본질을 찾는다. 이렇게 하여 수집된 데이터를 체계적으로 정리하고 형상화해 간다. 데이터가 말해주는 것을 분명히 인식하고 회사 경영이념이나 경영방침과 대조하여 「이렇게 파악할 수 있다.」는 식으로 정리한다. 바로 이것이 지역 밀착형 「차별화 요인」이다. 그다음은 이것을 근거로 하여 이렇게 되고 싶다는 바램, 즉 계획을 그린다.

「고객 요구는 이러한데 이 점포에서는 무엇을 실현할 것인가?」

(1) 점포 콘셉트 만들기

점포 콘셉트는 점포가 고객에게 줄 수 있는 최고 가치이며 동시에 구성원들을 지배하는 가치관이라고 할 수 있다. 그러므로 점포 콘셉트는 개점 초기에만 계획하여 반영하는 그것뿐만 아니라 개점 후에도 모든 구성원이 설정해 놓은 점포 콘셉트의 지속적인 실현을 위해 계속 노력을 해야 한다.

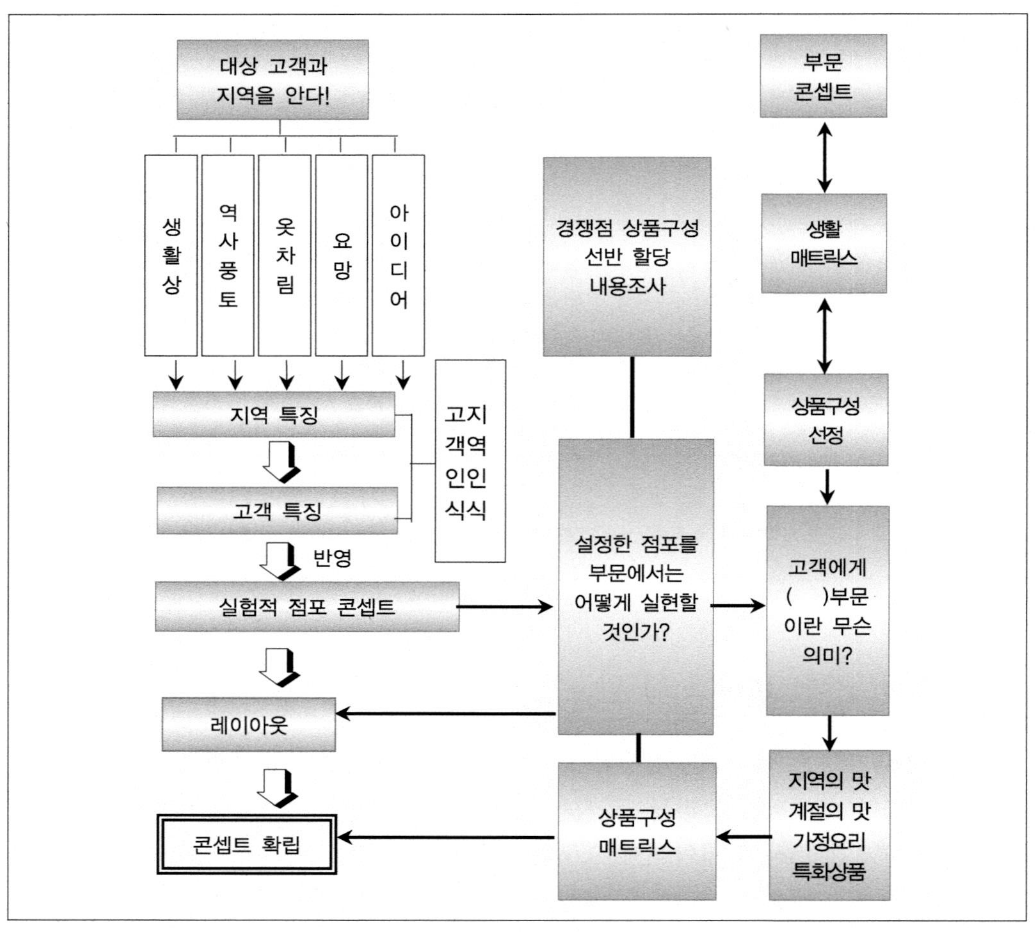


<그림 2-13> 점포 콘셉트 만들기

예를 들어 '신선도 365일!'이라고 설정했다면 '농산물, 수산물, 축산물' 등 구매에서는 '산지 직송, 계약재배' 따위 구매 방법 관리에 치중한다. 더불어 물류에서는 '콜드 시스템' 같은 배송시스템 관리, 매장 판매에서는 선도관리를 위한 진열 쇼 케이스나 저장고 따위의 '온도 관리'를 위한 시스템을 구축하고 지속해서 관리하는 것이다. 만약 '좋은 상품보다 싸게!'라는 점포 콘셉트를 설정했다면 먼저 L.C.O 시스템(Low cost operation)을 구축하여 저비용 경영이 가능하게 한다. 그다음으로 상권 내에서 항상 저가격을 유지할 수 있도록 하기 위한 시장조사 시스템을 구축하고 매입에서도 '완전 매입, 계획 구매' 등으로 상품 원가를 낮추어야 한다. 즉 싸게 팔 수 있는 구조를 시스템화해야 계속 싸게 파는 게 가능한 것이다. 최종적으로 점포 설정하는 방법은 다음과 같다.

① 그 지역을 구체적으로 조사하여 충분히 안다.
(지역 역사・풍토・생활 습관・특성을 조사하여 파악하고 경쟁사나 경쟁점 취급상품, 혹은 소비자 이용 상품을 조사해서 대다수 고객 생활양식을 이해한다.)
② 점포 성격 정립과 그 이행 절차 계획서를 만든다.
③ 기업 이념 방침에 따라 그 지역 특성에 맞춘 「점포」를 확립한다.
④ 파악해야 할 데이터를 정리하여 작성하고 개점 후 영업을 해나가면서 점포 활성화에 응용하기 위한 기초자료를 만든다.

### (2) 매장 연출

① 점포 콘셉트에 근거한 레이아웃 규칙을 만든다.
② 부문별 그룹별로 스토리를 갖게 하는 레이아웃 만들기를 한다.
③ 플로어 레이아웃, 그룹 레이아웃, 곤돌라 레이아웃 순으로 순서화를 도모한다.
④ 곤돌라 앤드 성격 정립, 앤드 장식연출, 앤드 활용의 규칙화 등을 실험한다.
⑤ 점포에 따른 통일된 색과 색 이미지 만들기를 한다(예, 초록색 하면 OO 마트, 노란색 하면 △△마트 하는 식).
⑥ 점포 내 표시, 매장 상품 부문 표시, P.O.P, 쇼 카드 등 콘셉트에 근거한 일관된 디자인을 한다.
⑦ 레이아웃 성격 정립에 의한 집기 활용을 한다.
⑧ 주력 부문인 NO 1, NO 2, NO 3 부문과 나머지 부문 유기적 유대를 고려한 레이아웃을 구상한다.

### (3) 판촉 목표 설정

① 개점 목적, 점포를 알기 쉽게 광고한다.
  예 "좋은 상품! 더 싸게"
② 고객에게 점포 이념, 상품구성 방침, 생활 제안을 어필한다.
  예 "풍요로운 소비생활과 가계 절약을 추구하는 OO 마트"
③ 전단 및 P. O. P 역할을 정한다.
  예 전단 → 상권 포괄률 및 내점률 증대 / P.O.P → 구매율 촉진

### (4) 월별 성격 정립 관계

① 지역 사실 모으기 데이터, 상품구성 방침을 월별 성격 설정 그래프에 집어넣는다.
② 점포 단위 월별, 주별 판매계획을 세운다.
③ 월간 / 주간 / 일별 판매 중점상품을 부문별로 계획한다.
  ㉠ 월간 중점 판매 계획서
  ㉡ 주간 중점 판매 계획서

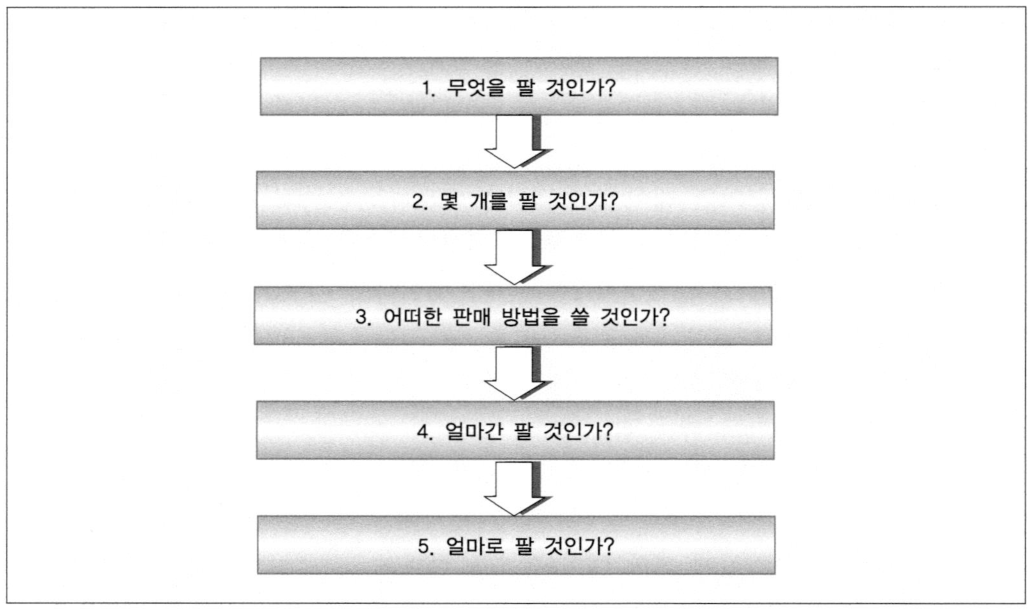


<그림 2-14> 중점 판매 상품 결정

(5) 시스템 구축

① 합리적 물류 시스템을 구축하고 타 부문과 연계한다.
② 자동 발주 시스템이나 발주 규칙 등을 만든다.
③ 매장 담당 수준에서 정확한 단품 데이터를 파악하여 상품구성 개선, 발주, 예측에 활용되는 체계화를 도모한다.
④ 백룸 재고를 줄이는 재고관리 시스템을 구축한다. 백룸 레이아웃을 확정하여 운영규칙을 만든다.
⑤ 상품발주 시 필요한 발주 매뉴얼을 확정한다.

(6) 인재 육성 관련

① 점포 성격 정립, 레이아웃에 필요한 기술을 나열한다.
② 개점 목적 및 개장 목적과 콘셉트를 사원 한 사람 한 사람에게 모두 교육하고 모럴 업, 접객 서비스 수준 향상을 도모한다.
③ 개점・개장 전개 기술을 습득하게 한다.

(7) 배송센터 관련

① 배송센터가 지녀야 할 기능의 나열을 이 프로젝트를 통해서 낸다.
② 검수, 백룸 활용 규칙화를 도모한다.

## 5) 점포 성격 만들기

점포 성격 만들기 첫째는 '경영이념'이다. 일반적으로 대다수 소매기업의 경영이념은「즐겁고 쾌적한 쇼핑 장소」를 제공하는 것이다. 그러므로 신규 점포에는 근거지인 지역주민을 위한「즐겁고 쾌적한 쇼핑」 광장이 되고 싶다는 경영 꿈이 표현되어야 한다. 더불어 안락한 소비생활을 저해하고 있는 그「무엇인가?」로 부터 벗어나게 해야 한다. 그래서 지역 고객들에게 친근함을 줄 수 있는「지역 밀착형 점포」로 만들고 싶다. 바로 이것이 '지역 밀착형 점포'를 전개하려고 하는 경영자와 점포 구성원 꿈이 되어야 하는 것이다. 이렇게 하기 위해서는 지역에서 철저한 사실 모으기와 각종 조사를 한다.

## 6) 점포 콘셉트 확립

점포 성격 만들기를 거쳐 다음은 이것을 근거로 하여 이렇게 되고 싶다는 점포 꿈과 구상을 그린다. 식생활이나 생활양식, 역사, 기후, 온도, 옷차림, 색채 이미지, 고객 요구 및 사원이 낸 아이디어, 제안 등을 반영한다.

이상을 다시금 구체적으로 종합하여 정리하면 다음과 같다.

(1) 지역사회 맛, 생활을 소중히 여기는 점포로 만들고 싶다.
(2) 건강 유지에 도움이 되는 재료나 정보를 제공하는 점포로 하고 싶다.
(3) 손수 맛있게 만들어 먹을 수 있는 요리 소재를 파는 점포가 되고 싶다.
(4) 제철 계절 맛을 언제나 맛볼 수 있는 점포로 만들고 싶다.
(5) 생활 정보나 생활 지혜가 매장에 넘쳐흐르는 점포로 만들고 싶다.

앞에서 언급했듯이 점포 콘셉트 확립은 몇 가지 예비 콘셉트를 수립한 다음 이를 수집한 사실 모으기에 따라 분석 평가한 후에야 최종적으로 점포 콘셉트를 확립해야 한다. 그리고 점포 콘셉트 설정과 평가도구는 점포 이미지를 분별하는 척도로써 주로 점포시설, 고객 점포 접근 시 편의성, 제공되는 상품, 가격, 점포 종업원 전단 광고, 점포에 대한 설문조사 및 고객 구매 행동을 조사하여 이를 구체적으로 분석・평가하는 역할을 하게 되는 것이다.

### 7) 점포개발을 위한 조직 만들기

다음으로 점포 콘셉트가 최종적으로 설정되면 점포를 운영할 수 있는 구체적인 조직을 구성한다. 이 같은 조직은 점포 생산성 향상을 위한 일정과 예산관리를 중심으로 다음 <표 2-15>와 같이 구성되고, 그에 적합한 인적자원을 투입한다.

**<표 2-15> 점포개발을 위한 조직계획**

| 계획 부문 | 적합한 인원 구성 내용 |
|---|---|
| 상품 구색 계획 | 판매 담당자, 구매 담당자 |
| 비주얼 머천다이징(V.M.D) 계획 | 매장 담당자(디스플레이, 코디네이터, 레코레이터) |
| 비주얼 인티그레이션(V.I) 계획 | 홍보 담당자(디자이너, 카피라이터, 인쇄업자) |
| 접객 서비스 담당자 | 판매원, 판매원 교육 담당자 |
| 점포 관리 담당자 | 설비 담당자(점포 디자이너, 시공회사 집기, 설비업자) |
| 판촉 담당자 | 판촉 담당자, 세일즈 프로모션 담당자(SP 업자, 이벤트 업자) |

# 제 3 장 매장조직 기본원칙과 커뮤니케이션 활성화

## 제 1 절 조직 사고방식과 기본원칙

인간은 더욱 고도의 목적을 달성하기 위해서 조직을 형성한다. 문명이 발상한 이래 생산성의 계속된 확대는 조직이 발전함에 따라 이루어진 것이었다고 해도 과언이 아니다. 이것은 기업에도 적용되어 보다 대규모적 생산이나 판매를 가능하게 하고 생산성을 한층 높이기 위해서는 여러 사람이 협력해서 기업 목적을 달성할 수 있도록 업무를 분담하지 않으면 안 되게 되었다. 그리하여 여러 개의 사람 집단이 만들어지게 되는데 이 사람들 관계는 어디까지나 업무를 통한 관계이며 더욱 엄격히 말하자면 기업 목적을 달성하는 데에 필요한 활동을 하는 과정의 연결이다. 이와 같은 활동은 체계화되어 있는데 무질서하면 혼란을 일으키기 때문에 의식적으로 이를 합리화하여 통일성이 유지되도록 하기 위함이다. 일정한 목적을 달성하기 위해 총괄된 복수인 활동 체계가 바로 조직인 것이다.

### 1. 조직 부문화와 계층화

조직 성립은 기업 목적이 고도화하면 할수록 필요한 활동 양과 질이 확대되어 혼자서는 수행하기가 불가능해져 다른 사람 힘을 빌리게 될 때 이루어지게 된다. 또한, 기업 목적이 고도화하면 조직의 규모도 커지게 될 뿐 아니라 종업원 수도 증가하게 된다. 이러한 많은 사람 활동을 총괄하여 전체의 효율을 높이기 위해서는 전체활동을 합리적으로 체계화해야 한다. 따라서 조직을 편성할 때는 기업 목적을 달성하기 위한 활동을 일정한 기준에 따라 수평적 분업함과 동시에 수직적 분업을 시행한다.

## 1) 수평적 분업

필요한 활동을 그 종류·성격·양에 따라 그룹화하는 것으로 부문화라고도 하는데 이를 수평적 분업이라 한다. 부문화 기준 및 그 주된 장단점을 보면 다음과 같다.

### (1) 기능별

기능마다 전문화 및 통제가 쉬운 분업으로 구매팀·제조팀·판매팀·재무팀 등 분업이다. 그러나 협조성이 부족하다든가 취급하는 상품 다양화 때문에 의사결정이 늦어지기 쉽다.

### (2) 지역별

영남지역·경인지역·호남지역 등 기업활동이 지리적으로 광범위할 때 채용된다. 지역적으로 분업화하는 편이 경제적(식품 신선도 유지 등)이라든가 시장에 밀착할 수 있을 때(지역적 관습·기호 차가 클 때 등) 채용되지만, 전체적인 통제가 어려운 단점이 있다.

### (3) 제품별

잡화팀·식료품팀·의류품팀 등 분야별로 취급하는 상품이 질적으로 달라서 각기 전문적 지식이 요구될 때 채용되지만 전체적인 통제가 어려운 단점이 있다.

### (4) 고객별

신사용품팀·부인용품팀·어린이용품팀 등 분류로 상품별 분업과 일치하는 때도 적지 않으나 고객 종류에 따른 분업이다. 이 밖에도 공정별·시설별 등 분업도 있으나 각기 장·단점이 있으므로 그 기업 사정에 따른 분업을 채용할 필요가 있다. 또 조직 계층·위치에 의해서 각기 가장 알맞은 분업기준을 채택하지 않으면 안 된다.

## 2) 수직적 분업

수평적으로 분업화된 각 부문을 총괄하기 위해 통제 부담을 분업화하는 것으로 계층화라고도 부르는데 이를 수직적 분업이라 한다. 사장·부장·과장·계장·주임·평사원 등 계층적 분업이 이에 해당한다. 한 사람의 경영자가 모든 활동 통제를 하는 데에는 한계가 있으므로 그 어느 부분을 부하에게 이양하고 그 결과 통제 부담을 맡은 관리자 계층이 형성되게 된다. 이 분업은 결국 통제 부담 분업이며 전사적·장기적 · 전략적 관점에 서서 활동 통제를 하는 경영자 기능과 부문적 · 중기적 · 전술적 관점에 서서 활동 통제를 하는 중간관리자 기능과 현업적 · 단기적 · 일상적 관점에 서서 활동 통제를 하는 현장 감독자 기능으로 기능적 분업이 이루어진다.

## 2. 조직편성 기본형과 장단점

조직은 이러한 수평적 분업과 수직적 분업으로 편성되고 통일성과 능률성을 확보하는 것이다. <그림 3-1>에서 보는 바와 같이 그 대표적인 조직편성 유형에는 라인조직, 기능조직, 라인과 스태프조직이 있다. 라인조직은 명령계통은 명확하지만, 각 관리자는 부하에 대하여 전면적인 책임과 지휘를 하여야 한다. 기능조직은 관리자가 전문적 기능에 따라 관리하는 것이나 명령계통 혼란이나 책임 소재가 확실치 않은 단점이 있다. 라인과 스태프조직은 전문적 기능을 살리고 명령계통을 확실하게 한 것이다. 스태프란 현재 대부분 기업조직에 받아들여지고 있는 것으로 집행할 권한은 갖지 못하나 라인에 전문적 입장에서 조언이나 협력하는 것을 말한다.

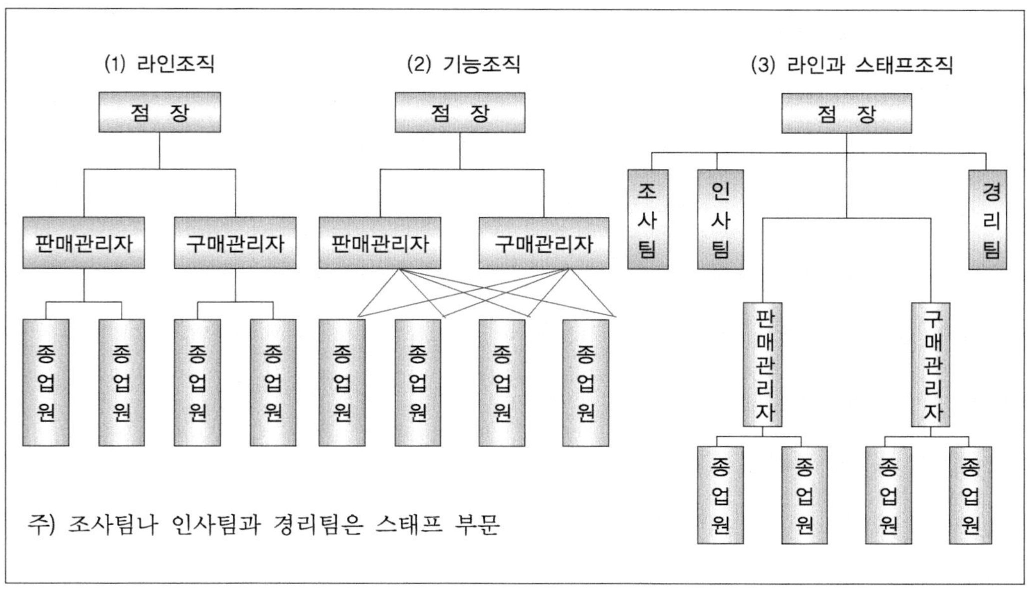


<그림 3-1> 조직편성 세 가지 유형

이처럼 조직은 목적을 달성하는 데 필요한 활동을 수평적 · 수직적 분업 때문에 편성한다. 그리하여 그 체계를 형성하고 체계를 구성하는 각각 활동이 개개인에게 업무로서 할당될 때 명확히 정해진 직무로써 표시된다. 개개인은 직무수행 때문에 기업활동을 하는 것이다.

## 3. 조직 5가지 기본원칙

### 1) 삼면등가 원칙

조직이 전체적인 질서를 갖고 원활한 운영을 가능하게 하려고 직무를 명확히 규정하는 원칙이 관철되지 않으면 안 된다. 이에 알맞은 원칙이 삼면등가 원칙이다.

직무를 명확히 하기 위해서는 각 직무 책임 · 권한 · 의무 세 부문이 대등하지 않으면 안 된다는 것을 의미한다. 이것은 조직에 있어 직무를 부여할 때 책임 · 권한 · 의무 세 측면에서 이해해야 함을 뜻한다. 책임이란 직무 구성요소이자 책임 사항으로 직무 담당자가 해야 할 활동 개개의 내용이다. 권한이란 명령한다든가 행위를 할 수 있는 권리로 조직에 있어 책임을 공정하게 수행해 낼 힘이다. 의무란 그 수행 결과에 대한 책임이며 책임과 권한을 행사하는 의무이다. 이와 같은 3자 관계를 정리해 보면 다음과 같다. 사람이 조직에 가입하면 직무를 분담받게 되는데 직무는 몇 개 활동으로 구성되어 이 개개의 활동을 다 하기 위한 책임(직책)을 지게 된다. 따라서 책임을 달성하는 데 필요한 공적인 힘이 부여되는데 이것이 권한이다. 그러므로 책임 · 권한 · 의무 3자 크기는 균등하여야 한다. 그러나 권한이 커서 책임이 수반되지 않기 때문에 직권남용 문제를 일으킨다든가, 의무는 크지만 이에 상응하는 권한이 없으므로 의무 정체라는 결과가 나타나기도 하는 등 우리나라 기업 중에는 이 관계가 불명확하며 직무가 확실히 규정되어 있지 않은 경향이 있다.

### 2) 명령 통일 원칙

'조직 속에서 임의의 한 사람을 뽑아내면 그 사람에게 명령을 내리는 인물은 단 한 명이어야 한다'라는 '명령계통의 통일원칙'이 필요하게 된다. 이는 각자가 직무를 수행할 경우, 그 구체적인 명령이 수시로 하달되는데 명령을 받은 사람이 혼란을 일으키지 않기 위해서는 한 사람으로부터 전달받도록 해야 하기 때문이다. 오늘날과 같이 조직이 점점 복잡해지면 횡으로부터 경로나 전문적 스태프로부터 경로도 빈번해지는 등 조직에 흐르는 명령이나 정보는 위에서 밑으로 뿐만이 아닌 다양한 경향을 나타낸다. 예를 들면 어느 상품 매출이 둔화한 것을 느낀 판매원이 정규 명령계통 라인을 통하여 구매계로 전하기보다는 직접 구매계로 주의를 촉구하는 편이보다 정확하고 빨리 의사전달이 되어 조정도 잘 되는 경우를 볼 수 있다. 명령계통 통일원칙을 지나치게 고수하는 것은 오히려 조직을 경직화시켜 변화에의 신속한 적응을 곤란하게 하는 요인이 된다. 그러므로 횡적 경로 또한 위에서 밑으로 경로 못지않게 강화하여 정비하여야 한다.

### 3) 통제 범위 원칙

한 사람 관리자가 명령을 내리고 그 실행 결과를 평가하는 범위를 정해두는 것 등은 조직 질서를 유지하기 위해서이다. 통제 범위 원칙이란 '1명 관리감독자가 통제하는 부하 인원에는 한계가 있는데 상층부 경우는 5~6명, 말단에서는 20명을 한도로 한다'이다. 이 통제 범위 원칙은 한 사람 관리자가 직접 통제할 수 있는 부하 수에는 한계가 있다는 것을 뜻하는데 이러한 이유로 인해 조직 계층화는 필수적으로 요청된다. 그러나 구체적인 조건에 의해서 그 통제 범위 한도는 달라진다. 통제 범위 수는 부하가 맡은 업무가 질적으로 다르다든가 지리적으로 분산되어 있으면 적어지며 동질 업무에다 지리적으로 집중해 있다면 통제 범위 수는 많아지게 된다. 그리고 보통 생각하고 있는 통제 범위 수를 훨씬 초과해도 계층 수를 적게 하는 편이 바람직하다는 주장도 없지 않아 나오고 있는데 통제 범위의 수를 적게 하면 계층의 수가 많아지고 그로 말미암아 명령계통이 길어져서 정보 전달 속도나 정확성을 그르치거나 한 사람 한 사람 경로 귀속 의식을 약화하게 되기 때문이다. 물론 이 경우에는 대폭적인 권한 위양이나 부하 교육훈련의 질적 향상, 커뮤니케이션 기술 등이 강구되어 관리자의 통제 방법을 효과적으로 하는 방안이 보강될 필요가 있다. 그러므로 조직에 있어서 타당한 통제 범위 수를 정하기 위해서는 부하 능력이나 부하 업무 성격 외에 교육훈련 수준이나, 통제 방법 한도, 커뮤니케이션 체계 질 등 종합적인 관계를 고려하여 구체화해야 한다. 그리고 계층의 수가 적어지면 적을수록 조직구성원 일체감이 강화되어 사기를 높이게 되므로 가능한 한 통제 범위 수를 확대하기 위한 조건을 간추려서 계층 수를 적게 하는 방향으로 노력해야 한다.

### 4) 전문화 원칙

분업 방법은 조직이 분업 때문에 능률과 질서를 확보하려는 것인 만큼 상당한 중요성이 있다. 전문화 원칙은 이 분업하는 방법을 나타낸 것으로 이것은 분업할 때 각기 업무를 어떤 관련되는 사항끼리 묶어서 전문적으로 수행하는 것이 더욱 능률적이다. 여기에는 지역별 · 기능별 · 상품별 등 기준에 따라 업무를 분화하는 방법인 수평적 분업으로서 부문화 방법, 경영자 기능 · 중간관리자 기능 · 현장감독 기능별로 업무를 분화하는 방법인 수직적 분업으로서 계층화 방법 두 가지가 있다. 그러나 현실 조직에서는 그 구체적인 조건에 맞게 기준을 마련해야 하며 한 사람 한 사람이 분담할 업무인 직무 할당 기준은 특히 중요한 뜻을 갖게 된다. 개개의 직무구성 원칙은 조직 전체 분업에 큰 테두리가 부문화와 계층화 원칙에 의해서 정해진 후에 요구된다. 이에 대해서는 전문화 원칙의 부분 원칙이라 할 수 있는 '동질적인 직무 할당 원칙'이 있다. 그것은 직무 담당자가 특정한 업무 활동에만 전념할 수 있고, 그 업무에 대하여 경험을 쌓고 숙련자가 되어 능률을 높일 수 있게끔 '개인에 할당되는 직무는 될 수 있는 대로 동질의 활동이 바람직하다'라는 것이다. 그러나 이 '동질적인 직무 할당의 원칙'을 지나치게 적용하면 단순한 반복 작업으로서의 직무 할당만을 추진하는 결과를 가져와 오히려 구성원 의욕을 감퇴시켜 결과적으로는 능률을 저하할 위험이 따른다는 점을 유의하여야 한다. 따라서 조직을 분업하는 데에 전문화 원칙이나 동질적인 직무 할당 원칙을 적용할 때는 종합적인 전문화가 고려되어야 하는데, 단순한 작업 활동면에서 전문화뿐만 아니라 작업 활동을 수행하는 데 필요한 계획 및 통제 등 판단 활동도 포함하여야 한다. 개개인 욕구 수준과 학력의 고도화 때문에 개인 주장은 강해지고 노동 의욕도 변화되고 있다. 이러할 때 전문화 원칙을 살려 분업의 이익을 확보하기 위해서는 개개 직무를 계획 · 실행 · 통제까지 포함한 책임 단위로 전문화하기 위해 노력하여야 하며 단순한 동질적 직무 할당에 있어서 직무 충실화 방향을 잊어서는 안 되고 전문화에 의한 전문가 창조 노력 또한 뒤따라야 한다.

### 5) 권한 위양 원칙

권한 위양 원칙은 '윗사람이 자신 직무 일부를 부하에게 위임할 때 그 위임한 직무 수행에 필요한 권한도 위양해야 한다'라는 것이다. 이것은 조직 발전으로 인해 지금까지 직무를 수행하고 있던 사람이 자신의 수행 능력 한계를 느끼게 되면 그 직무 일부를 다른 사람에게 위임하게 되는데 이 위임하는 방식을 정한 것이다. 직무에는 책임 · 권한 · 의무 3자가 동등해야 한다고 이미 앞의 삼면등가 원칙에서 설명한 바와 같이 이것은 극히 당연한 일이다. 상사가 직무를 부하에게 위임할 때 이에 상당하는 책임 · 권한 · 의무가 부하에게 부여된다. 그러면 직무를 위임한 상사는 그 위임한 직무에 대해서 아무런 책임도 없는 것인가? 의무는 책임과 권한을 행사하는 것이며 수행 결과에 대한 책임이다. 따라서 부하는 위임받은 직무에 대한 행사 및 결과 책임을 위임한 상사에게 지는 것이다. 즉 위임한 상사에게는 부하의 행사 및 결과에 대한 감독상 책임(직책)과 권한은 위양되지만, 결과에 대한 책임(의무)은 상사에게도 감독의 책임이라는 형태로 남아 있다는 것을 알고 있어야 한다. 또 예외 원칙이란 것도 있는데 이는 위임 방법을 구체적으로 설명하는 한 가지 원칙으로서 '수행 방법이 정해져 있는 일상적 직무는 될 수 있는 대로 부하에게 위임하고 관리자는 새로운 수행 방법을 창조하지 않으면 안 될 예외 사항에 전념하는 편이 바람직하다'라는 것이다. 이 원칙은 조직 변화나 부하를 조정하면서 애당초 대응할 수 있는 체질을 확보하는 데 필요한 원칙이라고 할 수 있다. 직무 위임(권한 위양)은 대폭적인 권한 위양을 하는 편이 차라리 필요한데, 이는 상사가 중요 사항에 전념할 경우뿐만 아니라 부하를 육성하는 경우, 부하의 근로의욕을 향상하기는 면에서뿐만 아니라 업무처리의 신속화를 위해서도 요구되는 사항이기 때문이다. 이 경우는 이미 정해진 직무의 일부를 위임한다기보다는 일정한 범위에서 부하에게 자주적인 판단 · 활동을 인정하는 점에 주요한 목적을 두는 권한 위양 형태를 띠게 된다. 그러므로 미리 정한 권한은 부여할 수가 없게 된다. 자기 판단으로 결정하여 행동할 수 있는 권한이란 뜻이 그냥 위에서 주어진 권한이란 뜻보다 강해지며 그것에 따른 수행 결과에 대한 책임이 중요시된다. 이에 따라 직무위임 중심적 문제가 권한 위양에서 결과에 대한 책임으로 그 중점이 점차 옮겨지고 있다.

## 제 2 절 혁신적 새로운 조직관리 방향

수평적 분업과 수직적 분업을 통해서 조직은 그 합리적인 체계화를 도모하기 때문에 목적 달성할 수 있는 구조를 갖추고 있다. 또한, 조직 기본원칙에 의해 그 체계는 한층 더 치밀화되어 정교한 기계처럼 합리화되어 가고 있다. 하지만 부문화나 계층화 방법은 조직체계가 치밀화됨으로써 고정적인 테두리를 벗어나지 못하게 된다. 그리고 직무 간 · 부문 간 관계 또한 고정화되어 업무 연락 방법이나 조정 방향도 미리 정해진 절차에 의해 획일화하게 된다. 그러므로 기업환경이 질적인 변화를 하지 않고 동일 노선을 향해 기업행동을 하게 되면 이처럼 치밀화된 조직은 합리적이기는 하지만 기업환경이 이질화하여 변화가 많아지게 되면 변화에의 탄력성을 상실하고 환경에 적응하지 못하는 현상이 나타나게 된다. 최근에 나타나는 기업환경의 변화를 고려해 볼 때 그것은 전혀 이질적인 새로운 현상의 속출이지 이미 과거에 존재하던 변화 연장이 아니다. 수요구조 변화이다. 생활 수준 고도화 때문에 고급화하고 또 다양화·개성화해 가는 소비 수요 경향을 볼 수 있다. 그러므로 획일화된 대량판매 방법보다는 고객의 입장을 고려하는 더욱 세밀한 방법이 창안되어야 한다. 기술혁신 진전과 상품 생명 주기 단축화이다. 신상품 빠른 출현과 함께 기존 상품과 경쟁하여 대체되는 현상이 강해진다. 기업에 대한 사회적 압력이 강해지고 사회적 책임 비중이 높아진다. 임금 상승과 노동력 부족으로 인해 소수 정예화 방안이 절실히 요구된다. 가치관 변화이다. 고객과 종업원 모두에게 다양한 가치관이 생겨 판매 방법이나 조직에 큰 변혁이 요구된다. 컴퓨터 발달이다. 경영체질 변화가 정보처리능력의 비약적인 확대 탓에 강요당하고 있다. 한마디로 말해서 기업환경 유동화와 다양화가 이와 같은 새로운 변화를 초래한 것이다. 변화가 연속되는 사회이기 때문에 가장 중요한 과제는 변화에 적응하는 것이라 할 수 있다. 그러므로 조직도 능률성 위주에서 변화 적응성 위주로 그 중점을 이전하지 않으면 안 된다. 종래 조직관인 능률성에 중점을 둔 조직관은 가능한 장래에 그 목적 예측에 기초를 두었기 때문이다. 기존 조직은 조직구성원이 체계적으로 수립된 업무 목적에 따라 정밀한 기계처럼 움직이기만 하면 되었다. 기계는 정밀하면 할수록 다른 용도(목적)에는 사용하지 못하게 된다. 이 정밀한 기계는 변화 적응이라는 탄력성이 요구될 때 이미 경직화되어 있으므로 소용이 없게 된다. 그러므로 새로운 조직관, 즉 변화에 민감한 체질을 갖춘 조직관 등장이 필요하게 된다. 새로운 조직관은 조직을 한 개의 생명체와 같이 생각하여 사람들로부터 활동을 확보하고 그것을 체계화 해 통일적으로 운용해서 변화에 적응하게 하고 조직을 단순한 관리 수단이나 정태적인 기구로 보지 않는다. 그리하여 스스로 존속·발전을 도모하는 활동체로 바뀌어야 할 필요가 있다. 조직 존속·발전을 위한 기본조건으로 조직 내에서 개인 공헌 의욕을 높이는 방법, 부여된 활동을 어떻게 해서 동태적으로 조정하느냐 방법, 조직이 당면한 전략적 목적을 어떻게 찾아내서 행동하느냐 방법 등 세 가지를 들 수 있다. 이와 같은 변화에 강한 적응력을 가진 조직을 만들어 내기 위한 대표적인 조직관리 방법은 다음과 같다.

## 1. 반응 빠른 조직 만드는 방법

어떤 변화가 생겼을 때 그것을 포착한 부서는 이를 조직 전체로 신속히 전달하고 변화에 상응한 결정을 하여 그것을 실행에 옮기기까지 과정은 빠르고 정확해야 한다.

그렇게 하기 위해서는 분권화 방법을 사용하여 우선 말단조직에 일정한 책임 범위를 주고 포괄적인 권한 위양을 하여 반응에 신속하게 대처할 수 있도록 해야 한다.

이때 목표지향적으로 조직편성을 개편할 필요가 있다. 그리고 사업부제나 프로젝트팀 등 전체를 통제하는 목표관리시스템이 정비되어야 한다. 또 정상에서의 커뮤니케이션 원활화를 도모하고 정상 집단제나 정상 위원회제를 채택하는 등 조직 전체 통합력을 강화하여야 한다. 또 부문 간의 조정을 긴밀히 하기 위해서는 제너럴 스태프(General Staff)제나 프로덕트 매니저(Product Manager)제, 코디네이터(Coordinator)제 등이 채택될 수 있다. 정보처리를 전문으로 취급하는 부서를 만들어 각 부서로부터 들어오는 정보를 컴퓨터에 의해 처리함으로써 다른 부서 정보처리에 따른 잡무를 생략하는 등 정보 전달을 신속히 하려는 방법이 고려될 수 있다.

## 2. 유연한 조직 만드는 방법

경직화된 조직 체질을 유연하게 하기 위해서는 과제도 폐지를 들 수 있다. 즉, 한 번 만들어진 과는 조직 속에서 고정화되기 쉬우므로 의사소통과 인재 교류를 원활히 하여 업무 성격에 따라 각자 직위에 맞게 일을 분배할 수 있으므로 효과적이다. 이런 경우 각자 직위는 업무 성격을 반영한 것이 되는데 이는 조직은 점차로 개인 중심으로 변화하기 때문이다. 그리고 한편으로 개인 능력은 명확히 할 필요가 있으며 이에 따라 대리 · 계장 등 직위가 주어지게 된다. 또한, 조직은 끊임없이 새로운 상황에 직면하기 때문에 프로젝트제 조직 등 동태적인 편성이 불가피해지며 개개인 능력은 정당한 평가를 받게 된다.

## 3. 조직관리 기본방향

인간 활동으로 조직은 이루어지기 때문에 인간을 어떤 방식으로 파악하여 어떻게 조직화하느냐 문제는 중요하다. 조직을 정밀한 기계처럼 합리적으로만 구성 · 운영해 온 종래 방식에 의하면 조직체계를 능률적으로 편성하여 개개인은 각각 분담된 직무를 수행하기만 하면 되었다. 그러므로 개개인 사고방식은 정해져 있는 합리적인 체계속에서 주어진 직무를 지시한 대로 수행하면 된다는 식이었다. 그리고 조직 목적 달성에 따른 성과에 의해서 주어지는 보수를 얻기 위해서 조직구성원들은 지시대로 활동하는 것이었으며 보수를 더욱 많이 받기 위해 능률적인 체계 일부분을 담당하는 것은 당연하다고 생각했다. 즉 조직은 구성원이 모두 이와 같은 욕구를 지니고 있으며 그 욕구에 이끌려 합리적인 행동을 한다고 생각하였다. 그러나 개개인 욕구도 생활 수준 및 교육 수준이 향상됨에 따라 다양화되었다. 그 경향은 물리적 욕구에서 정신적 욕구로 변천되고 조직구성원들은 정해진 일상적 업무에서 자기 판단력이 있어야 하는 업무가 아니면 만족하지 않게 되었다. 또한, 개개인이 반드시 합리적으로만 행동하는 것이 아니라는 점이 명백해졌는데 조직에 의해 할당된 직무가 합리적으로 주어져도 그 수행도는 작업장 분위기 등에 의해서 크게 좌우되기 때문이다. 이 새로운 변화는 결국 조직구성에 있어서 인간이란 '사유와 감정 동물'이란 측면을 경시한다면 능률이나 의욕이 제대로 발휘될 수 없다는 것을 뜻한다. 그렇다면 조직관리는 이처럼 사유와 감정이 있는 인간이라는 새로운 측면에 입각할 때 어떻게 변화할 것인가. 그 기본적인 방향이 조직 속에서 개개인 인간성을 존중하는 것이 될 것이다. 즉 개개인 조직 활동을 전체 조직 속에서 기능적으로 연결하여 일방적 명령과 명령을 받는 자 입장에 두지 말고 아래에서 위로의 의사도 충분히 고려하고 그들의 개별적 욕구나 감정을 배려한 지도력을 발휘하도록 노력하여야 한다. 이러한 방법으로 권한 대폭적인 위양에 기인하는 분권 관리체제, 의사결정 과정에 참가를 가능한 한 인정하는 제도, 정보 전달체계 간소화, 제안제도 등을 들 수 있다.

**<표 3-1> 경영혁신 Paradigm : Reengineered Organization**

| | Traditional Organization | New Organization |
|---|---|---|
| Process | 복 잡 | 최대 단순 |
| 직 무 | 세분화 | 다차원적 |
| 조직구조 | 계층구조 | 팀 중심 수평구조 |
| 주 역 | 관리자 | 전문가(창의적) |
| 조직 축 | 기능 중심 | 정보와 Process |
| 관리자 역할 | 감독관리자 | 동료적 코치 |
| 임 원 | 기록 관리 | 혁신적 리더 |
| 구성원 관심 | 상급자 | 고객/외부 |

이와 같은 제도를 도입할 때도 진실로 개인을 신뢰하고 있음을 주지시키지 않으면 안 되는데 단순히 형식에 그치거나 잘못된 수법으로는 오히려 불만만 일으키는 역효과를 가져오기 때문이다.

## 4. 조직혁신 절차

### 1) 고객 중심 업무 재설계

(1) 비평형 법칙-외부 욕구가 다양하고 복잡해질수록 내부는 단순성으로 대응한다.

(2) 상대적 만족을 극대화하고, 개인 고객 주관적 욕구를 만족-아울러 가치 창출을 통해 고객 감동이 지속적 관계로 발전할 수 있도록 설계한다.

(3) 내부 편의 위주 업무처리 관행에서 고객 관점에서 가장 최선 결과는 무엇인가를 구한다.

(4) 고객은 내부 고객과 외부 고객으로 크게 분류한다.

### 2) 현장 중심 업무 설계

(1) 불필요한 중복작업을 제거하고 현장에서 신속하게 대응할 수 있는 시스템을 구축한다.

(2) 권한 현장 이양을 통해서 구성원 참여를 늘려 자원의 효율적 운영 및 구성원 능력을 향상한다.

(3) 신속 대응으로 고객가치를 상승시키고 고객과 관계를 밀접하게 한다.

# 제 3 절 조직 내 커뮤니케이션 활성화와 인간관계

## 1. 커뮤니케이션 사고 방법

1924년 웨스턴 일렉트릭사는 시카고 교외에 있는 호손 공장에서 조명도가 생산능률에 미치는 영향에 대한 실험을 계획하였다. 1927년 이후 32년에 걸쳐 하버드대학 교수인 엘튼 메이요 등에 의해 실험이 행하여졌다.

### 1) 제 1 차 실험

호손공장 최초 실험에서는 조명이 밝아지면 생산이 향상될 것이라고 예상했었다. 그래서 하나를 대조그룹으로써 조명을 변화시키지 않은 상황에서 작업을 시키고 다른 하나를 실험그룹으로써 조명을 변화시켜 작업을 시킨다고 하는 두 그룹을 편성하였다. 예상대로 실험그룹 생산성은 조명을 밝게 함에 따라 증가했지만 예상하지 못한 결과가 발생했다. 조명도를 변화시키지 않은 대조그룹에서도 생산성이 향상되기 시작한 것이다. 그래서 실험 관계자는 원인을 찾기 위하여 하버드대학 메이요 교수 등에게 실험에 협력해 달라고 요청했다.

### 2) 제 2 차 실험

1927년부터 메이요 및 하버드대학 연구반은 연구진을 강화하고 이 원인 해명에 나섰다. 6명의 여자 작업자를 대상으로 계획적 휴식 시간 삽입, 회사급식 도입, 노동시간 단축 등 여러 가지 노동조건 개선을 시험하였다. 예상대로 생산성은 향상되었다. 그러나 놀랄만한 것은 이 개선책을 모두 중단하고, 노동조건을 원래대로 되돌려도 생산성은 계속 향상되어 가는 것이다. 이 생산성 향상 요인은 작업조건 이외의 '무엇'인 것이 확실해졌다. 그래서 이 원인을 검토한 결과 실험 과정 자체가 작업자의 심리적 변화를 낳고 심리적 변화가 작업능률 향상을 가져온다는 것이 추측되었다.

### 3) 제 3 차 실험

그리하여 노동자 작업에 영향을 주는 '무엇'을 찾기 위해 제3차 실험이 시행되었다. 1928년부터 30년까지 2년에 걸쳐 작업자 2만 1,126명을 대상으로 면접했다. 그들이 일, 노동조건, 상사, 회사에 대한 불만 사항을 솔직히 말하게 하여 다음과 같은 것을 알아내었다. 첫째, 면접 그 자체가 치료적 효과가 있다는 것이다. 면접을 통해 회사에 대해 매일 느끼고 있는 것을 솔직하게 말할 기회를 부여받음으로써 기업 톱니바퀴에 불과하다고 생각했던 자신의 중요성을 느끼기 시작했다. 둘째, 호손 공장 실험 때문에 인간관계 중요성이 다시 확인되었다.

### 4) 제 4 차 실험

최후 실험은 1931년부터 2년 동안 행해졌다. 이것은 작업자 14명 작업을 있는 그대로 관찰한 것이다. 그 결과 다음과 같은 사실을 알아내었다.

(1) 사람들 사이에 비공식 그룹이 저절로 생겨 대상적 기풍을 형성한 것이다.

(2) 고참 순으로 각자 지위가 정해진 것이다.

(3) 공장에서 정한 생산 목표는 지키지 않고 생산 보고도 정확하지 않다. 그리고 그들끼리만 통하는 4가지 규칙이 동료들 사이를 지배하고 있었다.

① 너무 지나치게 일하지 않는다.
② 너무 일하지 않아도 된다.
③ 동료 일을 상사에게 일러바쳐서는 안 된다.
④ 지나친 행동은 삼가야 한다.

호손 공장 장대한 실험은 공식 조직 이외에 비공식 조직이 있고 비공식 조직이 미발달된 조직을 형성하고 있는 것을 가르쳐 주었다. 사람과 사람 연결 속에서 비조직 정보가 집단을 결속시키고 움직이게 하는 사실을 냉정하게 바라보지 않으면 안 된다고 생각한다.

## 2. 커뮤니케이션

커뮤니케이션은 '의사소통'이라고 번역한다. 의사소통이란 두 사람 이상 사이에서 일어나는 심리적 교류를 뜻한다. 기업 커뮤니케이션을 안과 밖으로 나누어 외부 커뮤니케이션과 내부 커뮤니케이션이라는 두 개념으로 생각할 수 있다.

**<표 3-2> 커뮤니케이션을 잘하기 위한 10단계**

1. 너무 늦어 의사소통을 가질 수 없는 때란 없다. 그 반응이 어떻게 나올까 하고 두려움을 갖지 말라. 다음 법칙을 지켜라. '커뮤니케이션 실패로 인한 공백은 소문이나 이야기가 와전되어 재빠르게 채워진다.'
2. 커뮤니케이션 과정에서 지식이 항상 지혜가 되는 것은 아니며, 민감성이 항상 정확한 것도 아니며, 동정이 곧 이해하는 것도 아니다. 공감은 당신이 그들 신을 신고 오리를 걸을 때까지 나타나지 않는다.
3. 커뮤니케이션을 성공으로 이끄는 데는 완전히 당신이 책임을 져야 한다.
   귀 기울이는 사람으로서 상대방이 말하려는 것을 듣는 데 책임을 다하라.
   말하는 자로서 당신이 말하는 것을 상대방이 완전히 이해할 수 있도록 책임을 다하라. 항상 100% 정성을 쏟아라.
4. 다른 사람 눈으로 당신 자신을 보라. 당신이 사무실이나 방에 들어왔을 때 당신에 대한 다른 사람들 인상이 어떤 것인지를 생각해보라.
5. 진리에 귀를 기울이고 진리를 말하라. 광고나 유행으로 끝없는 탐욕 희생자가 되지 말라.
6. 열린 마음으로 모든 것을 듣고 보라. 편견 없이 마음을 열어라. 그리고 동질성을 시험하고 찾을 수 있을 만큼 충분히 분석하라.
7. 문제의 부정적인 측면과 긍정적인 측면을 함께 보라. 그리고 긍정적인 측면을 추적하라.
8. 당신이 사업가로부터 운전사나 부모, 친구, 애인, 선생님으로 그 역할을 쉽게 그리고 적당히 변경할 수 있는지 검토해 보라.
9. 당신 생의 배경으로부터 물러서서 보라. 그리고 어떤 류의 사람들이 당신에게 매력을 갖고 있으며 또한 당신은 어떤 사람에게 매력을 갖게 되었는지 살펴보라. 그들은 당신과 같은 사람들인가?
10. 마력이 있는 '접촉'을 발전시켜라. 오늘 그리고 당신 남은 생 모든 날에 그것을 확장해라.

### 1) 외부 커뮤니케이션

외부 커뮤니케이션이라는 정확한 용어가 정착되어 있지는 않지만 기업 측에서 볼 때 외부와의 교류 관계를 외부 커뮤니케이션이라고 정의하기로 한다. 기업은 여러 이해관계로 외부와 연결되어 있다. 종업원, 거래처, 은행, 지역사회, 소비자 등은 모두 이해관계 집단이고 기업 자체도 다른 것들과의 관계에서 이해를 주장한다. 따라서 기업은 이들 이해관계 집단과 좋은 관계를 갖는 것에 의해 기업 생존이 보증된다. 바꿔 말하면 이들 이해집단과 좋은 관계를 맺기 위한 기업 노력이야말로 외부 커뮤니케이션이라 할 수 있다. 외부 커뮤니케이션 활동에서도 기업이 경영 주체로서 조직적으로 외부와 교류하는 경우와 기업인이 개인적, 비공식적으로 외부와 교류하는 경우를 생각할 수 있다. 전자를 조직적 커뮤니케이션이라 하고 후자를 비조직적 커뮤니케이션이라고 한다. 조직적 커뮤니케이션 활동 중에는 소비자 관계나 지역사회 관계가 중요하다. 점장은 점포를 통해서 적극적으로 점포 입장을 홍보하여야 한다.

### 2) 내부 커뮤니케이션

내부 커뮤니케이션이란 기업 내에 있어서 조직과 사람, 사람과 사람 교류를 말한다. 여기에서도 계급상 조직적 커뮤니케이션 활동과 종업원 간 비공식적 형태인 비조직적 커뮤니케이션 활동을 생각할 수 있다. <그림 3-2>, <표 3-3>를 보면 알 수 있듯이 조직적, 제도적 커뮤니케이션 활동은 위에서 아래로 흐름, 아래에서 위로 흐름, 옆에서 옆으로 수평적 흐름 등 3가지 방향 커뮤니케이션으로 나누어 생각할 수 있다. 이 가운데 위에서 아래로의 흐름은 명령, 지시 형태를 보이는 점에서 관리적 의사소통이라고 한다. 관리적 의사소통을 효과적으로 하기 위해서는 적시성(適時性), 명확성, 비교 가능성, 적도성(適度性), 규격성, 경제성, 적절성, 응용성, 관심성, 일관성, 적용성, 상승 효과성이 중요하며 조직에 요구된다.

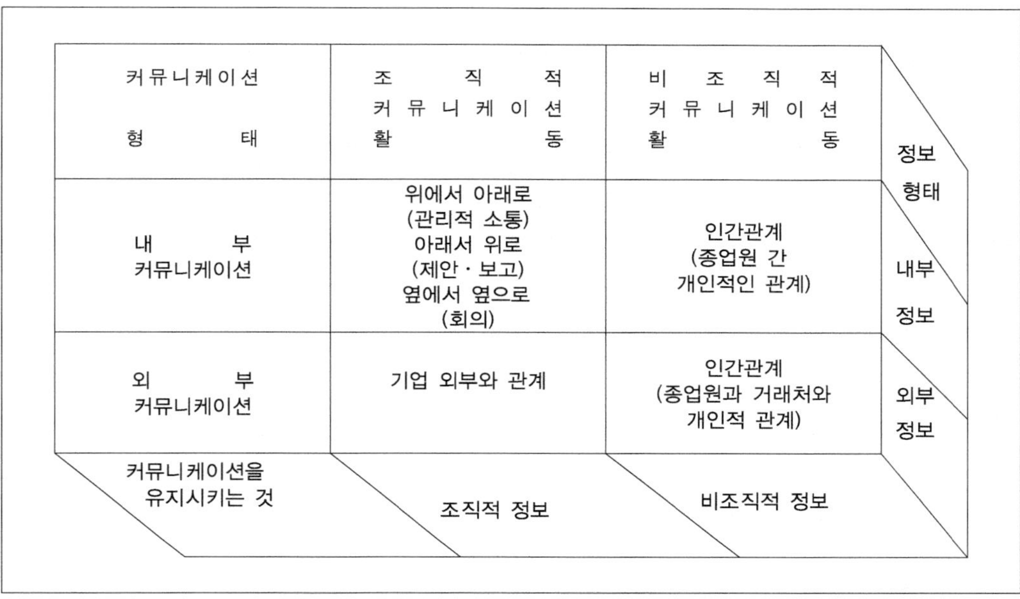


<그림 3-2> 커뮤니케이션과 정보구조

<표 3-3> 커뮤니케이션 구성 이면

| 내 용 / 구 분 | 전반적 사업 제 활동 계층성 | | |
|---|---|---|---|
| 내부적 문제 | 경 영 | 관 리 | 작 업 |
| 외부적 문제 | 사회적 마케팅 | 경영적 마케팅 | 구(舊) 마케팅 |
| | 전 략 | 전 술 | 작 전 |

사업 활동을 원활히 추진하기 위해 최근에는 내부적인 문제보다 외부적인 문제로 하부계층에서 상부 계층으로 사업 활동 관심이 옮겨지고 있다. 체인스토어에 있어서도 명령은 문제 해결형 명령 형태를 취하고 점점 매뉴얼화되어 간다. 밑에서 위로의 흐름은 보고이다. 밑에서 위로는 흐르기 어려우므로 호손 공장 실험 이래 제안제도나 인터뷰 등 제도적 해결 방법이 생겨났다. 그 밖에 옆에서 옆으로의 수평적 흐름은 회의, 품의 형식을 갖는다. 비조직적 커뮤니케이션 활동을 이루는 것은 인간관계이다.

## 3. 인간관계와 커뮤니케이션

직장 윤리를 고양하고 '좋은 인간관계를 만들려면 모두가 즐겁게 일하는 분위기여야 하고 이것은 작업능률 향상과 연결된다.' 인간은 일하기 좋아하지 않는다. 본래 인간은 게으름뱅이이고 의존적이라는 입장(맥그리거 X 이론)에 서면 규칙과 매뉴얼로 인간을 졸라매어 감언이설과 회초리로 관리해야 한다는 것이 된다. 이에 반해 인간은 본래 보람 있는 일을 원하고 성장 기회를 주는 환경에서 일할 때 의욕을 느낀다는 입장(맥그리거 Y 이론)에 서면 일하기 쉬운 환경을 조성하여 일하게 해야 하는 것이 된다. 여기서 오해하지 말아야 할 것은 규칙이나 매뉴얼을 부정하는 것은 절대 아니라는 것이다. 그러나 모든 관리를 매뉴얼화하려 해도 매뉴얼로 대행할 수 없는 것이다. 그것이 '마음'이고 '마음'을 이해하는 관리가 중요하게 되는 것이다. 따라서 매니저는 사람 심정을 이해할 수 있어야 한다. 또, 사람 마음가짐을 변화시킬 수 있어야 한다. 그렇지 않으면 좋은 성과를 올릴 수가 없다. 여기에서 매니저 지도력이 요구된다. 자칫하면 비정해지기 쉬운 기업에서 인간 작업능률과 성과를 올리기 위해서라도 지도력 발휘가 요구되는 것이다. 훌륭한 지도력을 발휘함으로써 직장 윤리가 고양되고 좋은 인간관계와 커뮤니케이션이 형성되기 때문이다. 지도력 해석은 여러 가지가 있지만, 일반적 지도력은 공통 목적을 달성하기 위해 부하를 설득하여 가장 효과적으로 일할 수 있도록 하는 지도자 활동이다. 인간 마음을 이해한 리더의 적절한 행동이야말로 의사소통을 좋게 하고 부하의 주체적 참여를 유도할 수 있다.

**<표 3-4> 커뮤니케이션에 대한 질문**

1. 다른 사람들이 당신을 어떻게 보고 있는지 아는가? 당신은 그것에 관해서 물어보는가?
2. 상대방은 당신에 대해 가장 좋은 느낌이 있는가? 당신은 그들을 기분 좋게 하려고 무엇을 하는가?
3. 당신은 말하기보다 더 듣기를 좋아하는가? 누구에게나 그러한가? 아니면 특별한 사람에게만 그러한가?
4. 당신은 항상 가장 최선의 것을 계획하는가? 특별히 당신은 이것을 위해 어떻게 계획하고 있는가?
5. 당신은 개방된 마음으로 상대방 장점을 찾는가?
6. 당신은 사랑하는 사람들을 어루만져 주는가? 얼마만큼 자주 그러는가?

## 4. 커뮤니케이션 단절 : 핀치 모델

### 1) 핀치(Pinch)

관리자나 부하직원이 어떤 잘못된 점이나 개선 처리해야 할 점 등을 느끼게 되는 상황을 말한다.

### 2) 핀치 모델(Pinch Model)

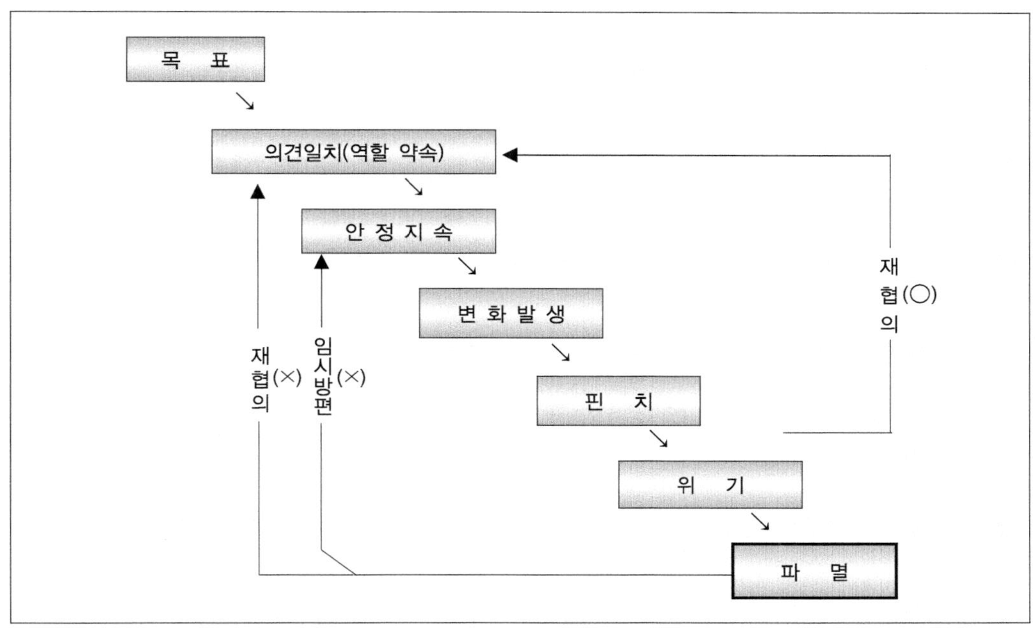


**<그림 3-3> 핀치 모델 구조**

### 3) 커뮤니케이션 단절 과정

<그림 3-3>과 같이 관리자와 부하직원이 업무에 관한 목표에 대해서 각자 해야 할 일들은 무엇이고 앞으로 그 일을 어떻게 해나가야 할지 서로 간에 의견을 나누고 합의한다. 이처럼 의견일치로 서로 간의 업무를 수행해 나아가는 안정 기간은 각자가 업무결과를 예측할 수 있고 상호 간에 긍정적인 인간관계가 형성되어 있는 경우에만 지속할 수 있다. 안정상태가 지속하다 보면 필연적으로 업무규정 변화, 인사 변화, 시장여건 변화, 고객 변화 등이 발생하기 마련이며 이를 효과적으로 처리하지 못하면 관리자와 부하직원 사이에 무언가 잘못되어 가고 있음을 느끼는 핀치 상태가 초래될 수 있다. 핀치 상태에서 관리자와 부하직원 사이에 충분한 대화를 한다면 핀치는 더 확대되지 않고 쉽게 해결되어 원래 목표나 상호 간 인간관계는 파괴되지 않을 것이다. 하지만 핀치가 계속되면 좀 더 심각한 상태인 위기로 되는 데 감정적 충돌 상태를 일으킨 근본적인 원인을 해결하지 않고 임기응변식 안정상태로 돌아가기 위한 임시방편(Kiss & make-up)이란 방법을 써도 얼마 안 가 다시 위기상태로 돌아간다. 결국에는

이러한 위기가 해결되지 못하고 파멸에 이르게 되어 부하직원을 다른 부서로 전출시키거나 직원 스스로 사표를 쓰게 된다. 물론 계속 근무를 한다고 해도 소극적으로 일을 할 뿐 목표 의식도 없이 그저 시간만 때울 것이다.

## 5. 불만/만족 요인 : 동기부여

### 1) 동기부여 개념

#### (1) 동기부여

인간 행동을 유발하고 행동 방향을 설정하며 그 행동을 유지하도록 하는 심리적 힘을 동기부여라 한다.

#### (2) 동기부여 기본과정

욕구 결핍 ⇨ 욕구 충족 수단 탐색 ⇨ 목표지향적 행동 ⇨ 성과(목표 달성 평가) ⇨ 보상 또는 벌 ⇨ 재평가된 욕구 결핍

### 2) 동기부여 이론

#### (1) 매슬로(A. H. Maslow) 욕구 단계이론

인간은 무엇인가를 원하는 불만족한 존재로서 그 욕구가 생리적 욕구와 같은 저차원적 욕구에서 자아실현과 같은 고차원적 욕구에 이르기까지 다양하고 계층적 구조를 이루고 있으며 고차원적 욕구는 저차원적 욕구 충족 시까지는 동기 요인으로 작용하지 못하고 충족된 욕구도 인간 행동을 유발하는 요인이 되지 못한다고 본다.

#### (2) 맥그리거(D. Mcgreger) XY 이론

① 관리자가 인적자원을 평가・통제하면서 근거로 하는 이론적 과정이 무엇이냐에 따라 기업 전체적인 성격이 결정된다는 전제하에 이러한 가정을 XY 이론으로 설명하고 있다.

② X 이론: 인간은 원래 태만하고 야심도 없고 책임 회피하고 명령받기 좋아하므로 관리자는 목표 달성을 위해 강제・명령・위협・처벌해야 한다. 그러므로 인간 동기도 저차원적 수준인 생리적 욕구 수준과 안전 욕구 수준에 머물고 있다고 가정한다.

③ Y 이론: 인간은 일하기를 자연스럽게 알고 책임을 진다. 조직목표달성을 위해 자기통제를 하며 자아실현 욕구가 높다고 가정한다. 그러므로 인간에게는 지시·명령보다 권한·책임을 위양하고 자율적·창의적으로 일하도록 해 주어야 한다.

### (3) 앨더퍼(C. P. Alderfer) ERG이론

① 매슬로 욕구 단계이론을 3가지 핵심적인 범주로 간결화한 이론이다.

② 인간 욕구를 존재 욕구(existence needs), 관계 욕구(relatedness needs), 성장 욕구(growth needs)로 나누고 이를 단계화하였다.

③ 매슬로 이론 주요 가정을 배제하고 아래 세 가지의 욕구 충족 원칙을 제시, 인간 행동을 설명하였다.

㉠ 욕구좌절로 고차원적 욕구가 충족되지 않을수록 저차원적 욕구를 더욱 희구하게 된다.

㉡ 욕구 강도로 저차원적 욕구가 충족될수록 고차원적 욕구에 대한 희구가 커진다.

㉢ 욕구 만족으로 어느 한 수준 욕구가 충족되지 않을수록 그 욕구에 대한 희구가 더욱 커진다.

### (4) 허즈버그 두 요인 이론

인간 행동에 영향을 끼치는 요인으로 직무환경과 관련된 위생요인과 직무 자체와 관련된 동기 요인의 두 가지로 구분하고 위생요인은 인간의 저차원적 욕구를 충족시켜 주는 것으로 빨리 충족되고 효과가 단기적이므로 동기 부여법으로는 비효율적이다. 그러므로 위생요인은 불만 방지 요인이며 종업원 만족 요인은 못 된다. 동기 요인은 인간의 고차원적 욕구를 충족시켜 주는 요인으로 지속적 동기부여 효과가 있으므로 효과적이다.

**<표 3-5> 불만 요인·만족 요인**

| 불만 요인 / 사기 저하 | 만족 요인 / 동기부여 |
|---|---|
| - 봉급 / 금전적 혜택 | - 성취욕 |
| - 근무조건(작업조건) | - 우수한 업적에 대한 인정 |
| - 회사의 정책 | - 문제해결 지원 |
| - 직업 안전도 | - 가치관 공유 |

① 왼편 요인들은 불만을 없앨 수는 있으나 만족을 증대시키지는 못한다.

② 흔히 사람들은 왼편 요인들을 직장 근무 필수조건으로 생각한다.

③ 일단 제공된 왼편 요인으로는 종업원들을 더 열심히 일하도록 할 수 없다.
④ 왼편 요인들을 충족시키기 위해서는 큰 비용이 소요되나 그 효과는 일시적이며 매우 약하다.
⑤ 관리자로서는 오른편 요인들을 얼마든지 조절할 수는 있으나 대화기술이 필요하다.
⑥ 오른편 요인들은 모두 피드백과 강화(feed back / reinforcement)를 의미한다.
⑦ 오른편 요인들은 직원들 만족감을 증대시킬 뿐만 아니라 우수한 실적을 계속 유지하는 데 커다란 영향력을 행사한다.
⑧ 관리자가 적극적으로 활용할 기법은 오른편 것들이다.

## 6. 적당주의 사원 방지를 위한 대화법

### 1) 적당주의 사원 발생과정

적당주의자는 우연히 생기는 것이 아니고 만들어지는 것이다. 그것도 관리자에 의해서 만들어지고 있다. 예를 들어 대개 관리자는 부하직원을 적시에 독려하지 않고 때가 지난 후에 일을 잘하도록 강조하거나 독려하는 경우가 많다.

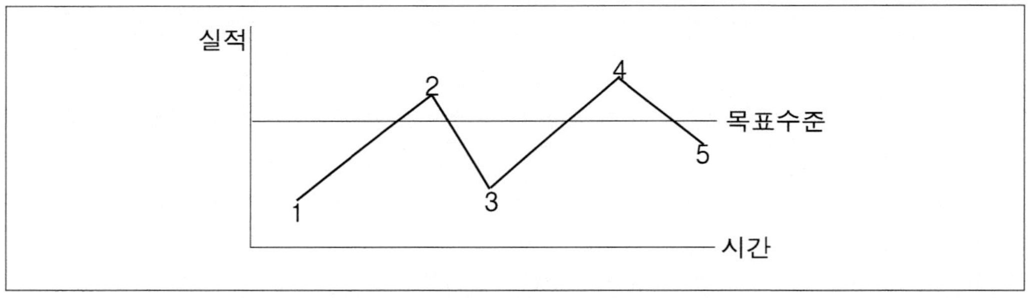


<그림 3-4> 적당주의 사원 처리법

(1) 제1단계 : 사원 수준 / 능력 미달 → 관리자 참여, 정보제공, 관심과 독려
(2) 제2단계 : 사원 실적 향상 → 관리자 이탈, 대화나 격려 감소
(3) 제3단계 : 사원 실적 하강 → 관리자 개입, 관심 증가
(4) 제4단계 : 사원 실적 상승 → 관리자 이탈, 대화나 격려 감소
(5) 제5단계 : 사원 실적 하강 → 관리자 징계 조치 개연성 증가

직원들이 일을 잘하고 있는 동안에는 관리자가 무관심하다가 직원 실적이 수준 이하로 떨어질 때만 직원을 독려하거나 징계 조치를 함으로써,

첫째, 직원이 관리자의 관심 끌기를 원한다면 실적을 떨어뜨리거나

둘째, 관리자의 징계 조치를 피하기에 적당할 정도 일을 하게 된다.

즉, 징계처분을 받지 않을 만한 수준은 유지하나 더 만족할 만한 영향은 기대할 수 없다.

관리자가 언제, 어떻게 직원들과 효과적인 대화를 하느냐에 따라서 관리자가 무의식적으로 적당주의 직원을 만들게 한다.

■ 적당주의를 방지하기 위한 효과적인 2가지 기법

① 실적이 미달하고 있으면 상황을 알려 준다. → 결과 대화법

② 실적이 개선되면 칭찬과 격려를 해 준다. → 격려 대화법

## 2) 결과 대화법

### (1) 1단계 : 문제점을 지적하라.

객관적인 입장에서 현재 문제점이 무엇인지 부하직원에게 알려 준다. 틀에 박힌 비난을 하면 오히려 부작용을 초래할 수가 있다.

### (2) 2단계 : 부하직원 자신 견해를 물어보아라.

직원이 왜 그러한 문제가 발생했는지 대화 상담 기회를 줌으로써 문제점을 보다 구체적이고 명확히 파악할 수가 있으며 또한 직원 스스로 자기 잘못을 깨닫게 하는 수단도 된다.

### (3) 3단계 : 초래될 상황(결과)을 말해주어라.

부하직원들은 초래될 결과를 모를 수 있다. 직원 잘못으로 인해 부서나 조직에 초래될 상황에만 초점을 맞추어야 한다.

### (4) 4단계 : 부하직원에게 기대하는 활동을 얘기하라.

관리자가 원하는 기대나 목표를 수립할 기회이다. 부하직원이 목표를 알고 있으리라 가정해서는 안 되며 부하직원 동의를 얻는 게 중요하다.

## 3) 격려 대화법

'격려 대화법' 특징은 한마디로 강화(Reinforcement)를 적절히 활용하는 점이다. 즉 부하직원이 어떤 일을 잘하고 있는 때 그 점을 강화하는 것이 매우 효과적이라는 뜻이다. 이는 적당주의자가 되지 않도록 미리 예방하는 데 도움은 되지만 단지 강화를 위한 강화는 오히려 역효과를 낼 수도 있으니, 주의를 해야 한다.

### (1) 1단계 : 인정을 해 주어라.

인정(Recognition)은 잘한 일이나 개선된 일에 대해 강화(Reinforcing)하는 것이다. 인정을 받은 직원은 높은 실적이 계속되면 더 많은 인정을 받을 줄로 믿게 된다. 강화해 주는 실적 분야에 대해 간결하고 긍정적이어야 하며 구체적으로 말해주면 강화를 위한 강화가 아니라 진정한 인정인 것을 전해 줄 수 있다.

### (2) 2단계 : 인정을 해 주는 목적을 분명히 얘기하라.

관리자가 왜 강화하는지 그 이유를 말해준다. 만일 여러분이 지난번에 결과 대화를 가졌다면 지난번 대화에 대한 챙김(follow up)으로 좋은 결과를 강화해 주는 게 필요하다.

### (3) 3단계 : 직원 부서에 대한 기여 중요성을 강조하라.

조직에 있어서 직원 중요성은 그들 활동이 어떻게 이바지했으며 관리자를 어떻게 도와주었는지를 함께 얘기함으로써 강화된다. 결과 대화법 3단계처럼 부하직원 우수한 실적이 그들 부서에 어떠한 영향을 미치는지 이야기해 주는 것이다.

## 4) 피드백 중요성

젊은 소년이 슈퍼마켓 점장에게 그곳 재고관리 직원으로 취직할 수 있는지 알아보고자 전화했다. 점장은 그 자리는 한 달 전에 이미 다른 사람으로 채용되었다고 대답했다.

소년 : "새로 채용한 사람은 정직하고 열심히 일하며 기대할 만합니까?"

점장 : "물론이죠. 그 사람은 훌륭한 소년입니다."

소년 : "그 사람은 창의력이 있으며 장래성도 있겠습니까?"

점장 : "그렇습니다. 매우 능력이 우수합니다."

소년 : "그 사람은 지시를 잘 따르고 목표 달성을 하며 다른 직원과도 잘 사귀어 일하고 있습니까?"

점장 : "그렇고 말고요. 아무런 문제가 없는 좋은 직원입니다."

점장은 전화 내용이 너무나도 인상적이라 생각되어 만일 소년이 원한다면 다른 슈퍼마켓에 취직을 부탁해 주거나 앞으로 빈자리가 생기면 먼저 채용해 주겠다고 말하고는 연락처를 물었다. 이에 소년이 대답하길 "나는 지금 내가 나의 일을 어떻게 하고 있는지 파악하고자 전화하는 중입니다."라고 대답하였다.

### 5) 3분 대화법

(1) 잘하고 있는 것 중에서 한 가지를 골라 피드백한다.

(2) 질문을 한다.

"어떻게 해서 그와 같은 실적을 거두게 되었지요?"
"당신 실적 중에서 어느 면이 가장 잘됐다고 생각합니까?"
"어떤 동기에서 그와 같은 훌륭한 일을 하게 되었지요?"

(3) 들은 바를 요약 되풀이한다. 잘한 점을 칭찬하고 끝을 맺는다.

직원에게 있어서 관리자의 경청과 관심은 앞으로도 계속 우수한 실적을 거두도록 하게 만드는 중요한 동기부여 수단이 된다. 3분 대화법은 직원이 자신 가치와 중요성을 느끼게 해 주면서도 관리자에게는 아주 짧은 시간만이 소요되고, 부재중일지라도 직원 스스로 자기를 독려하고 칭찬하는 법을 배우게 되는 것이다.

## 7. 커뮤니케이션 활성화 조건

언어 상호전달이 커뮤니케이션 주된 수단이다. 그렇다면 말을 잘한다는 것이 성공 필수조건임은 자명하다. 이런 의미에서 화법은 전달 능력(전달할 의미 내용을 정확하게 전달하는 것), 상대방 입장을 인정하면서 자신 사고방식, 이해관계를 인정시키는 대화 능력을 배양하려면 '바르게', '알기 쉽게', '긍정적으로' 이야기하는 것이 중요하다.

### 1) 바르게

서로가 행복해지기 위해서는 협력이 필요하다. 그리고 그것을 위해서 대화하는 것이다. 협력에 장해가 생기는 이유는 말하고 있는 것과 사실이 맞지 않는 것이며 말하고 있는 것과 행동하고 있는 것이 다르다는 것으로 요약된다. 당신 말이 위와 같다면 당신 신뢰는 실추되고 표면적인 사귐밖에 할 수 없다. 따라서 말할 때는 자신이 말하고자 하는 내용이 사실과 합치하는지 자신 행동과 일치하는지를 확인하는 태도가 필요하다. 당신이 바르게 말하고자 한다면 국부적인 일에 곧 반응하는 태도를 삼가야 한다. (전체와 부분 관련을 생각할 것) 자기 자신 선입견을 버리고 사물을 순수하게 관찰한다. 충동적으로 반응하지 말고 이상하다, 어째서, 왜라고 하는 태도를 보여야 한다. 관(觀)이란 마음 눈을 가지고 사물을 보는 것이며, 찰(察)이란 상대 관점에서 사물을 본다는 말이다. 이야기하는 사람의 바르게 전달하려는 마음가짐이 인간관계를 발전시키는 요체라는 말이다.

## 2) 알기 쉽게(이해하기 쉽게)

말은 알기 쉽게 해야 한다. 이것은 모든 말하는 사람의 철칙이다. 잘못 말하면 선의가 악의로 들리기도 하고 본심과는 다른 오해를 불러일으킨다.

### (1) 알기 쉬운 말을 사용해라.

말은 구체적 말과 추상적 말이 있다. 가능한 한 구체적 말을 사용해야 한다.

예를 들어 '우리 집에 하나의 생물을 기르고 있다'라고 하면 애완견인지 선인장인지 알 수가 없다. '우리 집에 동물 한 마리 키운다'라고 해도 역시 뭔지 모른다. '- 포유류 -' 역시 알 수 없다. '- 개 -'라고 하면 그제야 '아! 개를 키우는구나'라고 알겠지만 어떤 개인지 알 수 없다. '우리 집에서는 서양 개 종류인 스피츠를 한 마리 키우는데 이름은 뽀삐이다'라고 하면 알기 쉽다. 듣는 사람이 편안하도록 말해주어야 한다.

### (2) 기준이 모호한 말

'비교적 좋군요', '대체로 좋군요', '특별하게 변화 없다.' 등 무엇보다 어떻다 등으로 완결되지 않은 기준이 모호한 말은 피해야 한다.

### (3) 애매한 지시대명사

'저것 해 줘'처럼 명확하게 무엇을 지칭하는지 불분명한 지시대명사는 사용을 피해야 한다.

(4) 알기 쉽게 말하는 방법

① 시간 경과 순서로
② 공간적(장소 변화) 순서로
③ 알고 있는 것에서 모르는 것 순서로
④ 중요성 순서로
⑤ 원인과 결과, 현상과 그 근거 순서로
⑥ 요약해 가면서 말하는 방법으로
⑦ 알고 있는 것을 확대해 가는 방법으로
⑧ 도구를 사용해서 입체적으로
알기 쉽게 말하는 것은 '말로 그림을 그리듯이 하는 것'이다.

### 3) 긍정적으로

인간은 자기중심적이다. 단체 사진을 찍으면 사진을 받아 들고 제일 먼저 찾는 것이 자기 얼굴이다. 이발하고 나서 거울을 쳐다보고 이런저런 표정 지으면서 속으로 '내 얼굴도 못생긴 편은 아니군' 하고 생각한다. 지렁이도 밟으면 꿈틀한다는 속담은 지렁이도 죽으면서 자존심 지킨다는 의미로 해석할 수 있다. 프로이트는 '인간의 모든 행위는 위대해지려고 하는 욕망에서 발생한다'라고 했고, 존 듀이는 '인간의 가장 강한 욕망은 중요성 욕구이다'라고 말했다. 동기는 동물적인 천한 것이라도 외형만은 정신적인 높은 동기로 하는 것처럼 하고 싶은 것이 인간이다. 당신은 상대방의 자존심을 감싸 주는 말씨를 써야 한다. 이것이 긍정적인 말이다. 무조건 예(Yes)하라는 뜻이 아니다. 상대방 처지를 생각해서 일단은 긍정하고 나서 당신이 하고 싶은 말을 하라는 뜻이다. 이것이 'Yes but 화법'이다. 결점을 찾기보다는 장점을 찾아 긍정적으로 칭찬하라. 이것이 인간관계 발전의 기본 초석이다.

### 4) 명랑하게

우중충하게 잔뜩 찌푸린 날씨가 좋다고 하는 사람은 한 사람도 없을 것이다. 잔뜩 찡그린 얼굴, 힘 빠진 표정, 침울한 표정, 슬픈, 무거운, 침울한, 막막한 음성을 좋아하는 사람도 없을 것이다. 말은 명랑하게 해야 한다. 이것은 상대방에 대한 예의이고 인간관계 기본예절이다. 그런데 우리는 얼마나 이것에 노력하는가? 자신 기분을 반영하여 나오는 대로 소리 내고 있지 않은가? 마루 밑 잡초들도 태양을 향해 뻗어간다. 예리하고 아름다운 우수한 여성이 밝지 않게 이야기하는 습관 때문에 경시 받아 버리는 것은 아쉬운 일이다. 호감 받는 법칙 중에 '미소를 잃지 말라'는 것은 앞서 대화 이미지에서도 언급했듯이 밝은 미소, 경쾌한 음성은 주위 사람들을 기쁘게 하고 당신 주위에 사람을 끌어모으는 묘약임을 잊지 말아야 한다. 윌리엄 제임스(미국 심리학자)는 '슬프니까 우는 것이 아니라, 우니까 슬픈 것이다'라고 했다. 다시 말하면 '기분이 좋아 밝은 표정을 짓는 것이 아니라, 밝은 표정을 지으니까 기분이 좋다'라고 할 수 있다. 명랑하게 말하고, 행동하고, 생각해야 한다. 내일 당장 지구의 종말이 온다고 해도 살아야 하는 오늘 하루는 밝게, 명랑하게, 기분 좋게, 적극적으로, 미소 지으면서 살아야 한다.

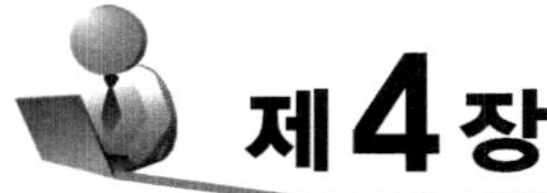

# 제 4 장 손익분기점과 목표매출액

## 제 1 절 손익분기점 매출액

### 1. 손익분기점 매출액

손익분기점 매출액이란 이익도 손실도 생기지 않는 매출액을 말한다. 예를 들어, 현재 적자에 빠진 유통점이 있다고 하면 앞으로 어느 정도 팔아야 수지가 균형을 이룰지 알려 주는 것이 이 손익분기점 매출액이다. 영어로 'Break Even Point', 간략히 B.E.P라 한다. 손익분기점 매출액을 이용하는 장점은 적자 상태 유통점이 어느 정도 팔아야 수지 균형이 될지 알려 준다. 현재 흑자 상태 유통점은 현상보다 어느 정도 매출이 떨어져도 적자가 되지 않을지를 알 수 있다. 목표로 하는 매출액을 올리기 위한 필요 매출액을 알 수 있다.

### 2. 손익분기점 매출액 공식

A 매출액 − 총비용 = 이익

여기에서 총비용을 변동비와 고정비로 나누면 변동비는 매출액 증감과 함께 변동하는 비용, 고정비는 매출액 증감과 관계없이 일정액 지급되는 금액 비용이다. 손익분기점 매출액은 이익도 손실도 생기지 않는 매출액이다. 즉, 위 공식 우변인 이익을 0으로 바꾸어 넣으면

B 매출액 − 총비용 = 0

C 매출액 − (변동비 + 고정비) = 0

여기에 C 공식을 변형하면 손익분기점 매출액을 구하는 공식이 형성된다.

$$\text{D 손익분기점 매출액} = \frac{\text{고정비}}{1-\left(\frac{\text{변동비}}{\text{매출액}}\right)}$$

<표 4-1> 손익분기점 매출액 계산

| | |
|---|---|
| (s) 매출액 | 1,802,344천 원 |
| (F) 고정비 | 471,640천 원 |
| (V) 변동비 | 1,284,640천 원 |

$$\text{* 손익분기점 매출액} = \frac{(F)}{1-\frac{(v)}{(s)}} = \frac{471{,}640\text{천 원}}{1-\left(\frac{1{,}284{,}640\text{천 원}}{1{,}802{,}344\text{천 원}}\right)}$$

$$= 1{,}641{,}976\text{천 원}$$

※ A 소매업의 손익분기점 매출액 1,641,976천 원

## 3. 손익분기점 비율

### 1) 손익분기점 매출액은 낮은 쪽이 좋다.

손익분기점 매출액은 수지 균형이 되는 매출액이기 때문에 유통점에 있어서 이 매출액은 낮을수록 좋다고 할 수 있다. 즉 이 매출액보다 실제 매출액이 많으면 이익이 생기는 상황이 되기 때문이다. 그러면 공식으로 돌아와 손익분기점 매출액을 낮게 하는 방법을 생각해 보자.

$$\text{손익분기점 매출액} = \frac{\text{고정비}}{1-\left(\frac{\text{변동비}}{\text{매출액}}\right)}$$

분자인 고정비는 가능한 한 적은 쪽이 좋다. 분모는 가능한 한 큰 쪽이 좋다.

$\frac{\text{변동비}}{\text{매출액}}$(이것을 변동비 비율이라 한다)을 가능한 한 적게 할수록 좋다.

### 2) 손익분기점 비율

손익분기점 비율이란 실제 매출액과 손익분기점 매출액과의 관계를 나타낸 것이다.

$$* \text{ 손익분기점 비율} = \frac{\text{손익분기점 매출액}}{\text{실제 매출액}} \times 100\%$$

이 비율을 산출해 보면 다음 3가지 패턴을 생각할 수 있다.

(1) 손익분기점 비율이 100을 밑돌고 있는 경우

실제 매출액 쪽이 손익분기점 매출액보다 크기 때문에 그 유통점은 흑자 경영이다.

(2) 손익분기점 비율이 100인 경우

수지 균형이다.

(3) 손익분기점 비율이 100을 웃돌고 있는 경우

실제 매출액보다 손익분기점 매출액 쪽이 크기 때문에 그 유통점은 적자 경영이다.

## 4. 손익분기 도표 활용

### 1) 손익분기 도표

손익분기 도표란 손익분기점 매출액 관계를 도표로 표시한 것이다.

### 2) 손익분기 도표 보는 법

(1) 총비용선이 매출액선을 상회하고 있으면 손실이 발생, 즉 적자 체질

(2) 매출액선이 총비용선을 상회하고 있으면 이익이 발생, 즉 흑자 체질

(3) 손익분기점 매출액을 인하하려면 고정비를 압축

(4) 손익분기점 매출액을 인하하려면 변동비 유동을 작게

(5) 손익분기점 매출액은 낮으면 낮을수록 이익이 생기기 쉬운 체질

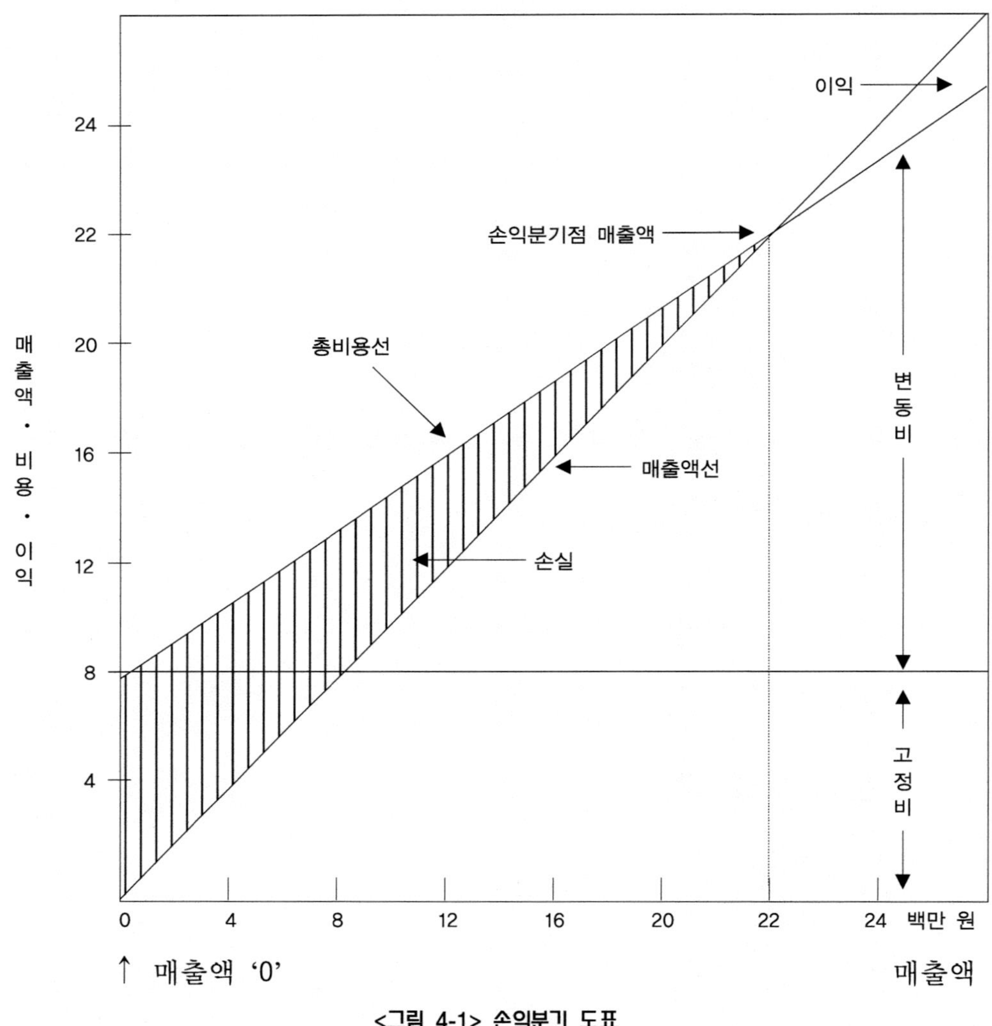
이익
24
22
손익분기점 매출액
20
총비용선
16
매출액선
12
손실
8
4
변동비
고정비
매출액·비용·이익
0
4
8
12
16
20
22
24
백만 원
↑ 매출액 '0'
매출액

<그림 4-1> 손익분기 도표

# 제 2 절 유통점 변동비와 고정비

## 1. 변동비 잡는 법

### 1) 변동비

변동비란 매출액 증감에 비례해 증감하는 비용이며 유통점 경우 매출액 증감에 비례해 증감하는 비용 대표적 예는 매출 원가이다. 광고 선전비나 지급 운임 등 매출액 증감에 비례해서 증감하는 비용도 있지만, 반드시 매출액에 연동하는 것은 아니므로 통상 변동비에는 포함하지 않는다.

### 2) 변동비 구체적 예

매출액과 변동비 관계를 도식화하면 다음과 같다.

(1) 작년 매출액과 변동비 관계

매출액 800,000천 원

| 변동비(매출 원가) 600,000천 원 | 고정비 및 이익 |
|---|---|

즉, 작년은 매출액이 8억 원, 변동비(매출 원가) 가 6억 원이었다. 결국, 매출원가율(=변동비 비율)은 75%가 되는 것이다.

(2) 금년 매출액과 변동비의 관계

매출액 960,000천 원

| 변동비(매출 원가) 720,000천 원 | 고정비 및 이익 |
|---|---|

금년도는 매출액이 작년보다 20% 올라 9억 6천만 원이 되었다. 매출원가율이 75%로 변하지 않는 경우는 변동비가 7억 2천만 원이 되는 것이다.

실제로는 매출원가율은 연도마다 다소 변동이 있지만, 다음에 나오게 될 고정비와 비교해 매출액에 따라 변동하는 비용이라 말할 수 있다.

## 2. 고정비 잡는 법

### 1) 고정비

매출액 증감과 관계없이 항상 일정 금액으로 지출되는 비용이며 고정비에는 급료, 통신비, 보험비, 감가상각비, 교제비 등이 있다. 유통점 경우 매출 원가 이외의 비용을 고정비라 한다.

### 2) 매출액과 고정비 관계

매출액과 고정비와의 관계를 도식화하면 다음과 같다.

(1) 작년 매출액과 고정비 관계

매출액 800,000천 원

| 변동비(매출 원가) | 고정비 160,000천 원 | 이 익 |
|---|---|---|

(2) 금년 매출액과 고정비 관계

매출액 960,000천 원

| 변동비(매출 원가) | 고정비 160,000천 원 | 이 익 |
|---|---|---|

금년도는 매출액이 작년보다 20% 올라갔고, 9억 6천만 원이 되었다. 그러나 고정비는 작년과 같이 1억 6천만 원이었다. 이처럼 고정비는 매출액 증감과 관계없이 일정액으로 지출되지만 실제로는 급료 인상, 운임 인상 등으로 고정비 총액이 완전히 작년과 같은 것은 아니다. 그러나 변동비처럼 매출액 증감에 연동해 변화하는 비용은 아니다.

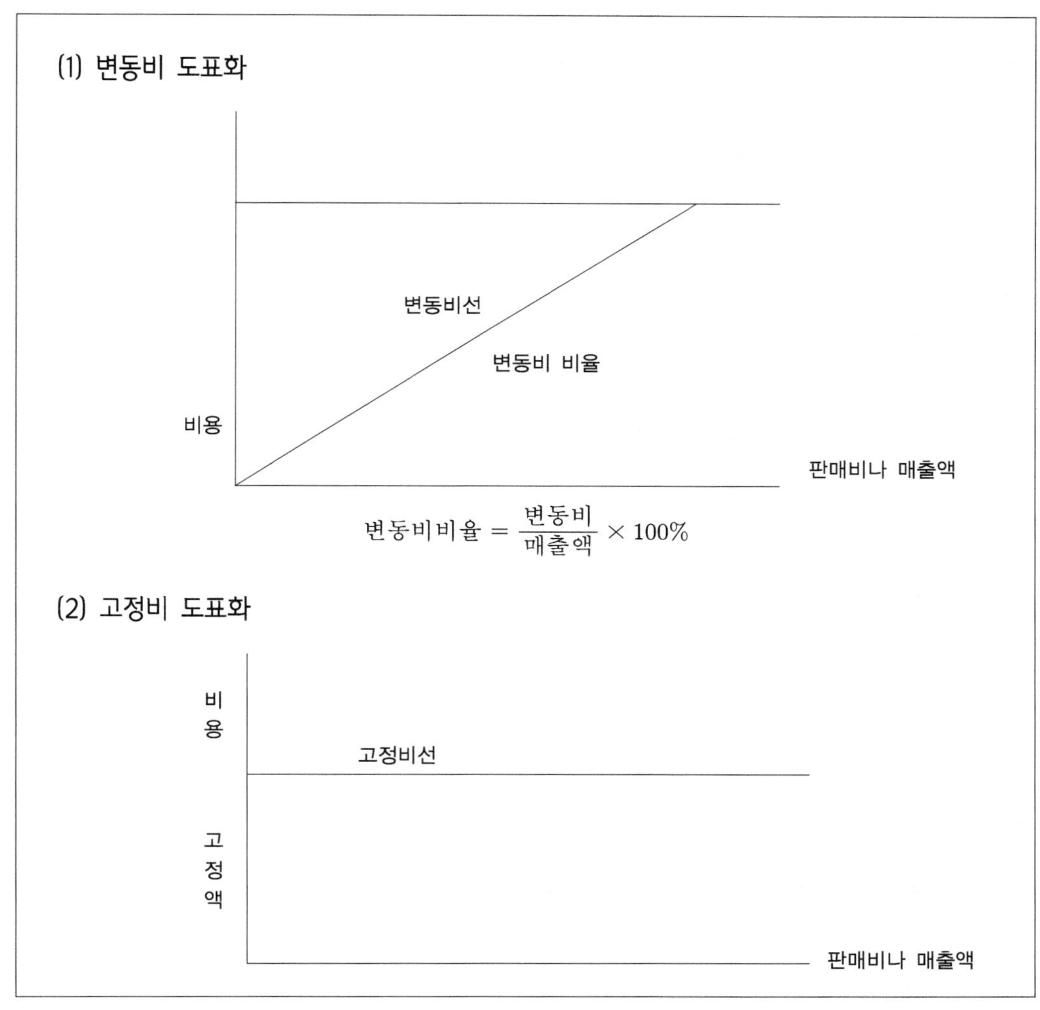


<그림 4-2> 변동비·고정비 도표화

# 제 3 절 목표이익을 올리기 위한 목표매출액 산출

## 1. 이익 획득

유통점을 경영하기에 앞서 목표의 중요성은 모두 다 알고 있는 사실일 것이다. 그러면 왜 이익은 결과로 얻어지는 것이 아니라 획득해야 할 것인지 알아보기로 한다.

① 매출액 - 비용 = 이익

(단, 비용에는 매출 원가, 판매비 및 일반관리비 등 모두가 포함된다)

② 매출액 - 목표이익 = 허용 비용

①식 이익은, 한 달 혹은 일 년간 경영해 본 결과 이 정도 이익이 올랐다는 결과적 이익이다. 그것에 반해 ②식 이익은 사전에 이 정도 이익을 목표로 하는 유통점 의지가 들어있는 것이다. 그러므로 사용할 수 있는 비용은 이 정도만이라는 가격조절 사고방식도 반영되고 있다.

즉 계획을 세운다는 것은 우선 목표로 하는 이익을 정하고 그것을 달성하기 위해 이 정도 매출액이 필요하고, 비용도 이만큼만 사용할 수 있다는 역발상이 필요한 것이다. 계획을 세울 때는 손익계산서 최하단에 있는 이익부터 작성해 나간다.

## 2. 손익분기점 매출액 공식 활용

손익분기점 매출액 공식을 활용하면 목표이익을 달성하기 위한 필요 매출액은 다음과 같은 식으로 산출할 수 있다.

- 목표이익달성을 위한 필요 매출액 $= \dfrac{\text{고정비} + \text{목표이익}}{1-\left(\dfrac{\text{변동비}}{\text{매출액}}\right)}$

## 3. 구체적 활용 예

매출액, 변동비는 금년도 실적이 나와 있으면 그 수치를 활용하며 고정비는 금년도 실적에 내년도 증가액을 포함한다.

* 내년도 고정비 = 금년도 고정비 + 내년도 증가분

예를 들어, 어떤 유통점에 금년도 매출실적이 다음과 같았을 때 내년도 48,000천 원의 목표이익을 달성시키기 위한, 필요 매출액을 구해보기로 하자.

금년도 > 매출액 : 1,085,968천 원

변동비 : 814,656천 원

고정비 : 245,886천 원

내년도 > 목표이익 : 48,000천 원
고정비 : 금년도에서 5% 상승분을 예상
변동비 비율 : 금년도와 변함없다.

$$* \text{ 내년도 필요 매출액} = \frac{245{,}888\text{천 원} \times (1+0.05) + 48{,}000\text{천 원}}{1 - \dfrac{814{,}656\text{천 원}}{1{,}085{,}968\text{천 원}}}$$

$$= 1{,}224{,}728\text{천 원}$$

즉, 4천8백만 원 목표이익을 달성하기 위해서는 내년도는 올해보다 1억 3천8백76만 원 상승한 12억 2천4백72만8천 원 매출액을 올리는 일이 필요하다.

## 4. 손익분기점 매출액을 인하하는 구체적 대책

### 1) 변동비 비율 인하

#### (1) 손익분기 도표

손익분기점 매출액을 인하하기 위해서는 변동비 비율을 현재보다 인하하는 일이 필요하다. 다음 페이지 그림에서도 알 수 있듯이 변동비 각도를 내려 나가면(그림에서는 실선에서 점선으로) 그것에 따라 손익분기점 매출액이 내려간다.

#### (2) 변동비 비율 인하 구체적인 대책

유통점 경우 앞서 설명한 바와 같이 변동비 비율 = 매출원가율이다.

따라서 변동비 비율을 내린다는 것은 곧 매출원가율을 내리는 것이다. 그러면 변동비 비율을 내리기 위한 구체적인 대책을 생각해 보기로 하자.

① 매입 가격 인하
② 매입처 재평가
③ 필요 없는 발주 금지
④ 계획적 발주

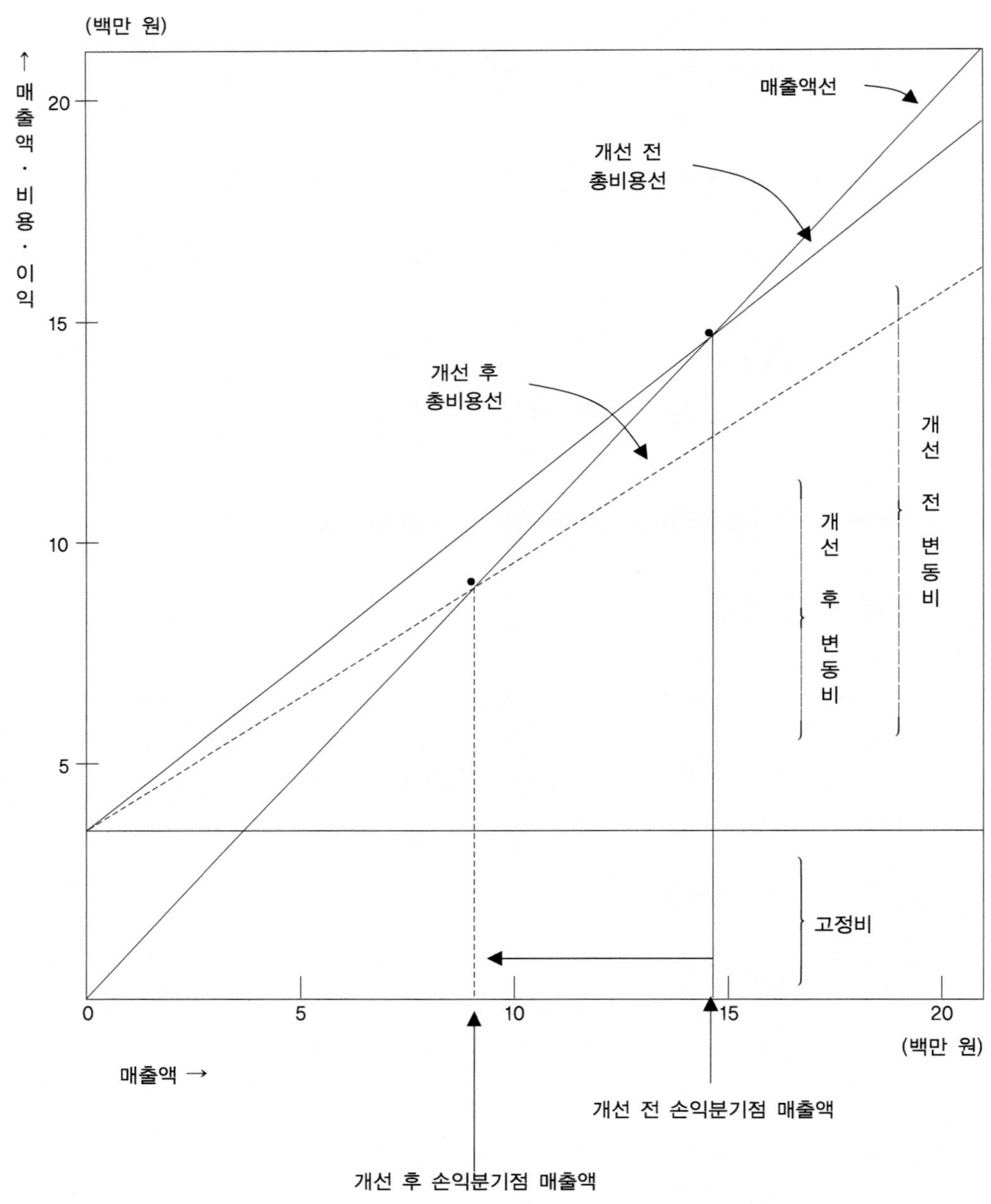


**<그림 4-3> 손익분기 도표(1)**

## 2) 고정비 압축

### (1) 손익분기 도표

손익분기점 매출액을 인하하는 방법은 고정비를 압축하는 것이다. 이것도 손익분기 도표를 기본으로 하여 보자. 그림에서도 알 수 있듯이 고정비 압축을 도모하면 변동비 비율은 변하지 않아도 손익분기점 매출액은 내려간다.

### (2) 고정비 인하 구체적 대책

유통점 경우 매출 원가를 제외한 모든 경비를 고정비라 한다. 따라서 고정비 인하란 필요 없는 경비 지출을 억제하는 것이다. 그 구체적 대안이란

① 직접 매출에 연결되지 않는 경비 삭감
② 로스 감소
③ 에너지 절약기기 도입에 의한 수도·광열비 감소
④ 효과적 인원 배치에 의한 인건비 감소

손익분기점 매출액을 인하한다. 고정비를 압축한다.

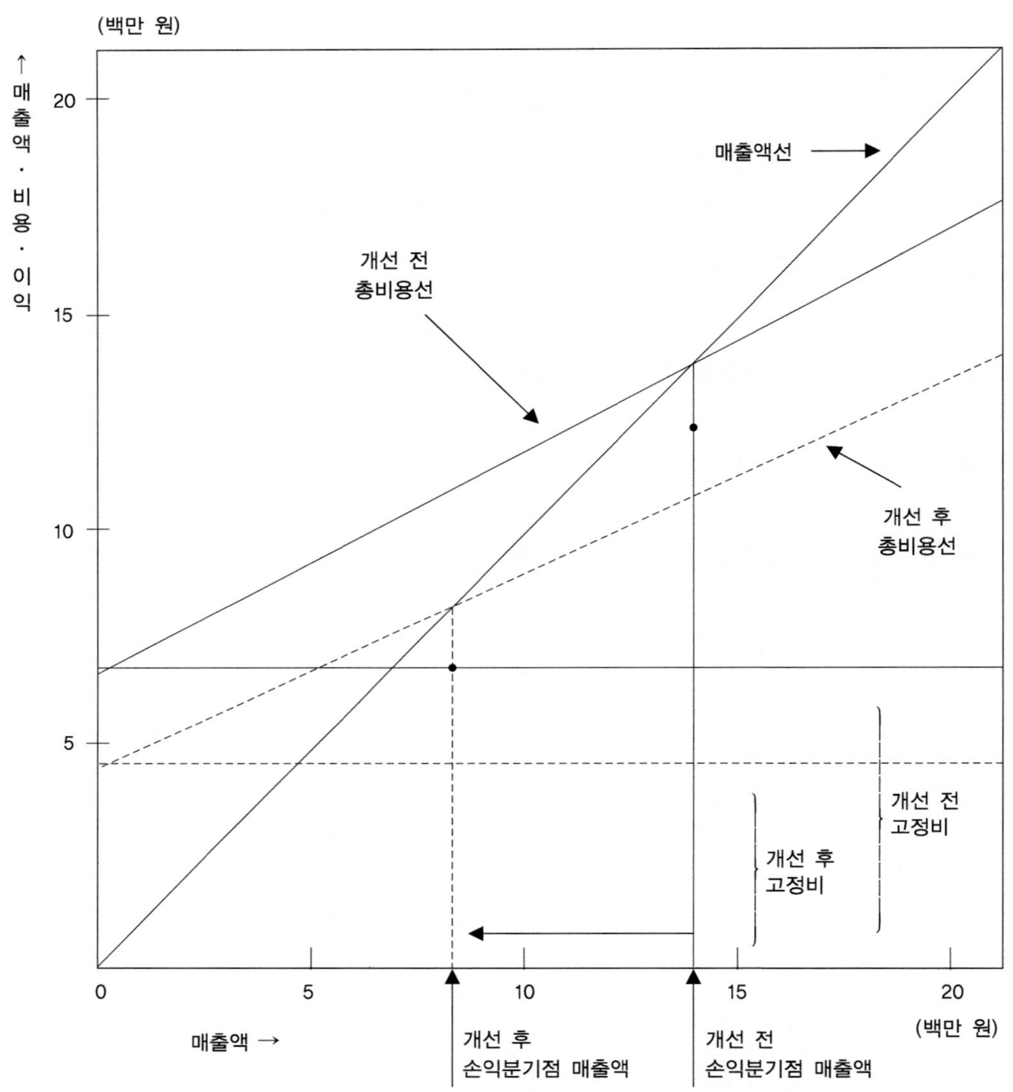


<그림 4-4> 손익분기 도표(2)

# 제 2 부

# 매장관리 6믹스 실행(DO)

# 제 5 장 매장관리(PRODUCT) : 상품매입계획과 재고관리

## 제 1 절 매입계획 관리와 매입처 대책

### 1. 매입계획 기본

#### 1) 매입 업무 기본적인 흐름

상품매입이란 상품계획을 기초로 뛰어난 선택 기술과 고도 관리 기술을 발휘해서 소비생활자 대리인과 영업이익 확보 책임자 입장을 양립시키면서 적정 상품 창조(발견, 선택, 조달, 제공, 재고)에 임하는 것이다. 이것을 기본적으로 분류해서 열거하면 상품계획 서브 기능으로서 매입계획, 판매계획 및 재고계획과의 조정에 의한 매입계획 수정, 매입 시행, 계획과 실적 대비에 의한 매입 조정, 매입 통제가 되는 것이다.

#### 2) 매입계획 체크 포인트

매입계획은 매입 업무 출발점이다. 따라서 계획수립에서는 다음 3W2H를 의사결정 기준으로 생각해야 한다.

- What – 무엇을 매입할 것인가.
- Where – 어디에서 매입할 것인가.
- When – 어느 시기에 매입할 것인가.
- How Much – 어느 정도 가격으로 매입할 것인가.
- How Many – 어느 정도 수량을 매입할 것인가.

이 5개 항목은 적정 상품, 적당한 매입처, 적당한 시기, 적당한 가격, 적당한 수량을 의미하고 있다. 또한, 소비생활자 대리인으로서 시점에서 보면

- 소비생활자가 좋아하는가.
- 소비생활자가 사기 편한가.
- 소비생활자가 사용하기 편한가.
- 소비생활자가 필요할 때 공급할 수 있는가.
- 소비생활자가 바라는 품질 및 수량을 갖출 수 있는가.
- 변동하는 소비생활자 수요동향에 대응할 수 있는가.

등을 점검해서 매입계획에 반영해야 한다.

## 2. 매입관리 업무 기본 구성

### 1) 매입 업무 관리

매입관리 업무는 기본적으로 매입 업무 흐름에 관한 관리, 매입담당자 관리, 매입처와의 관계에 관한 관리 3가지로 구성되어 있다. 그중에 매입 업무 관리는 상품 흐름을 관리하는 것으로 상품계획을 근거로 한 매입실시 활동 즉, 매입처 선별에서 개별 품목 선택, 조건 절충, 발주, 검수 등에 이어지기까지 관리이다. 또, 여기에는 '금액면', '내용면' 양면이 있고 금액면에서는 매입 예산 및 발주 금액의 OTB가 주체가 되고 내용면에서는 매입처와 관계 업무를 비롯한 재고 부문, 판매 부문과 협조에 의한 수정 제어 기능까지를 포함하는 것이다.

### 2) 매입담당자 관리

매입담당자 의사에 의해서 매입에 관한 최종 결정이 내려진다는 것을 생각한다면 매입담당자 자질과 능력이 그대로 이익향상 원동력이 된다. 따라서 그 자질 조건으로서 정보수집 분석 능력, 고도 매입 기술, 자기 계발 의욕 등이 요구된다.

본래는 담당자 채용 · 교육 배치 등 '인사관리'와 관계되는 사항이지만 매입 부문에서도 적당한 목표와 명확한 업적평가 기준을 설정함으로써 의욕적으로 업무수행에 힘쓸 수 있는 환경조건 조성이 상당히 중요하다.

### 3) 매입처 관계관리

소비생활 다양화·개성화·경쟁 격화 등 유동적 시장환경에서 업적을 향상하기 위해서는 상품공급원인 매입처를 마케팅팀 파트너로 해서 상호협력 관계 유지향상에 힘쓰는 것이 중요한 과제이다. 현실적으로는 매입처 개발, 선별, 육성, 유지, 교체 등이 포함되지만 모두가 상대방과 관계를 양호하게 유지하기 위한 관리임에는 변함이 없다. 이상으로 열거한 3개 요소는 소매업의 중요한 업무인 상품 조달 업무를 '업무 자체', '담당하는 사람', '그 상대방과의 관계' 세 가지 면에서 파악한 것인데 실제로는 그것들이 각각 관련하고 균형 잡힌 매입 업무가 되도록 계속된 관리를 추진해야 한다.

## 3. 재고계획과 매입 예산

### 1) 재고계획 목적과 적정재고액

재고계획은 일련 상품매입 활동과 다양한 판매 활동 중간에 위치해서 상품 움직임에 대응하면서 조정을 꾀하는 기능을 계획하는 것이 주요 목적이다. 그런 의미에서 재고계획은 매입·판매와 함께 중요한 머천다이징 계획의 주요 부분을 차지하고 있다. 본래는 매입관리와 별도로 취급할 문제인지도 모르지만, 매입 예산 결정과 직접 관련되는 적정재고 유지에 관한 사항, 즉 매입과 판매를 조정하는 양적인 적정성을 유지하는 방법에 대해 언급해 두기로 한다.

#### (1) 평균 재고액

적정재고액은 연간 계획판매액과 예정 상품회전율에 의한 평균 재고액이 그 기본이 된다.

$$\begin{matrix}\text{상품평균재고액}\\(\text{매가})\end{matrix} = \frac{\text{연간 계획판매액}}{\text{예정상품회전율}}$$

숫자를 설정해서 연간 계획판매액을 1,800만 원, 예정 상품회전율을 10회로 하면 평균 재고액은 계절·달에 따라서 상당한 변동을 나타내고 있고 이를테면, 2월은 낮아지지만, 7월은 상승하는 상황이 보통이다. 따라서 연간 계획판매액은 과거 월별 판매실적을 근거로 한 '계절(월별)지수' 및 '계절(월별) 구성비'에 따라 각 달 월차 계획판매액이 결정되는 것이다. 월차 계획판매액(판매액 예산)에 맞춘 월초 계획 재고액(허용 재고)을 산출하게 되고 그 방법으로는 재고액 · 판매액 비율법, 기준재고법, 백분율 변이법이 있다.

### (2) 기준재고법

이 방법은 그달의 판매예산에 평균 재고액을 더하고 거기에서 월평균 판매액을 빼는 방식으로 가령 연간 계획판매액을 S : 1,800만 원, 월차 계획판매액 Sm : 200만 원, 예정 상품회전율 T : 10회, 월초 계획 재고액을 Bm으로 하면,

$$\begin{aligned} Bm &= Sm + \frac{S}{T} - \frac{S}{12} \\ &= 200\text{만 원} + \frac{1{,}800\text{만 원}}{10\text{회}} - \frac{1{,}800\text{만 원}}{12} \\ &= 200\text{만 원} + 180\text{만 원} - 150\text{만 원} = 230\text{만 원} \end{aligned}$$

월초 계획 재고액은 230만 원이 된다. 이 숫자는 매가이기 때문에 원가로 나타내려면, 매가 결정률이 25%라면 230만 원 $\times(1-0.25)=172$만5천 원이 된다. 이 기준재고법은 Basic Stock Method라고도 하고 월차 계획판매액과 월평균 판매액과의 차액을 평균 재고액에 가산 또는 감산하는 것을 기본적인 성격으로 삼고 있다.

### (3) 백분율 변이법

이 방법은 평균 재고액을 중시하면서 각 월차에서 계절 변동성을 가미해서 월초 계획 재고액을 산출하는 방식이다.

$Pm = \frac{S}{T} \times \frac{1}{2}\left(1 + \frac{Sm}{\left(\frac{S}{12}\right)}\right)$이 월초 계획 재고액을 Pm으로 하여 이 산출공식을 여기에 앞에서 예로 든 숫자를 적용하면

$$Pm = \frac{1,800\text{만 원}}{10\text{회}} \times \frac{1}{2}\left(1 + \frac{200\text{만원}}{\left(\frac{1,800\text{만 원}}{12}\right)}\right)$$

$$= 180\text{만 원} \times \frac{1}{2}(1 + 1.33) = 209\text{만}7\text{천 원}$$

이 방식에 의한 월초 계획 재고액은 209만 7천 원이 되고 이것을 원가로 환산하면 209만 7천 원 × (1－0.25) = 157만 2천750원이 된다. 이것을 백분율 변이법(Percentage Variation Method)이라고도 한다. 위의 2개 공식은 당연히 산식이 틀리므로 Bm과 Pm의 수치가 같게 된다고는 할 수 없다. 단, 다음과 같은 상호관계가 있다.

① 상품회전율 T : 6회의 경우는 Pm=Bm

② 월차 계획판매액 Sm이 월평균 판매액 $\frac{S}{12}$보다 크고

T : > 6의 경우 Bm > Pm
T : < 6의 경우 Bm < Pm

③ 월차 계획판매액 Sm이 월평균 판매액 $\frac{S}{12}$보다 작고

T : > 6의 경우 Bm < Pm
T : < 6의 경우 Bm > Pm

④ 월차 계획판매액 Sm이 월평균 판매액 $\frac{S}{12}$와 같으면 상품회전율에 관계없이 Bm=Pm이다.

## 2) 매입 예산 산출

매입 예산은 넓은 의미의 상품예산(Merchandise Budget)에 포함되는 매출 예산, 매입 예산, 재고예산 일부이고 매출 및 재고와의 효율적인 조정을 하면서 결정되어야 한다. 따라서 매입 예산 결정 전제로서 매출액 예산을 비롯하여 기초·기말재고 등 적어도 다음 12개 인자(요인)가 상품예산으로서 결정되어야 한다.

(1) 기간 매출액 예산 $S_R$

(2) 기초 예상 재고액 $I_B$

(3) 기말 계획 재고액 $I_E$

(4) 예정 상품회전율 T

(5) 매입 반품 예상액 $R_V$

(6) 매출 반납 예상액 $R_C$

(7) 로스 예상액 $I_S$ 또는 예정 로스율 $I_S$(%)

(8) 가격 인하 계획액 $M_D$ 또는 예정가격 인하율 $M_D$(%)

(9) 할인 예상액 $D_M$ 또는 예정 할인율 $D_M$(%)

(10) 총이익 예산 $P_G$ 또는 매출액 총이익률 예산 $P_G$(%)

(11) 순이익 예산 $P_N$ 또는 매출액 순이익률 예산 $P_N$(%)

(12) 영업비 예산 $E_X$ 또는 매출액 영업비율 예산 $E_X$(%)

나아가 상기한 요인들을 바탕으로 총매입예산 $B_G$를 산출하는 과정을 구분하면, ① SR 결정, ② $I_E - I_B$ 산출, ③ $R_V - R_C + I_S + D_M + M_D$ 산출, ④ $B_G$ 산출, 즉 $B_G = S_R + I_E - I_B + R_V - R_C + I_S + D_M + M_D$ 공식이 된다.

이렇게 해서 산출되는 $B_G$ 수치는 기가 시작되는(예를 들면, 12월 결산이면 1월 1일 시점) 시점이라면 그것이 앞으로 1년간 '매입 총규모' 즉 총매입 예산이 된다.

단, 여기에서는 지난 기에 발주해서 이번 기에 들어오는 O O(Out-standing Order)는 없었던 것으로 한다. 이를테면, 어느 상품계열의 상품예산(모두 매가)을 다음과 같이 하면,

| | | |
|---|---|---|
| (1) 연간매출액 예산 | $S_R$ | 1,800만 원 |
| (2) 기초예상 재고액 | $I_B$ | 180만 원 |
| (3) 기말계획 재고액 | $I_E$ | 180만 원 |
| (4) 매입 반품 예상액 | $R_V$ | 120만 원 |
| (5) 매출 반환 예상액 | $R_C$ | 60만 원 |
| (6) 로스 예상액 | $I_S$ | 40만 원 |
| (7) 가격 인하 계획액 | $M_D$ | 90만 원 |
| (8) 할인 예상액 | $D_M$ | 45만 원 |
| (9) 연간 총매입 예산 | $B_G$ | 2,035만 원 |

이것을 공식으로 나타내면,

$$B_G = S_R + I_E - I_B + R_V - R_C + I_S + M_D + D_M$$

= 1,800만 원 + 180만 원 − 180만 원 + 120만 원 − 60만 원 + 40만 원 + 90만 원 + 45만 원 = 2,035만 원

이 연산예산을 각 달로 나눠서 월차 예산을 산정한다. 이를테면, 3월 예산이 다음과 같다면,

| | | |
|---|---|---|
| (1) 3월 매출액 예산 | S R(3) | 180만 원 |
| (2) 월초 예상 재고액 | I B(3) | 180만 원 |
| (3) 월말 계획 재고액 | I E(3) | 200만 원 |
| (4) 3월 매입 반품 예상액 | R V(3) | 10만 원 |
| (5) 3월 매출 반환 예상액 | R C(3) | 4만 원 |
| (6) 3월 로스 예상액 | I S(3) | 4만 원 |
| (7) 3월 가격 인하 계획액 | M D(3) | 6만 원 |
| (8) 3월 할인 예상액 | D M(3) | 5만 원 |

3월 매입액 예산 $B_G(3)$은

$B_G(3)$ = 180만 원 + 200만 원 − 180만 원 + 10만 원 − 4만 원 + 4만 원 + 6만 원 + 5만 원 = 221만 원

즉, 3월 매입 예산은 221만 원이다. 이것을 원가로 환원하면 매가 결정률을 25%로 하고 221만 원 × (1 − 0.25) = 165만 7천5백 원이 된다. 아무튼, 상품예산 산정은 반드시 각 인자를 매가 또는 원가 중 어느 하나로 통일해야 하며 원가에서 매가로의 환원은 원가 ÷ (1 − 매가 결정률) 식으로 한다.

### 3) OTB와 Balance 수정

전항 예에서 3월 매입 예산은 221만 원으로 산정되었다. 즉, 2월 말까지 3월분 발주를 1원도 하지 않았다면 매입담당자에게 있어서는 이 221만 원이 매입허용액, 즉 OTB(Open To Buy)이고 3월 1일 현재 OTB Balance이다. OTB는 수량만이 아니라 금액으로도 표시된다. 단, 수량 면에서의 OTB는 특정 품목마다 이용되는 데 비해서 금액면 OTB는 상품계열 전체를 대상으로 해서 이용되는 경우가 많다. 그런데, 실제로는 그달에 들어서고 나서야 비로소 매입 활동을 시작하는 경우는 거의 없다. 가령, 2월 중에 50만 원을 발주했다면,

OTB = MAX − O O = 221만 원 − 50만 원 = 171만 원

3월 1일 현재 OTB는 171만 원으로 산정된다. 이 예산으로 3월에 시작해서 15일까지 지났다. 그 사이 101만 원을 매입했는데 일별 예산 누계에 대한 실적 누계가 <표 5-1>과 같은 차이를 보였다.

**<표 5-1> OTB와 Balance 수정**

| | | A<br>목표수립 누계 | B<br>실적 누계 | B − A |
|---|---|---|---|---|
| 15일까지 | 매 출 액 | 800천 원 | 850천 원 | 50천 원 |
| 〃 | 매입반납액 | 500 〃 | 400 〃 | △ 100 〃 |
| 〃 | 매출반환액 | 200 〃 | 150 〃 | △ 50 〃 |
| 〃 | 로 스 액 | 20 〃 | 20 〃 | 0 〃 |
| 〃 | 가격인하액 | 200 〃 | 300 〃 | 100 〃 |
| 〃 | 할 인 액 | 30 〃 | 30 〃 | 0 〃 |

그래서 이 차이를 OTB Balance로 조정해야 한다. 즉, 매출액과 가격 인하액 Over분과 매출 반환액 Under 분은 15일 현재 재고액을 예정보다 감소시킨 것이 되고, 한편으로는 매입 반납액 Under 분은 그분만큼 재고액을 증가시킨 것이 된다. 이것을 조정하기 위한 산식은

15일 종료 시 OTB Balance
= 1일 현재 OTB − 15일까지 매입액 + 매출액 Over 액 − 매입 반납액 Under 액 + 매출 반환액 Under 액 + 가격 인하액 Over 액
= 171만 원 − 101만 원 + 5만 원 − 10만 원 + 5만 원 + 10만 원 = 80만 원,

즉, 15일 종료 시 OTB Balance는 80만 원으로 수정하여 산정된 것이다. 이것을 OTB Balance 수정이라고 한다.

### 4) 동일 매입 원가 상품 복수가격설정

같은 매입 원가 상품의 복수가격설정과 같은 판매가격 상품의 복수 매입 원가에 대해서 보충해 둔다. 매입 원가가 같은 상품이라도 가격을 각각 2단계로 해서 결정하는 때도 있다. 즉, 기본적으로는 동일 품목이지만 색조나 부속품 등 세부가 다르므로 전 품목을 같은 가격으로 설정하면 매출에 극단적인 차이가 생길 우려가 있으면 그 품목의 한쪽을 약간 높게 다른 쪽을 약간 낮게 가격을 설정함으로써 그 평균이 표준 이복률을 실현할 수 있도록 하는 것이다. 현재 매입 단가 6,500원인 스웨터를 100장 매입했다고 하자. 이 표준 매가 결정률 예산을 35%로 해서 획일적인 매가를 설정하면 6,500원 ÷ (1 − 0.35) = 10,000원이 된다. 그러나 일부 색조와 부속품이 딸린 것은 9,000원으로 하지 않으면 매출이 불안하고 이 매가 결정률은 (9,000원 − 6,500원) ÷ 9,000원 = 0.277로 27%가 된다. 그렇지만, 다른 것은 12,000원을 매가로 해서 상품의 매력은 충분하다. 이것의 매가 결정률은 (12,000원 − 6,500) ÷ 12,000원 = 0.458, 45.8%가 된다. 즉, 표준 매가 결정률에 의한 평균 가격 10,000원에 대해서 저가격품은 1,000원 마이너스, 고가격품은 2,000원 플러스이다. 이 플러스, 마이너스의 균형을 잡으려면 1,000 ⇄ 2,000 교환비, 즉, 9,000원 상품과 12,000원 상품 수량비를 2 : 1로 해야 한다. 이것을 %로 하면 67% : 33%이다. 결론을 말하자면 100장의 스웨터 중 67장을 9,000원에, 33장을 12,000원으로 매가를 설정함으로써 이 스웨터 전체의 매가 결정률 35%를 확보하는 것이다.

### 5) 동일 판매가격 상품 복수 매입 원가

전항의 예와는 반대로 매입 원가가 다른 품목을 동일 가격으로 설정해야 하는 경우가 있다. 특히 명확한 가격선 정책에 따라 다양한 가격을 정하지 않고 중점 가격선으

로 통합한 가격설정을 하는 경우가 많다. 현재, 10,000원의 가격선에 대해서 표준 매가 결정률이 35%라고 하면, 10,000원×(1 − 0.35) = 6,500원, 매입 단가 6,500원에 매입해야 한다. 그러나 현실적으로는 그대로 되지 않는 경우가 많다. 그래서 매입 단가 6,300원과 7,300원의 2품목이 10,000원 매가의 상품매입계획에 채택되었다고 하면 전체 매가 결정률 35%를 실현하기 위해서는 이 양자를 어떻게 배분하는가가 문제가 된다. 이 경우에, 평균 매입 단가 6,500원에 대해서 6,300원인 품목은 마이너스 200원, 7,300원인 품목은 플러스 800원이 되고 이 플러스・마이너스의 균형을 잡으려면 200 ⇄ 800의 교환비, 즉 6,300원의 품목과 7,300원인 품목의 수량비를 8 : 2, %로 해서 80% : 20%로 배분해서 매입하면 표준 매가 결정률 35%를 실현할 수 있다.

## 4. 상품선택 평가와 매입처 대책

### 1) 상품선택 포인트와 재평가

#### (1) 상품선택 기본자세와 단계

매입관리 실행단계에 있어서 가장 중요한 주제가 하나하나의 상품을 선택하는 상품매입 활동 관리이다. 자점에서 판매되는 상품에 대해서는 어떤 생산・유통 루트, 어떤 조건으로 매입된 상품이라도 고객에 대해서는 모든 책임을 지는 것이 소매업으로서 당연한 의무이다. 한편 상품을 꼼꼼히 점검하고 효과적인 판매를 위해 노력해야 하는 것은 말할 것도 없다. 상품매입을 안이하게 생각하여 우선 두고 봐서 팔리지 않으면 반품・교환하면 된다, 가격이 싸면 다른 요소는 중시하지 않는다는 자세라면 거래처로부터 진정한 지원 협력을 얻을 수 없어 우수한 상품을 타점보다 먼저 받는 기회를 상실하는 것임이 틀림없다. 말할 것도 없이 소매업은 유통시장에 대해서 소비생활 가치를, 고객을 대신해서 탐색하고, 고객에 대해서는 생산・유통 마케팅팀 대표로서 제안하고 주장하는 1인 2역 책임을 지고 있지만, 그것을 완수하기 위한 수단과 방법은 같으며 상품선택 시에는 '확신하고 고객에게 제공할 수 있는 상품'만을 선택한다는 엄격하고 객관적인 자세를 잃지 말아야 한다. 따라서 상품선택을 결정할 때는 다음과 같은 단계를 밟게 된다.

제 1 단계 : 전제조건 재확인(상품계획에 있어서)
제 2 단계 : 구체상품 선택 결정
제 3 단계 : 실적 데이터에 의한 재평가

### (2) 전제조건 재확인

상품선택을 유효하게 하기 위해서는 우선 매입에 우선되는 전제조건, 즉 '가이드라인'을 재확인해 두어야 한다. 이 전제조건이란 앞에서 말한 상품계획단계에서 설정되었다.

① 위치 선정
품목구성 그룹 중에서의 기간 상품 · 보완 상품 · 제시 상품으로서 역할 균형과 그 역할에 요구되는 특성을 사전에 설정하는 것이다.

② 질적 조건
Basic Stock List의 구체 품목, Model Stock Plan에 있어서 품목 좌석과 같이 각각 상품에 요구되는 질적 수준(Level) 조건이고 이것이 충족되지 않은 상태라면 상품선택을 해서는 안 된다.

③ 양적 조건
판매예산에 근거한 소화 예정 수량, 재고예산 또는 예정 상품회전율, 제조(생산) · 도매 단계에 있어서 공급 계속성이나 비축 상황 등 요인을 검토한 총매입 수량 및 발주 단위 결정이다.

④ 가격대 · 가격선
상품을 선택할 때 '이 상품은 어느 가격대 어느 가격선에 놓을 것인가'를 판단하기 위해서 상품계획에 있어서 사전에 결정되어 있어야 한다.

⑤ 매입 원가 기준
상품선택 전제로서 위치 선정, 가격 구성상 조직을 고려한 뒤에 그 상품을 검토하면 적정 이익을 확보하기 위해서는 얼마로 매입 원가를 결정해야 하는가를 명확하게 판단하기 위한 기준이다. 물론 이 기준은 일률 · 고정적인 것이 아니라 상품 위치 선정이나 가격대 상하에 의한 복수 기준을 일정한 조건에 따라(예를 들면, 기간 상품과 제시 상품의 목표이익 폭을 바꾸는 등) 적정기준을 가려 쓰는 것이 바람직하다.

### (3) 상품선택 점검 사항

매입담당자의 능력향상은 중요한 주제이다. 그러나 아무리 뛰어난 사람이라도 상품선택을 담당자 개인의 주관적인 판단에만 맡기는 것은 상당히 위험하며 감이나 기호에 의한 편향이나 오류가 생길 가능성이 크다. 그래서 개인 능력은 보조적 요소이고 상품을 객관적으로 적절히 선택하도록 전 점포에 통일된 상품별 점검 사항 및 평가 방법을 명확히 할 필요가 있다. 이 포인트는 다음 3가지 측면에서 파악해야 한다.

① 품질 · 허용면의 체크는 하드웨어적 품질과 소프트웨어적 효용면으로 구분된다. 품질면에서는 재질, 제조 방법, 규격, 사용 부품, 부속품, 성능 등 물리적인 접근에 의한 이성(객관)적인 가치를 가리킨다. 효용면에 대해서는 패션성, 취미 기호성, 지명도, 희소도, 서비스 보증도, 포장디자인(Package Design) 등 감각적 접근에 의한 감성(주관)적 가치이다.

② 위치 설정면의 체크는 상품구성 그룹 중에서 공통된 요소를 갖는 품목과 비교, 상승효과 가능성, 대조 요소를 가진 품목과 대비, 반대 효과 예측 등이며 즉 그 품목이 상품구성에 있어서 발휘하는 존재가치 유무와 그 보증 체크이다.

③ 매입 조건면의 체크는 매입 가격, 할인 조건과 타당성, 납품 기간, 광고 판촉 시행 상황, 정보력, 반품 기타 서비스 조건, 재발주 가능성, 지급 조건, 일괄 독점에 대한 대응 등 직접적인 포인트와 함께 매입처 기업의 종합적인 경영력이나 신뢰성 등 레벨도 평가될 것이다.

이상에 열거한 항목은 공통된 기본적인 것이고 실무상으로는 상품 품종마다 체크 항목이 명확하게 설정되어(이를테면, 식품 위생 기준이나 첨가물 이용 등), 점포 정식 체크리스트로 작성됨과 동시에 그 결과 평정 기준도 명확하게 해서 객관적으로 선택 가부를 결정하는 시스템을 조성하는 것이 바람직하다.

### (4) 실적 데이터에 의한 재평가

새롭게 도입하는 단계에서 신중하게 체크, 평가해서 확신하고 취급을 시작한 상품이라도 반드시 기대한 만큼 실적을 올린다고는 할 수 없다. 따라서 실제 판매실적 데이터를 바탕으로 '계속', '개선', '중지' 재평가, 수정을 일정 기간마다 반드시 해야 하는데 그 재평가 기준이 되는 실적 데이터는 주로 매출액, 매출 수량, 이폭 · 이폭률, 상품회전율, 교차비율, 할인 · 반납 등 거래조건 항목을 들 수 있다.

이 중 각 항목 모두 문제가 없으면 계속하는 것은 당연하지만 항목에 따라서 차이가 날 때 우선순위를 어떻게 판단하는가는 상품계획의 근거가(기초가) 되는 상품정책과 환경조건에 따라서 달라진다. 즉, 효율 중시 상품정책과 상품 투하자본에 여유가 없으면 상품회전율이 중시되는 것은 필연적이다. 이에 대해서 점포 이미지를 높이기 위한 고급화 · 개성화를 겨냥한 상품정책을 세워 투하자본도 그 나름대로 볼륨 설정을 해 두었다면 이익 폭 크기를 최우선으로 생각하는 것은 당연하다. 실적 데이터 이외의 재평가 요인으로서 '계속'을 위해서 매출액만이 아니라 시계열적인 매출 변동 Curve, 동업 타점 상황, 공급하는 도매상, 메이커 마케팅 정책, 특히 자점에 대한 자세가 포인트가 된다. '개선'이란 거래조건 개선과 상품 그 자체 개선 두 가지 의미가 있다. 거래조건 개선이란 매가 인하 및 매입 원가 인하 등이고, 상품 그 자체란 부속품 변경, 최종 마무리의 변경, Package 변경 등 기본적인 상품구조는 남겨놓고 일부를 변경·개선하는 것이고, 2개 중 하나(또는 쌍방)를 개선함으로써 실적을 저해하고 있는 문제점을 해소할 수 있는지 판단이 포인트가 된다. '중지' 결정에서는 만일을 위하여 다음 사항을 다시 한번 점검해 보자. 우선 그 상품 판매 과정이 있다. 그 상품 자체의 매출은 적더라도 그 상품이 다른 상품에 대한 대체효과를 발휘하거나 고정고객을 조성하고 있다는 것도 간과해서는 안 된다. 또 중지 상품을 대신해서 고객이 더욱 만족할 수 있는 새로운 상품을 도입할 수 있을지도 모른다. 요컨대, 상품 취급 중지와 신규 도입은 밀접한 상관관계에 있다는 것을 잊어서는 안 된다.

## 2) 매입처 대책

### (1) 매입처(상품공급원) 중요성

소매업은 일부 예외를 제외하고 상품 물적 생산은 하지 않는 것을 원칙으로 한다. 이른바 Free Hand 입장이며, 이것이 상품매입을 객관적으로 할 수 있는 반면에 타에 의존해야 하는 요인이 된다. 이 의존해야 하는 상대방으로서 우수한 가치 상품을 적극적으로 제공하는 공급원과 결속하지 않으면 소매업 번영을 바랄 수는 없다. 이런 의미에서 '좋은 매입처' 조건은

① 상품 개개 품질, 기능, 효과가 높을 것
② 상품구성 폭과 넓이(깊이)가 넓을 것
③ 가격과 거래조건 공정성과 객관성
④ 생산 혹은 공급능력 크기와 안정성
⑤ 빠른 정보제공력과 정확성
⑥ 모든 서비스 능력과 조건 폭이 넓을 것
⑦ 높은 기술력, 개발력
⑧ 기업 신용, 성장성, 안정성

등이 주된 것이다. 특히 주의해야 할 것은 일시적 상품 매력에만 사로잡히지 않은 기업으로서 장기적 선택을 하는 것이 중요하다.

(2) 매입처 발견 · 선택 · 육성

매입처를 고정적인 것으로 생각하는 것은 상품구성 고정화 · 타성화를 초래하게 된다. 장기간 실적이 있는 거래처를 무시할 수 없는 것은 당연하지만 항시 다양한 기회를 통해서 미거래 메이커 · 상사 · 도매업 정보를 수집 · 확인해서, 매입거래 후보에 나열해서 필요에 따라 절충을 개시할 수 있는 체제를 갖추어야 한다.

또 자점에 상당한 판매력이 있으면 현재는 소규모 영세기업이지만 장래에 대한 가능성이 있는 기업을 육성함으로써 장래의 중요하고도 독점적인 매입처로 삼는 것도 충분히 생각할 수 있는 점이다.

(3) 매입처 신진대사

양호하고 협력적인 매입처는 결산서에 나타나지 않는 점포(기업) 자산으로 불리며 그 매입처와 좋은 관계를 계속 맺는 것은 매입관리의 중요한 주제이다. 그러나 그 반면에 거래를 계속해도 플러스가 되지 않는다고 판단된 거래처(매입처)는 주저하지 말고 거래 중지를 결단해야 한다. 거래를 형식적으로 지속하면서 차례로 새로운 거래처를 늘리면 매입처 개개 실적이 상대적으로 감소하여 매입처 불만이나 거래조건 악화, 혹은 무용한 매입비용 증가에 연결된다. 따라서 이 의사결정을 객관적으로 하기 위해서는 매입처별로 매입 금액, 매출 금액, 재고 금액, 상품회전율, 매가(결정)액, 감가액, 매입반납액 및 상품계열 내에서의 매출구성비, 총이익 구성비 등에 의한 자점에의 공헌도 데이터를 정비하면 담당자 개인 주관이나 의리에 사로잡히지 않고 매입처 신진대사를 적절히 진행할 수 있을 것이다.

# 제 2 절 재고 발주 관리와 재고 로스 관리

## 1. 발주 정의와 정보수집

### 1) 발주

단품 관리는 발주에서 시작된다. 발주란 고객이 원하는 상품을 제때 필요한 양만큼 갖추어 품절이 발생하지 않도록 하는 행동이다. 즉 고객 지지를 받는 상품을 매장에 갖추어 놓는 실천 행위이다. 그러므로 고객 요구(Needs)와 발주를 일치시켜 나가는 노력을 해야 한다.

## 2) 발주 정보수집

발주를 잘하려면 우선 정보가 수집되어야 한다. 정보가 있어야 어떤 상품을 얼마만큼 언제 발주할 것인지 결정할 수 있다. 발주에 관련된 정보는 대체로 다음 세 가지 경로를 통해 수집할 수 있다. 즉 자기 점포 정보, 경쟁점 정보, 고객 정보이다.

### (1) 자기 점포 정보

그동안 단품별로 수집된 발주 데이터 · 판매 데이터가 곧 유용한 정보가 된다. 수작업으로 기록했다면 기록한 대장을 POS기에 했다면 PC에 저장된 정보가 남아 있다. 이를 바탕으로 단품별 매출을 예측하여 예상 판매량을 설정, 발주에 연결한다. 그러나 이러한 데이터만으로 충분치 못하다. 왜냐하면, 환경변화에 따른 요인을 발주에 반영하지 못하기 때문이다. 그러므로 경쟁점 정보가 추가되어야 한다.

### (2) 경쟁점 정보

경쟁점 동향은 항상 주기적으로 감시하여 관련 정보를 수집해야 한다. 경쟁점에서 어떤 색다른 상품을 취급하기 시작했는지, 특매 행사 계획은 없는지, 주요 상품 가격은 어떠한지 따위를 주도면밀하게 파악해서 상품발주에 효율적으로 활용해야 한다. 경쟁점을 분석하려면 조사표를 작성하여 항상 일정한 양식으로 점검해 보는 그것이 바람직하다. 예를 들면 <표 5-2>와 같다.

**<표 5-2> 경쟁점 동향 분석 점검표**

| |
|---|
| 1. 점포 밖에서 체크<br>1) 판촉 매체에 대하여 : 간판 · 현수막 · 포스터 · 전시물 따위<br>2) 고객 흐름 : 많고 적음 · 흐르는 방향 따위<br>3) 앞을 지나는 고객 복장 · 구매 상품 경향 따위<br><br>2. 점포 입구에서 체크<br>1) 표시물 종류와 내용<br>2) 청소 상태<br>3) 점두 판매 따위<br><br>3. 점포 내에서 체크<br>1) 금전등록기 가동 대수와 대기 고객 수<br>2) 레이아웃과 상품 부문 간 상호 관련성<br>3) 상품연출 : 진열 방법 · 상품 종류와 구성 · 계절 감각 따위<br>4) 각종 상품 안내 표시와 방법 : 쇼카드 · 포스터 · POP 따위<br>5) 특매 내용 : 무엇을 팔고 있는가 · 진열량 · 팔림세 따위 |

(3) 고객 정보

점포를 찾아주는 고객 정보는 결코 소홀히 다루어서는 안 된다. 고객이야말로 무궁무진한 정보원이다. 고객은 어떤 상품이 필요한지, 무슨 서비스가 요구되는지 당당하게 말한다. 또 우리 동네에 어떤 행사가 있는지, 어떤 일이 벌어지는지 말해준다. 이외에도 날씨 · 기온에 대해서도 민감하게 느낀다. 고객 의견을 수렴하여 매장 만들기에 반영한다는 것은 고객으로부터 사랑받는 점포가 되는 지름길이다. 그러나 자기 점포에서 구매하는 손님만 고객이라는 생각은 아주 위험하다. 고객은 생각보다 광범위하여 고객으로부터 얻어진 정보는 때로는 그대로 활용할 수 있는 것도 많다. 지역사회 각종 회의체 · 주민 관련 기관 · 여러 가지 생활 정보 따위가 생활 감각 때문에 팔리는 상품발주에 많은 도움이 된다. 위와 같이 수집된 여러 정보를 바탕으로 어느 상품을 언제 · 어떻게 · 얼마만큼 판매할 것인가 하는 예상 판매량을 설정하여 비로소 발주에 반영하게 된다.

## 3) 경험으로 입증된 정보 활용

유능한 점포 경영자의 경험적 정보들은 새로운 예측에 아주 많이 도움이 된다. 구체적인 사례를 들어보면 <표 5-3>과 같다.

**<표 5-3> 경험적 정보**

| | 사전에 입수된 각종 발주 정보 | 경 험 사 례 |
|---|---|---|
| 1 | 반상회 | 음료수가 많이 팔림. |
| 2 | 졸업 시즌 | 휴대전화·꽃·디지털카메라·노트북이 잘 팔림. |
| 3 | 신학기 | 신주머니 · 보온 도시락이 잘 팔림. |
| 4 | 환절기 | 옷걸이 · 좀약 · 옷 보관 용품이 팔림. |
| 5 | 장마 시즌 | 습기 제거제가 잘 팔림. |
| 6 | 태풍경보 | 라면 · 광천수 · 양초 따위가 팔림. |
| 7 | 초등학교 운동회 | 빵 · 과자 · 음료가 잘 팔림. |
| 8 | 이사 철 | 집들이 용품(세제류 따위) 이 잘 팔림. |
| 9 | 유치원 학부모 학습 참관일 | 봉지 사탕 · 포켓용 과자가 잘 팔림. |
| 10 | 대학교 입시 철 | 찰떡 · 엿 · 초콜릿이 팔림. |

## 4) 발주 판매가설 수립

앞에서 말한 여러 경로를 통한 정보수집이 완료되면 발주량 산출을 위한 판매가설 수립에 착수한다. 즉 어떤 상품을 얼마만큼 팔 것인가를 계획하는 것이다. EOB를 활용하고 있는 점포 경우, EOB 화면상에 지난 2주간 단품별 판매실적이 발주 참고 자료로 나타나기 때문에 판매가설을 손쉽게 세울 수 있다. 그러나 수작업 때문에 데이터를 기록한 경우라도 그리 어렵지 않게 가설을 만들 수 있다. 다음 <표 5-4>는 가설 수립의 한 예시이다. 처음에는 이와 같은 가설 수립이 무척 어려우나 계속하여 되풀이하면 판매예측 정확성을 높여 나갈 수 있다. 여기에서 '가설을 수립한다'라는 것은 곧 '단품별로 매출을 예측한다'라는 행동과 똑같은 의미이다. 따라서 가설에 따라 추정한 예상 판매량은 발주량 산출과 직결되는 것이다.

**<표 5-4> 판매가설 수립**

| 입수된 정보들 | 가설 착안점 | 수립된 가설 |
|---|---|---|
| - 다음 주에 학교 소풍 예정<br>- 경쟁점은 특별한 움직임 없음. | - 학교 소풍으로 인해 특히 도시락 관련 식품 및 캔 음료, 과자류 매출 증가가 예상됨. | - 해당 상품 부문 발주는 조달 기간을 고려하여 평시보다 4배 물량으로 함. |
| - 주간 일기예보 : 맑음, 기온은 20도<br>- 특매계획 및 가격 변동 요인 : 없음. | - 해당 상품 부문 매출이 평소보다 약 3배 정도 증가할 것임. | - 판매 노력을 기울인다면 기존 재고도 줄일 수 있음. |

## 2. 적정 발주량 산출과 발주 방식

### 1) 발주량 산출

발주량을 산출할 때는 자신이 수립한 가설을 토대로 하여 결정하게 되는 데 일반적으로 다음과 같은 산출 공식을 활용한다. 그런데 대부분 경우 숙달 정도에 따라 거의 기계적으로 발주량을 산정하는 수준에 도달한다.

발주량 = (발주 사이클 + 조달 기간) × 하루 예상 판매량 수 + 최저 재고량 수 − 현 재고량

이를 알기 쉽게 보기를 들어 설명해 보면 다음 <표 5-5>와 같다.

<표 5-5> 발주량 산출

| 항 목 | 의 미 | 예 시 | 발주량 산출 |
|---|---|---|---|
| • 발주 사이클 | – 발주일부터 다음 발주일까지 기간 | • 발주일 : 5일, 10일 | 발주량=(5+4)×20+30 −40=170개<br>즉, 5일 현재 발주량 170개 |
| • 조달 기간 | – 발주부터 납품, 진열되기까지 기간 | • 입고일 : 9일 | |
| • 예상 판매량 | – 가설 수립한 목표량 | • 20개 | |
| • 최저 재고량 | – 품절이나 과잉재고가 발생하지 않는 안전 재고량 | • 30개 | |
| • 현 재고량 | – 진열 재고+백룸 재고 | • 5일 현재 : 40개 | |

## 2) 발주 행동과 점포 이미지

발주 행위는 점포 이미지에 커다란 영향을 끼친다. 발주를 잘못하면 단순히 판매 기회손실뿐만 아니라 점내 작업량과 작업능률까지 좌우한다. 첫째, 상품관리가 안 되거나 판매 기회손실이 발생하느냐 안 되느냐 하는 문제로 발전된다. 둘째, 작업량에 영향을 미친다. 발주량에 따라 점내 보충 진열 작업량과 정리 정돈 작업량을 결정한다. 셋째, 작업능률에 영향을 미친다. 발주 정도에 따라 백룸 공간을 결정짓고 정리 정돈 난이도를 좌우하며 다음 발주 작업 난이도를 결정한다. 이처럼 발주 정확도가 점포 이미지를 좌우하기 때문에 고객 요구에 부응하는 발주 행동을 해야 한다. 비록 점포 경영자가 아닌 종업원이 발주하였다 하더라도 그 결과에 대한 책임은 당연히 점포 경영자에게 있는 것이다. 종업원에게 발주 권한을 부여했다면 그에 따른 상당한 발주 훈련을 점포 경영자가 시켜야 할 것이다.

엉터리 가설 수립 → 엉터리 발주 → 판매 기회손실 발생(또는 과잉재고 발생)의 악순환이 계속된다면 단품 관리는 성공할 수 없게 된다. 결국, 그 점포는 고객 지지를 받지 못하는 점포로 전락하게 되기 때문에 장사가 안되는 악성 점포로 변하게 되는 것이다.

### (1) 과소 발주

상품 조달 기간·매대 진열량·특매상품 물량 계획 따위를 잘못 설정하는 경우는 과소 발주에 따른 절품 현상이 발생하게 된다. 절품이 발생하게 되는 원인은 다음과 같다.

원인 1. 지난번 발주 시에 조달 기간에 판매량 예측을 잘못하여 보충 시점에 최고 진열량을 진열할 수 없었다.

원인 2. 페이싱 설정을 잘못하여 최고 진열량까지 진열하더라도 물량 부족하다.

원인 3. 특매계획이 사전에 통보되었음에도 상품 준비를 제대로 하지 못해 매진 되었다.

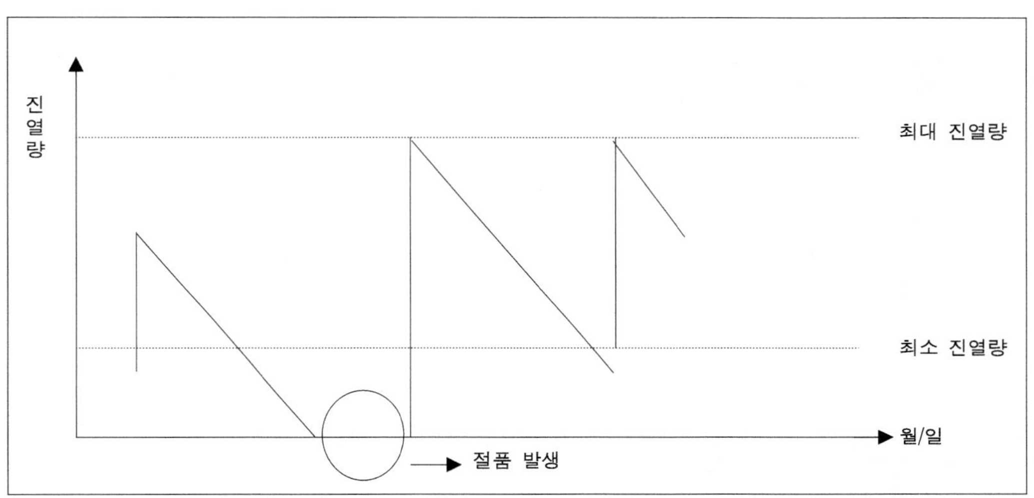


<그림 5-1> 과소 발주 경우

(2) 과다 발주

매대 진열량·백룸 재고 물량 따위 설정이 잘못되면 과다 발주에 따른 과잉재고가 발생하게 된다.

원인 1. 페이싱 설정이 너무 넓어 최대 진열량을 진열하더라도 최소 진열량까지 상당 기간 안 팔린다.

원인 2. 백룸에 보관해 놓은 재고상품을 아무 때나 진열한다.

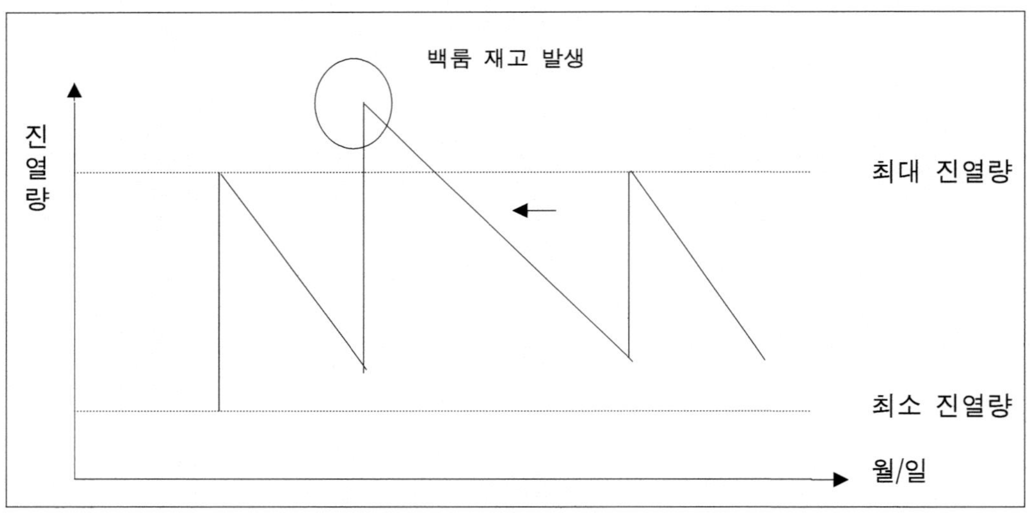


<그림 5-2> 과다 발주 경우

### 3) 발주 방식

발주 방식은 여러 가지가 있는데 크게 정량 발주법과 정기 발주법으로 나뉜다. 그러나 실제로는 정기 부정량 발주를 하는 것이 일반적이다. 정량 발주법은 재고가 어느 일정한 양에 도달했을 경우 발주하는 방식을 뜻한다. 다시 말하면 재고량이 어떤 일정한 재고 수준 이하로 떨어질 때 미리 정해진 일정한 양을 자동 발주하는 방식을 말한다. 정기 발주법은 일정한 발주 사이클에 기초를 두고 미리 정해진 발주기일에 발주하는 방식을 말하며 발주량을 결정하는 것이 무엇보다 중요하다. 발주 사이클은 발주비용을 고려하여 정해야 하겠지만 1주일 단위로 발주할 경우는 특별히 '주간 보충제'라는 말을 쓰기도 한다. 정기 부정량 발주는 일정한 발주 사이클로 발주할 때 정해진 일정량을 발주하는 것이 아니고 매출 예측에 따라 또는 팔림세나 재고상태를 고려하여 발주하는 방식을 뜻한다. 실무에 있어 적정한 발주를 하려면 단품별 판매 동향을 파악하여 재고량과 발주 시까지 판매량 · 조달 기간에 예측 판매량을 고려한 재발주를 결정하여야 한다.

<표 5-6> 정기 발주법과 정량 발주법 비교

| 구 분 | 정기 부정량 발주법 | 부정기 정량 발주법 |
|---|---|---|
| 상 품 | 주력 부문, 품군, A 분류 부문, 품군, 매일 발주 상품, 특매상품 | 보조 부문, B 분류 하급, C 분류 부문 |
| 수요변화 | 커도 좋다.<br>주기성 예측할 수 있는 것 | 작은 것이 바람직 |
| 수요예측 | 예측해야 함. | 과거로부터 유추 |
| 발주시기 | 확정 | 미확정 |
| 발주수량 | 미확정 | 확정 |
| 배송기간 | 짧은 편이 좋다. | 짧은 편이 좋다. |

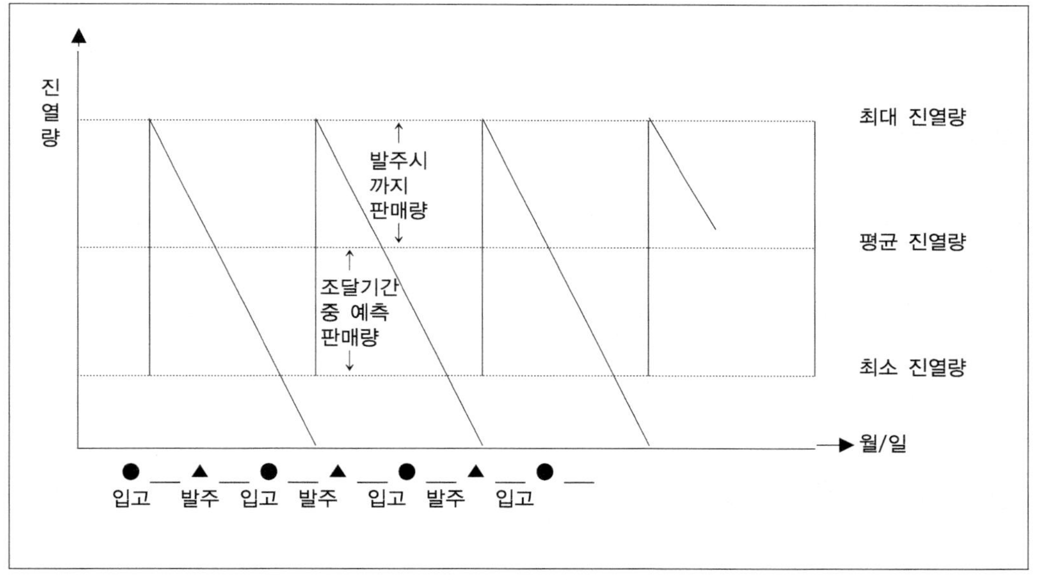


<그림 5-3> 적정 발주 경우

## 4) 발주 저해 요인

위에서 살펴본 바와 같이 적정한 발주를 저해하는 요인이 많이 있는데, 그 요인은 대체로 다음 10가지 정도로 정리해 볼 수 있다.

(1) 백룸 재고가 잘 정리되어 있지 않다.

(2) 백룸 재고량을 파악하지 못하고 있다.

(3) 매장 내 상품 진열이 단품별로 정리되어 있지 않다.

(4) 매장 내 재고량을 모르고 있다.

(5) 폐기 상품 · 반품 상품 · 안 팔리는 상품 처리가 안 되고 있다.

(6) 특별 발주 상품(특매 상품 따위)이 있는지 없는지도 모르고 있다.

(7) 가격 카드 관리가 안 되고 있다.

(8) 상품 진열 교체 계획성이 없다.

(9) 특매 행사에 대한 사전 준비가 안 되어있다.

(10) 상품 팔리는 추세를 모르고 있다.

### 5) 발주 기본원칙과 행동

점포 경영자는 발주 기본적 원칙을 준수토록 하여 어떠한 경우라도 품절을 방지하는 발주 행동을 체질화하여야 한다. 즉 매대 페이스를 항상 눈과 손·발로 정리하여 판매 동향과 재고를 파악하도록 한다. 또한, 조달 기간을 파악해서 그 기간 팔 수 있는 수량을 예상하고 어느 정도 재고일 때 발주할 것인가를 단품별로 정한다. 이를 위해선 가격 카드에 수작업으로 발주점을 정해 놓는 것도 한 방법이다. 그뿐만 아니라 대개 상품은 대체로 평균적인 판매 주기를 가지고 있으므로 상품 회전주기를 파악해 두면 품절을 예방할 수 있게 된다. 진열 상품·가격 카드·진열(발주) 대장 일치가 이루어지지 않으면 적정한 발주를 할 수 없다. 그러나 매장 내 진열 상품을 완벽하게 단품별로 관리한다는 것은 참으로 어려운 일이다. 그러므로 주요 상품을 중점 관리함으로써 발주 적정성을 기할 수 있도록 하는 것이 중요하다. 주요 상품은 ABC 분석에 따른 A 군 상품과 점포 경영자 스스로 세심하게 관리해야 하겠다고 결정한 상품, 신규 도입 상품 따위가 해당한다고 볼 수 있다. 주요 상품에 대한 중점 관리는 품절 방지에 유효한 수단이다. 그리고 발주 기준 관건은 얼마만큼 품절을 줄여나갈 수 있느냐에 달려있다.

## 3. 상품재고와 투자효율

### 1) 상품 투하자본 총이익률

소매업경영에 있어서 공통 과제는 한정된 자금, 인재, 점포시설, 상품이라는 자원을 효율적으로 운영함으로써 이익을 확보하는 것이며 그렇게 하기 위해서는 투하된 자본이 어떻게 운용되며 수익에 결부되어 있는가를 나타내 주는 지표로서 <그림 5-4>의 ROI(Return of Investment － 투하자본수익률) 구조를 이해할 필요가 있다.

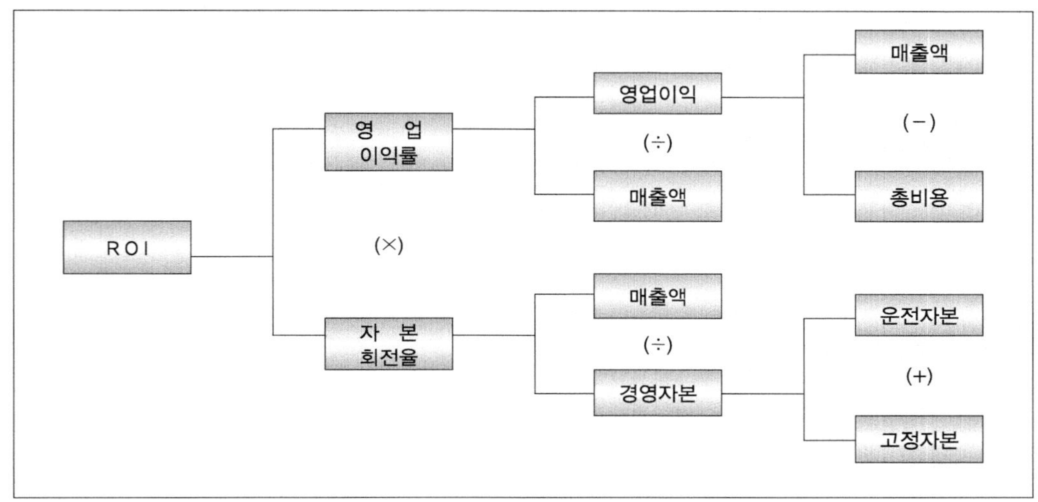


<그림 5-4> ROI 기본 구조

ROI 향상 요인은 투하자본 회전율과 매출액 영업이익률을 높이는 것이다.

투하자본은 상품 등 운전자본과 점포 토지 등 고정자본 운용 효율이 투하 자본회전율로서 나타나게 된다. 매출액 영업이익률을 높이기 위해서는 총이익률 증가와 더불어 영업경비 효과적인 운용을 꾀해야 한다. 이 중에 머천다이징면에 있어서의 ROI 향상이란 상품에 투하되는 자본의 운용관리이다. 이 상품 투하자본 효율 중에서도 상품 투하자본 총이익률이 가장 일반적인 효율 평가 기준이라고 할 수 있다.

이 상품 투하자본 총이익률 GMROI(Gross Margin Return of Inventory Investment)은 다음 식에 의해서 산출된다.

$$\begin{matrix}\text{상품투하자본총이익률} \\ (GMROI)\end{matrix} = \frac{\text{총 이 익}}{\text{평균재고투자액}}$$

또, 이 산식은 다음과 같이 전개된다.

$$\text{상품투하자본총이익률} = \frac{\text{총이익}}{\text{매출액}} \times \frac{\text{매 출 액}}{\text{평균재고투자액}}$$

즉, 상품 투하자본 총이익률은 매출액 총이익률과 상품 투하자본 회전율의 상승 곱으로 나타나게 된다. 단, 주의해야 할 점은

$$\text{상품투하자본회전율} = \frac{\text{상품회전율}}{1 - \text{매가결정률}}$$

이며, 상품회전율이 재고액을 매가로 산정하는 데 대해 상품 투하자본은 재고를 매입원가로 산정한다는 것을 명확히 구별해야 한다. 따라서, GMROI와 교차비율(총이익률×상품회전율)의 차이도 이해할 수 있다.

여기에서 다음의 A, B 상품에 대해서 GMROI를 산출해서 비교해 본다.

| A상품 | 매출액 | 180만 원 |
|---|---|---|
| | 상품회전율 | 10회전 |
| | 매가 결정률 | 25% |
| | 총이익률 | 23% |

총이익 = 180만 원×0.23
= 414,000원

상품재고액 = 180만 원÷10
= 180,000원

재고투자액 = 180,000원×(1－0.25)
= 135,000원

GMROI $= \frac{414,000\text{원}}{135,000\text{원}}$
= 306.7%

| B상품 | 매출액 | 200만 원 |
|---|---|---|
| | 상품회전율 | 6회전 |
| | 매가 결정률 | 35% |
| | 총이익률 | 30% |

총이익 = 200만 원×0.30
= 600,000원

상품재고액 = 200만 원÷6
= 333,333원

재고투자액 = 333,333원×(1－0.35)
= 216,666원

GMROI $= \frac{600,000\text{원}}{216,666\text{원}}$
= 276.9%

즉, A 재고투자 100원당 총이익은 306.7원이고, B 상품 경우는 276.9원이라는 것이 판명된다. 또, GMROI는 다음과 같은 간단한 식에 의해 산출할 수 있다.

$$GMROI = \text{총이익률} \times \frac{\text{상품회전율}}{1 - \text{매가결정률}}$$

이것을 A 상품에 적용하면

$$0.23 \times \frac{10}{1-0.25} = 3.067(306.7\%)$$

가 된다.

이 산식에서도 명확하게 알 수 있듯이 GMROI는 '상품 투하자본 회전율', '매가 결정률', '총이익률' 3가지 요소로 성립되어 있고, 따라서 상품 회전을 빠르게 하고, 매입 원가 및 영업경비를 합리적으로 인하함으로써 매가 결정률, 총이익률 증가를 진전시키는 것이 GMROI 증대 요인이 된다. 즉, 상품에 투하되는 자본, 즉 재고투자 효율화와 건전화가 재고관리의 기본이념이다.

## 2) 상품회전율 향상 방법

상품회전율이란 '일정 기간(일반적으로 연간)에 걸쳐서 평균 보유 재고가 판매 또는 교체된 시간 수이다.' 즉, 상품이 매입되고 나서부터 그 상품이 완전히 판매되는 평균 기간으로 측정되는 것이다. 따라서 연 4회전이란 것은 그 상품이 평균적으로 3개월마다 교체된다는 것을 의미한다. 즉, 상품회전율은 소매업 경영자본에서 대부분을 차지하는 상품의 재고관리 효과 평가 기준으로 삼고 그와 동시에 '판매가 빠른 상품', '판매가 느린 상품'을 파악하여 효과적인 재고 제어하기 위한 자료도 된다. 또한, 현장에서 직접 상품을 취급하는 사람에게 있어서는 회전율로 표시하는 것보다는 상품 회전 기간(재고기간)으로 파악하는 편이 훨씬 실감 나게 파악되는 경우가 많은 것 같다.

$$\text{상품회전율} = \frac{\text{매출액(매가・수량)}}{\text{평균상품재고액(매가・수량)}}$$

상품회전율을 향상하는 것은 그만큼 이익증대 기회를 부여한다는 중요한 의미가 있다. 상품회전율 향상의 기본적인 방법은 매출액을 현 상태로 유지하면서 상품 재고액 감소, 상품 재고액을 현 상태로 유지하면서 매출액 증가, 매출액을 증가시키면서 상품 재고액 감소시키는 3가지이다.

#### (1) 상품 재고액 감소 방법

① 재고상품 종류를 적게 한다. (품목구성·가격구성 축소)

② 동일 상품 보유량을 적게 한다. (품목별 보유 수량 감축)

①은 점포 환경조건을 검토하면서 판매가 느린 상품을 제거하는 것이며, ②는 동일 품목 보유량을 줄이고 소량 당용(當用) 매입하는 것이다. 이것을 실현하기 위해서는 항상 고객의 요구를 정확히 파악해서 중점적 상품구성을 철저히 하는 것과 항상 정확하고 신속한 재고관리로 품절을 방지하는 2가지 조건을 갖춰야 한다.

#### (2) 매출액 증가 방법

① 효과적인 판매 활동, 점포·매장 이미지 향상, 상품 진열·연출 개선, 판매 기술 향상, 효과적인 광고 선전 등

② 저가격 정책 시행

단, 저가격 정책에 의해 매출액을 증가시켜도 총이익률과 경비율과의 균형이 문제이며 매출액을 증가시키기 위해서 경비율 절감 이상으로 총이익률이 저하하면 당연히 이익이 저하한다는 것을 인식해야 한다.

### 3) 상품회전율 향상 이점과 한계

상품회전율 향상 이점으로서는 상품이 새로우므로 재고 중의 물리적 변화에 의한 위험이 적으며 유행 변화에 의한 가치 저하 위험이 적고 상품 투하자본이 감소하며 1개당 매출액에 대한 재고비 등 경비가 감소한다. 상품이 단기간에 교체되어 새로운 상품을 항상 제공함으로써 고객에게 즐거움을 제공하면 매출액이 증가하고 가격 인하, 로스도 감소하고 재고투자액도, 재고유지비용도 감소한다는 이점이 있지만 실제로는 여기에도 한계가 있다는 것을 알아야 한다.

즉 상품회전율을 향상하는 데에만 너무 매달리면 다음과 같은 마이너스 요인이 발생할 가능성이 있다. 상품회전율 향상을 위해서 가격할인정책을 강행함으로써 생기는 총이익률 저하, 매출 획득을 위한 판촉비 등 판매 경비 및 당용 소량 매입에 따른 매입 경비 증가로 '영업이익 감소' 가능성이 있으며 상품 재고액을 무차별로 축소함으로써 고객이 상품구성에 불만을 나타내게 되고 품절로 인한 판매기회상실로 '매출액 감소' 가능성이 있다.

이상에서 알 수 있듯이 재고 제어 목적은 상품회전율 자체 향상에 있는 것이 아니라 고객 수요에 맞춘 상품구성과 보유 수량을 유지함으로써 그 결과 때문에 매출액 및 상품회전율을 향상한다는 사고방식이다.

### 4) 재고 파악, 재고조사

재고관리 원점은 각 시점에서 재고를 항상 정확하게 파악하는 것부터 비롯된다. 문제는 어떻게 해서 재고상태를 정확하고 빠르게 파악할 것인가 하는 것이다. 이것은 극히 단순한 문제이지만 현실적으로는 상당히 어렵다. 왜냐하면, 재고품은 수량이 많으면서 또 시간 경과와 더불어 시시각각으로 변화하기 때문이다. 재고상태를 정확하게 파악하는 방법 자체는 참으로 원시적인 방법이기는 하지만 매장, Stock Space, 창고 등 상품 전부를 빠짐없이 조사해서 장부에 적는 것이다. 숫자가 틀린다거나 기장이 빠지지 않았으면 이것이 가장 정확한 재고 파악 방법이며 이른바 '현품 재고조사'(Physical Inventory)이다. 현품 재고조사는 정확한 방법이긴 하지만, 그에 필요한 시간, 노력, 비용을 생각하면 그 필요도가 상당히 높은 보석·귀금속이나 미술 공예품 등 일부 상품을 제외하고는 매일 한다는 것은 불가능하다. 그래서 결산기마다 혹은 그 중간도 포함해서 연간 1회 또는 2회 정도밖에는 전 점포 실지 현품 재고조사는 할 수 없다. 이 때문에 현품 재고조사만을 믿어서는 중간 시점에 있어서 재고상태를 파악할 수 없다. 그래서 이것을 보완하기 위해 채용되는 것이 계산상 재고조사인 '장부 재고조사'(Book Inventory)이다. 가령, 12월 말 결산에서 결산 시 '현품 재고조사'가 매가로 200만 원이었다고 하면 이 200만 원이 1월부터 시작되는 차 기년 도의 기초재고에 이월된다. 1월 중에 매입·도착한 상품이 매가로 200만 원, 판매액 180만 원, 매입처에 대한 반품이 매가로 10만 원, 고객으로부터 반품이 1만 원, 가격 인하액이 5만 원이라고 하면 다음과 같은 계산으로,

| | |
|---|---|
| 전기이월재고액 | 200만 원 |
| 매 입 액 | +200만 원 |
| 판 매 액 | −180만 원 |
| 매 입 반 납 액 | − 10만 원 |
| 매 출 반 납 액 | + 1만 원 |
| 가 격 할 인 액 | − 5만 원 |
| 장부상 월말 재고액 | 206만 원 |

1월 말일 재고액은 계산하면 206만 원으로 산출된다. 이것은 금액만이 아니라 품목별 수량에 대해서도 가능하다. 이렇게 해서 월별 재고(날마다 앞과 같이 계산하면 매일 재고)를 장부상에서 계속 파악할 수 있다. 그래서 이 방식을 '계속 재고조사'(Perpetual Inventory)라고도 한다. 또한, 이 계산상의 재고액은 이론상의 '재고액'이라는 것을 주의해야 한다.

## 4. 금액 관리, 수량(단가)관리

### 1) 금액 관리(Dollar Control)

매달 상품계획 및 사업계획을 근거로 해서 설정된 계획 재고액은 당연히 실제 재고액으로 보유되어야 한다. 시점마다 재고상태를 정확히 파악해서 그것이 계획치에 정확히 합치되는지 어떤지를 점검하고 이것을 통해서 매입→재고→판매 업무 운영을 조정하는 것이 재고통제(Stock Control)이다. 재고통제는 일반적으로 2가지 계통이 있는데 금액면에서 관리와 수량면에서 관리 2가지로 나뉘며, 제각기 다른 취급이 필요하다. 금액 관리 기본은 '재고계획과 매입 예산'에서 말한 매입-재고-판매에 걸친 금액적 요인을 바탕으로 한 다음 식이 원점이 된다.

$$
\begin{aligned}
I_E(\text{기말재고}) = {} & I_B(\text{기초재고}) + B_G(\text{총매입액}) - S_R(\text{매출액}) \\
& + R_C(\text{매출반환액}) - R_V(\text{매입반납액}) - I_S(\text{로스}) \\
& - M_D(\text{가격인하액}) - D_M(\text{할인액})
\end{aligned}
$$

이것을 각 달(月)에 적용한다고 하면 $I_B$는 $I_M$ BOM(Beginning of Month) - 월초재고액, $I_E$는 $I_M$ EOM(End of Month) - 월말 재고액이 되어, 매달의 월초 · 월말 재고액을 계속해서 파악할 수 있다. 또 이와 마찬가지로 주(週), 일(日) 단위로 파악할 수도 있다. 다음 표는 아동복 부문(상품계열)에서 Dollar Control Form의 예이며 설정된 평균 총이익률은 25%이다.

표준재고액은 최고(MAX) 100만 원 최저(MIN) 70만 원으로 설정되어 있다. 2월에서 이월된 재고는 905,100원(원가)이며 이것을 기초로 해서 1일부터 6일까지 날짜별로 보유 재고액(원가)이 산출·기재되어 있다. 4일의 영업 종료 시점에서 재고액이 MAX 100만 원을 초과, 반납을 요망하는 주의가 비고란에 기재되고 5일에 매입처에

150,000원 반납하고 있는데 5일 이후의 판매 증가 노력과 매입 통제 때문에 재고를 MAX 범위 내로 억제하는 방법도 생각할 수 있다. 이 예에서 확실히 알 수 있듯이 적정재고액을 유지하기 위한 Dollar Control System 그 자체가 그 이후의 발주허용 금액, 즉 OTB를 산정하는 결과가 되는 것이다.

<표 5-7> Dollar Control Form

| ( ) 부문 재고통제표(20××년 3월분) (표준) | | | | | | | | | | | 최고 100만 원<br>최저 70만 원 | |
|---|---|---|---|---|---|---|---|---|---|---|---|---|
| 일부 | (A) 수 입<br>① 매 입 | ② 반 납 | ③ 계 | (B) 판 매<br>④ 총매출 | ⑤ 가격할인 | ⑥ 순매출 | (C) 출 고<br>⑦ 매출원가 | ⑧ 반 품 | ⑨ 계 | (D) 수지 재고 | 비고 | |
| 전기이월 | | | | | | | | | | 905,100 | | |
| 1 | | | | 28,750 | | 28,750 | 21,563 | | 21,563 | 883,537 | | |
| 2 | | 500 | 500 | 41,600 | | 41,600 | 31,200 | | 31,200 | 852,837 | | |
| 3 | | | | 107,400 | 1,000 | 106,400 | 79,800 | | 79,800 | 773,037 | | |
| 4 | 459,200 | | 459,200 | 65,900 | | 65,900 | 49,425 | | 49,425 | 1,182,812 | 반제요 | |
| 5 | | | | 81,400 | | 81,400 | 61,050 | 150,000 | 211,050 | 971,762 | | |
| 6 | | | | 77,640 | | 77,640 | 58,230 | | 58,230 | 913,532 | | |
| 7 | | | | | | | | | | | | |
| 8 | | | | | | | | | | | | |

(주) 매일의 (D)=전일의 (D)+③-⑨. 또 ⑥=④-⑤. ⑦=⑥ × (1-평균 이익률).
(A)(C)(D)는 원가, (B)는 매가로 표시

## 2) 수량(단위)관리(Unit Control)

재고관리통제는 금액면에서의 관리만으로는 적합하다고 할 수 없다. 즉, 금액과 동시에 그 내용을 파악해야 하기 때문이다. 여기에서 표를 돌이켜 보자. 3월 6일 종료 시점의 보유 재고는 913,532원(원가)이며 표준재고 범위로 봐서 적당하다고 할 수 있을 것이다. 그러나 내용으로는 별도 접근을 해야 한다. 즉, 계절적으로 처분 종료되어 있어야 할 겨울 상품이 남아 있지 않은지, 전 상품이 봄상품이라고 해도 나이·치수에만 편중되어 있지 않은지, 스타일·색채·소재의 경향은 브랜드는 각 가격선에 공백은 없는지 요컨대, '전망이 좋은 상품'을 확실히 파악해서 될 수 있는 대로 '전망이 좋은 상품'만을 내용으로 한 건전한 재고로 제어하는 것이다. 그렇게 하려고 품목별 보유 상황을 알고 점검하려는 방법이 수량관리(Unit Control)이다. 이 방법은 품목 단위로 하는 관리시스템이므로 단위 통제라고도 한다. 앞서 말한 현품 재고조사도 수량관리 통제의 하나의 방법에 들어간다. 이 경우에는 일반적으로 '재고조사 역산법'이라고 불리는 다음 산식에 의해서 현품 재고조사 결과를 근거로 계산상 매출 수량을 품목마다 산출한다.

전회 재고조사시의 재고수량+그 후 기간중의 매입수량

−금회 재고조사시의 재고수량 = 그 기간중의 판매수량

그러나 실제로 수량관리를 할 때는 '계속 재고조사' 원칙을 바탕으로 한 Dollar Control과 같은 방식을 취하는 경우가 많다. 이 방식에 따라 날마다 Control 한다고 하면,

전일 종료시 보유수량 + 금 일 도착수량 − 금 일 판매수량 − 금 일 매입반납수량

+ 금 일 매출반환수량 − 금 일 로스수량 = 금일 종료시 보유수량

에 의해서 각 품목 재고를 파악한다. 여기서 실무상 문제가 되는 것이 '금일 판매 수량' 파악이다. '하루분 정도는'이라고 간단히 생각해서는 안 된다. 이 제어는 계속과 정확함이 절대조건이다. 비록 소규모 점포라도 품목 수는 상당히 많다. 그 매출을 어떠한 방법으로 정확하게 파악하느냐는 중요한 과제이다. 통상적인 방법으로서 2편씩 가격표 또는 매출 카드에 의한 방법, 매출전표에 의한 방법, 매출 부기장에 의한 방법, 출고 청구 전표에 의한 방법, 상품 첨부 카드에 의한 방법, 컴퓨터에 의한 파악과 제어 같은 방법이 있다. 재고관리는 지금까지 설명한 방식에서 얻은 데이터로부터 문제 실마리를 발견해서 실상을 해명하며 구체적인 대책처리에 결부시켜야 비로소 본래 목적을 달성하게 된다. 즉, 아무리 자료를 수집·분석해도 구체적으로 효과 있는 행동이 수반되지 않으면 아무런 역할도 할 수 없다는 것을 강조해 두고 싶다.

# 5. 재고 로스 원인과 예방 대책

## 1) 상품 로스 원인

### (1) 계산원 부정확

① 분류 오타
② 금액 오타
③ 계산원과 손님과 부정한 공모
④ 계산원과 직원 간 부정한 공모
⑤ 미부착 및 이중 가격 부착 상품을 임의적인 가격으로 등록
⑥ 계산원이 가격을 잘못 본 경우
⑦ 계산원 부주의에 의한 미등록
⑧ 가격 불확실에 의한 오타
⑨ 오타 정정을 안 한 경우
⑩ 계산원 거짓 반품과 대금 착복
⑪ 전화 주문 시 미등록 상태로 배달

### (2) 사무 절차상 부정확

① 점포 내 부문 간 대체 판매 기록 누락 및 금액 부적정
② 점포 간 대체 판매 기장 누락 및 금액 부적정(대출입 전표 발생의 누락)
③ 상품의 영업경비(소모품) 대체 기장 누락
④ 매입 원가를 판매가격으로 환산할 때 계산 착오
⑤ 매입 원가 계산을 추정 환산율에 의해 계산할 때 오차
⑥ 매입 이중 기장 또는 누락
⑦ 반품 이중 기장 또는 누락
⑧ 매가 인상, 인하 전표 발행 누락
⑨ 폐기 전표 발행 누락
⑩ 임의적인 매가 변경으로 인한 부정확
⑪ 동일 부문 내 가공에 의한 판매가 변경 기록 누락
⑫ 전표 등 불명확한 숫자를 잘못 읽는 경우
⑬ 매입 일계표 등 집계표 작성상 전기 계산 착오
⑭ 벌크 구매 상품을 개수로 판매하는 경우와 그 반대 경우에 생기는 환산 오차

⑮ 매입 상품에 덧붙여 온 증정품들을 판매하는 경우 부적정한 처리
⑯ 전산 착오에 의한 본부상품 입고 시 미착 상품 및 추가 입고 상품에 대한 전표 불확실

### (3) 검수 부적정

① 수량 점검 부정확
② 생식품 등 특수식품에 대한 관습적인 무 검수
③ 사내 종업원에 의한 반입, 반출 상품 무 검수
④ 관습적인 감량 묵인
⑤ 수량 점검만으로 품질 검수를 하지 않는 경우 착오
⑥ 반품 상품 및 입고 상품 무단 반출

### (4) 상품 관리상 부적정

① 과다 구매 상품 불량화
② 불량 구매 및 신상품 안이한 취급
③ 상품 지식 부족에 의한 것
④ 선도 저하에 의한 가격 인하
⑤ 정해진 절차를 거치지 않는 시식품 또는 다른 곳으로 전용 소모
⑥ 적재 불량에 의한 수송 도중 로스
⑦ 과다 재고 자연 감량
⑧ 판매 후 남은 상품 부정확한 처리
⑨ 보관 장소 부적절에 의한 상품 가치 감소
⑩ 상품 보관 방법이 적절하지 않은 경우
⑪ 포장 불량에 의한 로스
⑫ 온도 등 기후 변화에 의한 상품 불량화
⑬ 부문장 빈번한 교체로 인한 업무 숙지 부족
⑭ 세트 상품 분해 시 가격 및 분류 착오

### (5) 재고조사 부적정

① 수량 잘못 계수
② 매가 오기 및 잘못 판독
③ 재고 조사표 계산 착오

④ 재고조사 누락
⑤ 거래명세표 미착 등에 의해 매입 계정에서 제외된 상품 포함
⑥ 반품 후 전표 미발행 및 미도착된 재고 누락
⑦ 담당 구역 불명확에 의한 이중 재고조사 및 누락
⑧ 작고 양이 많은 상품 부정확한 재고조사
⑨ 지원 사원 무책임한 재고조사
⑩ 작업 도중인 상품 계수 누락 또는 중복
⑪ 동일 상품 가격 차이로 인한 착오
⑫ 구매 금액에 가산된 용기대 재고조사 누락
⑬ 반품 중인 상품 부적정에 의한 것
⑭ 재고조사 시에 발견한 불량품 부적절한 처리
⑮ 반품 전표 발행 후 미회수 상품 계수

### (6) 설비 불량

① 쥐, 고양이, 개에 의한 피해
② 부정확한 계량기
③ 비에 젖거나 상품 가치 감소 또는 상실
④ 냉동기 고장에 의한 생식품 부패 또는 품질 저하
⑤ 기구 비품 불비에 의한 것

### (7) 직원 부주의

① 정량 이상 계량
② 취급 부주의에 의한 상품 파손 또는 오염과 훼손
③ 가격 작업 잘못
④ 포장 작업 결과 불 확인
⑤ 계량 시 계산 착오

### (8) 직원 부정

① 무단 취식
② 상품 무단 반출
③ 손님과의 공모에 의한 등록, 계량, 가격 부착
④ 상품 무단 소비

⑤ 직원 상호 간 공모에 의한 등록, 계량, 가격 부착
⑥ 반품 상품 착복
⑦ 가공 반품에 의한 현금 착복
⑧ 영업시간 외 판매 금액 착복
⑨ 수송 도중에 생기는 도난
⑩ 현금 구매 상품 수량을 늘린 보고
⑪ 거래처와 결탁
⑫ 장외 판매 시 판매 금액 착복

### (9) 손님에 의한 부정 또는 부당

① 도난
② 계산원과 부정한 공모
③ 직원과의 공모에 의한 가격 부착
④ 손님 책임에 속하는 부당 반품
⑤ 손님 책임에 속하는 상품 오염과 훼손 또는 파손
⑥ 어린이 점내 상품 무단 소비
⑦ 가격표 갈아붙임
⑧ 다른 상품에 섞어 버려 계산원 눈을 속이는 부정
⑨ 계량 식품 부당한 가공 또는 포장을 다시 한 부정
⑩ 생식품, 의류 등 부당한 취급, 선택에 의한 것

### (10) 거래처 부적정

① 거래명세표 기입상 착오
② 품질 등급 혼동 착오
③ 반품 상품 및 입고 상품 무단 반출
④ 가격 작업을 의뢰할 때 지시 매가와 다르게 가격 작업 시
⑤ 구입처 가격표 갈아붙임
⑥ 정식 절차를 밟지 않은 상품 대차 혼란
⑦ 교환 상품 수수 불확실
⑧ 발주 상품 일부 반입에 의한 혼란
⑨ 약정 단가 무단 변경

## 2) 상품 로스 방지

### (1) 상품 로스 관리

① 검품을 철저히 한다. 완전 박스라도 개봉 후 규격, 수량, 금액을 철저히 확인하도록 한다.
② 매가는 전표와 확인하고 부착한다.
③ 불량상품을 줄이고 빠른 교환을 위하여 수첩에 항시 기록하고 매일 체크한다.
④ 반품 대장을 비치하여 발생 시 즉시 기록, 수시 확인 점검한다.
⑤ 고가품 관리를 철저히 한다.
⑥ 쥐 피해, 파손, 오염과 훼손에 유의한다.
⑦ 적정량 매입과 원형 보존, 파손, 변질되지 않도록 보관 적재한다.
⑧ 선입선출로 불량상품 발생하지 않도록 한다.
⑨ 철저한 계량으로 저울 로스를 방지한다.
⑩ 상품 도착 시 수량 및 단가, 오염과 훼손품 등 불량품을 철저히 파악 검사한다.
⑪ 매가 변경은 점장과 부문장이 독자적으로 해서는 안 되며 시장조사 결과 가격차이가 월등한 것은 매가 변경을 본사에 의뢰하여 지시받은 후 실행한다.
⑫ 생식품을 철저히 검수한다.
⑬ 잎채소류는 소생 작업을 잘하고 당일 재고는 당일 판매한다.
⑭ 반품 검사의 엄정화, 안면 있는 업자나 점내 직원 반출 시 특히 주의한다.
⑮ 상품 보관 시 사람 출입이 잦은 곳, 습기가 많은 곳, 통풍이 안 되는 곳, 직사광선이 비치는 곳은 피한다.
⑯ 장외 판매 및 점두 판매 시 금전과 상품관리를 철저히 한다.

### (2) 공산품 관리

① 검수는 점장과 부점장 입회하에 항상 정확하고 신속하게 진행한다.
② 라벨 부착 작업은 정확한 금액을 명기하고 작업 후 확인 점검한다.
③ 발주가 빠져 재발주하거나 기회손실이 없도록 발주 시 기록 후 재확인한다.
④ 때가 묻거나 오염과 훼손, 파손, 부패 등은 점포 문제가 되므로 언제나 세심한 주의를 기하고 상품관리를 철저히 한다.
⑤ 점장은 점포 책임자로 상품관리, 발주, 검수, 비회전 상품관리에 그 책임이 있다.
⑥ 최량의 상품관리는 매출액 증진과 상품 로스를 최저로 만든다.

⑦ 상품 입·출고는 항상 점장 확인하에 실시하도록 한다.

### (3) 일차 상품 관리

① 배송차가 도착하면 신속한 하차 후 바로 소생 작업에 들어간다.
② 물을 많이 뿌리면 으깨지는 것과 물을 흠뻑 주어도 좋은 것으로 분리한다.
③ 컨테이너에 2/3 정도 차도록 뿌리 부분이 밑으로 가도록 세워 놓는다.
④ 물이 빠지면 소생고에 넣거나 진열대에 바로 진열한다.
⑤ 진열은 양감있게 하도록 하며 판매하는 대로 컨테이너에서 꺼내 진열한다.
⑥ 폐점 후 소생 작업은 상한 부분을 제거 후 작업에 들어간다.
⑦ 선입선출에 유의한다.
⑧ 장지 저장품 사과, 배 등의 취급 결정에 유의한다.
⑨ 냉 염수 처리는 1일 2회 정도 해준다(폐점 후 개점 전).
⑩ 상품관리는 기본 매뉴얼 책자를 통해 항상 숙지하고 시행한다.

### (4) 계산원 관리

① 부문별 상품분류를 정확히 숙지한다.
② 오타 시 정정 방법을 확립(계통 준수)한다.
③ 가격을 하나하나 보고 치는 습관을 갖는다.
④ 미확인 가격은 확인 후 정확하게 등록한다.
⑤ 주문 배달은 사전 등록한다.
⑥ 상품 반출은 반드시 등록 후에 반출한다.
⑦ 점검 키는 점장이 소지하며 점장은 레이아웃에 위치한다.

### (5) 사무관리

① 전표는 매일 매일 정리한다(매가 인상 · 인하 전표, 반품 전표 등).
② 매가 체크 및 서류 정리는 즉시하고 점장이 확인(검산)한다.
③ 현품과 거래명세표는 동시에 발생시킨다.
④ 반품은 반품 대장을 활용하여 수시 점검한다.
⑤ 거래명세표 숫자도 검수 대상으로 하여 확실치 않은 전표는 거부한다.
⑥ 거래명세표는 3부로 되어있으므로 항상 공급받는 자 보관용으로 서류 정리하여 결재받는다.
⑦ 미결 사항은 항상 장부에 기록 후 보고 한다.

⑧ 분류 인수인계 시 점장 확인하에 실시하며 세밀한 부분까지 인수인계(인수인계 시 작성하여 보관) 한다.

### (6) 재고조사 관리

① 재고조사 시 재고조사 규칙을 숙지하여 조사 방법에 의거 시행한다.
② 재고조사 시 전 준비 사항 및 조사 후 확인 점검을 철저히 한다.

### (7) 직원 관리

① 직원으로서 기본자세를 확립한다.
② 상품에 애착(주인 의식)을 갖는다.
③ 지시가격 엄수 및 체크를 습관화한다.
④ 정당한 절차를 밟지 않은 상품 개인 소비를 금한다(점장 솔선수범).
⑤ 점내 직원 쇼핑 규정을 정한다(쇼핑 시간, 쇼핑한 상품 보관 장소, 쇼핑한 증명 표시 등).
⑥ 상품 지식을 습득(기존 상품관리 매뉴얼 책자 활용) 한다.
⑦ 자기 계발 및 관리를 한다.
⑧ 지휘 계통 습관화 및 확립을 한다.
⑨ 메모를 습관화(메모지 항상 소지)한다.

### (8) 거래처 관리

① 가격 부착 작업은 직원이 직접 하되 부득이한 경우 부착 방법에 의거 작업을 지시하고 작업 후 확인을 철저히 한다.
② 가 전표 및 일부 납품을 불인정한다.
③ 검수 시 엄정한 검수 관리를 한다.
④ 구매 담당자의 거래명세표 공급가 및 이익률을 확인한다.
⑤ 발주 상품의 거래처별 기간 지정 및 입고 시기를 지정하여 지정된 날에 검수한다.
⑥ 상품과 전표는 동시 발생을 의무화한다.
⑦ 반입 및 반출 시 부문장 확인 없이는 절대 불가하게 한다.
⑧ 일배 상품 검수 시 최종 진열 시까지 확인(지정된 시간에 입고)한다.

### (9) 고객관리

① 진열을 질서 있게 하여 심리적 도난 유발을 방지한다.

② 점내를 골고루 돌 수 있도록 고객 동선을 확보한다.
③ 점내에 비치된 쇼핑 바구니를 반드시 이용하게 한다.
④ 빈 바구니를 권하며 입구에서 집기 쉽게 한다.
⑤ 물품 보관소를 활용하여 내점 시 손님 물품을 보관할 수 있도록 유도한다.
⑥ 형태가 작거나 도난이 심한 상품은 계산대 가까이 둔다.
⑦ 계산 후 포장 시 포장 봉투를 봉한다.
⑧ 매장 전체가 잘 보이도록 한다.
⑨ 상품 가격이 이상하다고 느껴지면 즉시 확인한다.
⑩ 접객할 수 있는 관리 동선을 유지한다.
⑪ 매장관리를 철저히 한다.
⑫ 점포 내에서 도둑, 치기배, 가격 바꿔치기 등 행위를 발견했을 때 점장이나 부점장에게 즉시 보고한다.

### 3) 상품 로스 대책

#### (1) 상품 로스 관리, 기술 중요성 인식

① 점장, 창고장 등 관리능력 개발
② 구매 담당, 판매 담당 관리능력 개발
③ 책임제도 인식

#### (2) 경영자 경영철학

① 상품에 대한 의식 변경
② 적정 투자
③ 공감 의식과 관리 합리화

#### (3) 직업교육 훈련강화

① 상품 지식과 취급 방법
② 적극적 자세와 참여의식 고취
③ 최신 정보
④ 최량 로스 관리 기술 추구

### (4) 로스 퇴치 작전

① Zero 로스 캠페인
② Error List 체크
③ 부문별 관리표
④ 점별 성적 검토회
⑤ 개선 제안 채용

### (5) 재고조사 정확화

① 주기적 실시
② 수량, 단위, 단가 등 계산 정확
③ 사전 준비 철저
④ 품질검사
⑤ 가격표시 철저

### (6) 시설, 설비 개선 및 레이아웃 표준화

① 진열대, 조명, 냉동설비 개선
② 레이아웃 표준화 및 연구
③ 통로 확보, 청결, 정리, 정돈

### (7) 거래처 엄선

① 신용도
② 판매원 자세
③ 불량상품 배제
④ 거래 협약서

### (8) 사무처리 시스템화

① 발주, 운송, 납품, 검수, 입고, 보관, 진열, 판매
② 업무 정확한 분담
③ 반품, 교환 시스템
④ 양식, 장부 통일화 및 작업 단순화
⑤ 로스율 설정

(9) 컴퓨터화

① 계수 처리 컴퓨터화
② 상품 코드화
③ 발주, 재고관리 전산화
④ 계량 기계화

(10) Unit Control

① 단품별 수량관리
② 적정재고 및 상품회전율 적정화
③ Facing 및 진열량 결정
④ 상품관리 합리화

# 6. 재고 로스 산출 방법

로스를 방지하는 일이 얼마나 중요한가 하는 것은 로스액과 이익액을 비교하면 곧 알 수 있다.

## 1) 매가 관리상품 재고조사(매가 환원법)

<표 5-8> 매가 환원법

(단위 : 만 원)

| 구 분 | 원 가 금 액 | 매 가 금 액 |
|---|---|---|
| 기초 재고액(1월 1일) | 1,300 | 1,700 |
| 당기 매입액(1월 중) | 5,500 | 7,800 |
| 당월 매출액(1월 중) | (5,700) | 8,000 |
| 기말 재고액(1월 31일) | (1,100) | 1,500 |

(1) 원가율

$$= \frac{\text{기초 원가재고}(1,300) + \text{당기 매입원가액}(5,500)}{\text{당기 매출액}(8,000) + \text{기말 장부매가재고}(1,500)} = \frac{6,800}{9,500} = 0.715$$

(2) 기말 장부 원가 재고액

=기말 장부매가재고(1,500)×기간원가율(0.715)=1,100

(3) 매출상품 원가액

=기초원가재고(1,300)+당기매입원가(5,500)−기말장부원가재고(1,100)

=5,700

(4) 매출총이익

=매출액(8,000)−매출상품원가액(5,700)=2,300

### 2) 원가관리상품 매출상품원가액(최종 매입원가법)

(1) 재고조사 월 이외 처리

− 표준 이익률을 50%로 했을 때 아래와 같이 계산한다.

• 매출원가액 = 매출액 × (1−0.5)

(2) 재고조사 월 처리

상기 계산 때문에 계정 산출 재고를 실제 재고조사 결과에 기초하여 다음과 같이 계산하여 확정한다.

• 매출원가액 = 기초말원가재고 + 당기매입원가액 − 재고조사원가재고

【예】 A점포 경우

· 월 총매출액 : 9,000만 원

· 매 익 률 : 15% 점포 경우

⇨ 매출 대비 0.5% 상품 로스를 줄일 수 있다면 9,000만 원 × 0.5% = 45만 원 이익이 증가한다. 45만 원 이익을 내기 위해서는 45만 원 ÷ 15% = 월 300만 원 매출(1일 10만 원 매출/일 객수 50명)이 필요하다.

위 예에서 알 수 있듯이 상품 로스를 방지하는 일이 매장 손익 관리를 해나가는 데 중요한 업무의 하나가 되고 있다. 그러나 너무 상품 로스에 신경을 써 발주량을 감소시키면 품절을 일으킨다든지 하여 고객에게 안 좋은 이미지를 안겨주게 된다. 현재

많은 회사 매장의 경우 로스 관리 기준율은 재고 실사 기간 중의 총 매출 대비 1%로 되어있다.

# 제 3 절 판매계획 수립과 매출예측 방법

## 1. 계절변동지수 산출

<표 5-9>를 참조하면 계절변동지수(Se)의 산출 방법을 이해할 수 있다고 생각하는데, 우선 맨 먼저 매출액 실적을 3년 전까지 거슬러 올라가서(S3~S1) 월별로 기재하고 그 월별 합계를 1/3로 함으로써 월별 평균치를(Sm) 산정한다. 이 월별 평균치를 1월에서 12월까지 합계해서 12로 나눔으로써 월별 평균치의 평균, 바꿔 말하면 과거 36개월의 평균을 구한다. 즉, 833,482천 원÷12 = 69,457천 원이다. 이 숫자로 매월 월별 평균치(Sm)를 나누면 계절변동지수가 산출된다. 이것을 수식으로 하면 Se = Sm ÷ 69,457천 원이 되고 예를 들면 1월의 계절변동지수는 53,119천원 ÷ 69,457천원 = 0.765가 된다. 또한, 계절변동지수에서 월별 수준치는 1.000(소수점 3자리까지의 경우)이며 계절변동지수 0.650인 달은 평균보다도 35% 정도 한산하다는 것을 나타내며 1.275인 달은 27.5%나 바쁘다는 것을 나타낸다. 또 각 달 지수의 연간 합계는 반드시 12.000이 된다.

<표 5-9> 매출액 실적, 계절변동지수

| 월<br>매출액(천원) | 1월 | 2월 | ········· | 계 | 평 균 |
|---|---|---|---|---|---|
| S1 | 53,260 | 43,179 | ········· | 780,553 | 65,046 |
| S2 | 49,393 | 45,072 | | 860,301 | 71,692 |
| S3 | 56,803 | 47,242 | ········· | 859,595 | 71,633 |
| S1+S2+S3 계 | 159,356 | 135,493 | | 2,500,449 | |
| Sm | 53,119 | 45,164 | | 833,482 | 69,457 |
| 계절변동지수<br>Se=Sm/69,457 | 0.765 | 0.650 | | 12.000 | |

## 2. 추세변동지수 산출

매출액 예측식은 $S = T \times Se \times (1 \pm C_Y)$로 나타낸다. 이 내용은 T(추세변동) × Se(계절

변동)으로 '이론적 매출액'이 성립하고 이것을 $C_Y$(순환변동)에 의해 수정함으로써 매출액 예측을 책정하는 것이다. 추세변동을 산출하는 방법을 이해하기 위해서는 이 기본구성을 명확히 인식해야 한다. 그래서 가장 신뢰할 수 있으며 또 사무적으로 산출할 방법으로서 계절변동지수(Se)를 이용하는 방법을 설명하고자 한다. 우선 <표 5-10>과 같이 '추세변동지수' 표를 작성하고 판매액 실적(S) 및 계절변동지수(Se)를 기재한다. 다음에는 판매액 실적(S)÷계절변동지수(Se)로서 순환변동도 포함된 '추세변동 기초지수 수치'를 산출한다. 이 근거는 $S=T\times Se\times(1\pm C_y)$라면 $T(1\pm C_y)=S\div Se$ 수식이 당연히 성립하기 때문이다. 이렇게 해서 예를 들면 1년째 1월은 53,260원÷0.765 = 69,621천 원과 같이 각 달 기초수치를 계산해서 기재해 가는 것이다.

<표 5-10> 추세변동지수

| 월 M | 수 n | 판매실적 S (천원) | 계절변동 Se | 판매액 계절변동 S/Se (천원) | 3항 이동 평균 Y (천원) | X | Y × X (천원) | $X^2$ | 추세변동 T (천원) |
|---|---|---|---|---|---|---|---|---|---|
| S1−1 | 1 | 53,260 | 0.765 | 69,621 | | | | | |
| 2 | 2 | 43,179 | 0.650 | 66,429 | | | | | |
| 3 | 3 | 55,154 | 0.782 | 70,529 | 65,844 | −16 | −1,053,504 | 256 | 65,083 |
| 4 | 4 | 49,671 | 0.820 | 60,574 | 65,526 | −15 | − 982,890 | 225 | 65,354 |
| 5 | 5 | 65,541 | 1.001 | 65,476 | 64,876 | −14 | − 908,264 | 196 | 65,625 |
| 6 | 6 | 68,648 | 1.003 | 68,579 | 67,678 | −13 | − 879,814 | 169 | 65,896 |
| 7 | 7 | 77,531 | 1.124 | 68,978 | 66,855 | −12 | − 802,260 | 144 | 66,167 |
| 8 | 8 | 78,822 | 1.251 | 63,007 | 65,491 | −11 | − 720,401 | 121 | 66,438 |
| 9 | 9 | 55,910 | 0.867 | 64,487 | 62,643 | −10 | − 626,430 | 100 | 66,709 |
| 10 | 10 | 72,764 | 1.204 | 60,435 | 62,982 | − 9 | − 566,838− 8,932,475 | 81 | 66,980 |
| 11 | 11 | 81,632 | 1.275 | 64,025 | 62,271 | − 8 | − 498,168 | 64 | 67,251 |
| 12 | 12 | 78,441 | 1.258 | 62,354 | 63,605 | − 7 | − 445,235 | 49 | 67,522 |
| S2−1 | 13 | 49,393 | 0.765 | 64,435 | 65,377 | − 6 | − 392,262 | 36 | 67,793 |
| 2 | 14 | 45,072 | 0.650 | 69,342 | 67,447 | − 5 | − 337,235 | 25 | 68,064 |
| 3 | 15 | 53,618 | 0.782 | 68,565 | 71,475 | − 4 | − 285,900 | 16 | 68,335 |
| 4 | 16 | 62,744 | 0.820 | 76,517 | 72,420 | − 3 | − 217,260 | 9 | 68,608 |
| 5 | 17 | 72,250 | 1.001 | 72,178 | 72,748 | − 2 | − 145,496 | 4 | 68,877 |
| 6 | 18 | 69,759 | 1.003 | 69,550 | 70,518 | − 1 | − 70,518 | 1 | 69,148 |
| 7 | 19 | 78,484 | 1.124 | 69,826 | 70,345 | 0 | 0 | 0 | 69,419 |
| 8 | 20 | 89,644 | 1.251 | 71,658 | 72,474 | 1 | 72,474 | 1 | 69,690 |
| 9 | 21 | 65,839 | 0.867 | 75,939 | 73,592 | 2 | 147,184 | 4 | 69,961 |
| 10 | 22 | 88,108 | 1.204 | 73,179 | 74,216 | 3 | 222,648 | 9 | 70,232 |
| 11 | 23 | 93,750 | 1.275 | 73,529 | 73,211 | 4 | 292,844 | 16 | 70,503 |
| 12 | 24 | 91,740 | 1.258 | 72,925 | 73,569 | 5 | 367,845 | 25 | 70,774 |
| S3−1 | 25 | 56,803 | 0.765 | 74,252 | 73,286 | 6 | 439,716 | 36 | 71,045 |
| 2 | 26 | 47,242 | 0.650 | 72,680 | 72,072 | 7 | 504,504 | 49 | 71,316 |
| 3 | 27 | 54,180 | 0.782 | 69,284 | 71,086 | 8 | 568,688 9,743,325 | 64 | 71,587 |

| 월<br>M | 수<br>n | 판매실적<br>S<br>(천원) | 계절변동<br>Se | 판매액<br>계절변동<br>S/Se<br>(천원) | 3항 이동<br>평균<br>Y<br>(천원) | X | Y × X<br>(천원) | $X^2$ | 추세변동<br>T<br>(천원) |
|---|---|---|---|---|---|---|---|---|---|
| 4 | 28 | 58,461 | 0.820 | 71,294 | 70,431 | 9 | 633,879 | 81 | 71,858 |
| 5 | 29 | 70,786 | 1.001 | 70,715 | 70,801 | 10 | 708,010 | 100 | 72,129 |
| 6 | 30 | 70,604 | 1.003 | 70,393 | 70,218 | 11 | 772,398 | 121 | 72,400 |
| 7 | 31 | 78,169 | 1.124 | 69,545 | 71,213 | 12 | 854,992 | 144 | 72,671 |
| 8 | 32 | 92,199 | 1.251 | 73,700 | 70,384 | 13 | 914,992 | 169 | 72,942 |
| 9 | 33 | 58,876 | 0.867 | 67,908 | 72,129 | 14 | 1,009,806 | 196 | 73,213 |
| 10 | 34 | 90,034 | 1.204 | 74,779 | 71,163 | 15 | 1,067,445 | 225 | 73,484 |
| 11 | 35 | 90,273 | 1.275 | 70,802 | 72,896 | 16 | 1,166,336 | 256 | 73,755 |
| 12 | 36 | 91,968 | 1.258 | 73,107 | | 17 | | | 74,026 |
| 합 계 | | 2,500,449 | 36.000 | | 2,290,842 | | 810,850 | 2,992 | |
| 평 균 | | | | | 69,419 | | 810,850 / 2,992 = 271 | | |

T = 69,419 + 271 × X

그런데 이 계산 때문에 산출되는 기초수치는 판매액 실적과 비교해서 극단적인 차이가 발생하고 있는 달이 있다는 것을 알 수 있을 것이다. 특히 1월 · 2월 계절변동지수가 작은 달과 8월 · 10월 등과 같이 지수가 큰 달에 이런 경향이 강하다. 그 이유는 계절변동지수 산출 방법에 수학상 문제가 있기 때문인데 상세한 것은 생략한다. 그러나 이 문제를 수학적으로 수정하기 위해서 '3항 이동평균'이라는 방법으로 계산해야 한다. 그런데 이 추세변동을 산출하기 위해서 '편차'가 적은 방법은 그 기초가 되는 자료 데이터의 월수를 반드시 13 · 25 · 35개월 등 기수로 한다는 것이다. 그 이유는 자료 수(N)를 기수로 해 두지 않으면 산출식을 '1차식'으로 했을 때 자료 기간 한가운데의 달을 중심으로 등분할 수 없기 때문이다. 그래서 이 경우도 1년째 1월분은 제외하고 35개월분을 사용하기로 한다. '3항 평균'이란 3행분의 수치를 합계해서 3으로 나누고 한가운데의 행에 평균치를 기재하고 다음 행을 한가운데로 한 전후 3행의 평균치를 기재한다는 아래 예와 같은 반복이다.

S1 — 2 66,429
3 70,529 — (197,532 ÷ 3) = 65,844
4 60,574 — (196,579 ÷ 3) = 65,526
5 65,476 — (194,629 ÷ 3) = 64,876
6 68,579

이렇게 해서 산출된 것이 <표 5-10>의 Y이며 앞의 S/Se 수치보다도 평준화된 경향으로 되어있다. 다음에 'X'는 이 자료의 수열이고 3항 이동평균치가 산출된 1년째 3월부터 3년째 11월까지 33개월을 원자료로 했다. 그리고 한가운데가 되는 2년째 7월의 X를 0으로 하고 거기부터 이전은 −1, −2, −3과 같이 0 이후는 +1, +2, +3과 같이 X 수치를 설정한다. 이 X는 매출 예측을 할 때 매장의 기본적인 경영계획 등 내부 조건이나 상권환경 등 외부 조건이 크게 변화하지 않는다면 <표 5-10>과 같이 17, 18부터 순서대로 +1을 더하여 예측 기간을 연장할 수 있다. 다음 계산은 'Y × X'인데 Y 수치가 정수인 데 대하여 X 수치는 0보다 이전은 음수로 되어있으므로 산출되는 수치는 (−)로 되고 0에서 이후는 정수의 (양수) 수치가 된다. 예를 들면, N3의 'Y × X' = 65,844 × (−16) = −1,053,504가 되고, N21의 'Y × X' = 73,592 × 2 = 147,184가 되는 것이다. 만약 매출실적이 해마다 감소하고 있다면 반대가 되어 0보다 이전이 정수로 이후가 음수(−)가 된다는 현상이 나타내게 된다는 것은 말할 것도 없다. <표 5-10>에서는 전반의 (−)합계보다도 후반의 (+)합계가 많고, 'Y × X의 합계'는 −8,932,475 + 9,743,325 = 810,850으로 증가 경향을 보인다. 이제까지 계산과정에서 1차 방정식 Y = a + bx의 a는 '3항 이동평균치' 합계를 33으로 나눈 2,290,842 ÷ 33 = 69,419가 되고 그것이 x = 0인 곳, 즉 '추세변동' 기점 수치가 되는 것이다. 나머지 b를 산출하면 1차 방정식으로 월별 추세변동지수를 구할 수 있다. 그 b란 x의 2승을 하고 그 합계치로 'Y × X의 합계치'를 나눈다. 즉, <표 5-10>에서는 810,850 ÷ 2,992 = 271(천원)이 b에 상당하는 수치가 되는 것이다. 이렇게 해서 이 <표 5-10>의 예에서의 '추세변동지수 : T' 산출식은 다음과 같이 성립되었다.

$$T = 69,419 + 271x$$

이 산출식에 의해 3년째 12월에 있어서 '추세변동지수'를 계산하면 69,419 + 271 × 17 = 69,419 + 4,607 = 74,026이 된다. 이 경우의 17이 12월의 x이며 1을 더해서 18로 하면 다음 해 1월분, 2를 더해서 19로 하면 2월분 지수가 산출되는 것이다.

## 3. 순환변동지수 산출

순환변동의 성격은 앞에서 말했듯이 '경기변동' 반복을 나타내는데 이와 함께 소비요구 변화, 입지 조건이나 경합 상황 변화 등에 대해서 기업(유통점) 자체가 어떻게 대응했는가 하는 노력 흔적을 추적할 수 있다. 순환변동지수 산출방법은 <표 5-11>

‘순환변동지수’에서 제시했듯이 월(M), 추세변동지수(T), 계절변동지수(Se) 및 판매액 실적을 최근 1년간, 즉 <표 5-10> ‘추세변동지수’의 S3(3년째) 1월부터 12월까지 수치를 사용한다.

**<표 5-11> 순환변동지수**

| 월 수 | 추세변동 T (원) | 계절변동 Se | 이론 매출액 S'=T×Se (원) | 판매액 실적 S (원) | S / S' | 순환변동 Cy= S / S'−1 | 매출예측 S"= S'×(1±Cy) |
|---|---|---|---|---|---|---|---|
| S3−1 1 | 71,045 | 0.765 | 54,349 | 56,803 | 1.045 | +0.045 | 56,795 |
| 2 2 | 71,316 | 0.650 | 46,355 | 47,242 | 1.019 | +0.019 | 47,236 |
| • | | | • | | | | |
| • | | | • | | | | |
| • | | | • | | | | |
| • | | | • | | | | |
| • | | | • | | | | |
| • | | | • | | | | |
| • | | | • | | | | |
| 12 12 | 74,026 | 1.258 | 93,125 | 91,968 | 0.988 | −0.012 | 92,008 |
| 합 계 | | | 872,473 | 859,595 | 0.985 | (−0.015) | 859,386 |

그래서 우선 추세변동과 계절변동에 의한 이론적 매출액(S')을 산출한다. 그 산식은 S' = T × Se이며, 1월 경우는 71,045 × 0.765 = 54,349가 되고 이하 똑같이 해서 12월까지 이론 매출액이 산출된다. 그래서 월별 판매액 실적(S)을 이론 매출액(S')으로 나누면, 순환변동지수(Cy)가 나오고, 계속해서 1월을 예로 들면, 56,803 ÷ 54,349 = 1.045가 된다. 이렇게 S ÷ S'로 구해진 수치는 1.045인 경우 중 1 = S를 의미하고 있으므로 이론 매출액보다도 실제 매출액 쪽이 0.045 많이 될 가능성을 나타내고 있고 이것이 순환변동지수(Cy) = +0.045이다. 따라서 S ÷ S'로 0.967이 되었을 때는 순환변동지수는 0.967−1 = −0.033, 즉 이론 매출액보다 실제 매출액이 0.033 적어질 가능성을 보이므로 Cy = −0.033이 된다. 여기서 마지막으로 지금까지 해왔던 계절변동, 추세변동, 순환변동 지수 수치 확인과 매출 예측식 타당성을 확인하기 위해서 S = T × Se × (1±Cy)의 식을 준용해서 매출예측치(S")를 산출하고 실제 판매액 실적과 비교해 보기로 한다. 이 경우에 위 식 중에서 T × Se는 이미 S'(이론 매출액)로 산출되어 있으므로 S" = S' × (1±Cy)이어도 되며 1월 매출예측치는 54,349 × (1 + 0.045) = 56,795(천 원)가 되어 실제의 판매액 56,803천 원과 비교하면 그 차액은 −8천 원이 된다. 이렇게 비교하면 매출예측치와 판매액 실적 차는 −46천 원부터 + 40천 원 범위이며 연간 합계에서는 859,386÷859,595×100=99.98% 실현 확률이 된다.

## 4. 시계열성 중심 판매계획

매출 예측은 과거 판매실적에 의한 변동 패턴을 분석하여 그것을 수식으로 산출하는 것이며 과거 연장을 베이스로 한 예측이다. 즉 경기 동향이나 소비생활 요구 등 외부 조건이 종전과 같고 영업점 자체로서도 종전 경영정책을 바꾸지 않고 같은 상품과 판매 방법을 계속하는 등 내부 조건도 변하지 않는다는 상황이라면, 매출 예측으로 산출되는 수치를 언제까지나 그대로 '판매계획'으로 하더라도 상당히 타당성이 높을 것이다. 그러나 실제로 이런 상황은 있을 수 없다. 기업 내부에 있어서 경영 효과나 효율 개선, 소비생활 요구 변화나 타점과 차별화에 대한 새로운 머천다이징 등 뭔가 '새로운 도전'을 계획하는 것이 적극적인 경영 자세 표현이다. 단 어떠한 '새로운 도전'도 기업이 현재까지 활동해 온 실적에 따라 나타나는 '법칙성'을 완전히 무시하고 비현실적인 계획을 책정한다면 이것은 결국 '희망 사항'일 뿐이며, 실현 가능성은 거의 없다. 따라서 '판매계획'은 기업(유통점)의 자금적 요소(투자 규모와 채산 효율), 인적 요소(경험 능력과 의욕, 향상 가능성 등) 및 현재까지 판매실적을 기초로 장래에 대한 적극적인 변화를 수치로 표현함으로써 결정해야 한다. 또 판매계획을 극단적으로 고정화해서 생각하지 말고 어느 정도 폭을 지닌 '관리한계' 범위를 설정, 내외조건 변화에 대응하여 판매 정책이나 판매 활동을 수치상으로 수정할 여지를 남겨놓을 필요가 있다. <표 5-12>의 매출 예측과 판매계획은 앞의 <표 5-9>~<표 5-11> 예에 의해 산출한 각 수치를 근거로 작성한 것이다.

<표 5-12> 매출예측과 판매계획

| 월 | 추세변동 산출식 69,419+271×X= | 추세 변동 T(원) | 계절 변동 Se | 이론 매출액 S'(원) | 순환 변동 Cy | (1±Cy) | 매출예측치 S'×(1±Cy) (원) | 매출예측치 누계 (원) | 상한 | 하한 |
|---|---|---|---|---|---|---|---|---|---|---|
| | | | | | | | | | (원) | |
| S4-1 | 69,419+271×18 | 74,297 | 0.765 | 56,837 | +0.045 | 1.045 | 59,395 | 59,395 | 62,365 | 56,425 |
| 2 | 〃 19 | 74,568 | 0.650 | 48,469 | +0.019 | 1.019 | 49,390 | 108,785 | 114,224 | 103,346 |
| · | | | | | | | | | | |
| · | | | | | | | | | | |
| · | 〃 | | | | | | | | | |
| · | | | | | | | | | | |
| · | | | | | | | | | | |
| 12 | 〃 29 | 77,278 | 1.258 | 97,216 | −0.012 | 0.988 | 96,049 | 897,997 | 942,897 | 853,097 |
| 합계 | | | | 911,496 | | | 897,997 | | | |

- 관리한계 = 0.05 = 5%
- 상한 = S″ × 1.05
- 하한 = S″ × 0.95

이 산출 방법은 전항 매출 예측 방법에 따르고 있으므로 설명은 생략하는데 '추세변동지수'에 의한 T = 69,419 + 271 × X를 근거로 1월부터 12월까지 앞으로의 1년간을 매출 예측하고 이 계획 시점에서는 특히 내외조건 변화가 없다는 것을 전제로 매출예측치를 '판매 계획치' 중심에 설정하고 '관리한계'로서 (+)(−) 5% 허용 범위까지 산정한 것이다. 만약에 상한 · 하한 관리한계에서 이탈한 상태의 판매실적이 몇 개월이나 계속되면 그 원인을 분석 추구해서 판매계획 수정이 필요한 경우를 생각할 수 있다. 여하튼 이 '판매계획'은 시계열성을 중심으로 한 것이며 그런 의미에서 단순하지만, 이론적으로 법칙성을 충분히 살린 적정한 것이라고 할 수 있다.

## 5. 목적, 기대에 대한 도전

현재까지 업적이 어느 정도 안정되고 기업 체질이 보수적이거나 소극적이라면 시계열성 중심 판매계획에만 의존해 버리게 된다. 그러나 기업으로서 업적 균형이 불안정하다던가 머천다이징이나 판매 활동에 개선해야 할 점이 있거나 또한 외부 환경조건 변화에 대응할 수 있으면 업적 확대를 위한 기회가 더 있다거나 하는 등 상황이라면 당연히 이들에 대한 대책을 결정해서 목표 수치화한 '판매계획'을 세워야 한다.

예를 들면 기업 자체에 있어서 현재까지 판매실적으로는 경비 증가를 커버하기도 힘든 상태라면 필요한 영업이익과 경비예산을 우선 결정하고 그것을 절대적으로 고수하는 것을 첫째 조건으로 해서 손익분기점, 손익 안정성 등을 가미한 '판매계획'을 세우고 그것을 달성하는 데 전력을 기울여야 한다. 이것은 반드시 적자 경우라고는 할 수 없다. 현재는 어느 정도 이익이 있어도 기업 내에 개선해야 할 문제가 있고 그 문제를 해결하여 한층 더 판매액을 획득할 수만 있다면 과감히 '높은 수준의 판매계획'을 설정하고 그 달성 과정에서 문제를 개선할 수도 있다. 즉, '목적성 우선 판매계획'이다. 한편 경기 동향이나 상권 고객층 상황 등 기업을 둘러싸고 있는 외부 환경조건을 무시할 수 없다. 설사, 자사의 판매실적이 해마다 증가하고 있어도 그 원인 대부분이 경기상승이나 상권 내 인구 · 세대 수 증가 결과이고 또 그 증가율이 자사 실적 증가율을 웃돌고 있다면 그 차이는 어딘가에서 빼앗기고 있다는 것을 의미하며, 이것은 중대한 문제이다. 그 반대로 업적 저하 원인이 상권 쇠퇴나 대형회사 진출 등 외부 조건의 변화에 있다고 한다면 경영정책 그 자체 전환이 시급한 것이다.

# 제 6 장 매장관리(PRICE) : 가격관리

## 제 1 절 판매가격과 설정 기술

### 1. 판매가 내용

'가격이란 상품 한 단위와 교환되는 화폐량을 의미하며 그 가격은 시장가격과 계산가격과 기회비용의 잠재가격으로 구분할 수 있다. 특히 소매업 가격은 매출액을 형성하고 구매 원가를 보상하고 영업경비를 차감해 주어 영업이익을 확보해 준다. 이는 상품매입 가격인 상품 원가에 상품 판매를 통하여 고객 만족에 대한 대가로서 예정된 보수 즉, 성과인 이익을 더하여 계산된 금액이다. 그러나 소비자가 구매하는 가격으로서 엄밀하게 생각해 보면 소매업 판매가격은 상품 원가와는 무관하며 상품 가공비나 재료비와도 무관하다고 하겠다. 소비자가 생각하는 판매가는 '이 상품이나 서비스를 구매하면 유리한가, 아닌가?' 하는 소비자 느낌에 따라 구매 여부가 결정되기 때문이다. 즉 그 상품 제조원가가 얼마인가보다 그 상품을 바라보는 소비자 느낌이 절대적 조건이 된다. 소비자는 가격표에 표시된 수치 금액을 지급하고 그 상품이 가진 종합 가치인 품질·기능·효용·감각적 가치·매력 및 만족 등을 합한 것을 구매한다. 제조업자나 유통업자 측에서 보면 아주 좋은 상품이라 하더라도 소비자가 생각하기에 '나쁘다'라고 느끼게 되면 나쁜 상품이 되어 팔리지 않는다. 따라서 상품과 시장 여건에 따라 차이는 있을 수 있겠지만 최종적으로 '소비자가 이해하여 기꺼이 구매할 수 있는 적정선이 판매가격이라 할 수 있다.

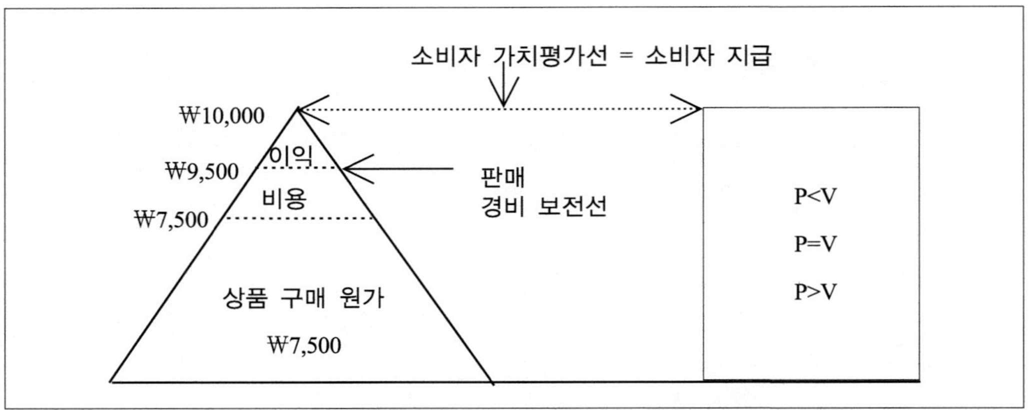


<그림 6-1> 판매가 ₩10,000의 내용(예)

위 그림에서처럼 소비자가 어떤 상품을 보고 느끼기를

Price < Value인 경우: 가치가 가격보다 크다고 느낀다면 판매는 촉진된다.
Price = Value인 경우: 가치와 가격이 비슷하다고 느낀다면 팔릴 확률은 반반이다.
Price > Value인 경우: 가격이 가치보다 비싸다고 느끼면 소비자는 이 상품을 구매하지 않는다.

## 2. 가격 특성

### 1) 정가와 시가

#### (1) 정가

제조업자가 독자 의지로 결정하여 소매점에 그 가격대로 판매되기를 기대하는 매가를 말하며 정가는 비교적 경영력이 없는 영세업자라도 충분히 이익을 얻을 수 있도록 배려하는 게 기본이다. 그러나 정가를 유지하는 것은 다음과 같은 문제점을 갖는다. 고객 측에서 보면 그 가격보다 싸게 살 수 없으므로 손해가 되며 점포 측에서도 자신들 경영 노력으로 더욱 싸게 공급할 수 없게 되므로 인해 경영 합리화가 추진되지 못하는 면이 있다. 그 결과 정가는 자유롭고 공정한 경쟁에 의한 원가절감을 정체시키고 소비자는 부당하게 비싼 가격으로 구매하게 되는 것이다. 소매업자는 고객 가격 욕구를 가장 잘 이해할 수 있는 고객과 접점 위치에 있다. 그러므로 소매업자는 제조업자에 대해 소비자의 이와 같은 가격 욕구를 대변해서 고객 요구에 맞는 가격정책을 전개해야 한다.

(2) 시가

일반 소매점에서 실제로 판매되고 있는 가격을 '시가'라 한다. 점포별로 경영 노력이나 능력이 다르므로 점포 경영 능력에 따라 가격이 다른 것이 일반적이다. 소비자 측면에서 시가란 그 지역에서 그 상품을 가장 많이 판매하는 점포 매가를 시가라 할 수 있다. 매가는 매입 원가에 의해 결정되는 것이 아니다. 소비자가 인정하는 가치, 즉 시가에 따라 결정된다. 매입 원가에 일정한 비율의 마진을 고려하며 매가를 결정하는 것은 잘못된 가격책정 방법이다. 소매점에서 임의의 매가를 결정하였을 경우 그 상품이 잘 팔리느냐 안 팔리느냐 하는 것은 시가보다 높고 낮음에 따라서 결정된다. 따라서 매입 원가에 마진율을 매겨 매가를 결정하는 것을 올바른 가격책정 방법이 아니다. 물론 경영하는 이상 어느 정도의 이익률은 필요하겠지만 이와 같은 「시가」 개념을 먼저 이해해야 한다. 마진율은 어디까지나 평균 이익률 개념으로 이해되어야 하며 개개 상품에 대해서 무조건 적용되어서는 안 된다. 개개의 상품에 대한 매가는 반드시 시가에 의해 결정되어야 한다.

## 2) 매가 특성

(1) 매가 비교 기준

"가격이 싸다. 혹은 비싸다"라는 말은 본래 비교 뜻이다. 앞서 매가 비교 기준은 소비자 느낌, 즉 시가라 하였다. 시가는 대다수 소비자가 구매하고자 희망하는 가격으로 소비자가 인정하는 그 상품 가치를 가리킨다. 따라서 시가(price leader 판매가)보다 낮으면 고객은 '싸다'라고 느낀다. 반면 시가(price leader 판매가)보다 높으면 '비싸다!'라고 인식한다. 일부 소매점에서는 매입 원가에 대한 마진율을 적게 하는 것이 싼 것으로 생각하는 경우가 많다. 그러나 싸다든가, 비싸다든가 하는 것은 어디까지나 소비자 느낌에 따라 결정된다.

(2) 매가 유동성

매가는 항상 변한다. 같은 상품에서도 상품에 대한 고객 관심도가 낮아지면 상대적으로 매가도 떨어지고 반대 경우 상승하기도 한다. 예를 들어 생선 식품과 같이 시시각각으로 선도가 저하되어 가치가 떨어지는 상품은 특히 그렇다. 만약 오전 입고 시에 책정한 생선 판매가가 싸다 할지라도 오후가 되면 오전에 책정한 그 가격 자체로는 선도보다 상대적으로 비싸게 되어 팔리지 않게 되는 경우가 있다. 이처럼 매가에는 유동성이 있다는 사실을 잊어서는 안 된다.

(3) 매가 타동성

소비자가 인정하는 가치, 즉 시가보다 싸게 책정된 매가라도 다른 경쟁점에서 그 가격보다 더 싸게 판매하게 되면 시가 기준이 변하게 되어 결과적으로 그 점포 매가는 비싼 것이 된다. 그러므로 이와 같은 시가 변화를 항상 조사하여 대응하지 않으면 가격이 비싸다는 인식을 심어주게 된다. 그러므로 이 같은 매가의 항상 타동성을 충분히 이해하고 다음과 같이 주의해야 한다. 첫째, 경합점이나 경쟁점 판매가는 항상 정기적으로 조사한다. 둘째, 항상 경쟁시장에서 낮은 매가를 유지하기 위해서는 그 지역에서 그 상품에 대하여 다른 점포보다 많이 팔 수 있는 점포가 되어야 한다. 여기서 보다 많이 판다는 의미는 전체매출액 기준이 아닌 특정 단품이며 다량 판매가 아닌 대량판매이다. 작은 규모 점포라 할지라도 어느 특정 상품에 대해서는 지역 내에서 가장 많이 판매하는 단품 1번 점, 즉 그 상품의 가격 리더가 될 수 있다. 예를 들면 800㎡ 규모 슈퍼마켓이 3,000㎡ 규모 대형할인점보다 전체매출액이 높을 수는 없을 것이다. 그렇지만 포도나 수박 같은 단일 품목은 슈퍼마켓 나름대로 경영 노력 및 마케팅력 여하에 따라 더 팔 수도 있다. 즉, 전체매출은 앞설 수 없어도 어떤 특정 품목 하나만은 경영 노력 여하에 따라 그 지역에서 가장 많이 판매하는 단품 1번 점을 지향할 수가 있다.

## 3. 판매가격 설정 기술

### 1) 판매가격 설정 절차

가격설정은 다음과 같이 3단계로 나누어 실행한다.

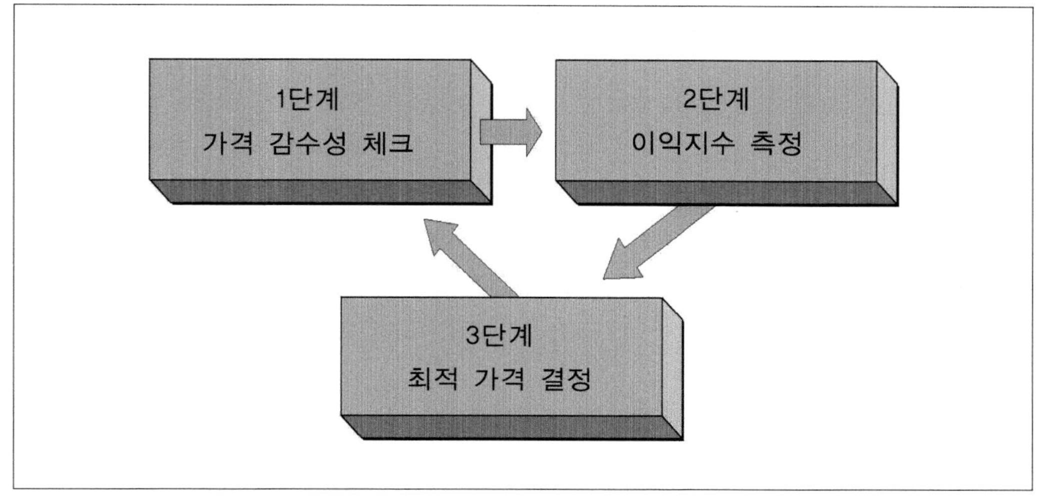


<그림 6-2> 가격설정 3단계

(1) 1단계: 가격 감수성 측정

'소비자가 수용할 수 있는 가격대는 얼마부터 얼마인가?', '소비자가 저항 없이 받아들일 수 있는 가격은 얼마인가?' 하는 즉 소비자가 '보통 이 정도 가격일 것이다'라고 생각하는 가격이 얼마인가를 측정한다.

(2) 2단계: 이익지수 측정

'가격을 얼마로 하면 이익이 최대로 될 것인가?' 하는 것을 측정한다.

(3) 3단계: 최적 가격 결정

'단계 1과' '단계 2'에서 얻어진 결과를 조합하여 기업에 있어서 가장 적당한 가격으로 결정한다.

## 2) 기본적 가격설정 방법

가격을 설정하는 방법에는 여러 가지 방법이 있겠으나 기본적으로 중요한 것은 소비자가 이해할 수 있는 적당한 이익을 붙이는 것이다. 이러한 가격전략 기본은 얼마나 싸게 상품을 사고 또 여기에 어느 정도 적당한 마진을 붙이는가 하는 점이다. 그러므로 상품을 싸게 매입한다는 것이 가격설정 방법에서는 가장 중요하다.

### (1) 원초 이윤 가산법

상품 가격을 설정하는 방법은 여러 가지가 있으나 그중에서도 '원초 이윤 가산율(initial mark up)', 즉 판매 기간 예상되는 비용과 가격 인하분 및 어느 정도 이익을 추정하여 반영시키는 '코스트 플러스 법'이 있다. 이 방법은 비용과 이익을 고려하여 영업 기간 판매액을 추정한 후 거기에다 영업경비와 가격 인하의 수준(재고 부족, 할인 판매액, 이폭 인하) 등을 종합적으로 반영하여 설정하는 방법이다.

〈사례, 원초 이윤 가산율〉

① 구매 원가가 7,000원인 경우

$$\frac{\text{영업경비}+\text{가격인하분}+\text{이익}}{\text{순판매액}+\text{가격인하분}}=\frac{2,200+300+500}{9,700+300}=30\% \rightarrow \text{이윤 가산율}$$

② 원가를 알고 원초 이윤 가산율을 알아서 원초 가격을 확정한다.

원가 %(70%) = 판매가 %(100%) − 이윤 가산율 %(30%)

$$70\% = 100\% - 30\% = \frac{7,000}{0.7} = 10,000 \rightarrow \text{판매가격}$$

* 해설) 여기서는 상품 구매 원가를 기준으로 가격을 설정한다. 일반적으로 판매 기간 매장 평균 이익이 10~20% 정도 선에 이른다고 가정하면 상품 구매 원가에 10~20% 정도 이익을 붙여 정가로 판매하는 방법이다. 또한, 이 방법은 인상 가격 결정과 목표이익 결정 등을 다 포함하는 것으로 기업이 변동비, 고정비, 감가상각비 및 관리 비용 등을 다 알고 있다고 가정하고 설정하는 것이다.

이 방법 단점은 상품 매출 정도에 따라서 가격설정이 이루어지지 못하는 단점이 있다. 즉 고회전 상품은 마진율을 낮추고 저회전 상품은 마진을 다소 높이는 토털 마진율을 적용하는 것이 바람직하므로 회전율 대비 가격 설정에는 다소 어려움이 있다.

### (2) 목표이익 가격 결정법

이 결정법은 목표이익을 미리 정하고 그 목표이익을 얻을 수 있도록 가격을 설정하는 방법이다. 예를 들어 슈퍼마켓 매장에서 취급하는 상품 부문 가운데 '과일 부문'은 평균 30% 이익을 얻어야 하겠다는 목표이익률을 미리 설정해 두고 여기에 근거하여 마진을 붙여 정가를 결정한다. 이 결정법은 미리 상품회전율과 가격대 등을 연구 조사한 다음 적정한 이익을 붙이는 방식이다.

* 목표이익이 반영된 가격을 계산하기 위한 공식
= { (총 단위원가 + [목표이익률 × 투자 자본]) ÷ 단위당 매출액}

또한 매장 전체 유지비나 종업원 급여 그리고 적당한 이익을 사전에 설정한 다음 상품별로 회전율을 분석한 후 여기에 맞추어 적당한 마진율을 부여하는 방식으로도 계산한다.

#### (3) 가치 기준 가격 결정법

소비자들이 획득할 수 있는 가치를 기준으로 하여 그 가치에 맞게 가격을 설정하는 방법이다. 이 방법은 소비자들이 그 상품을 구매하여 사용할 때 가치 기준을 설정하고 여기에 맞게 가격을 설정하는 방법으로 주로 제조기업에서 활용하는 방법이다.

#### (4) 상대가격에 의한 가격 결정법( I )

경합점이나 경쟁 점포 판매가격을 사전에 조사하여 비교 분석 후 적정한 판매가격을 설정하는 방법이다. 이 방법은 바이어들이 가장 많이 사용하는 방법으로 예를 들면 경쟁점이나 경합 매장에서 어떤 상품을 3,000원에 판매하고 있으면 같은 상품은 같은 가격을 설정하는 방법으로 흔히들 대부분 바이어들이 사용하는 방법이다.

#### (5) 상대가격에 의한 가격 결정법 ( II )

이 방법은 상대가격에 의한 가격 결정법(I)과는 달리 경쟁점이나 경합점 판매가격을 완벽히 조사한 후 경쟁점이나 경합점보다 조금이라도 싸게 가격을 설정하여 매출을 올리려는 방식이다.

## 제 2 절 가격 조정 전략

### 1. 가격할인 유형

대부분 소매기업은 세일 행사 시에 기본적으로 가격을 조정하는데 이러한 가격 조정 유형에는 할인과 마일리지 지급이 있다.

### 1) 현금 할인

현금 할인은 현금을 지급하여 물건을 사는 고객에게 가격을 인하하는 방법이다. 예를 들면 '2/10, net 30'과 같은 조건을 들 수 있는데, 이는 30일 내로 가격을 지급하여야 하고 10일 내로 지급하면 2% 할인된 가격을 적용한다는 뜻이다. 이와 같은 할인가격은 조건을 충족시키는 고객이라면 누구에게나 적용된다.

### 2) 수량 할인

수량 할인은 대량 구매 고객에게 가격을 할인해 주는 방법이다. 수량 할인에 있어 유의해야 하는 것은 할인 폭이 대량 구매로 인하여 판매자에게 초래된 원가 감소분을 초과하지 않아야 한다. 원가 감소는 대개 판매 비용 또는 재고비용, 운송비용 절감 등에 의하여 발생한다. 할인 기준으로는 1회 구매량이 사용될 수 있고 기간별 구매량이 사용될 수도 있다. 수량 할인은 고객이 주어진 기간 동안 구매를 분산시키지 않고 자사 점포에만 집중시키도록 하는 촉진제 역할을 한다.

### 3) 계절 할인

계절 할인은 상품이나 서비스를 비성수기에 구매하는 고객에게 가격을 할인해 주는 방법이다. 계절 할인은 판매자가 재고량을 연중 고르게 유지할 수 있도록 해 준다. 예를 들면 한 여름철에 '오리털 파카'를 싸게 판매하는 식이다. 호텔이나 항공사 등도 판매가 부진한 명절 등 기간에 이와 같은 가격할인을 시도하는 때도 있다.

### 4) 마일리지

정해진 기간 특정 상품을 구매하는 고객에게 마일리지 포인트를 제공하는 방법이다. 이러면 판매업자가 고객에게 직접 마일리지 포인트를 제공한다. 또한, 상품 구매 시마다 제공된 마일리지 누적 포인트는 일정 금액 이상이 되면 바로 현금화하여 사용할 수 있다. 마일리지 포인트는 판매가 부진한 시기에 가격을 인하하지 않고 재고를 축소할 수 있는 신축적인 방법이다.

# 2. 가격 조정 전략

## 1) 차별 가격 전략

차별 가격이란 같은 상품 또는 서비스를 원가면에서 차이에 비례하지 않은 두 가지 이상 가격으로 판매하는 방법이다. 이와 같은 가격 차별 기준 유형에는 다음과 같은 것들이 있다.

### (1) 고객 기준

같은 상품 또는 서비스에 고객별로 다른 가격을 책정하는 것이다. 예컨대 입학 시즌에는 신입생만을 대상으로 하여 노트북을 싸게 팔거나 밸런타인데이 때에는 연인들에게만 특정 초콜릿을 싸게 판매한다든지 하는 방법이다.

### (2) 시간 기준

특정한 시간 기준에 따라 계절별이나 일별 또는 시간별로 가격을 다르게 책정하는 방법이다. 예를 들어 식품매장 생선가격은 오전보다 오후에는 싸게 파는 경우가 있다. 이와 반대로 평일보다 주말에는 더 높은 마진으로 가격을 책정하여 비싸게 팔기도 한다. 이처럼 시간 기준에 따라 싸거나 혹은 비싸게 파는 방법이다.

## 2) 심리적 가격전략

가격은 상품에 관한 무엇인가를 알려 주는 효과가 있다. 소비자들이 품질을 가격지표로 보는 게 좋은 예이다. 예를 들어 한 병에 5만 원인 양주는 알코올 내용으로만 따지면 5천 원 정도 가치밖에 없는 것일 수도 있지만, 소비자가 기꺼이 5만 원을 내고 구매하는 이유가 따로 있다고 보아야 한다. 판매자는 가격의 경제적 측면과 아울러 이러한 심리적 측면도 고려하여야 한다. 이것은 숫자 이미지 효과 때문이다.

일반적으로 숫자에는 다음과 같은 이미지가 있다.

### (1) 제 1 원칙: 숫자에 따라 이미지가 다르다.

① 비싼 감각: 1, 2, 3, 4

② 중간적 이미지 : 0 과 5

③ 싸다는 감각: 6, 7, 8, 9

예를 들어 판매가 1,010원과 990원은 사실상 20원 차이밖에 나지 않지만, 이미지 측면에서는 그 이상 차이를 느끼게 한다. 매가를 결정할 경우, 될 수 있으면 최후 숫자가 6부터 9까지의 숫자로 끝나는 것이 1에서 4까지 숫자로 끝나는 것보다 판매 효율상 유리하다.

(2) 제 2 원칙: 매가 끝 숫자 부분은 같은 숫자로 병렬시키는 것이 더욱 강한 인상을 주게 된다.

1,850원과 1,880원을 비교할 경우, 순간적으로 보게 되면 1,880원이 1,850원보다 더 강한 이미지를 준다. 이 경우 1,850원이라고 판매가 잘 되고 1,880원이라고 판매가 잘 되지 않는 상품은 그리 많지 않다. 할인 행사가격을 표시하는 경우 끝 숫자 부분을 같은 숫자로 병렬시키는 것이 그렇지 않은 경우보다 유리하다.

### 3) 촉진적 가격전략

촉진적 가격전략이란 상품 판매를 촉진하기 위해 일시적으로 상품 가격을 정가 이하로 또는 원가 이하로 판매하는 경우를 가리킨다. 촉진 가격 유형으로는 다음과 같은 것이 있다. 대형할인점이나 슈퍼마켓은 소수 품목을 미끼상품(loss leader)으로 선정하여 낮은 가격을 책정함으로써 많은 고객을 점포로 유치하고 정상적인 이익이 가산된 다른 품목들까지 구매해 줄 것을 기대하는 것이다. 고객 유치 방안 하나로 특정 계절에 특별 행사가격을 실시하는 경우가 많다. 예컨대 매년 2월에는 신학기 용품을 저가격으로 책정하여 잠재 수요를 끄집어낸다. 심리적 가격할인이 있다. 이 방법은 특정 상품에 의도적인 고가격을 책정했다가 얼마 후 대폭 할인된 가격으로 판매하는 방식으로 주로 의류와 같은 패션 상품 판매에서 흔히 볼 수 있다. 예컨대 '어제까지 2만 원 받던 상품을 1만 원에 판다.'는 식이다. 그러나 이 같은 가격전략은 법으로 금지하는 경우가 많다.

# 제 3 절 가격관리 전략

## 1. 가격관리 기법 유형

### 1) EDLP(every day low price) 가격관리

매일 매일 싼 가격에 상품을 판매하는 전략이다. 이때 싼 가격은 다른 경쟁점이나 경합점 평상시 판매가격보다는 싼 것을 의미한다. 그러나 경쟁점이나 경합점의 에누리 판매가격보다는 비싼 것이 보통이다. 즉 다른 점포에 비해 안정적으로 싸게 제품을 판매하는 것이다. 이 경우 EDLP 시행 업체는 특별한 사정이 발생치 않는 한 일년 내내 그 상품에 대해 일정한 가격으로 공급받는다. 그 대신 납품업자들로부터 기타 판매 지원을 받지 않는다. EDLP에는 다음과 같은 장점이 있다.

- 평상시(할인판매 기간이 아닐 때) 경우, 가격이 타 점포보다 싸다.
- 세일 광고를 할 필요가 없으므로 광고비가 줄어든다.
- 향상된 재고관리가 가능하다(일정 비율 판매패턴 경향).
- 타 점포보다 전반적으로 매출이 많다(이익률은 낮다).

## 2) HIGH/LOW 가격관리

보통 때는 비싸게 팔다가 바겐세일 때는 싸게 판매하는 방법을 가리킨다. 바겐세일 광고로 소비자들 흥미를 불러일으켜서 한정된 세일 품목을 구매하게 하는 유인책이다. 소매기업들은 소비자들의 점포 방문을 유도하기 위하여 가격할인은 물론이고 경품 등 다양한 이벤트를 활용한다.

HIGH/LOW 방식 장점으로는 다음과 같은 것이 있다.

- 같은 상품이 여러 고객층에 동시에 어필할 수 있다.
- 언제 에누리할까, 하는 흥미를 일으킨다.
- 평소에 상품 품질과 고객서비스에 더 신경을 쓸 수 있다.
- 전반적으로 이익이 높다.
  (세일 아이템은 이익이 낮지만, 다른 일반 아이템은 이익이 많이 남는다)

〈참고, 월마트 3대 가격정책〉

(1) 오픈 프라이스 포인트(open price point)
항상 시장가격보다 싸게 판매하는 가격제도, 시장조사 후 시장가격에 맞춰 나간다.

(2) 프라이스 롤백(price rollback)
항상 최저가를 유지하는 제도 월마트보다 싸게 판매하는 점포가 있으면 그 지역 월마트 점장은 그 가격보다도 10~15% 싸게 매가를 조정할 수 있는 권한을 갖는다.

(3) 보텀 라인(bottom line)
중소 우량 상품을 기존 시장가격보다 30~50% 내려 판매한다.

## 2. 기타 가격관리 전략

일반적으로 대형할인점이나 슈퍼마켓 소비층은 주로 주부들로 이루어지고 있다. 이들 주부는 내점객 대부분을 차지할 뿐 아니라 매출 대부분을 일구어내는 중요한 소비객층이다. 또한, 이들 주부 고객 특성은 가격에 가장 민감하게 반응한다는 점이다. 따라서 이 같은 주부 고객을 더욱 많이 끌어들이기 위해서 사용할 수 있는 가격설정 전략에는 다음과 같은 것들이 있다.

### 1) 관습가격 해소 전략

어떤 상품 가격이 장기간에 걸쳐 고정되었을 때 소비자들은 물가 상황 변동과는 상관없이 고정된 가격 이미지를 갖게 된다. 이를 흔히 관습가격이라 부른다(대표적 관습가격: 자장면 가격). 일용품 특히 식료품 분야에서 이와 같은 관습가격을 흔히 볼 수 있다. 관습가격은 고객 심리에 근거한 가격이기 때문에 일종 심리가격이라고 할 수 있다. 소비자에게 상품에 대한 높은 이미지를 갖게 하여 상품 가격을 비싸게 설정하는 판매하는 건강식품이나 자연식품 등도 이 범주에 속한다. 또 숫자 이미지를 이용하여 고의로 가격을 싸게 느껴지게 만드는 경우도 여기에 해당한다(예: 피자 한 판에 9,880원). 이처럼 관습가격은 일종의 심리적인 영향을 받는 가격이기 때문에 이를 급격히 변경시킨다는 것은 상당히 어렵다. 다소 손해가 나더라도 그 가격을 현상대로 유지하고 단계적으로 시간을 두어 변경하는 것이 더욱 유리한 접근 방법이라고 할 수 있다.

### 2) 염가 판매법

염가 판매라고 하는 것은 경쟁시장에서 다른 경쟁점보다 싼 가격으로 상품을 판매하는 방식이다. 일반적으로 '가격 할인 판매'에 해당한다. 그러나 이와 같은 염가 판매를 하게 되면 경쟁점에서도 경쟁적으로 가격을 내릴 수밖에 없게 된다. 그 결과 시장 전체 가격 질서가 문란해지는 예도 있으므로 염가 판매는 주의해서 취해야 할 전략이다. 염가 판매를 하면서 고려해야 하는 것은 합리적인 염가 판매 노력이 병행되어야 한다. 경쟁이 있는 이상 싸게 팔려고 하는 것은 당연한 일이겠으나 무조건 싸게 판매하기보다는 종합적인 가격정책 틀 안에서 원가절감, 대량 구매계획에 의한 염가 구매 등을 통해 판매가격을 낮추려는 노력이 필요하다.

### 3) 로스 리더(loss leader)법

흔히들 바겐세일 상품, 특매상품이라 부르는데 이는 특정 상품 가격을 크게 내려 싼값으로 고객을 유인하는 방식이다. 즉 원래 상품회전율에 가격할인 효과를 더함으로써 더욱 높은 회전율을 유발하는 동시에 타 상품의 관련 판매를 촉진해 전체적인 매장 이익을 증대시켜 나가려는 방법이다. 예를 들어 상품회전율이 높은 인기 상품의 가격을 할인하여 판매함으로써 소비자들이 점포를 더 많이 찾게 만드는 목적을 갖는다. 그런 다음 다른 기타 상품 관련 구매를 유발해 전체 매장의 이익률을 높이려는 것이다. 이 로스 리더 법은 소비자들이 신뢰하는 유명 브랜드를 대상 상품으로 하여 가격을 인하하는 경우가 대부분이다. 왜냐하면, 소비자가 상품 가치를 인식한 상품일수록 가격 인하에 더 민감하기 때문이다. 궁극적으로 이 로스 리더법은 다른 상품을 연계시켜 전체 이익률을 높여야 하므로 상품 구색을 어느 정도 갖춘 대형할인점(마트)이나 슈퍼마켓에서는 더 큰 효과를 얻을 수 있다.

### 4) 묶음 판매 전략

묶음 판매는 개당 단가가 낮아 판매가가 소액인 상품에 더욱더 유용하다. 이런 소액 상품일 경우에는 매가를 싸게 하더라도 수고보다 이익이 높지 않다. 그러나 비록 소액 상품이라 하더라도 대량으로 판매되면 그 상품 한계 이익 합계는 1개씩 낱개로 판매할 때보다 많은 것에 착안한 방법이다. 특히 세일 행사 상품이면 이러한 묶음 판매 방법이 매우 효과적이다.

### 5) 리베이트, 매출액 크기에 따라 값싸게 상품을 구매하는 방법

리베이트는 '이익을 얻는 기회를 제공해 준 데 대한 사례금'이라는 의미가 내포되어 있다. 이 리베이트는 '개개 상품 가격 체계'와는 별도로 일정 기간 거래액(금액, 수량, 회수 금액, 대금 회전일수) 등을 기준으로 하여 계속된 판매촉진을 의도적으로 행하려는 영업이익 분배적 측면이 강하다. 리베이트 제도는 기업체에서는 신규 거래처를 개척하거나 특정 상품을 소개하는 등 판촉 수단으로 주로 사용한다. 따라서 이와 같은 리베이트 제도를 잘만 활용한다면 가격전략을 구사하면서 더 우월적인 경쟁력을 가질 수 있을 것이다.

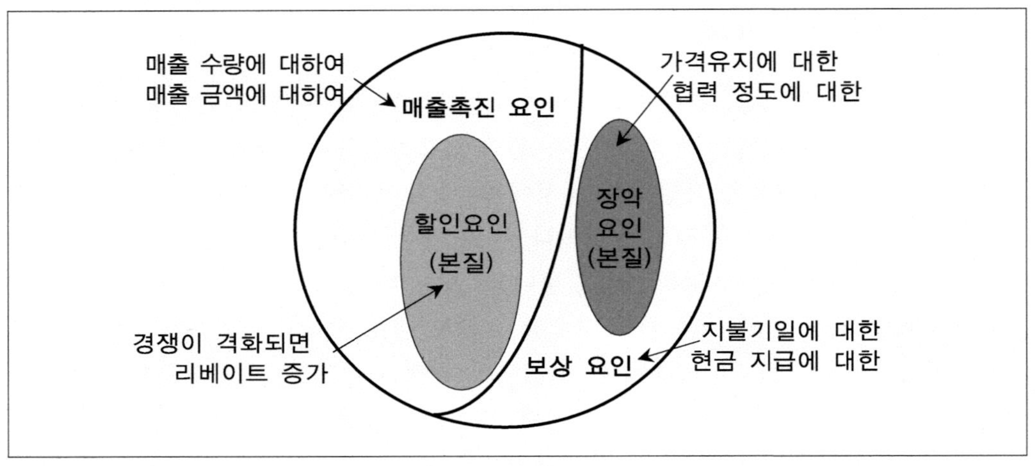
매출 수량에 대하여
매출 금액에 대하여
매출촉진 요인
가격유지에 대한
협력 정도에 대한
할인요인
(본질)
장악
요인
(본질)
경쟁이 격화되면
리베이트 증가
보상 요인
지불기일에 대한
현금 지급에 대한

<그림 6-3> 리베이트 특질

# 제 7 장 매장관리(PLACE) : 고객관계관리

## 제 1 절 고객관리 의의

### 1. 고객관리

오늘날 유통업체에 있어 고객관리가 가장 중요한 핵심과제로 주목받고 있는 이유는 다점포 경쟁으로 인하여 고객 분산이 퍼지고 있어 고정고객 확보가 최우선이 되었기 때문이다. 오늘날 구매력 감소가 계속되고 있으므로 고정고객 확보가 최우선이 되었다. 구매력 감소로 이어지는 불황기란 수요와 공급의 지속적 불균형을 계속되는 것을 의미한다. 이러한 불황기에는 경쟁 성격이 경주(race)에서 경기(game)로 바뀌게 된다. 그러므로 나누어 먹기식이 되는 것이다. 경기식 경쟁에서는 성실한 것만으로는 성공하지 못하고 고객 지향과 경쟁사 지향의 시장 지향성을 갖추어야 성공하는 것이다. 즉, 시장 지향성을 갖추어야 살 수 있다. LCO(low cost operation) 시스템 구축으로 저가 판매(low price) 대량판매가 계속되어야 하므로 고객 정보관리가 중요한 과제로 되었다. 유통업체 매장 개념이 다음의 <표 7-1>처럼 새로워졌다.

<표 7-1> 새로운 매장개념

| 4P | + 2P | + LD | + KSC | + CDI |
|---|---|---|---|---|
| Product<br>price<br>Promotion<br>place | Power<br><br>Public relation | Layout<br>Display | Kindness<br>Service<br>Communication | Computer<br>data<br>information |
| 서비스 | 예술 | | | 과학 |

* 자료 : 김영명, 고객 관계관리, 1998.

오늘날 매장은 (4P + 2P + LD + KSC + CDI)가 조화롭게 혼합되어야 하기 때문이며 특히 CDI가 기초가 되는 매장이 되어야 하기에 고객관리가 핵심과제가 되었다. 고객관리가 인 스토어 머천다이징 기초가 되기 때문이다.

## 2. 고객 정보관리 의의

### 1) 고객 정보

고객을 아는 길은 고객에 대한 정보를 입수하는 것이며 그 정보의 내용은 과거, 현재의 동태, 그리고 거기에서 판독할 수 있는 장래에 대한 예측이라 정리할 수 있다. 고객을 아는 일이 중요하다. 고객을 알기 위해서는 고객에 대한 자료를 수집한다. 데이터인 것은 요리에 빗대어 말하면 소재 즉, 고기, 물고기, 채소 따위를 말한다. 고객의 '주소, 이름, 나이' 등에 해당한다. 이 데이터 소재를 정리 – 분석 – 가공 – 보충 – 판독함으로써 '정보, 요리' 만들 수 있다. 정보는 누가 사줄 것인가를 알아야 할 일, 요리는 소재가 같더라도 일식 요리, 중화요리, 한식 등으로 먹고 싶은 요리로써 만들어지는 것이다. 말하자면 어떤 요리를 먹고 싶은가에 따라서 요리를 만들게 된다는 것을 의미한다. 그러므로 조리에 해당하는 부분이 정리 – 분석 – 가공 – 보충 – 판독에 해당한다. 따라서 요리는 정보에 해당한다고 할 수 있다. 고객을 안다는 일은 = 자료수집, 고객을 판단한다는 것은 = 데이터 정보화를 의미한다. 요리의 재료를 언제든지 요리할 수 있도록 냉장고에 보관해 두는 것은 '데이터베이스화'하는 일이라고 할 수 있다.

### 2) 고객 정보관리

고객관리란 고객을 관리한다고 하는 뜻이 아니라 고객 데이터를 관리한다, 고객 정보를 관리한다는 의미로 받아들여야 한다. 또한, 적극적으로 자산을 증식하는 형으로, 넓게 또 동시에 계속을 나타내는 것으로 파악해야 한다. 고객관리의 진정한 의미는 고객에 관련된 정보를 입수, 분석, 평가한 후 양질의 고객 정보를 활용하여 고객이 원하는 상품을 선정하고 다양한 서비스와 고품질 서비스로 고객에게 만족 극대화를 제공하여 줌으로써 고객이 계속 점포를 찾도록 하여 고정 고객화하는 기법이다. 즉, 고객이라는 사람을 관리하는 것이 아니라 고객에 관한 정보를 관리하고 그 정보를 활용하여 고정 고객화하는 전략이다.

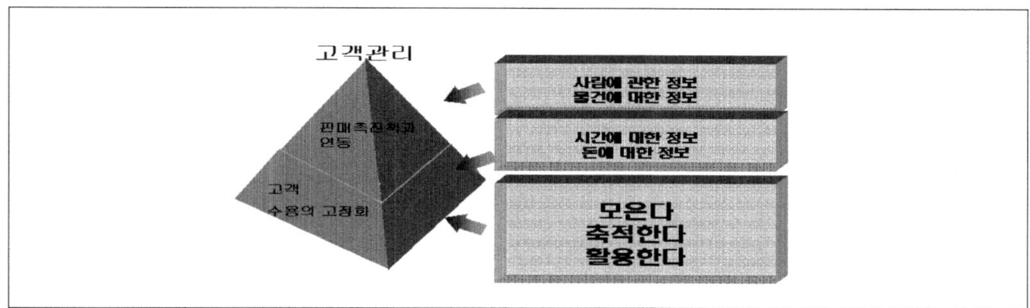


<그림 7-1> 고객관리

그러므로 어떻게 해야 적극적으로 자산을 증식할 수 있고 유효하게 활용할 수 있느냐 즉 가능 상태로 만들어 나가느냐에 초점을 맞추어야 한다. 종래 고객을 관리한다고 하는 발상은 일을 하는 사람으로서 불손한 사고방식이다. 또한, 결코 고객은 관리하는 것이 아니다. 고객관리란 대상이 되는 고객을 명확히 하여 그 고객에 대한 정보를 수집하여 적극적으로 이를 활용함으로써 고객에 대해서 '만족 제공' '행복 제공'을 지향하는 것이다. 즉, 고객에게 만족감, 행복감을 제공하기 위해 고객 일을 '안다.' '이해한다.' '할 수 있다.' 프로그램을 만드는 것이다.

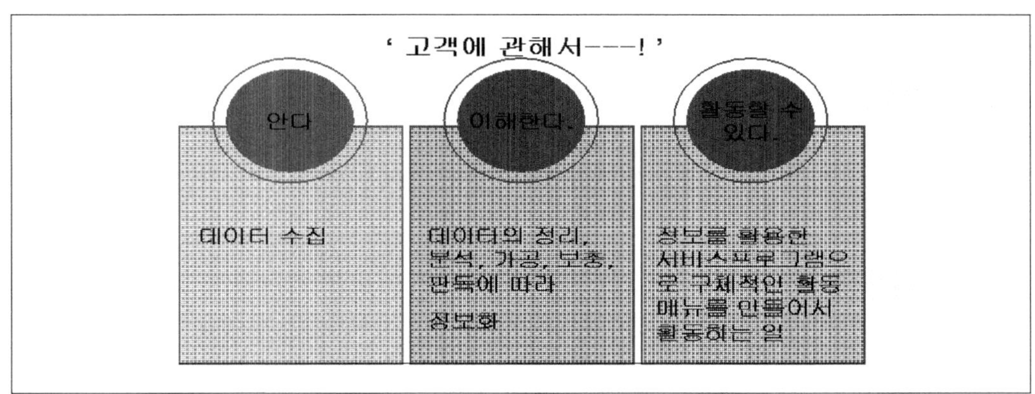


<그림 7-2> 고객 정보관리와 생산

여기서 '안다'란 고객에 대한 정보수집을 지칭하는 것이며 '이해한다'란 정보 정리, 분석, 가공, 추출하는 것이고 '알 수 있다'란 고객에게 양질의 만족 제공을 할 수 있는 일이다. 다시 말해 서비스 고품질화, 고객 만족 추진과 연동하는 활동이다. 이처럼 고

객관리란 고객에 관한 정보 시스템을 만드는 것이다. 더 정확히 표현하면 '고객 정보관리'라 할 수 있는데 고객 정보관리는 수비를 지향하는 것이 아니라 공격(= 신규고객 개척)을 지향하는 것이다. '고객 만들기' 즉 신시장 개척, 신규고객 개척 및 신규수요 개척에 역점을 두는 것이다. 고객 연결, 즉 고객 이탈 방지와 반복 구매를 지향하는 것이다. 고객 수용 고정화 즉, 계속된 수용 고정의 네트워크화와 커뮤니케이션 형성을 지향하는 것이다. 각종 판매 촉진책과 연동하는 활동이다. 고객에 관한 사람, 물건, 정보, 돈, 시간 정보를 모으고 축적하고 활용하는 것이다. 고객 정보를 '모은다'란 각종의 방법에 따라 정보를 계속해서 수집하는 일을 말한다. 고객 정보를 '축적한다'란 입수한 정보를 컴퓨터 등으로 축적해 두고 실시간으로 언제라도 찾을 수 있게 해두는 일(= 데이터베이스화)이다. 고객 정보를 '활용한다'란 정보 그 자체를 활용하기도 하고 정보를 조합시키기도 하며 유효 활용 프로그램화, 메뉴화를 촉진해서 고객을 위해 도움이 될 수 있는 것을 만드는 것을 의미한다.

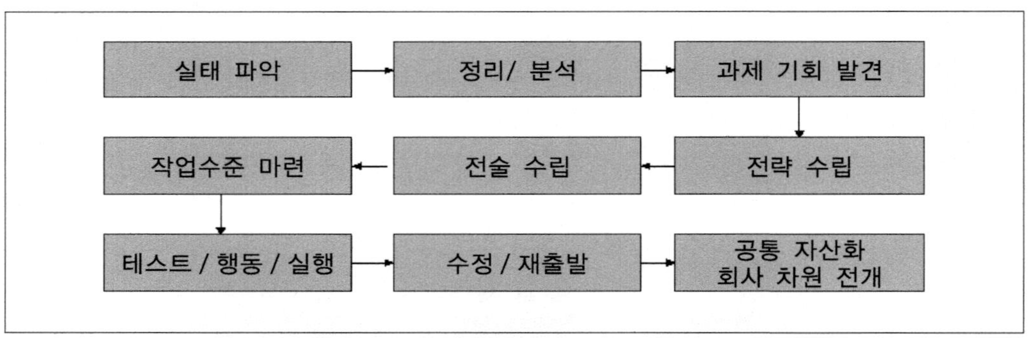


<그림 7-3> 데이터베이스 마케팅 전개 FLOW

언제나 필요할 때 출력할 수 있는 고객에 대한 데이터가 축적되어 있으면 이를 기반으로 하여 CRM에 활용할 수 있다. 다시 말해서 고객에 대한 데이터를 판독해서 사용 목적에 맞춘 정보로 정리하고 다시 각각의 내용을 조합시키면 한층 더 목적 · 목표에 접근 · 밀착시키고 기대했던 성과를 올릴 수 있게 된다. 구체적인 진행 단계는 「실태 파악 → 정리 · 분석 → 과제 기회 발견 → 전략 수립 → 전술 수립 → 작업 수준 마련 → 테스트 · 행동 · 실행→ 수정 · 재출발 → 공통 자산화 · 회사 차원 전개」 순이다.

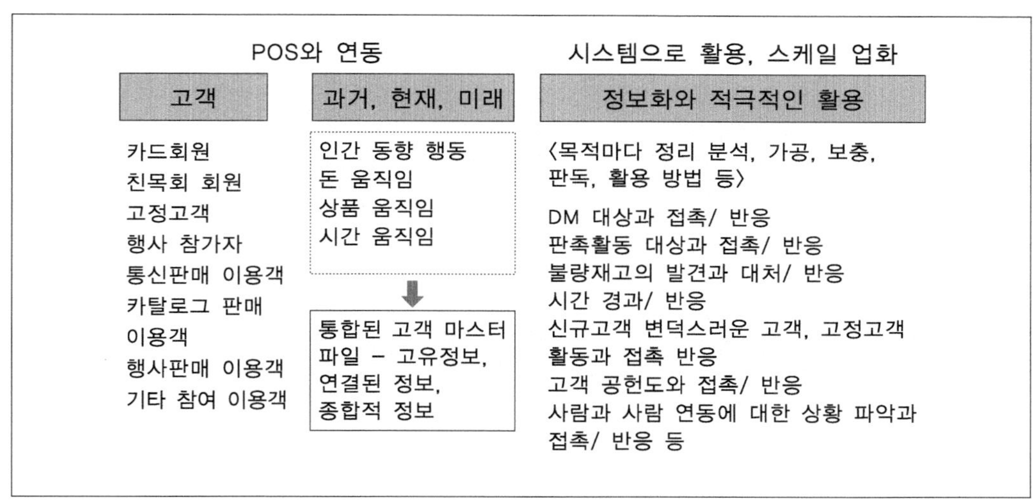


<그림 7-4> 사람, 물건, 돈, 시간, 동태와 연결한 상황관리 FLOW

# 제 2 절 CRM 기대 효과

## 1. CRM 개념

One to One marketing = CRM(customer relationship management), 칼슨 그룹(Carlson Marketing Group)은 CRM에 대하여 "기업 마케팅 담당자를 포함한 모든 구성원과 고객에게 조직에 대한 긍정적인 선호도를 형성하여 고객 유지율과 경영성과 모두를 향상하는 전략"으로 정의하고 있다. 가트너 그룹은 'CRM은 신규고객 획득, 기존 고객 유지와 고객 수익성을 증대시키기 위하여 지속적인 커뮤니케이션을 통해 고객 행동을 이해하고 영향을 주기 위한 광범위한 접근이다.'라고 정의하였다. 또한 CRM은 고객에 대한 대응 단계의 반복이 이루어지는 활동이라고 말한다. CRM은 CRM 활동의 구체적인 부분들인 IT 인프라 구축, 개별 고객에 대한 개인화된 서비스 제공을 위한 제반 노력, 빈도와 금액에서 기존 마케팅 개념에서는 상상하기 어려운 파격적인 고객서비스 제공을 하면서도 효율적인 기업자원 활용과 기업수익 극대화를 꾀하는 것이다.

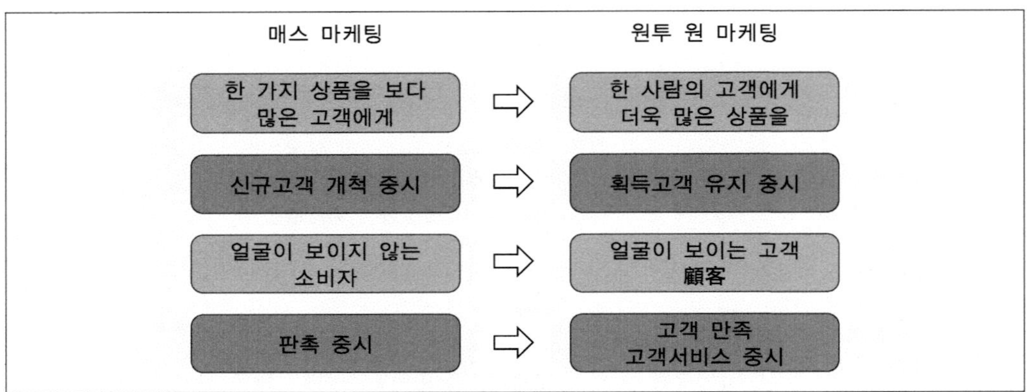


<그림 7-5> 원투 원 마케팅

CRM은 원투 원 마케팅(One to One marketing)과 이론적 틀을 같이 한다. 원투 원 마케팅은 Don Peppers & Martha Rogers의 저서인 “The One to One Future”(1993)에서 이론적으로 명확해진 개념이다. 기본적으로 장기적인 관점에서 기업에 진정한 가치를 주는 고객에 대하여 지속적인 관계(Relationship)를 형성함으로써 고객이 해당 기업 제품에 대하여 창출하는 생애 가치(LTV: Lifetime Value)를 극대화한다는 개념이다. 이는 기업 간 경쟁이 치열해짐에 따라 마케팅활동 효과성에 의문이 제기되면서 새로운 고객 대응 대안으로 나온 것이다. 여기서 관계란 기업과 고객과의 관계로 장기적인 신뢰를 기반으로 한 친구와도 같은 정도의 친밀감을 형성하는 것을 의미한다. 이러한 관계 형성은 개인적인 친밀감 수준이 아니면 불가능하다. 따라서 기업은 개별 소비자에 대하여 일대일 관계를 맺고 고객 관점에서 고객을 이해하고 개별 고객에 대한 차별적인 대응을 통하여 고객과의 신뢰를 형성할 수 있다.

‘Supermarket 고객의 Life time value’

| 고객의 종류 | 연간 구매 액($) | 경상이익율 % | 이용 연수 (년) | 누적 매출액($) | 누적 이익액($) |
|---|---|---|---|---|---|
| 우량고객 | 2,756 | 25 | 17 | 46,652 | 11,173 |
| 고정고객 | 1,404 | 22 | 10 | 14,040 | 3,089 |
| 일반고객 | 416 | 18 | 4 | 1,664 | 300 |
| 바겐헌터 | 156 | 16 | 2 | 312 | 50 |
| 지나는고객 | 52 | 15 | 1.5 | 78 | 12 |

우량고객과 고정고객은 정상상품을 구매하는 빈도가 높으므로 그들의 만족을 우선시해야 한다. 바겐 헌터나 지나는 고객은 이익 폭이 얇은 세일상품을 구매하는 경우가 많아 이익률이 낮아진다. -브라이언 울프-

<그림 7-6> 고객을 자산으로 볼 경우 투자 효과

## 2. 유통업 FSP(frequent shopper program)

시장 내에 존재하는 모든 고객을 대상으로 차별적인 대응을 해나간다는 것은 현실적으로 불가능하다. 여기에 일반적으로 통용되는 파레토 법칙이 적용된다. 기업수익 80%는 상위 고객 20%에 의해서 창출된다는 20 : 80 법칙에 따라 대응한다. 모든 고객을 대상으로 일시적인 수준의 마케팅활동을 하는 게 아니라 진정한 기업 고객으로 대상 범위를 한정함으로써 더욱 정교한 고객별 대응이 가능하게 되는 것이다.

유통업에서 도입하는 CRM 예로 FSP(frequent shopper program)를 들 수 있다. 이는 로열티가 높은 우량고객(단골손님) 증가를 지향하는 서비스 프로그램이다. 구체적으로 포인트 카드나 스탬프 카드를 이용하여 구매액에 따라 보너스 점수를 매겨 재방문 수요를 끌어들이려 하는 것이다.

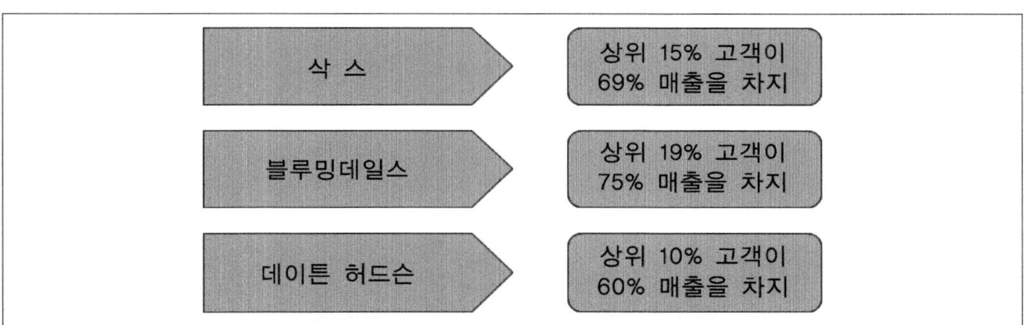


<그림 7-7> 유통업체별 우량고객 매출점유율

CRM이 기존 마케팅 개념과 가장 차별화되는 부분이 바로 여기에 있다. 기업 마케팅 노력이 시장 내 모든 고객과 일회적인 관계에 그치지 않고 수익성이 높은 제한된 고객에 대하여 지속적인 관계를 형성하고자 노력한다는 점이다. 이러한 개념이 효율성으로 연결될 수 있게 하려고 첫째, 동일 고객에 대한 지속적이고 반복적인 마케팅 노력이 기존의 일회성 활동과는 달리 소멸하지 않는다는 점이다. 두 번째, 고객 생애 가치에 있다. 즉, 우량고객과 지속적인 관계를 형성함으로 일회적인 구매가 아닌 고객이 시장에서 사라지기 전까지 기업이 고객으로부터 획득할 수 있는 가치를 극대화하고자 하는 것이다.

## 3. CRM 기대 효과

유통기업들이 CRM(customer relationship management)을 통해 이루고자 하는 최종목표는 기존 고객에 대한 정확한 이해와 이에 따른 적절한 대응으로 평생 가치를 극대화하는 데 있다. 예를 들면 맞춤 서비스, 일대일 마케팅을 통한 고정고객 확보와 판매 극대화가 그것이다. 유통업체들은 CRM을 통해 고객 특성 및 매출 데이터를 분석해 마케팅전략 수립에 반영하고 상권을 분석하는 데 사용하고 있으며 제조업체들은 고객 요구를 정확히 분석함으로써 상품연구 및 개발에 활용할 수 있다. 이는 유형 상품뿐 아니라 무형 서비스 상품 개발에도 해당하는 것이다. 결국, CRM은 고객 정보를 기반으로 기업 모든 활동을 전개해 나가는 것이며 고객 관계관리를 통한 수익성 제고를 위한 것이다. 구체적으로 CRM 기대 효과는 우량고객 이탈 방지, 가망고객 프로필 전략적 영업 정보화, 휴면계좌 활성화, 고객 정보 분석을 통한 마케팅활동을 가능하게 하는 데 있다.

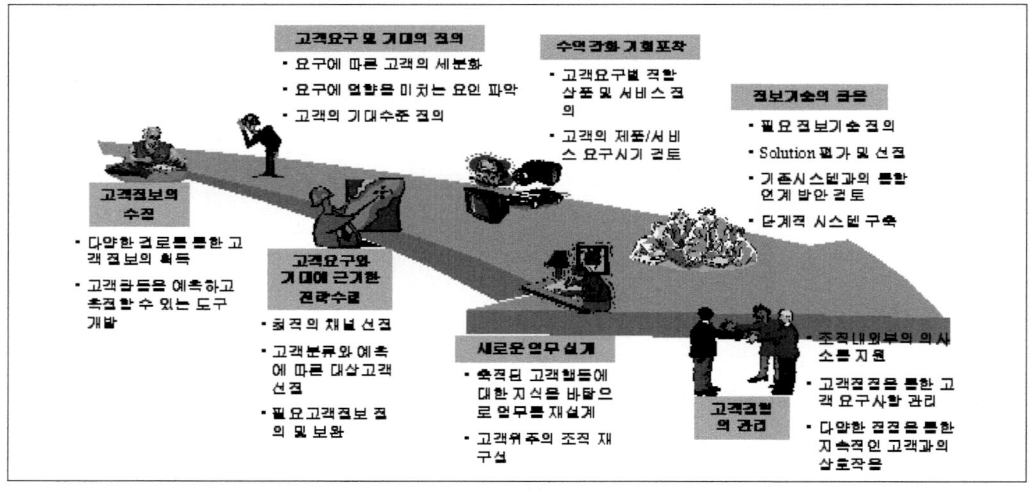


<그림 7-8> CRM 프로세스

## 4. CRM 목적

CRM을 설명하기 위하여 먼저 데이터베이스 마케팅(DBM)에 대한 이해가 필요하다. 일본에서는 1970년대 후반부터 1980년대 초에 걸쳐 데이터베이스 마케팅이라는 수법이 화제가 되어 고객 정보관리 및 활용을 위한 시스템이 대대적으로 판매되었다.

<표 7-2> 데이터베이스 마케팅과 CRM

| | 데이터베이스 마케팅 | CRM |
|---|---|---|
| 주된 관심 | 마케팅 | 고객 관계관리를 위한 모든 영역 |
| 주된 목적 | 일회적<br>마케팅프로그램의 ROI 향상 | 고객 생애 가치 극대화<br>장기 수익 증진 |
| 고객과의<br>커뮤니케이션 | 선발적 · 조정적 | 모든 상품 서비스 및 채널에<br>일관되게 통합이 중요 |
| 고객 지식의<br>공유와 활용 | 부서나 영업단체에 국한됨 | 조직 전체에서 공유 |

당시에 일본의 한 유통업체 관계자는 '시장은 성장하지 않고, 경쟁이 심해지고 있다. 신규고객을 창출한다는 것은 경쟁사로부터 고객을 빼앗은 것에 불과하다. 경쟁이 치열하다 보니 신규고객 한 사람을 늘리기 위한 비용이 종전보다 3~5배 더 들게 되었다. 앞으로 고객 수를 늘리는 것도 중요하지만, 기존 고객을 빼앗기지 않으면서 단골로 만드는 것이 더욱 중요한 과제가 되었다. 개개인의 고객 정보를 활용한 개인적인 대응으로 고객 구매 의욕을 높여 결과적으로 구매빈도와 구매 금액을 향상해야 한다.'라면서 데이터베이스 마케팅의 필요성을 강조했다. 그 후 데이터베이스 마케팅에 대한 사고방식도 서서히 바뀌어왔다. 새로운 DBM을 실현하기 위한 시스템으로 CRM이 등장하게 된 것은 1990년 후반 미국에서이다. CRM을 처음 실행한 것은 은행이나 증권회사 같은 금융서비스업과 휴대전화로 활황을 맞은 통신업계이다. 미국 은행들은 1970년대부터 DBM을 실천해 왔다. 예를 들면 예금 잔고를 기준으로 고객을 세분화했다. 잔고가 많은 고객을 세그먼트(Segmentation)에는 고객 데이터를 이용하여 개인적인 서비스를 제공하여 예금잔고를 더욱 늘리면서 또 다른 금융상품을 구매하도록 유도하여 우량고객으로 만드는 전략을 취해왔다. 하지만 1980년대에 들어서 은행이 코스트 데이터도 수치화하자 뜻밖의 사실을 발견하게 되었다. 즉 예금 잔고가 많아지지 않아도 창구를 이용하지 않고 ATM이라든가 전화를 사용해 거래하는 고객 A로부터 이익이 예금잔고가 A보다 많아도 언제나 창구만 이용하는 고객 B보다 높다는 점을 발견했다. 결국, 예금 잔고가 낮은 고객이라 하더라도 ATM이나 인터넷으로 거래한다면 이익을 낼 수 있다는 것이다. 종래의 DBM 사고방식으로 불량고객으로 무시돼 왔던 세그먼트도 희망이 보이게 된 것이다. 이것이 CRM의 시작이다. CRM은 매출을 올리는 것을 목적으로 하지 않는다. 이익을 극대화하는 것을 목적으로 하고 있다. CRM은 이미 대규모 데이터베이스를 가지고 있는 기업이 그 데이터베이스에서

코스트 데이터를 의식하여 더욱 많은 이익을 내고자 하는 목적으로 이용되는 시스템이다. 한마디로 마케팅의 리스트럭처링이 전략이라 할 수 있다. CRM은 이익을 극대화하기 위해 거래 채널을 선별하는 데 그치지 않는다. 어떠한 매체를 사용해서 어떠한 상품을 어떠한 시기에 판매하는 것이 가장 좋은지를 데이터로 분석하여 결정한다. 예를 들면 '마루이 이마이 백화점'(일본 홋카이도)이 데이터 마이닝이라는 기법으로 고객의 과거 구매유형을 분석했다. 예를 들어 「스포츠용품 판매장에서 상품을 사들인 고객 중의 50%가 한 달 이내에 여성용 양말을 구매했다」고 하는 상식적으로 생각지도 못했던 사실을 발견했다. 이 백화점은 바겐세일 등 DM을 발송할 때 이러한 고객의 구매 행동 행태를 참고로 했다. 그 결과 1% 미만이었던 DM에 의한 상품구매율이 10%를 넘는 수준까지 상승했다. DM에서 소개한 매장 이외에 매장에서 상품을 산 고객까지 포함하면 DM의 성공률은 40%를 넘는다고 한다. 또한, 전문점의 가전 판매장에서 대형 텔레비전을 산 고객은 구매 시 반드시 3개월 이내에(이미 VTR을 소유하고 있어도) 고성능 VTR을 산다고 한다. 이 경우 고객 A가 대형 텔레비전을 사면 시스템이 자동으로 그것을 인식하여 다이렉트 메일(DM)로 판촉하는 것이 좋을지, 전화 혹은 이메일로 접근하는 그것이 더욱 높은 반응을 결정할 수 있을지를 결정한다. DM이 적합하다면 자동 발송하고, 전화가 필요하다면 텔레마케터가 사용하는 단말기에 필요한 정보를 보낸다. 즉 DM을 보낸다고 하면, 엽서와 편지 중 어느 쪽이 효과적일지를 과거 고객 반응데이터에 각각의 비용을 고려하여 판단한 뒤 이익을 극대화할 수 있는 매체를 결정하는 것이다.

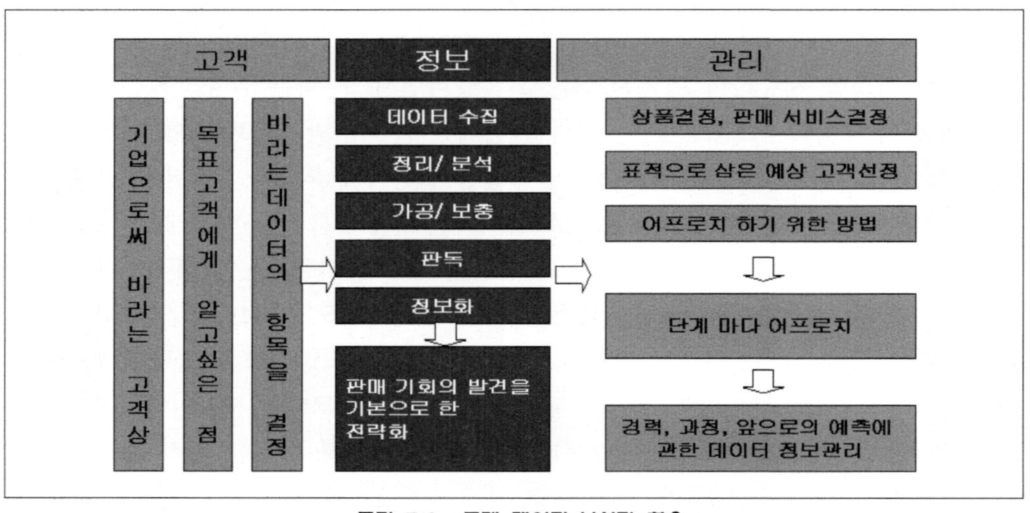


<그림 7-9> 고객 데이터 분석과 활용

# 제 3 절 소매업과 CRM 도입과 활용

## 1. 유통업과 CRM

미국에서 CRM은 유통업보다는 금융서비스업이나 통신업계와 같이 고객이 지속해서 서비스를 이용하는 확률이 높은 업계에서 먼저 채용되었다. 바꾸어 말하면, 신용카드와 휴대전화와 같은 비즈니스는 장기간 서비스를 사용하지 않으면 이익이 생기지 않는 구조라서 CRM은 매우 유용하다. 이들 업계는 고객과 관계를 강화할 필요성이 높아 CRM에 대한 수요가 매우 크다고 할 수 있다. 물론 유통업에서도 백화점이나 구매단가가 높은 상품을 취급하는 전문점이라면 고객과 우호적인 관계를 강화해 우량고객으로 만드는 것이 곧 이익 증가로 이어진다. 그러나 구매단가가 낮은 할인점이나 중저가 상품을 판매하는 소매점과 같은 유통업체에서 CRM을 실시하더라도 이익이 생긴다는 것은 아직 미지수이다. 일반 소매업이 CRM을 실시하기 위해서는 신규고객 창출보다 기존 고객관리에 중점을 두어야 한다. 또한, 지속성이 있는 상품(서비스)을 판매하고 있는지 그러한 상품이 없다면 한번 구매한 고객이 사고자 하는 다른 관련 상품(서비스)의 종류가 충분한지를 반드시 점검해야 한다.

## 2. 효율적 CRM 실천을 위한 마케팅 포인트

소매업체에서 CRM을 실행하기 위해서는 고객의 평균 구매단가와 이익률이 필요하다. 슈퍼마켓이나 드럭 스토어에서는 1회당 구매 이익이 낮다. 이러면 CRM을 실시하게 되면 비용 문제가 대두될 수 있다. 그러므로 DM을 보낸다거나 전화를 거는 판촉 비용이 부담된다면 인터넷 홈페이지상에 접근하거나 이메일을 보내는 방법으로 비용을 절감할 수 있다. 미국에서는 점두에 다기능 ATM을 설치하여 고객이 회원 카드를 넣으면 개개인의 과거 구매데이터를 분석한 결과로 결정된 추천 상품이 추천 가격으로 제공됨을 알려 주는 정보가 나오는 방법을 실시하는 소매점들이 상당수 있다. 결국, 적극적인 판촉 활동은 코스트 측면이 상당한 부담으로 작용하므로 점두에서 내점한 고객과 개별적인 관계를 구축할 수 있는 시스템을 마련하는 수동적인 마케팅을 활용하는 것도 좋은 방법이다. 구매단가 이익률이 모두 높은 편에 속하고 DM과 전화를 사용할 수 있는 소매업 경우는 우선 고객 데이터베이스를 구축하는 것이 첫 번째 단계이다. 소매점 경우, 고객 데이터를 모으는 수단은 포인트 카드에서 시작된다.

## 3. 고객 정보 데이터 활용

백화점을 비롯한 할인점 등 유통업체에서 고객 관계관리를 위해 사용하는 매개체는 주로 카드이다. 신용카드의 데이터를 이용하기도 하나 대형소매업체의 경우 자사카드 같은 고객 로열티 카드를 만들어서 고객에게 각종 혜택, 예를 들어 무이자 할부판매, 마일리지 적립 보너스 등을 제공하면서 고객 자료를 수집한다. 여기서 획득되는 고객 데이터란 카드 신규 가입 시 획득되는 고객 데모 그래픽 데이터와 실제 구매이력 데이터, 캠페인 전개에 대한 고객 반응데이터 등이다. 다음은 유통업체가 고객관계관리를 위해 사전에 구축해야 할 필요 데이터 내용이다.

<표 7-3> 고객관리를 위해 구축해야 할 데이터

| | 데이터 항목 | 내용 |
|---|---|---|
| 데모 그래픽 데이터 | 고객 속성 데이터 | 나이, 직업, 소득, 가족 구성, 생활양식, 주소, 전화번호, 아파트 평수, 자동차 종류 및 배기량, 회사명, 입사 연도, 신용 정도 |
| 구매 이력 데이터 | 구매 실태 데이터<br>(구매내용 명세에 관한 데이터) | 상품명(상품코드), 판매 일시,<br>판매 수량, 판매 금액 등 |
| 고객 반응 데이터 | 사용자 데이터<br>(판매에 영향을 준다고 생각하는 데이터) | 진열(위치, 공간)<br>프로모션(전단, 쿠폰, 캠페인)<br>특수판매 |

오늘날 유통업체는 이러한 고객 데이터를 통하여 고객 개개인의 특성과 선호도를 파악하고 라이프 스타일 변화에 따른 리드를 생성하기도 한다. 고객이 혹은 고객의 가족이 무엇을 즐겨 먹는지, 즐겨 입는지, 어떠한 취향을 가졌는지 또는 쇼핑 회수는 월 얼마만큼 사는지 등도 파악한다. 또한 고객의 구매 예상 금액이나 물품 등을 데모 그래픽 데이터와 비교하여 예측하기도 한다.

## 4. CRM 도입 시 세부 실천 방안

점포를 방문하는 고객의 질과 양을 분석한다. 예를 들면, 1년간 누계 구매 금액에 따라, 고객을 다섯 가지 정도로 분류한다. 이때 고객의 생애 가치를 수치화하는 것도 필요하다. 평균적으로 몇 년 정도의 고객으로 점포를 방문했고 그동안 어느 정도의 매출과 이익을 발생시켰는지 그 수치를 알고 나면 고객을 유지하고 매출 향상을 도모하기 위해 어느 정도의 판촉 비용을 투자해야 하는지 계산할 수 있게 된다. 상위 세그먼트만 선택하여 CRM을 실천해 본다. 이 세그먼트에 어떠한 마케팅하면 구매 의욕을 더욱 부추길 수 있을까를 생각한다. 여기서 중요한 것은 성공 확률이 가장 높은 방법을 시도해 보는 것이다. 이익률이 낮은 상품을 취급하는 경우가 많고, 판촉 비용이 넉넉지 않은 점포들은 앞서 성공한 형태로 우선 테스트해 보는 것이 중요하다. 그다음에 가장 중요도가 높은 세그먼트에서 성공한다면 다른 세그먼트로 확대해 나간다. 일반적으로 판촉 활동은 연간 행사, 고객 생애, 고객 행동 이렇게 세 가지를 기본으로 하여 기획한다. 예를 들면 고객 생애를 주제로 했을 경우 신규고객으로 처음 구매했을 때는 1주일 이내에 감사 편지를 보낸다. 고객 행동을 주제로 했을 경우 A 화장품을 산 고객에게 2주일 이내에 B 화장품 DM을 보내는 방식이다. 이러한 판촉 활동에 따라 고객 생애 가치가 높아지는 것이 CRM의 궁극적 목적이다.

## 5. CRM 실행 시 주의점

CRM은 실시하기만 하면 모두 성공하는 것은 아니다. 고객 데이터만 있다고 해서 좋은 시스템을 갖췄다고 해서 성공 확률이 높아지지는 않는다. CRM을 성공적으로 이끌기 위해서는 CRM을 실시하기에 앞서 현재 위치를 정확히 파악하는 준비가 필요하다. 기존에 있는 사내외 자료를 바탕으로 기업환경을 분석하고 CRM의 타당성에 대한 검토한다. 고객들의 요구사항을 평가하고 경쟁사나 동종 업태 상황과 시장변화 추이를 파악해야 한다. 기업 내부 환경인 업무 및 조직 등에 대한 자료를 분석한다. 외부환경 가운데 기업 또는 고객에게 영향을 미칠 수 있는 사항에 대하여 평가한다. 현황평가는 완벽하며 정확한 분석보다 기업과 고객의 현상을 확인하는 수준에서 이루어지도록 한다. 지나치게 정보 시스템 중심으로 추진해서는 곤란하다. 정보 시스템은 단지 인프라 요소일 뿐 시스템 구축 자체가 목적이 되어서는 안 된다. 이것은 시스템 구축이 중요하지 않다는 것이 아니라 그만큼 CRM 구축 목적 자체가 정보 시스템보다는 경영 측면에 더 중점을 두어야 한다는 것이다. 즉, 무엇을 구축해야 하는가 보다 '왜 이러한 CRM 시스템을 도입하려는 가에 대한 콘셉트를 명확히 해야 한다. 단계를 밟아가면서 전체적으로 확대해 나가야 한다. CRM을 추진하기 전과 추진하는 과정에서 CRM을 바라보는 시각차가 많을 수 있기 때문이다. CRM의 추진 목적, 추진해야 할 내용, 그리고 효과 측면이 명확하지 않은 상태에서 전사적으로 실시할 때 성공 확률은 낮아질 수밖에 없다. CRM을 담당할 부서 및 인력의 전문성 제고가 수반되어야 한다. CRM을 담당할 부서는 기본적으로 회사의 마케팅 개념 및 고객에 대한 지식(고객의 구분, 특성, 이해, 요구 파악 등), 그리고 자사의 접점에서 이루어지고 있는 서비스 형태를 완벽하게 이해하고 있어야 한다.

<표 7-4> 소매업 서비스 관리

| 구매 전 서비스 | 구매 후 서비스 | 보조 서비스 |
|---|---|---|
| ① 전화 주문에 응한다.<br>② 우편 주문에 응한다.<br>③ 온라인 주문에 응한다.<br>④ 광고<br>⑤ 윈도 진열<br>⑥ 시험으로 착용, 시음, 시식, 샘플<br>⑦ 영업시간<br>⑧ 패션쇼<br>⑨ 신품구매 시 일부 대금을 구품으로 대체 | ① 배달<br>② 포장<br>③ 선물 포장<br>④ 조정<br>⑤ 반품<br>⑥ 교환<br>⑦ 준비해서 보냄<br>⑧ 설치<br>⑨ 애프터서비스<br>⑩ 대금 교환(외상)배달 | 수표 교환<br>일반 정보<br>수리 및 수선<br>인테리어 장식<br>신용거래<br>휴게실<br>유아 보호 서비스 |

이것은 CRM 담당 부서 직원은 회사 영업, 서비스 측면에 대한 지식을 바탕으로 회사의 영업, 서비스 측면에 대한 지식을 기본 바탕으로 CRM 정보 시스템을 구축, 활용할 수 있는 능력을 함께 키워야 하기 때문이다. CRM의 궁극적인 목적은 바로 고객과의 관계를 강화하여 기업의 재무적인 성과를 극대화하는 것이다. 따라서 접점 직원이 이러한 시스템을 얼마나 활용하여 성과에 연결하고 있는지를 지속해서 감시하는 작업이 필요하다. 처음부터 모든 것을 하겠다는 욕심을 버린다. 고객과 기업 사이에는 매우 다양한 형태의 관계가 존재하며 이를 모두 최적화하는 것은 비용 대비 효과적일 수 없다. 중요한 것은 상대적으로 높은 업무 효과를 기대할 수 있는 부분을 파악하여 먼저 CRM을 적용하는 것이다. 그 후 그 결과를 바탕으로 다른 부분으로 확대 또는 집중한다.

# 제8장 매장관리(PROMOTION) : 인 스토어 프로모션

## 제1절 소비자 심리와 인 스토어 프로모션

### 1. 판촉에 대한 새로운 시도

계절별로 판매촉진 소재가 많은 백화점과는 달리 대중상품이 주종인 대형할인점, 특히 슈퍼마켓으로선 판촉을 위한 소재가 상대적으로 빈곤하다. 그러다 보니 이들 소매점이 전개하고 있는 판촉 활동은 대부분 비슷한 실정이다. 요즘처럼 어느 점포에서나 똑같은 방식의 판촉을 계속하다 보면 고객에 대한 설득력은 떨어질 것이며 점포간 차별화는 기대하기 어렵게 될 것이다. 예컨대 특매 행사 가격할인을 예로 들면 만두를 반액으로 가격 할인하여 특매한다고 할 때 이를 산 고객이 평소보다 2배 이상 먹고 치약을 반액으로 판매한다고 칫솔질을 하루에 6번 할 것이라는 것은 잘못된 발상이다. 또한, 실질적으로 반액 세일을 했을 때 그 상품이 배 이상 팔리는가 하면 그렇지도 못한 것이 실상이다. 따라서 매출 신장은 물론이고 이익도 확보해야 하는 판촉과 그렇지 못한 현실에서 간격을 어떻게 줄여나갈 것인가 하는 것을 연구해야 한다. 매출을 신장시키고자 하면 이익이 떨어지고 이익을 높이고자 하면 매출이 떨어지는 이율배반적인 속성을 해결하는 것이 올바른 의미에서 판촉이다. 가격 할인 위주 판촉을 하기에 앞서 변화하는 고객들을 재인식해야 할 필요가 있다. 현대 고객은 대중이 아니라는 사실을 알아야 한다. 각 개인의 개성을 중시하는 오늘날 고객들에겐 새로운 방식 판촉 활동이 필요하다. 대중이기를 거부하며 개성을 추구하는 오늘날 고객들은 상품 고유 가치보다는 생활 가치를 더 추구한다. 같은 상품이라 하더라도 그것을 사용하는 사람, 시기, 장소, 목적 등에 따라 가치가 달라진다. 따라서 그 가치를 창조·제안하는 방향에서 이루어지는 판촉이 되어야 최대 효과를 구할 수 있다. 따라서 구태의연하고 가격할인만을 고집할 것이 아니라 적극적이고 창조적인 발상이 요구된다. 소비자 판촉은 예전부터 있는 것이나 오늘날 시장환경 변화로 말미암아 진열에 대한 중요성과 인 스토어 머천다이징이 중시되기 시작했다. 그러므로 인체공학적인 측면에서 연구는 물론 구매 행동 연구까지도 고려하여 구매하기 좋은 매장 꾸밈, 구매를 자극하는 점포 연출에 관한 여러 가지 판촉기법을 연구해야 한다. 단순한 구색 갖춤이 아니라 하나의 콘셉트에 근거한 상품구성과 그에 의한 스토리 전개를 목표로 하는 인 스토어 머천다이징(ISM)이 되어야 한다. 단순히 진열만 전개해서는 안 되고 매장 그 자체에 스토리를 부여하는 매력 있는 매장으로 만드는 것이 중요하다. 예를 들면 조명이나 색채를 교묘히 사용하고 상품 이외 연출에 필요한 소품 등을 적절히 배합하는 등 연출을 통해 상품을 돋보이게 함을 의미한다.

## 2. 소비자 심리를 파악하는 판촉

### 1) 충동구매 조건

대형할인점에 가면 아무래도 물건을 더 사게 된다는 주부들 소리를 들을 수 있다. 특별히 구매할 품목을 수첩에 적어서 집을 나섰음에도 불구하고 목표 이상으로 지나치게 많은 상품을 사는 경우가 많다고 한다. 이것이 이른바 충동구매이다. 그러므로 충동구매를 더욱 촉구하는 연구를 많이 해야 한다. 고객 충동구매를 더욱 높이는 방법을 몇 가지 살펴보면 다음과 같다.

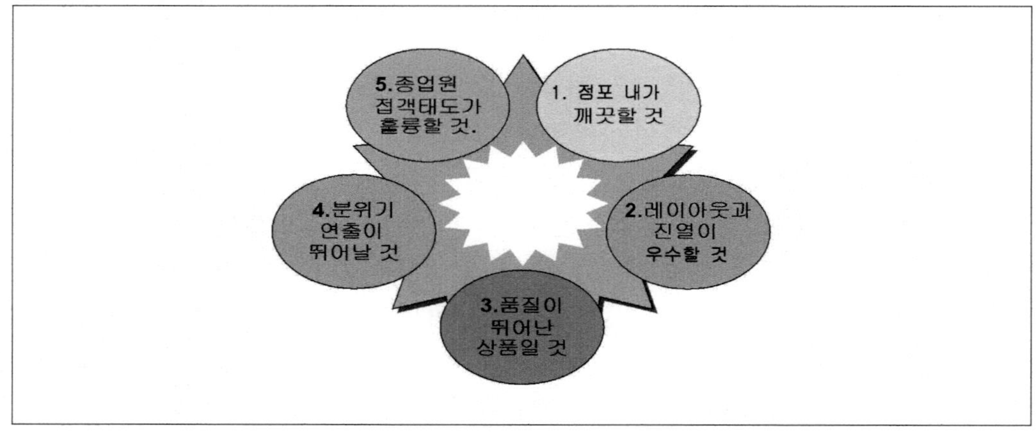


<그림 8-1> 충동구매 조건

### 2) 충동구매 촉진 요점

충동구매를 촉진하는 데는 다음과 같은 비이성적, 무의식적 접근이 절대적으로 필요하다.

#### (1) 1개소 집중 원칙

같은 상품을 각기 한군데 집중시켜 양감을 강하고 풍성하게 진열하는 원리이다. 산 모양으로 쌓기, 기둥 모양으로 쌓기 또는 평대에서의 진열 등인데 '특별히 기획된 상품'이라는 등 POP 광고를 곁들여서 강조한다.

#### (2) 스테이지 원칙

충동구매를 촉구하고 싶은 상품은 한 단 더 높게 진열하고 가능하다면 그곳에 스포트 조명을 하여 스테이지 이미지를 연출한다.

#### (3) 상품과 배경 원칙

권하고 싶은 상품을 돋보이게 하려고 그 배경 연출이 열쇠이다. 특히 상품 뒷면과 상·하·좌·우 색채와 연출 방법에 관한 연구가 있어야 한다.

#### (4) 세로, 가로 선택 중시

매장을 찾는 것은 가로에서 가로에의 동선이다. 그러나 상품선택은 진열 집기 위에서 아래로 향하는 세로 동선이다. 그러기 때문에 색채를 고려한 진열을 염두에 두고 있어야 한다.

#### (5) 눈높이보다 약간 아래 영역

가장 상품이 잘 보이는 높이는 사람 눈높이보다 약간 아래이다. 생활하는 가운데 손에 익은 상품이나 가격 제안을 하는 상품은 허리 높이 정도에서 약간 아래인 무릎 정도까지 높이가 좋다. 바꾸어 말하면 불안감을 주어서는 안 된다는 것이다. 그것은 매장 효율과도 관계가 크다. <그림 8-2>는 각 방향에서 고객이 느끼는 심리적 영역에 관한 내용이다.

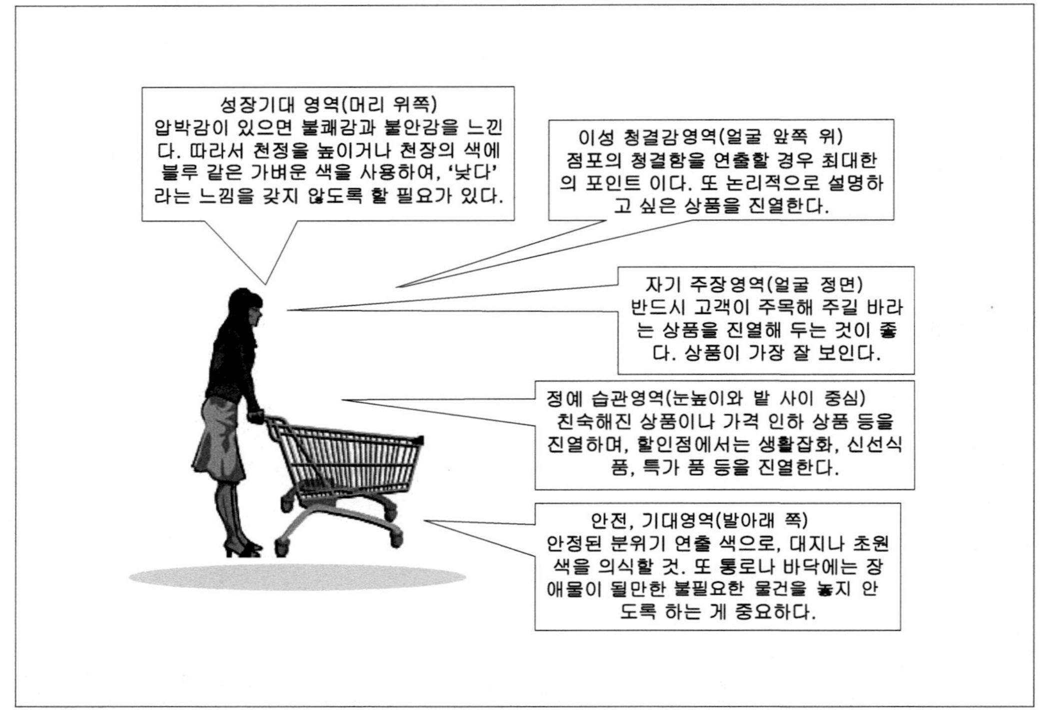


**<그림 8-2> 각 방향에서 심리영역**

자료 : 이상윤, 명지대 유통경영대학원 소매 마케팅 교재 인용.

### (6) 전면 위쪽은 사용하지 않는다.

위 도표에서 보듯이 머리 전면 위쪽은 될 수 있는 대로 사용하지 않는 게 좋다. 종종 천으로 만든 POP 등 판촉물을 천정에서 늘어놓고 있는데 이는 충동구매 촉진에 적합하지 않다. 전면 위쪽은 사람 이성과 권위를 받아들이는 장소이기 때문이다.

### (7) 염가 표시 마크 사용

'이 마크가 붙어 있는 것은 언제나 싼 것이다.'라는 것을 평소에 고객들에게 알려두었다가(점두 POP 로도 안내) 권장 상품에 그것을 붙이고 또 POP에서도 그 내용을 강조하도록 하면 판촉 효과가 크다. 그 이유는 기억된 마크 이미지 때문이다.

<표 8-1> 판촉 행사 수립 체크리스트

| | 체크 내용 | A | B | C |
|---|---|---|---|---|
| 1 | 행사는 연간계획에 의해 시행되고 있는가? | | | |
| 2 | 행사계획이 일부 부문 상품에 기울고 있지 않은가? | | | |
| 3 | 행사계획에 무리가 없는가? 그 준비 기간은 충분한가? | | | |
| 4 | 행사계획은 관련 담당자와 협의가 충분한가? | | | |
| 5 | 행사계획은 메이커, 거래처 등과 충분히 협의했는가? | | | |
| 6 | 계획수립 전에 소비자 동향 등 고객 움직임을 조사하였는가? | | | |
| 7 | 행사가 이루어지는 시기, 일시 등을 검토하였는가? | | | |
| 8 | 행사는 지역사회에 봉사함을 고려하였는가? | | | |
| 9 | 행사내용 중에 불우이웃돕기 등 사회성이 있는 것이 포함되어 있는가? | | | |
| 10 | 행사에 동원하는 인원 구성에 무리한 것은 없는가? | | | |
| 11 | 행사목적 및 내용은 전 구성원에게 충분히 알려졌는가? | | | |
| 12 | 행사계획은 구태의연하게 반복되고 있지 않은가? | | | |
| 13 | 새로 도입한 상품에 대해서 종업원에게 상품지식 따위를 가르치고 있는가? | | | |
| 14 | 행사계획은 일방적인 것이 아니고 고객 소리도 반영된 기획인가? | | | |
| 15 | 행사마다 점검하고 있는가? 또 그것을 다음 기획에 반영시키고 있는가? | | | |
| | 점수 계 | | | |

[ * 평가 방법 ] A: 좋다. 70점~100점 / B: 보통. 50~70점 / C: 나쁘다. 50점~

## 3. 인 스토어 프로모션 체계

### 1) ISP와 POS 데이터 활용

ISP(In store promotion)는 POS에 의하여 실시간으로 파악된 계절별, 품목별, 시간대별, 동시 구매율의 높고 낮음 따위 판매 데이터를 축적하여 전략에 따라 분석 활용하는 판매촉진 방법이다. 즉 ISP는 이용할 수 있는 모든 POS 데이터를 활용하여 매장 전반적 상황을 파악하여 좀 더 나은 판매촉진 환경을 조성하는 데 있다. 또한 ISP 궁극적 목적은 고객에게 이익이 돌아가게 할 뿐 아니라 그들의 입장을 옹호하기 위함이라고도 할 수 있으며 결과적으로 소매기업 지속적 판매촉진을 가능하게 하는 것이다.

그러므로 이제부터 ISP라 불리는 과학적인 점내 판촉에 주목해야 한다.

## 2) POS 데이터 활용

POS 데이터 활용이란 '단품마다 움직임'을 통해서 '고객 움직임'을 알고 고객 움직임에 맞춰서 또는 '매장을 움직이게 한다.'라는 것이다. 즉 고객이 만족할 수 있는 매장을 만들어서 객수와 구매개수를 늘리는 것이다. POS 데이터를 활용한 ISP 제일 목적은 '판매 기회의 추구'이다. 매일(생식품은 아침, 점심, 저녁), 매주 또는 계절의 변화에 따라서 팔리는 상품을 찾아내고, 팔리는 위치에 이동하여 스페이스를 넓혀 적극적으로 팔아 나가는 매장을 만드는 데 있다. 매장에서 POS 데이터 활용 업무 내용과 기대 효과는 다음과 같다.

- 팔리는 정도에 변화가 없는 상품 발주점 산출(품절 소멸, 재고 소멸, 가격 인하 소멸)
- 이제부터 팔리는 상품 판매수 예측(판매 기회 추구)
- 잘 팔리는 상품의 페이스 확대를 위한 안 팔리는 상품 CUT(판매 기회 추구, 회전율 향상)
- 어떻게 하면 더욱더 잘 팔린다고 하는 가설 검증(판촉 기회·판매 기회 추구)
- in store 가공 상품 아침, 점심, 저녁 진열 수 결정(가격 인하 소멸, 판매 기회 추구)
- 가격 인하 로스 분석과 대책(가격 인하 소멸)

* 판매 기회 추구를 위해서는 기회손실 데이터가 있어야 한다. '품절 노트에 기록해 두었다가 추후 판매수 예측에 사용한다.

## 3) ISP(점내 판매촉진) 체계

ISP(In store promotion)는 점포 안에서 특정 상품에 부가적 판촉행위를 가하여 구매촉진을 꾀하는 점포 내 판매촉진 행동 총칭으로 다음과 같이 체계화된다.

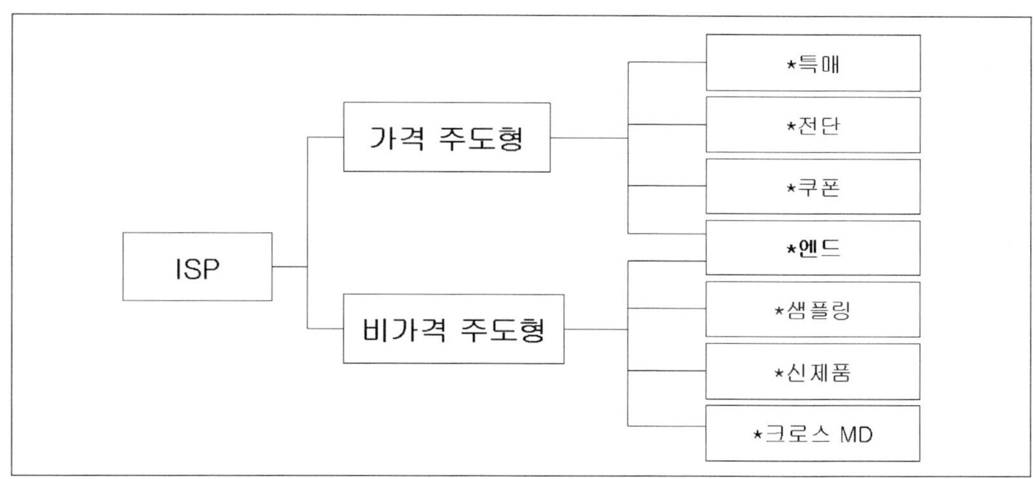


**<그림 8-3> 인 스토어 프로모션(ISP) 체계**

☞ 해설

ISP 활동에는 가격 소구에 따라 매출을 올리려는 '가격 주도형 판촉'과 비가격 측면에서 매출 증가를 올리려는 '비가격 주도형 판촉'이 있다. 가격 주도형 판촉은 가격할인을 통해 고객 구매 의욕을 높이는 것임에 반해 '비가격 주도형 판촉'은 상품 지식과 정보제공 활동 등 제반 판촉 수단에 의해 구매 의욕을 높이려는 것이다. 점내 판촉(ISP) 목적은 내점한 고객에 대하여 상품, POP, 진열을 유기적으로 동원하여 구매율을 높이려는 것이다. 점내 판촉을 광의(廣義)로 보면 조명, 광고 따위도 포함된다. 왜냐하면 이것들은 구매율을 높이기 위하여 중요한 요소 하나가 되기 때문이다. 점내 판촉을 협의(俠義)로 보면 크게 둘로 나누어 생각해 볼 수가 있다. 하나는 특매나 행사와 관련된 진열, POP 따위며 다른 하나는 일상적인 POP, 진열 따위이다.

## 4) 특매 행사와 관련된 판촉

특매 행사에 관련된 점내 판촉은 특매 주제, 행사 주제에 맞추어 점내 진열, 앤드 진열 따위를 전개하는 것이다. 셀프서비스 형태 소매점포 대부분은 특매라고 해도 특별한 주제 없이 특매품의 나열에 그치는 점포가 많다. 이 때문에 특매품을 앤드에 진열해 놓고 POP를 붙이는 것이 점내 판촉이라고 생각하는 사람이 많다. 특매 행사와 관련된 점내 판촉에는 매장 판매 의지가 분명하게 나타나야 한다. 예를 들어 봄철 야유회 시즌 행사라면 부문마다 코너 전개 외에도 레저 관련 상품을 한곳에 모아 놓고 진열한다던가 특설매장과 점두를 이용해서 행사 분위기 조성을 하는 따위 부가적 연출이 필요하다.

### 5) 일상적 점내 판촉

일상적인 점내 판촉에서 대표적인 수단은 요일 판매 상품이다. 요일별로 상품을 선정하여 판매 서비스를 하는 소매점포는 많다. 그러나 그 결과를 보면 대부분 점포가 별로 재미를 보지 못하고 있다. 이러한 원인은 상품 선정이 적당주의로 이루어지기 때문이다. 평범한 상품을 봉사상품으로 선정하여 형식적으로 실시하다 보니 요일 봉사상품이 팔릴 수 없다. 심지어 POP마저 제대로 부착하지 않으니 좋은 결과가 있을리 만무하다. 슈퍼마켓 경우 요일별 매출 경향을 보면 대부분 점포가 토요일에는 매출이 크고 일요일에는 매출이 적다. 따라서 요일과 관계없이 어떻게 매출 신장을 꾀하는가가 점내 판촉 포인트이고, 그래서 중요시되는 것이 매일 봉사상품 선정이다.

### 6) 판촉 레벨 진열

보여주는 상품 진열이라 불리는 판촉 레벨 진열은 매장에 변화를 주고 고객에게는 쇼핑 즐거움을 제공하기 위한 진열을 말한다. 즉, 연출 기능을 의미한다. 특히 매장 진열에서 색채 제어 기술은 바로 이 레벨에 해당한다. 다음은 진열 매대에서의 색채 배열순서이다.

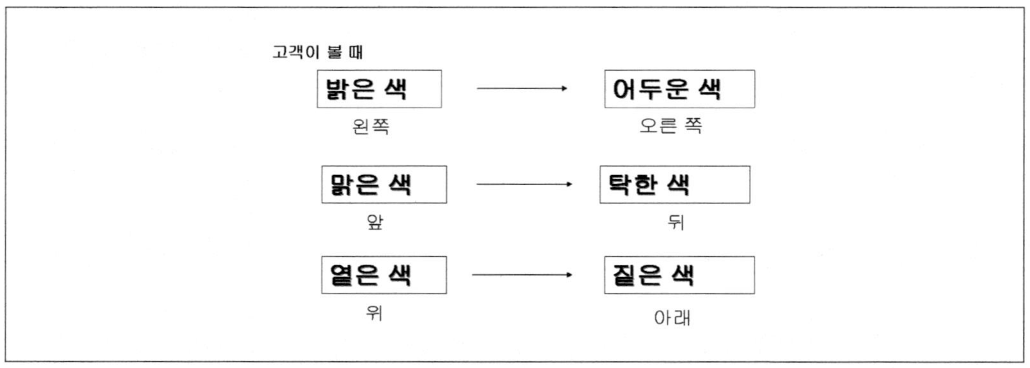


**<그림 8-4> 색채 배열순서**

출처 : 이상윤, 명지대 유통경영대학원 소매 마케팅 교재 인용.

앞서 보았듯이 매장 선반은 위치에 따라 소구력에 차이가 있다. 따라서 선반을 상품력과 어울리게 조합하여 점내 판촉을 도모하는 것이 진열에 대한 올바른 이해이다. 보통 매장에는 어느 선반 위치에 어떤 상품이 진열되어 있을 것인가가 결정되어 있고 그에 따라서 상품 보충과 진열이 행해진다. 그러나 행동과학 시점에서 보면 선반 위치는 유리한 곳과 불리한 곳이 있다. 수직으로 놓여 있는 선반에서는 허리에서 눈높이, 수평적으로 주 통로 끝부분, 입구 부근이 좋은 위치라 할 수 있다. 특히 한국 사람 90% 이상이 오른손잡이로 왼손에는 쇼핑카트를 밀고 오른손으로 상품을 집기 때문에 일반적으로 오른쪽이 좋은 위치라 할 수 있다. 이처럼 선반 위치에 유리한 곳과 불리한 곳이 있는 이상 설령 선반 진열이 결정되어 있다 하여도 판매촉진 측면에서 전략적 선반 진열을 전개해 나가야 한다.

## 제 2 절 시식 매장 매출 증대 기법

대형할인점이나 슈퍼마켓 등 식품매장 시식 판매 장소는 각 코너나 점포 안에서 가장 눈에 띄는 장소에 설치되는 경우가 많다. 설령 눈에 띄지 않는 장소에 위치하더라도 시식 코너가 마련되면 결과적으로 가장 눈에 띄는 장소가 되어버린다. 그래서 시식 코너는 그 기업이나 점포 얼굴이 되어 그 기업이나 점포 생각, 방침 따위가 표현되어야 한다. 이때 주의해야 할 점은 일손이 부족하다는 이유로 제조업체 판촉사원 같은 외부 요원이나 시간제 근무자·아르바이트 같은 비정규직 사원에게 시식 코너를 완전히 맡겨서는 곤란하다. 시식 판매 목적은 그 상품이 지니는 맛, 편리성, 경제성, 희소성, 계절성 등 다른 동종 상품과 차별적 요소를 고객에게 직접 알리는 것이지만 그것에 덧붙여서 담당자 자신이 상품 지식 취득이나 접객 서비스를 통해 고객들 살아있는 평가를 듣는 목적도 있다. 제조업체 판촉사원을 이용한 시식 행사로는 이러한 본래 목적을 달성하기가 어렵다. 또한, 강압적 권유나 강매 및 시식 권장으로 인해 고객에게 오히려 불쾌한 생각이 들게 하는 면도 고려되어야 한다. 시식을 빌미로 억지로 판매에 연결하려고만 들면 무리가 생겨서 점포 이미지에 부정적 요소로 작용한다. 셀프 판매 방식으로 가격 제안을 주력으로 하는 점포에서 시식 판매나 판촉 행사 코너는 경쟁력 강화와 고객 신뢰를 얻기 위한 중요한 역할을 하기 때문이다. 다음은 매출을 증대시키는 시식 매장 포인트이다.

## 1. 청결히 한다.

청결한 코너 만들기는 시식 판매 기본사항이다. 시식품은 물론 시식 용기나 시식대, 접시, 이쑤시개, 테이블 덮개, 쓰레기통 같은 비품류 외에 POP, 그 위에 쓰인 문자, 담당자 유니폼, 차림새, 손톱 따위에도 세심한 주의를 기울인다.

## 2. 강매하지 않는다.

거리낌이 없이 시식할 수 있는 분위기를 만든다. 고객들은 원래 그 상품을 살 목적으로 내점(來店)한 것이 아니다. 거기서 '서비스로 한 번 먹어 본다.', '오늘 사지 않아도 된다.'라는 마음가짐으로 시식하도록 분위기를 조성하는 게 좋다. 무리하게 판매로 연결하려 들면 오히려 부정적 이미지만 주게 된다.

## 3. 계획적으로 실시한다.

한 번 시식 판매만으로 큰 효과를 기대해서는 곤란하다. 특히 점포 주력상품이나 고급 상품 등 주요 상품에 대해서는 한 달에 2~3일씩 계속하고 더 큰 효과를 얻기 위해서는 최저 3~4회를 반복하는 것이 중요하다. 시식 판매는 코너마다 치밀하게 일정을 계획하여 상품 인지도를 높이는 일에 신경 써야 한다.

## 4. 평상시 진열 상품과 연결한다.

시식 판매는 시식 기간에 매출을 올리는 것은 물론 그 후에도 계속 구매하도록 유도하는 일이 중요하다. 이를 위해서는 평상시 진열 위치를 알려 주도록 한다. 될 수 있는 대로 평상시 진열 위치와 연동한다.

## 5. 레이아웃을 파악한다.

매장에서는 시식 판매를 담당하는 판매원에게 고객들은 여러 가지 질문을 하게 된다. 그중에서 특히 많은 것이 상품 진열 위치에 관한 질문이다. 만약 매장 내부 구조를 모르는 외부 인원을 시식 판매에 세웠을 때는 시식 상품 및 관련 상품이 진열된 매장 레이아웃을 숙지하도록 한다.

## 6. 양감 연출을 한다.

일반적으로 시식 판매에서 상품 진열은 물량감이 부족한 경우가 많다. 다른 상품에 비해 압도적인 진열로 보이도록 더미(dummy) 활용이나 포장을 벗긴 내용을 보여주는 등 연출을 해야 한다.

<시식 판매 목적>은 세 가지가 있다.
첫째, 고객에 대한 정보제공
둘째, 담당자 자신 상품 지식 습득
셋째, 접객, 응대를 통한 '고객의 소리' 피드백이다.

상품 지식이나 요리 방법 등을 미리 알아놓고 좋은 말투로 상품설명을 한다면 매출로 이어지기 쉽다. 시식 판매에 들어가기 전 시식 판매 목적을 재확인하여 실행에 옮기도록 한다.

## 7. 자료를 남긴다.

주력상품이나 고급 상품 등 시식 판매는 한 번으로 끝나는 것이 아니라 반복적으로 시식하는 것이 중요하다. 판매자료나 고객들 반응 등을 기록으로 남기는 일은 다음 행사에 참고가 될 뿐만 아니라 시식 효과를 계속 높이기 위한 필요불가결한 사항이다.

## 8. 인원을 고정 배치한다.

담당자가 자리를 비운 시식 코너는 안전성이나 위생적 측면에서만 보더라도 피하는 것이 좋다. 담당자가 코너를 떠날 때는 대행 근무 인원을 배치하든지 코너 자체를 치우는 것이 좋다. 아니면 자리를 비울 때는 몇 시 몇 분까지 자리를 비울 것이라는 안내표시판을 남기도록 배려한다.

## 9. 진행 순서를 정한다.

모처럼 기획한 시식도 시식품이 식거나 하면 역효과가 날 수 있다. 언제라도 최상 상태에서 시식할 수 있도록 계획을 세워 행사를 진행해야 한다. 시식 판매는 직접 먹는 것만으로 좋고 나쁨이 결정되는 예도 있기 때문이다.

## 10. 세심하게 신경 쓴다.

시식 판매 목적은 단순히 그 상품을 판매하기 위한 것은 아니다. 예를 들어 상품을 찾고 있는 경우나 어떤 상품을 선택하면 좋을까 고민하는 고객에게 도움을 주는 것도 업무 가운데 하나다. 또 시식 코너 주변 매장 청결이나 상품 정돈 같은 작업도 아울러 실시한다. 담당자는 상품을 시식·판매하는 것뿐만 아니라 내점한 고객이 만족한 쇼핑을 할 수 있도록 능숙한 접객도 생각해야 한다.

## 11. 요리법을 알아둔다.

상품에 대해서 그 특징이나 맛, 요리 방법 등 상품 지식을 가지고 있어야 한다. 예를 들면 요리할 때 사용하는 관련 조미료 양이나 불 조절, 보존 방법이나 기간, 먹는 시기 같은 것이다. 그것을 위해서 담당자들은 미리 요리해 시식해 볼 필요가 있다.

## 12. 계속 움직인다.

첫째, 거부감이 없는 목소리로 상품설명을 해야 한다.

둘째, 입으로는 상품설명을 하면서 시식품을 만들거나 고객 반응을 조사한다.

셋째, 상품설명을 하면서도 시식 용구 정리나 상품연출, POP 등 미흡한 곳을 고친다.

넷째, 상품설명을 하면서도 코너 주변이나 시식대 같은 곳 청결 유지를 철저히 한다.

다섯째, 교체 상품, 보충이 필요한 상품, 비품 따위를 보강한다.

여섯째, 대행 근무자를 세우고 화장실에 다녀오기도 한다.

일곱째, 코너 주변에 진열된 상품연출을 연구한다.

여덟째, 고객 움직임에 관심을 가지고 살피며 필요한 경우 안내나 조언 등을 한다.

아홉째, 시식 코너를 전체적으로 점검하기 위해서 잠시 코너에서 떨어져 고객 동선이나 자기 시식 매장을 살핀다.

## 13. 자점 일반사원을 투입한다.

시식 판매 코너는 부문에서 가장 눈에 띄는 코너가 되기 쉽다. 인접한 대부분 매장에 고객 시선이 모인다. 즉, 자연스럽게 주목받는 매장이 되는 것이다. 따라서 시간제 근무자나 아르바이트 같은 외부 지원 인력, 제조업체 판촉 사원에게 시식 코너를 완전히 맡기기보다는 점포 일반사원과 공동으로 책임을 분담시켜 점검하도록 한다.

## 14. 관련 판매를 시도한다.

시식 판매품만으로 요리가 완성되는 경우는 드물다. 그 요리에 관련되는 1차 식품을 포함하여 조미료나 건식품 그리고 그릇·용기 등 특히 관련 있는 상품을 2~3품목 선별하여 동시에 제안하도록 한다. 원스톱에 쇼핑이 가능한 메뉴 제안형 구색 갖춤은 간편성도 있으며 판매 효과도 크기 때문이다.

## 15. POP는 크게 한다.

시식 판매 POP는 일반 것보다 큰 용지를 준비하는 것이 좋다. 일반 코너와 비교해서 약간 멀리서 보이는 일이 많기 때문이다. 설치 위치는 한 곳이 아니라 몇 개 장소로 분산 설치하도록 한다. POP 내용은 그 상품이 가지는 세일링 포인트를 간결·명료하게 표현한다. 장황하게 쓴 POP는 잘 읽히지 않기 때문이다.

## 16. 정면은 금물이다.

시식대 설치 장소나 담당자가 서 있는 위치에 따라 고객 접근율이 크게 달라진다. 특히 고객 동선(걷는 방향)에 대해 정면으로 상대하는 것은 가장 나쁘다. 고객과 비스듬한(대각선) 방향에서 말을 걸도록 한다.

## 17. 접객은 공평하게 한다.

접객은 공평하게 한다. 시식 판매를 할 때 상품을 산 고객이나 알고 있는 사람 또는 단골에 대해서는 웃는 얼굴로 맞으면서 사지 않는 사람이나 내점 빈도가 적은 사람에 대해서는 무표정한 얼굴로 응답하는 것은 잘못된 접객 태도이다. 차별적인 담당자 접객 태도는 고객은 물론이고 주변으로부터 관찰되고 있음을 잊지 않도록 한다. 담당자 몸동작 하나 웃는 얼굴 하나로 분위기가 크게 달라질 수 있다는 것을 생각해야 한다.

## 18. 제안형으로 한다.

요리법 설명 카드나 보기 좋게 연출한 본보기 상품은 시식 판매에 있어 매우 중요하다. 보기 좋고 먹고 싶게 그릇에 담는 방법 제안이나 토핑(topping: 꼭대기에 얹기) 연구, 관련 상품 진열 등은 시선을 끄는 효과를 높여서 '만들어 보자, 먹어 보자.'라는 기분을 갖게 만든다. 이 경우 테이블 위 그릇이나 테이블 덮개 같은 것 연출에도 주의해야 한다.

## 19. 안전에 주의한다.

그곳에서 직접 먹는 시식품은 물론 칼과 같은 도구류나 프라이팬, 포트 따위를 주의해서 관리한다. 또 자리를 떠나면 대행 근무자를 세우든지 위험한 도구나 기구류, 시식품 등을 따로 정리한 후에 자리를 비우도록 한다.

## 20. 어울리는 복장을 갖춘다.

담당자는 회사 유니폼을 착용해야 하고 더불어 시식할 상품에 어울리도록 유니폼을 치장하는 일도 중요하다. 이는 시식 매장의 분위기를 살려 고객을 즐겁게 할 수 있는 것 외에 '먹어 볼까'라는 기분이 들도록 하기 위함이다. 예를 들면 유니폼 위에 걸쳐 입는 조리용 앞치마 디자인이 시식 상품을 연상시키게 만들어 화제성 있는 매장을 만들어야 한다.

## 21. 중점 사항을 강조한다.

시식 판매를 하는 데는 어떤 이유가 있을 것이다. 예를 들면 다른 동종 상품과 비교해서 맛, 질, 용량, 생산지, 편리성, 경제성, 희소성, 계절성 등이 다르다거나 하는 것이다. 이러한 차별적 요소를 고객에게 확실히 소구(訴求)하는 일이 중요하다. 때에 따라서 상품 특성을 요약한 상품 안내 카드를 나누어 주는 것도 바람직하다.

# 제 3 절 판매촉진활동 계획수립

## 1. 제1단계: 상황분석 및 자료수집

판매촉진활동 계획수립은 다음과 같이 실행한다.

### 1) 준비 상황

(1) 계절 상황은?

(2) 지역 행사 상황은?

(3) 경쟁점 판촉 계획은?

### 2) 점검 사항

(1) 고객이 가장 원하는 것은 무엇인가?

(2) 경쟁점이 판촉 시기 및 행사 방법 특징은 무엇인가?

## 2. 제2단계: 판매촉진 계획수립

### 1) 준비 상황

(1) 판매촉진 목표를 설정한다.

(2) 행사 기간을 설정한다.

(3) 주력 표적이 되는 고객을 선정한다.

(4) 구체적인 판매촉진 방법을 결정한다.

(5) 판촉 고지 수단을 결정한다.

(6) 목표 달성이 쉽도록 업무를 할당한다.

(7) 필요한 예산을 정한다.

### 2) 점검 사항

(1) 목표 설정은 세분해서 일일 단위로 객수, 객단가, 매출 목표를 정한다.

(2) 판촉 방법은 과거 경험을 바탕으로 획기적 수단을 취한다.

(3) 판촉에 필요한 소요 예산을 판매 목표와 연계하여 수립한다.

(4) 효과성을 기준으로 행사 기간을 정한다.

## 3. 제3단계: 준비

### 1) 준비 상황

(1) 전단 등 고지물을 제작한다.

(2) 판매할 재고를 확보한다.

(3) 판촉물을 준비한다.

(4) POP를 제작하여 부착한다.

(5) 판촉 상품에 특매 쇼카드 부착한다.

(6) 고지물을 배포한다.

### 2) 점검 사항

(1) 행사 내용이 정확히 고객에게 전달할 수 있는 고지 수단을 결정한다.

(2) 고지물이 정확히 고객에게 전달될 수 있도록 전달 방법을 개발한다.

## 4. 제4단계: 행사 시행 및 정비

### 1) 준비 상황

(1) 판촉 행사에 대한 고객 반응을 점검한다.

(2) 판촉 행사 별로 고객 참여도를 조사한다.

(3) 매장이 혼잡할수록 점포 청결을 유지한다.

(4) 행사 기간에 추가 고지 여부를 검토한다.

(5) 일별 계획 목표 대비 실적관리를 한다.

### 2) 점검 사항

(1) 행사매장은 판매촉진 분위기를 연출할 수 있도록 동적 분위기를 조성한다.

(2) 매일 고객 반응도를 조사해서 행사 내용 미비점을 보완해 나간다.

(3) 일일 목표 대비 실적 점검으로 잔여 행사 기간에 남은 목표를 점검하여 미달 시 이를 만회토록 수단을 마련한다.

## 5. 제5단계: 결과 분석

### 1) 준비 상황

(1) 행사 기간 내 매출실적을 집계하여 분석한다.

(2) 판촉 행사별 효과를 분석해서 문제점 도출 및 개선점을 도출한다.

(3) 행사 기간에 주요 구매 고객에 대한 리스트를 작성한다.

### 2) 점검 사항

(1) 정확한 행사 기간에 손익 분석을 한다.

(2) 차기 행사 진행을 위한 이번 행사 문제점 및 개선 사항을 문서로 만들어서 기록으로 남긴다.

**12월 판촉전략과 매장 만들기**

판촉 달력

| | 1 | 2 | 3 | 4 | 5 | 6 | 7 | 8 | 9 | 10 | 11 | 12 | 13 | 14 | 15 | 16 | 17 | 18 | 19 | 20 | 21 | 22 | 23 | 24 | 25 | 26 | 27 | 28 | 29 | 30 | 31 |
|---|---|---|---|---|---|---|---|---|---|---|---|---|---|---|---|---|---|---|---|---|---|---|---|---|---|---|---|---|---|---|---|
| | 목 | 금 | 토 | 일 | 월 | 화 | 수 | 목 | 금 | 토 | 일 | 월 | 화 | 수 | 목 | 금 | 토 | 일 | 월 | 화 | 수 | 목 | 금 | 토 | 일 | 월 | 화 | 수 | 목 | 금 | 토 |

| | | | | |
|---|---|---|---|---|
| 절기 행사 기념일 | •대설 | | •동지 | •성탄절 |
| 주별 판매 포인트 | ○소비가 많은 시기다. 저가격 소구를 위해 자점 추천 상품과 각지의 명산품, 산지직송 판매 등 강한 이미지를 줄 수 있는 상품 전개를 꾀한다. | ○연말연시를 대비해 상품교체를 하고 비축상품 구매를 촉진할 수 있는 시식판매 따위를 실시한다. | ○일상메뉴에 성찬 메뉴와 간편 식품을 소구하는 것이 관건이다. 연말연시를 생각해 중점상품 페이싱을 확대하고 대면판매를 한다. | ○연말연시를 보내는 방법이 다양해지고 있으므로 전통음식에서 서구 음식에 이르기까지 지난해 데이터를 참고로 하여 일상상품 확대 판매한다. |
| 전단 제목 | 특선상품 대기획 | 선 물 용 품 판 매 | 크리스마스 홈파티 재료 제안전 | 연말연시 특별가 판매 |
| 판촉 테마 | 「김장 용품 대량방출」<br>「특선 과일 점보 세일」<br>「따뜻한 간편 식품 제안 전」 | 「산지직송 특별전」<br>「저장식품 제안 전」 | 「스테이크와 디저트」<br>「크리스마스 샐러드」<br>「송년 파티용 메뉴 제안」 | 「저녁 만찬 제안」<br>「조리가 간편한 메뉴 모음판매」 |
| 기 타 | ○전국적으로 불조심이 강조되는 때이다. 비상구, 통로 등이 제대로 되어있는지 확인한다. | ○연말연시의 거래처일정을 확인해 둔다(최종 납품일, 최종 발주일, 연초 영업개시일 등). | ○매장 쇼케이스와 백룸·냉 쇼케이스·기타 집기점검과 청소를 이 시기에 끝낸다. | ○크리스마스가 지나면 곧바로 새해 분위기를 연출한다. 새해 영업 안내를 포스터나 점 내 방송을 통해 알린다. |

**<그림 8-5> 월 판촉전략과 매장 만들기**

자료 : 한국 체인스토어 협회, 판촉 수첩 인용.

<table>
<tr><td colspan="3">야채 용도별 · 종류별 상품구성<br><br>12월 판촉계획서</td></tr>
<tr><td>기본 방침</td><td>12월에는 대부분 시설 재배한 채소들로 매장을 채우게 된다.<br>단품 대량판매에 의존하기보다는 종류별 · 용도별로 복합 구성한 매장 만들기가 필요하다.</td><td>연말 행사에 대한 비중이 작아지고 있기는 하지만 초순부터 이에 대한 대책을 마련해 두는 것이 필요하다.</td></tr>
<tr><td>판촉 주제와 매장 만들기</td><td>샐러드용 채소 모음<br>12월에는 단일품목으로 매출을 유지하기 어렵다.<br>상품종류가 다양하고 겨울에 소비가 늘어나는 샐러드용 야채 코너를 마련해 보는 것이 좋다.<br>주력품목은 12월 중순부터 제주도에서 출하되는 감자로 하고 상품의 색채 컨트롤에도 유의한다.<br>샐러드 코너는 상품종류와 가격대가 다양하므로 매장 담당자의 능력과 적극성에 따라 매출이 크게 차이를 보일 수 있음을 명심해야 한다.</td><td>찌개용 야채 코너<br>겨울철 요리로 큰 비중을 차지하는 찌개, 탕류, 국거리 재료를 모아 별도 코너를 마련한다.<br>12월에는 버섯류 수요가 늘어나므로 이에 적극적으로 대처한다.<br>표고버섯은 최근 출하량이 줄어드는 추세에 있으므로 느타리 · 양송이를 주력으로 구성하고 제한 판매상품으로 팽이버섯을 갖추어 놓는다.<br>아직 끝나지 않은 김장 수요에 대비, 김장용 배추와 양념류 구색에도 주의를 기울인다.</td></tr>
<tr><td>주의점</td><td>연말 소비 패턴이 변하고 있다는 데 관심을 가지고 대비한다.<br>일차적으로 작년 매출 데이터를 기본으로 하고 최근의 소비추세와 경기 동향에도 관심을 기울인다.</td><td>지역행사에 대한 정보를 수집하는 일도 중요하다.<br>이런 계획들은 월초부터 미리 준비해 나가는 것이 좋다.</td></tr>
</table>

**<그림 8-6> 야채 판촉계획서**

자료 : 전게서.

<table>
<tr><td colspan="2">과일 색상 고려한 진열방법 연구<br><br>12월 판촉계획서</td></tr>
<tr><td>기본 방침</td><td>12월 과일 매장은 부사, 신고 등 저장상품이 주가 되며 밀감과 단감 등으로 구성된다.<br>밀감의 경우 작황이 좋지 않아 가격이 비쌀 그것으로 예상한다.<br>연말 행사에 대비해 선물 세트에 대한 대책도 미리 마련해 둔다. 그러나 연말 선물 세트 판매는 큰 비중을 차지하지 않으므로 구색 갖춤 정도로만 취급하는 것이 좋다.</td></tr>
<tr><td>판촉 주제와 매장 만들기</td><td>밀감<br>12월의 주력품목이다. 11도 이상 당도를 유지할 수 있도록 상품관리를 철저히 한다.<br>초순에는 조생종으로 구색을 갖추고 크리스마스를 전후한 시기부터 일반품종으로 바꾸어 나간다.<br>크기별 구색 갖춤에도 주의를 기울이며 연말 선물 세트 판매, 상자판매에 대한 대책을 수립해 준다.<br>가격이 다소 비쌀 것으로 예상하므로 대량판매보다는 낱개 판매를 위한 매장 구성이 필요하다.</td></tr>
<tr><td>중점 판매 기획과 판매 방법</td><td>색상을 이용한 매장 구성<br>다른 계절에 비해 과일이나 야채의 풍성함이 떨어진다.<br>밀감을 중심으로 매장을 밝게 보일 수 있도록 상품의 색상을 고려한 진열방법을 연구한다.<br>가장 밝은색을 가진 밀감을 중심으로 하고 단감이나 곶감 등을 품질 좋은 상품으로 한정, 소량 판매한다.<br>위축된 겨울매장에 활력을 주는 역할로도 중요하다.</td></tr>
<tr><td>주의점</td><td>연말 행사를 위해서는 특히 매장 내 디스플레이에도 신경을 써야 한다.<br>판매량 예측을 통해 진열된 상품이 상하는 일이 없어야 한다.<br>상자째 판매함에 따라 매장이 어수선해지지 않도록 주의한다.</td></tr>
</table>

**<그림 8-7> 과일 판촉계획서**

자료 : 전게서.

# 생선 시식 겸한 새로운 요리 제안

12월 판촉계획서

| | |
|---|---|
| 기본 방침 | 연말연시 사회 분위기에 판매초점을 맞춰 판매 주제와 상품을 정한다. 12월은 명태가 많이 나는 철이긴 하나 작황이 좋지 않은 때에는 대중어인 명태가 고급어로 둔갑해 가격이 비쌀 때가 있다. 따라서 물량확보가 관건이 된다. 또한, 12월 본격적인 김장철을 맞아 젓갈류와 건어물의 취급을 기본으로 삼는다. |
| 판촉 주제와 매장 만들기 | **튀기지 말고 굽거나 익혀서 먹어라**<br>육식을 멀리하는 고객과 건강지향 고객을 주요 대상으로 판매전략을 마련한다. 판촉 주제는 맛있게 먹을 수 있는 생선으로 한다. 또 김장철을 위해 김장용 젓갈류를 확보하고 특별행사를 전개한다.<br>생선을 먹는 방법에 대한 정보를 고객에게 알려준다. 생선은 육류보다 콜레스테롤이 일반적으로 적은 것으로 알려져 있다.<br>그러나 튀길 때는 쇠고기보다도 콜레스테롤이 많다고 한다. 즉 튀긴 생선요리는 콜레스테롤 덩어리라는 연구 발표가 미국에서 제기되고 있다.<br>따라서 매장에서 튀김용 상품 전개보다는 살짝 익혀서 먹거나 탕으로 요리해서 먹는 방법을 제안한다. 이러한 새로운 요리 제안에는 시식을 함께 하면 더 큰 효과를 얻을 수 있다.<br><br>**매장 만들기**<br>연말 분위기가 나는 문구와 현수막을 매장 전면에 설치한다. POP도 가격만 강조하지 말고 용도와 요리 제안에 중점을 둬 제작하고 요일별로 부착시키는 것이 좋다. |
| 주의점 | 연말 선물 세트 준비는 건강 지향성에 초점을 두고 준비하되 값싼 수입품과 국내산을 구별해야 한다. 영광굴비 경우 수요보다 공급이 모자라는 것을 알고 있는 소비자들은 굴비를 살 때 속지 않나 하는 두려움이 있다. 속이지 않고 판매하는 것이 중요하다. 싼 것은 그만큼의 이유가 있다는 것을 소비자는 인지하고 있기 때문이다. |

<그림 8-8> 생선 판촉계획서

자료 : 전게서.

<table>
<tr><td colspan="3">정육 각종 모임에 걸맞은 다양한 메뉴 제안<br><br>12월 판촉계획서</td></tr>
<tr><td>기본 방침</td><td>한 해를 마감하는 달이다. 또 감사와 고마움을 나타내는 시기이며, 잦은 모임이 있는 달이다. 특히 수험생이 있는 가정에서는 긴박감이 감도는 때라 건강유지에 많은 신경을 써야 한다.</td><td>12월의 판매 기본 방향은 각종 행사에 대비하고 연말연시 가족과 함께 가정에서 요리해 먹을 수 있는 상품개발로 대처한다.</td></tr>
<tr><td>판촉 주제와 매장 만들기</td><td>감사와 고마움 표시<br>12월의 판촉 주제는 한 해를 마감하는 것에 착안해야 한다. 지나간 것을 마무리하고 새해를 준비하는 시기이다. 이때는 각종 모임이 잇따르고 술을 많이 마신다.<br>따라서 정육 판매대의 주제는 건강유지와 보신에 초점을 맞춘다. 또 날씨가 추우므로 따뜻한 국물이 그리워지는 점에 유의한다.<br>가정에서 요리 소재로 쓰이는 정육은 주로 불고깃감과 탕 재료이다.</td><td>모임에서는 갈비와 로스 용이 많이 쓰인다.<br>또 정육 혼합 선물 세트, LA 갈비 세트, 찜갈비 세트 등 선물세트와 꼬리, 우족, 사골 등 탕류 선물 세트를 마련하고 전단을 이용한 적극적인 판촉을 전개한다.<br>매장은 선물 세트 코너를 별도로 마련하고 쇼케이스에는 이달의 기준상품을 진열한다. 또한, POP와 현수막을 걸어 매장 분위기를 활성화한다.</td></tr>
<tr><td>중점 판매 기획과 판매 방법</td><td>갈비 선물 세트</td><td>갈비 선물 세트는 한우와 수입고기를 구별해서 판매한다. 이는 수입고기와 한우의 시비를 막고 가격 선택원이 소비자에게 있음을 알려 주기 위한 것이다.<br>한우의 경우 가격에서 수입 갈비보다 비싸다. 소비자가 한우를 원하면 비싼 가격을 부담해야 하고 싼 것으로 하려면 수입 갈비를 선택할 것이다. 반면 질의 차이가 있음을 소비자가 알 수 있도록 명시해야 한다.<br>갈비는 찜용과 로스 용으로 용도를 다양화시켜 판매에 연결한다.</td></tr>
<tr><td>주의점</td><td>가격에 대한 소비자의 거부감이 있을 수 있으므로 한우와 수입 쇠고기, 부분별 가격 차를 설명하는 POP를 부착시킨다. 또 한우와 수입고기의 판매장소를 구별하는 것이 좋다. 소비</td><td>자의 의심을 살 필요가 없기 때문이다. SBS로 수입고기에 대한 구매가 수월해졌지만, 필요로 하는 부위 육에 대한 계획구매가 요구되고 있다.</td></tr>
</table>

**<그림 8-9> 정육 판촉계획서**

자료 : 전게서.

## 그로서리 연말연시에 따른 민첩한 판매 활동 요구돼

12월 판촉계획서

|  |  | |
|---|---|---|
| 기본 방침 | 초순은 점포 중점상품, 육성상품, 고품질 상품을 적극적으로 판매한다. 중순은 조미료를 중심으로 한 비축상품 에누리 판매한다. | 하순은 크리스마스 관련 상품을 중심으로 한 메뉴를 제안한다. 연말이 가까워지면 새해상품을 철저히 판매한다. |
| 판촉 주제와 매장 만들기 | **【특선상품】** 지출이 많은 시기이다. 가격 소구도 좋지만, 지역 특산물 자점 추천 상품 따위에 대해 맛있고 풍부하며 품질이 좋음을 어필한다. 시험가격과 준 특매가격(7～12% 할인)으로 전개한다. 곤돌라 엔드는 특매 상품을 2～3페이스 진열한다. 선물을 주고받는 시즌이므로 선물 세트를 정규 코너 상단과 곤돌라 엔드 상단을 이용해 전개해도 좋다.<br><br>**【비축식품 세일】** 기초 조미료와 건식품 중심으로 통조림류·음료 따위를 중심으로 연말과 새해맞이 상품을 비축할 것을 어필한다. 또한, 주력상품 가운데 인기 있는 상품 상위 아이템을 골라 평대와 곤돌라 엔드에 전개, 1백60cm 이상의 상부 공간에 패널을 부착한다. | **【파티용품 특별판매】** 크리스마스를 표적으로 일상메뉴에다 성찬메뉴를 소구하는 것이 관건이다. 아이들 중심상품과 친구 모임을 위한 상품, 가족이 함께 즐기는 상품 따위를 이 기간에 중점 제안한다. 손으로 만드는 케이크 재료 판매대는 월초부터 기본 곤돌라에서 소구하고 비식품 관련 판매를 하는 엔드 전개도 한다.<br><br>**【새해상품 다이내믹 세일】** 크리스마스가 끝난 뒤 관련 상품을 철수하고 연말연시 대응 상품으로 변경한다. 연말연시 선물 코너도 만든다. 매장 만들기의 관건은 단시간에 적은 비용으로 매장변경을 하는 것이다. ① 진열기구로 바구니와 철망 따위를 이용하여 점블 진열 ② 종이상자 커트 진열 ③ 더미를 이용한 진열을 하지 않는다 ④ 후방 작업장은 항상 정리하고 재고상태를 한눈에 알아볼 수 있도록 하는데 주의한다. |
| 중점 판매 기획과 판매 방법 | 조미료(콩기름, 면실유, 옥수수기름, 식초, 소금 등), 음료(녹차, 광천수, 과즙음료 등)<br>자점 추천 상품을 소구하는 곤돌라 엔드 전개는 각 상품의 특징, 맛, 산지 따위를 POP로 나타내는 것이 관건이다.<br>크리스마스 상품(생수·무알코올 샴페인·과일 | 통조림·인스턴트 수프·면류·핫케이크·드레싱·제과 재료)<br>22일까지 '어린이용 상품 전개'와 고교생과 대학생의 친구 모임을 위한 상품 전개. 23～24일까지는 가족 파티를 표적으로 불고기, 탕류 관련 메뉴 상품을 모음 판매한다. |
| 주의점 | 점내외와 부문별 공간마다 연말 분위기가 넘치는 연출을 한다. 크리스마스, 연말 판매실적 데이터를 기록 보관한다. | |

<그림 8-10> 그로서리 판촉계획서

자료 : 전게서.

<table>
<tr><td colspan="3">잡화 각종 생활행사 관련한 판촉계획 입안<br>12월 판촉계획서</td></tr>
<tr><td>기본 방침</td><td>일 년 중 빠뜨릴 수 없는 중요한 시기다. 연말연시, 크리스마스, 송년회 따위 중요한 생활행사가 있어 판촉계획을 잘 세워 놓지 않으면 매장에 혼란과 무질서만 남게 되고 판매기회를 놓친다.</td><td>연말이 가까워짐에 따라 주력상품으로 난방 관련 상품 외에 모든 상품 팔림세가 좋아지므로 빈 곳과 점두를 활용해 적극적으로 판매한다.</td></tr>
<tr><td>판촉 주제와 매장 만들기</td><td>【연말 세일】<br>11월 말부터 서둘러 실시한다. 실용성 있는 세제와 목욕용품, 수건, 시트 따위가 선물 주력상품 군이다. 사전에 포장해둔다. 화려하고 세련된 용지를 사용한다. 선물하는 사람의 마음을 전할 수 있도록 배려한다.<br>【청소 용품】<br>청소 용품 모음판매를 3～4회 걸쳐 실시한다. 닦기·씻기·쓸기·훔치기·윤내기 등 청소방법에 따른 소구방법과 방, 거실, 부엌, 화장실, 욕실과 같은 공간 용도별로 상품을 엔드에 소구한다. 초기는 부엌·화장실·욕실·거실 등 실내 청소 용품 가운데 특히 소모품이 행사의 주체다.</td><td>【크리스마스 세일】<br>20일을 전후해서 행사에 들어간다. 엔드 등 매장을 화려하게 장식한다. 크리스마스트리는 큰 것과 작은 것 2종을 준비한다. 전형적인 크리스마스 상품으로 초, 각종 장식물, 달력 따위를 지난해 데이터를 기초로 준비한다. 남더라도 처분하기 쉬운 종이 접시, 종이컵 따위 파티용품 관련 상품을 집중적으로 판매한다.<br>【새해준비】<br>크리스마스가 끝나면 바로 새해를 맞을 준비에 들어간다. 전단 한쪽에 양력설을 쇠는 가정을 위해 제사용품 판매대를 소개한다.<br>지난해 데이터를 참조한다.</td></tr>
<tr><td>중점 판매 기획과 판매 방법</td><td>【조리기구】<br>프라이팬, 알루미늄 냄비와 물 주전자 등 조리용품을 반복 판매한다. 기본상품보다 약간 낮은 가격대의 특매 전용상품을 마진율 20～25%로 평대 세일한다. 이달에 여러 번 세일해도 반응이 좋은 상품군이므로 진열 재고량을 많이 두어 양감을 낸다.</td><td>【종이제품 모음판매】<br>화장실용·부엌용·가스레인지용·거실용 따위 주거용 종이제품을 용도별로 나누어 판매한다. 이때 리필제품을 함께 전개하는 것을 잊지 않는다.<br>【전기용품】<br>전구·형광등 따위를 양감 있게 진열 판매한다. 이때 건전지를 진열하는 것도 잊지 않는다.</td></tr>
<tr><td>주의점</td><td>무엇보다 세심하고 구체적인 기획을 입안하는 것이 중요하다. 물론 지난해 실적과 데이터를 근거로 행사하는데 행사매장이 많을수록 좋다.</td><td>점두는 가능한 한 최대로 활용하고 평대를 최저 8～10대 설치한다.</td></tr>
</table>

**<그림 8-11> 잡화 판촉계획서**

자료 : 전게서.

# 제9장 매장관리(INTERNAL PEOPLE) : 인사관리와 부하지도 · 육성 · 평가

## 제 1 절 점포 인사·노무관리

### 1. 인원 확보

흔히들 '기업은 사람 하기 나름'이라고 말한다. 이때 '사람'은 물론 질적인 면을 말하고 있지만, 기업에 있어서 사람 양도 중요한 문제다. 아무리 훌륭한 상품을 취급한다 해도 파는 사람이 없으면 매출은 생기지 않는다. 일반적으로 셀프서비스 판매 대명사로 불리는 슈퍼마켓이나 생활용품점 판매장에 있는 사람은 적을지라도 정리, 보충, 금전 관리 등에 관여하는 사람은 절대 적지 않다. 그렇지 않으면 매출 목표를 달성하기 어렵기 때문이다. 특히 기업이 성장단계에 있을 때나 출점 의욕이 강할 때는 직원 채용 시 질과 양을 모두 고려하게 된다. 그런데 새로운 직원을 채용하는 한편으로 회사를 그만두는 사람이 계속 나온다면 곤란하다. 특히 회사 업무에 익숙해져 일할 수 있게 된 사람이 유출되는 것은 인재 배치에도 지장을 초래할 뿐만 아니라 교육에 든 비용면에서도 큰 손실이 아닐 수 없다. 바로 여기에 인원 확보 관리(구체적으로 이직 방지) 필요성이 있으며 현장 관리자인 점장 역할이 매우 중요해지는 것이다.

#### 1) 정착률 향상을 꾀하는 이유

(1) 기술 · 기능 향상(판매 기술 포함)

(2) 교육훈련 성과 기대

(3) 상품관리 철저(고객 편안함, 만족도와 연결된다.)

(4) 시간 낭비 감소

(5) 직장 분위기와 사기 향상

(6) 사고 방지

## 2) 정착률을 높이기 위한 대책

이직 이유는 나이·성별·학력 등에 따라 다르고 개인차도 심하다. 따라서 일반론만으로 대책을 마련하는 것은 위험하다. 각 기업, 점포 고유 특성을 고려해서 효과적인 대책을 세워야 한다.

### (1) 회사 개요 숙지

회사 장래성, 경영방침 등을 숙지해 둔다. 이를 위해서는 점장이 경영자가 생각하고 있는 중·장기 계획과 경영방침을 충분히 이해하고 소화하여 직원에게 확실하게 설명할 수 있어야 한다. 먼저 점장 자신이 이해하는 것이 포인트다. 그다음으로 점장이 회사 성장에 기대를 걸고 있는 마음을 표현하는 것이다. 점장 태도, 행동은 직원에게 미묘하게 영향을 주어 침체 또는 성장 분위기를 조성하게 된다.

### (2) 이해할 수 있는 평가와 공정한 결정

업무 면에서 차이가 없는 동료 간에 급여 등 차이가 생기면 능력과 실적이 공평하게 인정되지 않았다고 생각한다. 게다가 그런 불만은 뿌리가 깊다. 임금 수준에 관해서만이 아니라 여러 가지 측면에서 실적 등에 대한 공정한 판단이 요구된다.

### (3) 일에 만족감을 느낄 수 있도록 배려

취급상품 다양화, 분업 추진 등으로 작업이 단조로워지는 경향이 있다. 그러므로 단순한 일을 몇 종류씩 모아 통합하고 변화가 있는 일로 만들어 흥미를 유발할 필요가 있다.

### (4) 불평불만은 신속 정확하게 처리

사소한 불만은 누구에게나 있다. 점장은 의사소통을 중요시함으로써 부하직원 의욕을 높이고 지도 기회로 삼는 것이 바람직하다. 또한, 부하직원이 점장에게 직접 문제를 제기했다면 신뢰받고 있다는 증거이므로 기뻐해야 할 일이다. 물론 말하기 쉽고 자유로이 이야기할 수 있는 분위기에서 불만을 듣는 것이 중요하다.

### (5) 부하와 점장 간 관계 개선

점장은 부하직원과 바람직한 관계를 만들려고 노력하겠지만 노력만큼 잘 안되는 것이 현실일 것이다. 인간관계는 일을 통해서 생기는 것이다. 부하직원 개개인 장점을 발견하여 그것을 신장시켜 주고 환경개선이 효과적으로 이루어지도록 연구·노력을 계속 해야 한다.

(6) 교육 통해 미래에 대한 희망 부여

교육은 구체적으로 일과 연결되지 않으면 효과를 기대할 수 없다. 상품을 더욱 많이 팔기 위해서는 어떻게 해야 하는가, 효과적 진열은 어떤 것인가, 상품 정리는 어떤 목적이 있는가, 그것들은 고객 구매 의욕과 어떤 관련이 있는가 등 구체적인 교육을 함으로써 비로소 효과가 생기는 것이다. 한편, 부하직원들에게서 학습 의욕이 발생하면 그 요구에 응하는 것이 장래에 대한 희망을 품게 하는 의미에서도 중요하다.

(7) 일체감 강화

부하직원 가정(특히 기숙사에서 생활하는 사람 가족)과 연락을 하는 등 세심한 배려로 기업과 일체감을 높이는 것도 이직 방지에 효과가 있다.

# 2. 시간제 근무자 관리

## 1) 시간제 근무자 관리

매일 근무하는 경우엔 1일 노동시간이 일반 노동자보다 짧은 사람을 1주 또는 1개월간 반복해서 특징일 만 근무하는 경우엔 1일 노동시간 장단과 관계없이 1주 또는 1개월 소정 노동시간이 일반 노동자보다 짧은 사람을 시간제 근무자라 한다. 이것은 소위 공적인 정의이고 그 외 사적인 정의가 있다. 각 기업에서 시간제 근무자에 대해 일반 직원과는 다른 노동조건 등을 정하려고 하면 쓸데없는 갈등이나 부당한 취급 등 문제가 발생하는 것을 피하고자 '당사에서는 어떠한 직원을 시간제 근무자라고 칭하는가?'를 명확히 한 것이다. 회사마다 취급상 정의이므로 호칭과 의미를 법령에 어긋나지 않는 한 자유롭게 정할 수 있다. 그러므로 실제로 회사에 따라 각양각색이며 통일되어 있지 않다.

## 2) 시간제 근무자 관리 난점(주로 주부 파트타이머)

### (1) 이직률이 높다.

일이 조금 어렵거나 심한 주의를 시키면 쉽게 퇴직을 결정해 버린다.

### (2) 사적인 결근이 많다.

집안일 때문에 어쩔 수 없는 때도 있지만 자녀 운동회, 가족 병, 집안 행사 등에 의해 안이한 결근이 많다.

### (3) 일에 대한 소극적이고 무책임하다.

귀찮은 일이나 복잡한 일에 부딪히면 그것을 끝내려는 노력보다도 '시간제 근무자인 내가 하지 않아도 되겠지.' 하고 책임을 회피하려 한다.

### (4) 향상심, 연구심이 빠져 있다.

주어진 일만을 되는대로 하려고 할 뿐 나름대로 연구하지 않는다.

## 3) 시간제 근무자 전략화 비결

### (1) 직원임을 자각하게 한다.

### (2) 원하는 때 휴가를 주되 계획적이어야 한다.

시간제 근무자는 주로 주부이므로 어느 정도 가사에 대한 책임을 져야 하는 것은 당연하다. 그러나 그것 때문에 점포 업무에 차질이 생겨서는 곤란하다. 따라서 점포 상황에 맞추어 교대로 계획적인 휴가를 보내도록 지도해야 한다. 특히 명절 등 바쁜 기간에도 교대로 휴가를 보내도록 하는 것이 바람직하다. 일방적으로 점포 사정이나 규칙만을 강요하지 말고 일하는 사람 형편도 고려해서 지도하는 것이 시간제 근무자 관리 핵심이다.

### (3) 커뮤니케이션을 활발하게 한다.

시간제 근무자는 조회나 종례에 참여할 기회가 없으므로 정직원 모두가 알고 있는 사항을 모르는 경우가 많다. 그로 인해 그들은 일종 소외감을 느끼기도 하고 자신들이 하찮은 일만 맡고 있다는 오해를 하기도 한다. 그에 대한 대책으로 조회·종례 사항을 책임지고 전달해 주는 당번을 설정하거나 식사, 휴식 때 시간제 근무자와 정직원이 이야기할 수 있는 시간을 마련하는 방법도 있다.

'아주머니'나 '파트 담당'이라고 부르는 것은 금물이며 반드시 이름을 불러야 한다. 이것이 점포 의사소통을 원활하게 하는 방법의 하나며 시간제 근무자 인격을 존중하는 것이기도 하다.

#### (4) 일에 흥미를 느끼게 한다.

이를 위해서는 일을 맡길 때 권한과 책임을 함께 부여해야 한다. 주의해야 할 점은 부여하는 권한과 책임은 낮은 수준에서 점차 높여 가는 것이다. 처음부터 어려운 일을 시키면 자신감을 잃을 수 있기 때문이다.

## 3. 점장 인원 확보 관리

### 1) 정직원

#### (1) 필요로 하는 인재의 적성과 능력을 명확히 한다.

점장 중에는 인사팀이 채용하여 배정한 사람에 대한 책임을 지는 것을 저항감을 느끼고 받아들이는 사람도 있을 것이다. 그러나 이것을 당연하다고 할 수만은 없다.

인원 계획을 세울 때나 결원을 요구할 때 필요한 부문에 관한 점장 생각이 얼마만큼 확실한가를 자문해 보면 의외로 애매했음을 알 수 있을 것이다. 앞으로 점장은 필요한 인원에 대한 계획적이고 명확히 제시해야 한다.

#### (2) 전형에 참여한다.

인사팀이 채용한 사람에 대해서 지금까지 사례나 경험으로 적정한 전형 기준이 될 자료와 의견을 제출하고 배치 후 상황에 관한 정보를 제공하는 등 인사 부문에 적극적으로 협력한다. 그 밖에 전형 면접에 참여하기도 한다. 이렇게 함으로써 점장은 채용에 책임을 지게 되고, 동시에 적성 파악 등으로 정착하는 데 도움을 준다.

이제는 점장이 직원을 관리하는 일이 중요한 시대다.

### 2) 시간제 근무자

시간제 근무자 채용은 점장이 맡은 업체가 많다. 다음과 같은 점에 주의해서 오랫

동안 성실하게 일할 사람을 확보해야 한다.

(1) 작업과 시간대를 정한 후 모집한다.

정직원 경우와 마찬가지지만 어떤 작업에 얼마만큼의 시간이, 어느 시간대에 필요한가를 정하고 그것에 가장 적절한 성격, 경험이 있는 자를 모집해야 한다. 단지 바쁘니까 시간제 근무자를 고용하는 개념이라면 잡일만 시키게 되며 본인도 흥미를 잃고 쉽게 퇴직해 버릴 것이다. 그러나 시간제 근무자 희망자 중에는 책임 있는 일보다는 언제라도 그만둘 수 있는 상황에서 편안하게 일하고 싶어서 하는 사람도 꽤 많다. 이런 생각하는 사람은 채용을 보류하는 편이 좋다.

(2) 채용 시 유의 사항

① 일하는 이유

첫째, 경제적 이유로 자녀 교육비, 주거비 등 목적이 뚜렷한 사람은 매우 성실하게 일한다. 둘째, 사회참여, 능력향상, 생활 보람, 취미 또는 레저비용 마련을 위한 유형으로 취업 동기를 유발하면 어려운 일도 감수한다. 셋째, 다른 사람도 일하고 있으니까 그냥 일하고 싶어서 하는 유형으로 진지함이 빠져 있어 조금 힘든 일이 생기면 쉽게 포기해 버린다. 이런 사람은 면접 시 잘 파악하여 채용하지 않도록 한다.

② 근로조건

근무 시간은 점포 입장과 취업 지원자 희망이 맞지 않는 경우가 많으므로 면접 시 충분히 이야기해야 한다. 서로 이해하지 않으면 충돌이 생겨 오래 일하기 어려울 것이다.

그 외 업무 내용(일을 수행하는 데 필요한 능력이나 기술 등), 임금(배우자 공제 관련도 포함), 교통비, 건강보험에 관해서도 자세히 설명해 둘 필요가 있다.

③ 가족 찬성 여부

주부는 가족에게 비밀로 하고 지원해 오는 경우가 있다. 여러 가지 이유가 있겠지만 실제로는 남편을 비롯한 가족 찬성이 없으면 근무하기 어렵다. 면접 때 잘 확인해 봐야 한다.

④ 가족 구성

어린아이나 환자가 있는 경우 시중을 들어 줄 사람이 있지 않은 한 계속 근무하기는 어렵다. 면접 때 잘 조사해 두어야 한다.

## 4. 규율 · 규정 종류

직장 내 대표적인 규율·규정은 근무 수칙이지만 법적 근거가 없는 불문율까지 포함하면 헤아리기도 어렵다. 사람에 따라서는 속박이라고 생각할 수도 있겠지만 몇십 명, 몇백 명을 공평하게 취급하려면 부득이하게 필요한 것이 규율이다. 뭔가에 대한 규칙이 없다면 불안하고, 혼란스러워질 것이다. 상황에 따라 탄력성 있는 운용이 가능하다면 규칙은 있는 것이 편리하다.

### 1) 근무 수칙

근무 수칙이란 종업원이 근무상 지켜야 할 규율과 노동조건에 관해 구체적인 세부 항목을 정해 놓은 규칙이다.

### 2) 근무 수칙 필요성

현대사회에 있어서 근로자 근무는 질서정연한 분업과 협업 조직하에서 이루어진다.

따라서 질서유지를 위해 직장 규율이 필요하다. 또한, 노동조건을 획일적, 체계적으로 정하는 일은 노무관리를 위해서 꼭 필요하다.

### 3) 근무 수칙 요소

첫째, '직무수행 자체에 관한 규율', 둘째, '직무수행의 부차적인 규율'인데 전자가 대부분을 이루고 있다. 다시 말하면 '근무 규율이나 임금, 노동시간 등 여러 노동조건에 관한 세부 항목' 또는 '기업 내 질서를 유지하고 업무를 원활하게 운영하여 기업 발전과 직원 복지를 도모하는 법칙'이라고 할 수 있다. 근로 규정 자체가 근로기준법에 따라 작성되고, 각 항목이 근로기준법과 깊은 관련이 있으므로 점장은 최소한 근로기준법 골자는 알고 있어야 한다. 이것을 알고 종업원을 관리하는 것과 모르고 관리하는 것과는 큰 차이가 있다. 아무리 훌륭하게 관리한다 해도 법률에 저촉되어서는 문제가 된다. 또한, 근로 수칙은 부하직원 관리 기본원칙일 뿐만 아니라, 새로운 직원이나 시간제 근무자를 고용할 때 '근로계약'이기도 하므로 점장은 내용을 잘 알아두어야 한다.

### 4) 규칙 준수

직장 규율은 직장이라는 집단에서 생활하기 위한 법칙이며 지켜지지 않으면 누군가 피해를 본다. 그러므로 이것은 당연히 지켜져야 하며 그러기 위해서는 모두가 충분히 이해할 수 있어야 한다. 시대착오적이고, 현실과 맞지 않아 대부분 직원이 지키기 어려운 규율이어서는 안 된다. 규율은 여러 입장을 고려해야 할 필요가 있다. 다만, 소매업이면 접객이 업무 대부분을 차지하므로 고객 우선 자세는 일관되어야 한다. 이것은 소매업 발전이 무엇에 의해 이루어지는가를 생각하면 쉽게 이해할 수 있을 것이다. 그러면 근로 수칙 목적을 다시 생각해 보자. 많은 기업은 근로 수칙으로 다음과 같은 것을 주장하고 있다. '이 규칙은 회사가 사내 질서를 유지하고, 업무를 원활하게 운영하여 회사 발전과 직원 복리를 꾀하기 위해 직원 근무에 관한 사항을 정해 놓는 것이다.' 이것으로 보아 사내 질서유지, 사업 발전, 직원 복리를 위한 규칙임을 알 수 있다. 그리고 이에 따르는 근무 원칙으로서 첫째, 회사방침을 따를 것, 둘째, 사내외 신용을 중시할 것, 셋째, 직장 내 질서를 지키고 직책 완수에 노력할 것, 넷째, 기술·기능을 발전시키고 능률향상에 힘쓸 것 등이 요구된다. 이 원칙으로 세밀하고 구체적 항목이 정해지는 셈인데 어떤 회사라도 노동 기준법을 따르므로 복무상 특색은 있어도 상식을 크게 벗어나는 일은 없다.

#### (1) 규율을 준수하게 하기 위한 세 가지 원칙

① 규율이 존재한다는 사실과 그 내용을 집단 구성원이 알고 있어야 한다.
② 규율은 객관적 타당성을 지니고 있어야 한다.
③ 집단 구성원이 반발감을 느끼거나, 무관심할 만한 요소를 가져서는 안 된다.

이 세 가지 원칙에 따르지 않으면 규율은 사문화(死文化)되어 있으나 마나 한 상태가 된다.

#### (2) 동기유발 요인

부하직원에게 직장 규율을 준수하게 하려면 위 세 가지 원칙 아래에서 동기를 유발해야 한다. 동기유발을 하려면 몇 가지 조건이 있다. 규율만을 강요하면 지키고자 하는 의욕을 잃게 된다. 모든 노동환경이 정비되어 있거나 적어도 정비되는 방향으로 진행돼야 한다.

① 자신이 속한 기업이 계속 성장하고 있다. 즉, 돈을 벌고 있다.

② 기업이 소규모에서 대규모로 계속 발전하고 있다(이 단계에서는 기업 창립자가 건재하며 의사결정도 철저하고, 경영관리도 능동적이다).
③ 임금, 노동시간뿐만 아니라 모든 근무환경과 조건이 양호하다.
④ 경영자 방침이 명확하고 그 의사결정이 신속하여 저항 없이 부하직원에게 연결된다.
⑤ 관리체제가 정비되어 있다. 특히 제일선 관리·감독자(점장은 당연히 해당한다)가 경영방침을 명확히 설정하고 있으며 일상적인 관리, 감독 업무에 관해 고도로 훈련되어 있다.

(3) 일상적인 관리에 대한 마음가짐

부하직원이 진심으로 직장 규율을 지키고 있는지 어떤지 알기는 어렵지만 그러기 위한 환경은 조성해 두어야 한다. 그 하나는 점장 자신이 규율이나 시간을 지키는 것이다. 부하직원은 항상 점장을 보고 있으므로 직원 본보기가 되어야 한다.

# 제 2 절 인시 생산성 향상과 OJT에 의한 부하육성법

## 1. 인시 생산성과 작업시스템

### 1) 인시 개념

인시(Man Hour)란 업무(작업)량을 시간으로 표현하는 단위로서 한 사람이 한 시간 소요되는 업무(작업)량을 '1인시'라고 한다.
(예) 12인시의 업무(작업)량 = 1인 × 12시간 = 2인 × 6시간 = 4인 × 3시간

### 2) 할당 개념

사람에게 업무 할당 ———→ 업무에 사람 할당

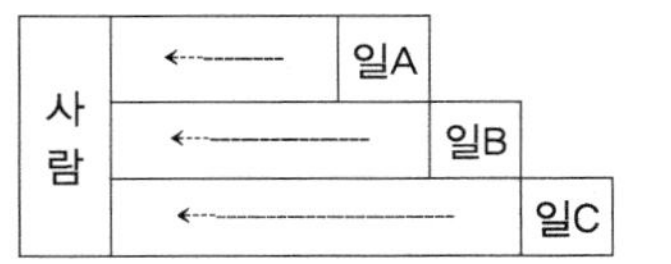


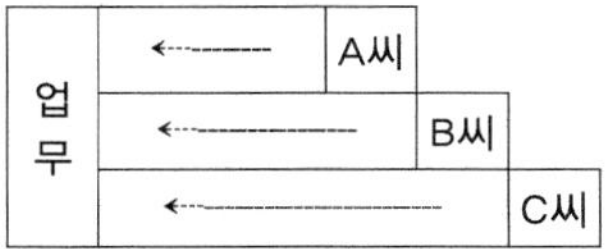

### 3) 작업 시스템화

#### (1) 목적

① 각 작업이 정해진 순서대로 확실하게 실행되게 한다.
② 각 작업이 예정된 시간대로 안전하게 실행되게 한다.

#### (2) 기능

① 매출액과 인건비 관계를 인시로써 명확화한다.
② 개개 영업활동(업무, 작업)에 필요한 인시를 명확화한다.
③ 점포별, 부분별 필요 노동시간을 산출한다.

### 4) 레이버 스케줄링 시스템

#### (1) 레이버 스케줄링 개념

레이버 스케줄링이란 최고경영자 생각이나 의사(정책)를 점포 말단에 있는 개개인 행동에까지 반영시켜 스케줄화하는 도구이다.

#### (2) LSS 개념

기업 모든 수준을 분명히 하고 작업량을 과학적으로 분석하며 그 결과를 토대로 작업량에 적합한 적정 노동량으로 점포를 효율적으로 유지, 운영, 관리하는 방법을 '레이버 스케줄링 시스템'이라 한다.

#### (3) LSS 도입 효과

① 점포별, 부문별로 총 노동시간을 컨트롤할 수 있다(전체 인건비 컨트롤).
② 기업의 기본정책을 점포에서 철저히 실천할 수 있다(정책 완전 수행).

#### (4) LSS 도입 부수적인 효과

① 직원, 파트 타이머 아르바이트 필요 인시를 확정한다.
② 경영층에서 정책 결정 시 효과적 정보를 제공한다.
③ 점포 운영 기술 표준화에 의한 향상을 기한다.
④ 업무개선 계속적 진행이 가능하다.
⑤ 인재 육성 및 능력향상 효과적 수행이 가능하다.

## 2. 작업 할당과 생산성 향상

### 1) 작업 할당

작업 할당이란 각 작업을 이익에 직결시키기 위하여 언제·누구에게·무엇을·어떤 순서로·언제까지 할당하는가를 계획하여 1인당·시간당의 생산성을 올리는 일이다.

### 2) 생산성

자원(노동, 자본) 투입량에 대한 산출(생산)량 비율을 말한다.

(1) 노동생산성

어느 일정 기간에 있어서 종업원 1인(또는 1시간)당 부가가치(총이익액)를 말한다(매출총이익액 ÷ 연간평균 종업원 수).

(2) 노동분배율

부가가치(총이익액)에 대한 노동비용(인건비) 비율을 말한다(총인건비 ÷ 총이익액 ×100).

### 3) 작업 할당 필요

(1) 직무급(職務給) 체계 확립(실적주의)을 위하여 본인에게 직무 구체적 내용을 명시한다.

(2) 직무의 단계와 순서를 정하여 세밀하게 통제함으로써 노동생산성을 향상시킬 수 있다.

(3) 각자 능력이 다른 작업자가 그 사람 소질 · 지식 · 경험에 알맞게 작업을 시킬 수 있다.

### 4) 점포에 있어서 작업 종류(4개 직무 그룹)

(1) 제1 직무 그룹 (현재, 아르바이트로 가능한 일)

① 상품을 보충하기 위한 운반
② 지시(매뉴얼)대로의 상품 진열, 보충
③ 대면 매장에서 계량, 포장
④ 가격표 부착
⑤ 쇼핑용 바구니와 카트 정리

(2) 제2 직무 그룹 (몇 년 후, 아르바이트에게 시켜야 할 일)

① 상품, 비품, 설비 유지관리(청소, 손질, 전표, 감시)
② 실제 재고조사
③ 진열 정리
④ 매장 안내
⑤ 판매실험을 위한 관찰과 기록

(3) 제3 직무 그룹 (특별한 능력이 필요한 일)

① 계산 작업
② 포장 작업
③ 검품작업(품질검사 작업)
④ 권장 판매
⑤ 보충 발주 및 단품 관리
⑥ POP 광고
⑦ 특수 진열 디자인
⑧ 경비, 보안
⑨ 서무, 경리

(4) 제4 직무 그룹 (일반직원, 작업원에게는 금지된 일 – Specialist 업무)

① 상품구성 (품목과 진열량 — 머천다이저 업무)
② 매가 결정 (매가 결정과 변경 — 머천다이저 업무)
③ 클레임 처리 (점장 또는 부문장 업무)

# 3. 작업 할당 준비

## 1) 준비 조건

(1) 부하 조건

① 작업 할당 대상이 명확할 것
② 작업원(직원, 파트타이머, 아르바이트 포함)을 직속 부하로 갖는 관리자(부문장 또는 점장)만이 작성

### 2) 확인해야 할 사항

① 각 작업원 근무 시간대
② 휴식 및 식사 시간 명확화와 거처 확인
③ 부하 작업상 능력 및 관습을 숙지

### 3) 사전 조사

① 어떤 작업을 — 작업 종류 표현, 20분 이상 걸리는 작업은 분할
② 어떠한 능력 사람인가 — 적성, 지식, 경험, 의욕, 교양
③ 언제 — 어느 날, 몇 시, 몇 분부터
④ 얼마만큼의 시간으로 — 분 단위로
⑤ 준비 작업과 뒤처리 작업 — 분 단위로
⑥ 필요한 여유시간 — 5분 이내로, 한 작업과 다음 작업 연결 시 등
⑦ 필요한 도구와 재료 — 예 : POP를 쓰려면 용지, 붓, 펜, 물감, 자 등
⑧ 어디서 — 불특정 장소냐 일정 장소냐, 자유 선택이냐 지정이냐 등

### 4) 개선 검토

#### (1) 개선 착안점

① 사전 조사가 정확히 이루어졌는가.
② 개선 검토 5항목이 충분히 다루어졌는가.
③ 착안점마다 개선 결과에 대한 효과 측정.

#### (2) 검토 5항목

① 누구에게 시킬 것인가 — 능력에 알맞게, 지식과 경험을 부여
② 그만둘 수는 없는가 — 안 해도 되는 작업이 아닌가.
③ 다른 작업과 연결할 수 없는가 — 예 : 포장 → 보관 → 가격부착
④ 순서를 바꿀 수 없는가 — 예 : A → B보다 B → A가 효율적?
⑤ 그 시간이 아니면 안 되는가 — 피크시에 안해도 되는 일?

# 4. 작업 할당 요령

## 1) 점장 정위치

(1) 점장은 입구와 출구에 가까운 곳 – 접객상 가장 편리하고, 부하 감독에 유리한 곳

(2) 부문장은 담당자 작업 상황을 파악하기 좋으면서 매장에 가까운 곳

## 2) 피크 시부터 개선

(1) 객수가 가장 많은 시간대에, 각 종업원 행동을 관찰하여 개선

(2) 피크 요일, 월간 중 피크일 작업계획 개선

(3) 피크시간일수록 관리자는 지휘자로서 전체를 관리(관찰 → 판단 → 계획수정)

(4) 지정시간에서 역산하여 작업계획 – 예 : 10시 개점 → 9:50 진열 완료 → 8:20 작업 개시

(5) QC(Quality Control - 품질관리) 및 MH(Materials Handling - 능률) 활용

## 3) 아르바이트 활용

(1) 아르바이트 도입은 반드시 노동생산성 향상에 도움이 되지는 않으나, 총인건비 절감에는 효과적이다.

(2) 단순노동이나 반복 작업에는 아르바이트가 적합하다.

(3) 단순화된 단기 교육이 필요하다. – 점장, 부문장 업무

# 5. OJT에 의한 부하 육성법

## 1) OJT 10훈

<표 9-1> OJT 10훈

1. 직원이 어떤 일을 할 수 없는 것은 가르치지 않았기 때문이다.
2. 직원이 배우려는 의욕이 없는 것은 가르치는 방법이 틀렸기 때문이다.
3. 일을 '계획단계부터 참여시키는 것'은 OJT의 첩경이다.
4. '일의 자주 관리'가 가능할 때만 그 일의 OJT가 끝난 것이다.
5. 일의 자주 관리=PLAN(계획)×DO(실행)×SEE(평가) 일의 분명한 평가는 훌륭한 OJT이다.
6. 무의식적인 OJT라도 의도적인 OJT보다 성과가 있으면 그것으로 만족할 수 있다.
7. '행동의 변화, 태도의 변화'는 OJT로만 가능하다.
8. 자신이 없는 지도자에게는 아무도 따라가지 않는다.
9. 직원이 '가르쳐도 못 배우는 것'의 80%는 지도자에게 그 원인이 있다.
10. 업무의 할당을 잘하는 것은 SCALE이 크고, 훌륭한 OJT이다.

## 2) 정형적 OJT와 비정형적 OJT

<표 9-2> 정형적 OJT와 비정형적 OJT

| 항목 \ 접근방식 | 정형적 OJT | 비정형적 OJT |
|---|---|---|
| 업무 성질 | 정형적 업무<br>(불확실성이 낮다.) | 비정형적 업무<br>(불확실성이 높다.) |
| 능력개발 요구 파악의 곤란도 | OJT적 요구를 개발능력으로 구체적으로 파악하기 쉽다. | OJT적 요구를 개발능력으로 구체적으로 파악하기 어렵다. |
| 목표의 종류 | 개발해야 할 능력목표 설정 | 업무목표(또는 과정) 설정 |
| 추진 방법 | 전통적인 OJT의 기본 | 업무 그 자체의 Plan-Do-See 목표관리와 문제해결 |
| 주요 방식 | 교시 방법 · 수습방법<br>(가르치는 방법 연구) | 경험방식<br>(업무를 교육으로 만드는 연구) |
| 능력개발 · 활용 | 능력개발 활용 | 능력 활용 개발 |
| 주요 대상 능력 | • 신체적 기능<br>• 업무지식<br>• 기본적인 예의 | • 지적 기능<br>• 문제해결력<br>• 업무에 대한 기본자세 |
| 대 상 자 | • 신입직원, 시간제 근무자<br>• 새로 배속된 직원<br>• 이른바 수준급이 되기까지 | • 입사 1년 이상 직원<br>• 수준급에서 프로로 |

# 제 3 절 인사고과에 의한 평가

## 1. 인사고과 개념과 오류

### 1) 인사고과 개념

인사고과(performance appraisal)는 기업 내 인간을 대상으로 한 평가이며 직무 자체에 대한 평가는 아니다. 인간과 직무와의 관계를 원칙으로 한다. 즉, 종업원이 직무를 수행하면서 나타나는 업적을 중점 평가한다. 상대적 비교·평가이다. 그러므로 인사고과 결과만을 가지고 인적자원관리를 해서는 안 된다. 객관성을 높이기 위해 특정 목적에 적합하도록 조정되는 경향이 있다. 즉, 인사고과란 직원 근무 상태, 실력, 능률, 능력 등을 종합적으로 관찰 평정하는 일로서 인원 배치·임금 책정 등을 목적으로 한다. 대부분 기업은 나름대로 형태를 보이고 인사고과를 실시하고 있다. 제도로 규정되지는 않았어도 관리자와 상사는 부하직원 능력, 성격, 근무 태도 등을 살펴보고 있으며, 그것이 이동, 승진, 상여 등에 반영되는 점을 고려한다면 조직과 결부되어 있다고 말할 수 있다. 능력주의, 실력주의가 강조됨에 따라 인사고과 방법이 재평가되고 있지만 이 자체에 대한 회의와 비판 또한 제기되고 있다.

### 2) 인사고과 상 오류

#### (1) 상동적 태도(常同的 態度, stereotyping)

피고과자가 속한 사회적 속성에 대한 편견이다.

#### (2) 현혹 효과(眩惑 效果, halo effect)

어느 한 측면에서 호의적·비호의적 인상이 다른 측면 평가 시에도 영향을 주는 경향을 말한다.

#### (3) 관대화 경향(寬大化 傾向, leniency tendency)

실제보다 과대 또는 과소평가하는 경향을 말한다.

#### (4) 중심화 경향(中心化 傾向, central tendency)

'보통'이나 척도상 중심점에 평가가 집중(집단화 경향)된다.

(5) 논리적 오류(論理的 誤謬, logical error)

하나 평가 요소가 우수하면 다른 것도 우수한 것으로 판단한다.

(6) 대비오류(對比 誤謬, contrast error)

피고과자 특성을 고과자 자신 특성과 비교하여 평가한다.

(7) 근접효과(近接 效果, proximity effect)

공간적・시간적으로 근접하여 평가한다.

(8) 주관의 객관화(主觀 客觀化, projection)

고과자가 자신 특성・관점을 다른 사람에게 전가하는 경향을 말한다.

(9) 지각적 방어(知覺的 防禦, perceptual defense)

좋은 것은 집중적으로 파고들고 싫은 것을 외면해 버리는 경향을 말한다.

※ 중심화 경향 발생원인
① 평가자가 평가 방법을 이해 못 할 때
② 평가 방법에 대해 회의적・부정적 견해를 가질 때
③ 피고과자를 잘 모를 때
④ 피고과자와 감정적 대립을 피하려 할 때

## 2. 인사고과에 대한 의문 및 비판

### 1) 경영자 측이 반성할 점

(1) 인사고과가 실질적으로 무시되고 있지는 않은가.

인사 부문에서 승급, 상여 시 책정용 정도로만 활용되고 있지 않은가.

(2) 활용할 수 있는 체계가 되어 있는가.

학력 중시 관념이 통용됨에 따라 인사고과 적극적 활용이 저해 받는 경향이 있다. OJT(On the Job Training) 체제가 제대로 준비되어 있지 않거나, 육성계획, 승진 루트가 불분명하여 형식적 평가로 그칠 수도 있다.

(3) 점수 만능 관념에 빠져 있지 않은가.

승진·상여 등 급여를 위해 점수에만 매달리는 경향이 지배적이고 이것이 인사고과에 대한 편견을 낳아 인사고과 운용을 저해한다.

(4) 신뢰성에 문제는 없는가.

평가자(점장 등)가 객관적이지 못하고 평가 기준이 추상적이어서 결과에 대해 신뢰를 얻지 못하는 것은 아닌가.

### 2) 피평가자 측 비판과 불만

인사고과란 본래 모든 인사관리 면에서 활용되는 공정한 기술이어야 함에도 종래에는 직원 처우 관리에 있어서 개별 격차(임금이나 급여)를 두는 데에만 사용됐다. 인사고과를 처우 관리에 이용하는 것은 당연하지만 그것에만 이용하는 것은 잘못이며 지나치게 상벌에 기우는 것도 문제가 있다. '인사고과란 상대평가 때문에 자신들 사이에 간격을 두려고 하는 것'이라고 직원들은 평가한다. 따라서 많은 비판과 불만이 생겨난다. 점장은 부하직원 불신이나 불만을 이해하고 가라앉히도록 해야 한다. 인사고과는 다음 측면에서 직원 반발을 불러일으킨다.

(1) 인간이 인간을 평가할 수 있는가.

(2) 인간 집단 내에서 인간을 평가하는 것은 서로 반목을 불러일으킨다.

(3) 인사고과는 개인차별로 이어진다.

(4) 절대적으로 올바른 평가가 가능한가.

(5) 직원 감정까지 억제할 수 있는가.

## 3. 향후 인사고과

### 1) 목표 설정 시 주요 사항

각 개인 목표는 전체 목표와 연결된 구체적인 목표이어야 하며 동시에 전 회사, 점포, 부서, 담당 부문 목표와 연결되도록 설정한다. 각자가 세운 목표를 기초로 상사와 대화를 통해 최종결정한다.

### 2) 자기 평가 기회

앞으로 인사고과는 피평가자가 스스로 평가하는 제도를 도입하여 부하직원과 피드백 시스템 속에서 능력을 개발하고 발휘하도록 해야 한다. 이미 인사고과와 아울러 '자기 평가', '자기 신고' 제도를 도입하고 있는 기업이 있는데 이 제도는 상사나 관계자와 면접에 의한 커뮤니케이션이 중시되고 면접을 통해서 능력 발휘 상황, 희망하는 직무, 진로 등을 표명할 수 있다. 이처럼 자기 평가 기회를 마련하고 이 과정을 거쳐 평가 내용에 대해 부하직원과 이야기하면 서로 사이가 원만해질 수 있다.

### 3) 고과 면접제도 활용

인사고과를 개인 교육, 능력개발을 위해 적극적으로 활용하려면 부하직원 단점을 보완하는 한편 장점을 더욱 살리도록 지원해 갈 필요가 있다. 평가자(점장)와 피평가자가 인사고과 평가 결과에 대해 서로 이야기하는 제도와 분위기가 조성되어 있다면 지원은 더욱 효과적으로 이루어질 수 있다. 이처럼 서로 이야기하는 제도가 '고과 면접제도'이며 그 목표는 본인 평가와 점장 평가에 차이가 있는 경우 그 이유가 무엇인가에 대해 확실히 이야기하고 이해시켜야 한다. 부하직원 향후 목표(본인의 장점, 단점 등)에 대해 조언하고 본인에게 충실히 이해시켜야 한다. 그 목적을 달성하기 위해서는 무엇이 필요한지 분명히 밝혀 둔다. 점장으로서 부하직원에게 무엇을 기대하고 있는지 충분히 전달해야 한다. 평가자가 면접에 임하는 마음 자세는 부하직원 문제점, 훌륭한 점에 대해 사전에 정리하고 무슨 이야기를 할지 명백히 밝혀 둔다. 평가한다는 의식이 아니라 이해한다는 마음가짐으로 상대 이야기에 귀를 기울인다. 일방적인 설교가 되지 않도록 주의하고, 될 수 있는 한 상대 스스로가 생각할 수 있도록 유도한다.

특히, 인사고과는 직원 간 능력 차이를 두는 것이 아니라 개별 관리 도구임과 동시에 능력개발 시스템이다. 인사고과를 능력개발 시스템으로 살리기 위해서는 평가 내용을 업무별로 구체적이어야 하고 목표가 뚜렷해야 한다. 또한, 평가 내용을 공개하고 평가 결과에 관해서도 본인에게 피드백시켜 상사 평가와 본인 평가 간 차이에 대해 그 원인을 이야기하여 이해하도록 해야 한다.

# 4. 인적자원 평가 방법

<표 9-3> 인적자원 평가법

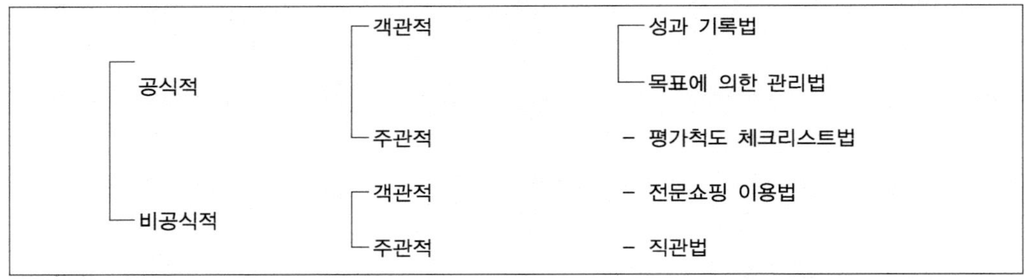


## 1) 성과 기록법(performance reports)

객관적·공식적 평가법이다. 소매점 종업원 성과를 총판매액, 총판매 건수, 고객 불만 건수, 반품된 상품 수 및 금액, 자리 비움·지각·결근 횟수, 시간당 순판매액 등 계량화하여 소매점 내 성과 기준과 비교하여 기준 이상, 기준 정도, 기준 이하 등으로 평가하는 법이며 가장 일반적으로 사용된다.

## 2) 목표에 의한 관리법(management by objectives)

객관적·공식적 평가법이며 종업원별로 직무 기술서에 기초해서 성과 목표를 설정한 다음, 이 목표가 얼마나 달성되었나를 평가하는 방법이다.

## 3) 평가 척도 체크리스트법(rating scales checklist)

주관적·공식적 평가법이며 평가 항목을 정하고 감독자가 주관적으로 종업원들을 평가하며 때로는 동료가 평가하도록 한다.

## 4) 전문 쇼핑 이용법(professional shoppers)

객관적·비공식적 평가법으로서 전문 쇼퍼를 일시 고용, 쇼핑하도록 하고 그 과정에서 종업원 갖가지 항목을 평가하여 보고서를 제출케 하는 방법이며 쇼핑 보고서법(shopping reports)이라고도 불린다.

### 5) 직관법(intuition)

주관적·비공식적 평가법이다. 감독자 직관에 의한 주관적 평가 방법으로서 신뢰성과 객관성에 문제가 있다. 피평가자들을 비교하는 상대평가가 되기 쉽지만, 육성·지도와는 연결되기 어렵다. 현재 인사고과는 직무와 실적(목표 달성도)을 중시하고 평가는 본인이 참가하는 형태가 급속하게 퍼져 가고 있다. 스스로 자신을 평가하게 하고 그 후에 점장이 평가하는 것이다. 또한, 직속 상사 이외 관리직이 평가하는 다면적 평가가 이루어지는 곳도 있다. 어떤 경우든 상대평가는 차이를 두려는 방법으로 직원 개인 능력개발에 도움을 주고자 하는 인사고과 목적과는 맞지 않는다.

## 5. 점장(관리자)에게 있어서 인사고과

점장은 부하직원 개인의 능력, 의욕, 행동, 특성 등을 파악하여 일을 할당하거나 담당을 교체하여 더욱 좋은 작업팀을 만들기 위하여 새로운 편성을 하기도 한다. 또한, 업무 성과를 목표에 비추어서 평가해 갈 책임도 맡고 있다. 이를 위해서 부하직원을 잘 관찰하고 다양한 정보를 수집하여 기록할 필요가 있다. 이때 근거가 되는 것이 인사고과표에 있는 평가 요소가 착안점이다. 즉, 관리자 직무를 수행하는 데 필요한 수단이 곧 인사고과이다. 조직이 결정한 인사고과 목적, 법칙(평가 요소 의미, 착안점, 평가 방법 등)을 완전하게 이해하고 있는가, 평상시부터 지속해서 관찰하고 있는가, 능력이 능동적으로 파악되도록 평가하고 있는가, 능력은 고정된 것이 아니라, 밖으로 유도하고 키움에 따라 상승한다. 자신이 기대하는 것을 부하직원에게 이해시키고 있는가, 실수 없이 능력·실적을 평가하려면 능력을 발휘하도록 업무를 지시하는 것이 전제된다. 따라서 점장(관리자)이 부하직원에게 기대하는 태도, 능력 등을 알게 하여 능력을 자발적으로 발휘시키는 것이 평가 기초이다. 부하를 평가할 수 있는 관계를 조성하고 있는가, 일을 통해서 능력을 발휘시키고 부하직원은 그것을 인정받으려 하는 관계, 평가 결과를 활용할 수 있는 관계, 부하가 솔직하게 자기를 인식하는 관계를 의미한다. 평가 활용법을 사전에 고려하여 평가하고, 실제로 활용하고 있는가, 점장이 자기 계발 기회라고 스스로 생각하는가, 점장이 자기 평가도 하고 있는가, 부하직원 평가를 통해 자기를 반성하고 문제를 찾아내어 생각함으로써 자기 계발 기회로 삼는다. 평가 방법을 연구하고 있는가, 인사고과 방식을 상세하게 설계하더라도, 평가자가 생각해야 할 일은 많다. 실수 없는 평가 하려면, 평가자가 평가 방식에 관해 연구해야 한다.

# 제10장 매장관리(EXTERNAL PEOPLE) : 접객판매기술

## 제 1 절 매장과 고객 응대

### 1. 매장 역할

소비자를 대신해서 상품을 선택하는 역할, 소비자에게 양질의 상품을 제공하는 역할, 소비자에게 효용을 제공하는 역할, 소비자에게 편익을 제공하는 역할, 소비자에게 즐거움을 제공하는 역할을 한다.

### 2. 고객관리

#### 1) 고객관리

한 번 사준 고객에게 어떤 방식으로든 계속 접촉하여 여러 가지 좋은 자극을 심어주어 재구매와 소개를 유도하는 판매촉진 활동 즉 고객을 만족하게 하고 감동하게 하는 일이라고 할 수 있다.

#### 2) 고객관리 목적

고객이 우리 점포를, 점포가 고객을 잊지 않게 하려고, 점포에 대한 좋은 이미지를 심어주기 위해, 결국은 단골, PR맨을 만들기 위해, 판매 안정과 경영 안정을 위하는 것이다. 또한, 불만이 증폭되는 것을 막아 고객 이탈을 방지하기 위해, 고객관리(사후관리)의 철저함이 경쟁사의 침투를 막기 위해, 고객관리 활동은 부채 감정을 심어주게 되어 구매를 촉진하거나 다른 고객을 소개해 주도록 하기 위함이다.

### 3) 만족한 고객 특성

만족한 고객은 7명 새로운 고객을 소개하며 만족한 거래처는 가장 훌륭한 PR맨이다. 1명 고객은 250명 새로운 고객을 창조한다. 만족한 고객은 가장 좋은 판매원이 되어 주며 가장 친한 친구이다.

**<표 10-1> 고정고객과 일반 고객 비교표**

| No | 항 목 | 고 정 고 객 | 일 반 고 객 |
|---|---|---|---|
| 1 | 구매 태도 | 모든 점에 대해서 틀림없다는 신뢰하에 잡다한 일을 이것저것 말하지 않고 타사와 비교하지 않고 산다. | 품질·기능·서비스·납기·가격을 충분히 타사와 비교 종합 검토한 뒤에 산다. 그렇게 깊은 신뢰 관계는 없다. 종합 조건이 나쁘면 구매하지 않음. |
| 2 | 기간 | 보통 장기간에 걸쳐 계속 사고 있다. | 그렇게 장기간 관계를 맺고 있지 않음. |
| 3 | 클레임 | 만일 불량품이 있다든지 서비스가 나쁠 때는 담당 판매원에게 한 식구가 되어 충고해 준다. | 구매 시 기대가 달라져 불유쾌한 일이 있으면 앞으로는 절대로 사지 않음. |
| 4 | 소개 | 자기 스스로 자기 친척·친지·관계자를 소개해 준다. | 자기 이외 사람에게 소개·광고해 주지는 않음. |
| 5 | 신뢰 관계 | 담당 판매원이 일하는 모습에 감탄·감사·감동하고 있어 마음과 기분이 통하는 사이가 되어 있다. | 상품 구매에 그칠 뿐 마음이 통하는 사이가 되지는 않는다. |
| 6 | 정보제공 | 고객으로서 요망, 의견을 정직하게 이야기한다. 타사 움직임도 가르쳐 준다. | 스스로 자진해서 정보제공을 해주는 일이 없음. |
| 7 | 구매량 | 대량으로 사주든지 계속 사준다. | 구매량이 일정치 않음, 계속성이 없음. |
| 8 | 지급 | 담당 판매원 조건대로 지급해 준다. | 대금회수 노력이 필요함. |

## 3. 고객 구매심리 8단계와 고객 응대 10단계

### 1) 고객 구매심리 7단계(AIADCCA) + 1단계(S)

Attention ⇨ Interest ⇨ Association ⇨ Desire ⇨ Comparison ⇨ Confidence ⇨ Action ⇨ Satisfaction

## 2) 고객 응대 10단계

대기 ⇨ Approach ⇨ 응대 ⇨ 상품제시 ⇨ 상품설명 ⇨ 결정 ⇨ 입금 ⇨ 포장 ⇨ 전달 ⇨ 전송

**<표 10-2> 구매심리 8단계와 고객 응대 10단계**

| 고객 | 구매심리 8단계 | ① 주의 → | ② 흥미 → | ③ 연상 → | ④ 욕망 → | ⑤ 비교 → | ⑥ 확신 → | ⑦ 구매 → | ⑧ 만족 |
|---|---|---|---|---|---|---|---|---|---|
| | 고객의 심리상태 | 미지 판매원 접촉과 상품 구매에 대한 불안을 안고 있음. | | 상품에 대하여 이성과 감성에 근거하여 여러 가지 생각을 하게 됨. | | | 자기 스스로 구매 이유를 이성 면에서 정당화하고 구매결의를 공고히 함. | | 자기가 구매한 상품이 좋은 평가를 받기 원하고 판매원의 A/S를 기대하면서 관심을 표명해 주는 것을 반가워함. |

| 상품 자체<br>Display<br>Layout<br>Interior 힘 | 효과적 Approach | 판매사원 힘 |
|---|---|---|

| 세일즈맨 | 상담과정 | 접근(Approach) 단 계 | | 상담촉진 단 계 | | 저항배제 단 계 | 체결(Closing) 단 계 | 사후관리 (Follow-up) 단 계 |
|---|---|---|---|---|---|---|---|---|
| | 고객응대 10단계 | ① 대 기 → | ② 접 근 → | ③ 응 대 → | ④ 상품 제시 → | ⑤ 상품 설명 → | ⑥ 결정<br>⑦ 입금 → 관련 판매<br>⑧ 포장<br>⑨ 전달<br>↓<br>⑩ 전송<br>↓<br>계속 판매 | |
| | 판매원 판매요소 | 인간성 (성의·열의·신뢰) | | 상품 가치 (효용·특징) | | | 판매조건 (가격·조건) | 서비스 |
| | 고객에 대한 행동지침 | 적절한 화법으로 고객의 불만을 제거, 상담하기 쉬운 분위기 조성 | | 상품구입 욕망을 지속시키고 정확한 셀링포인트를 설명하여 상품 가치를 인식시킴. | | | 상품 가치를 설명하며 판매조건을 제시하며 체결을 유도함. | 사후 관리를 통해서 고객에게 만족을 심어주고 재판매·소개판매를 유도함. |

# 제 2 절 판매화법

## 1. 판매화술 원칙

### 1) 말은 인격 총화라는 입장

말은 열의를 가지고 해야 한다. 말을 즐기는 태도가 요구되며 말에는 개성이 있어야 한다. 말로 이익을 보는 예도 있지만, 말로 손해를 보는 경우도 많다.

### 2) 적극적으로 경청하는 태도

(1) 세일즈 기능으로서 적극적 경청(Counseling Sales)

① 고객 이야기를 귀 기울여 듣는다.
② 고객이 말하고 있는 것을 마음에 기울여 듣는다.
③ 고객이 말하고 있는 사실을 몸을 기울여 듣는다.
④ 고객 표정·동작·느낌을 반영하면서 듣는다.
⑤ 고객과 호흡을 맞추면서 고객과 공감을 위해 듣는다.

(2) 경청 대화 효용

① 들어준다는 사실이 우선 기분을 좋게 한다.
② 들어준다고 실감하면 본심 속마음이 나온다.
③ 들어줌으로써 미처 알지 못했던 것을 깨닫게 한다.
④ 들어줌으로써 불안·걱정·의심 등 사라진다.
⑤ 들어줌으로써 서로 대화가 활발해진다.
⑥ 들어줌으로써 호의와 공감이 높아진다.
⑦ 들어줌으로써 대화에 여유가 생긴다.
⑧ 잘 들음으로써 자연스럽게, 효과적으로 리드할 수 있다.
⑨ 잘 듣는 것이 말을 잘하는 것이다.
⑩ 잘 듣는 것은 최고 자기표현이다.

### 3) 고객 제일주의 지향 원칙

파는 쪽 논리에서 고객 관점에서 선 논리로 임한다. Consumer-oriented(소비자 지향), Customer-relation(고객과의 친화 관계) : 친화 관계란 안심하고 맡길 수 있는 신뢰감을 뜻한다.

### 4) 팔지 말고 사게 하자는 입장

판다(판매 측 논리) → 설득 → 팔았다 → 강압적 → 불안 · 불신 → 고객 이탈
산다(고객 측 논리) → 이해 → 내가 샀다 → 자주적 → 만족 · 신뢰 → 친화 관계

(1) 판매원은 고객 자신 호의와 행위를 끌어내는 'Sales Counselor'가 되어야 한다.

(2) 급하게 팔지 말라. 그러나 빨리 사게 하라.

① 너무 급하게 팔면

㉠ 설득 조가 되고 강압적으로 되어 인간관계가 붕괴, 너무 서두르면 나쁜 조건으로 팔게 된다.

㉡ 경계심을 일으켜 의심을 산다, 불안감을 불러오고 구매심리를 후퇴시킨다.

㉢ 불만감을 유발함(무리하게 강매당했다……), 후회감, 자책감, 찜찜한 느낌이 든다.

② 빨리 사게 하는 요령

㉠ 고객에게 적극적으로 말하게 한다(살 마음을 일으킴).

㉡ 고객이 자기 자신의 마음을 정리하도록 원조한다(주최는 언제나 고객, Counseling Mind).

㉢ 고객의 심리를 자극한다(동등의 심리, 동일화 심리, 열등 심리, 우선의 심리, 경쟁심리, 우월의 심리, 차별화 심리, 이질화의 심리……).

㉣ 타이밍을 느끼게 한다(지금 사지 않으면……, 최적의 심리).

### 5) 만족감을 판다는 입장

산 상품에 대한 만족감, 상품을 산 자기 자신에 대한 만족감, After Care에 대한 만족감, 판매원의 대응에 대한 만족감을 증대한다.

## 2. 판매화법 8원칙

1) 부정형으로 이야기하지 말고 긍정형으로 이야기하라.
2) 명령형으로 이야기하지 말고 부탁형으로 이야기하라.
3) 말끝을 공손히 표현하라.
4) 거절할 때는 부탁형으로 이야기한다.
5) 단언해야 할 때와 아닐 때를 구분한다.
6) 자기 책임으로 돌려서 말한다.
7) 칭찬하는 말, 감사하는 말, 기쁘게 하는 말을 자주 쓴다.
8) 손님 이름, 직함을 자주 부른다.

# 제 3 절 고객 유형별 응대 및 클레임 처리

## 1. 고객 유형과 대응기법

<표 10-3> 고객 유형과 대응기법

| 고 객 유 형 | 고 객 특 성 | 판매사원 대응방법 |
|---|---|---|
| 1. 수다스러운 사람 | 욕구불만으로 남에게 동조를 얻고 싶어한다. | 가능한 한 따뜻하게 수용한다. |
| 2. 유창하게 말하는 사람 | 능력은 있으나 때로는 자신을 과시하는 타입이다. | 반론은 좋지 않고 질문식 설득화법으로 대응한다. |
| 3. 무엇이든 반대하는 사람 | 콤플렉스나 자부심이 특히 강하다. | 질문으로 대응하되 자존심을 건드리지 않는다. |
| 4. 금방 말 허리를 자르는 사람 | 이기적 성격 소유자이다. | 대화시간을 충분히 갖고 판매사원 생각을 이해시킨다. |
| 5. 격렬한 어조로 말하는 사람 | 사교적이지 못한 사람이다. 판단력, 비판력이 직관적이다. | 여유를 가지고 정신적 우위에서 들어주는 것이 좋다. |
| 6. 같은 말을 장시간 되풀이하는 사람 | 자아가 강하고 끈질긴 성격 소유자이다. | 문제를 압축하고 요점을 정리 상대방 말에 지나치게 동조하지 않는다. |
| 7. 이야기를 그대로 받아주는 사람 | 주체성이 모자란 자기 방어형이다. | 상대 기분을 이해하면서 이야기를 보조해 준다. |
| 8. 말을 더듬는 사람 | 내향적이거나 행동력이 강하다. | 상대 기분을 이해하면서 이야기를 보조한다. |

| 고 객 유 형 | 고 객 특 성 | 판매사원 대응방법 |
|---|---|---|
| 9. 비유를 잘하는 사람 | 머리가 좋은 타입이다. | 논리적 화법으로 설득한다. |
| 10. 이야기 맞장구를 잘 치는 사람 | 사교적인 타입이다. | 상대와의 기분에 사로잡혀 말을 많이 하는 것을 삼간다. |
| 11. 주저하면서 이야기하는 사람 | 상대를 경계하거나 콤플렉스 소유자이다. | 상대가 부담 없이 말할 수 있는 분위기를 조성해 나간다. |
| 12. 과장되게 말을 잘하는 사람 | 콤플렉스를 감추고 있는 사람이다. | 상대 진의를 파악하고 말보다 객관적인 자료로 대응한다. |
| 13. 이치를 따지기 좋아하는 사람 | 완고한 남다른 성격 소유자이다. | 이론적으로 맞서지 말고 상대 의견을 존중한다. |
| 14. 생각에 생각을 거듭하는 사람 | 신중하나 판단력이 부족한 사람이다. | 이쪽에서 딱 잘라 결론을 내주는 화법이 좋다. |
| 15. 빈정거리기 좋아하는 사람 | 열등감, 허영심이 강한 사람이다. | 자존심을 존중해 주면서 대응한다. |
| 16. 제스처가 풍부한 사람 | 감수성이 풍부하고 말하기 좋아하는 타입이다. | 신중하게 말하고 상대 말을 가로채지 않도록 한다. |
| 17. 마음을 열지 않는 사람 | 모르는 사람에 대한 경계심이 있고 콤플렉스 소유자이다. | 판매사원이 먼저 진지하게 마음 문을 열고 접근한다. |
| 18. 익살을 떠는 사람 | 생활을 즐기는 타입이다. | 지나치게 수다를 떨어도 가능하면 받아준다. |
| 19. 스스로 비하하는 사람 | 실은 속으로 칭찬받기를 희망하는 사람이다. | 상대 장점이나 칭찬할 사항을 찾아내 좋게 얘기한다. |
| 20. 자랑을 잘하는 사람 | 콤플렉스 반사적 표현이다. | 칭찬이나 인정을 해준다. |
| 21. 생각나는 대로 즉석에서 말하는 사람 | 자아의식이 강하고 상대방에 대한 배려가 없는 사람이다. | 인내력과 포용력을 갖고 응대한다. |
| 22. 낙천적 사람 | 판단력, 실행력이 뛰어난 적극적인 성격의 소유자 | 감정 설득화법으로 응대한다. |
| 23. 확신 없이 횡설수설하는 사람 | 주의력이 산만하고 사고력이 모자란 사람이다. | 판매사원이 주도권을 쥐고 이야기해 나간다. |
| 24. 곧바로 타협하려는 사람 | 충분한 경계가 필요한 사람이다. | 이야기는 진행하되 상대방의 상태를 예의 주시해야 한다. |

## 2. 불만족 발굴 및 제거 체제 구축

### 1) 불만족과 불평 행동

(1) 기대와 지각된 제품성과 간 비교 과정에 의해

→ 만족/불만족 형성(구매 후 부조화 현상이 영향을 미침)

→ 재구매 의도 및 불평 행동이 나타난다. (귀인 과정이 영향을 미침)

(2) 불평 행동

무 행동, 사적 행동(친구에게 경고, 구매 중지 및 구매 보이콧), 공적 행동(회사에 직접 배상 요구, 회사·정부 기관·민간 단체에 불평, 배상을 위해 법적 조처한다.)

(3) 클레임과 컴플레인

① 클레임(Claim)
현재 불만족을 개선하기 위해 고객이 생산/판매자에게 어떠한 행동을 요구하는 것이다.

② 불만(Complain)
고객이 제품으로 인한 손해 등에 대한 보상을 원하는 것이다.

## 2) 불만족 발굴 및 제거 체제 구축

(1) 고객 항의를 선물로 받아들이는 철학이 필요하다.

(2) 항의는 고객이 원하는 것이 무엇인지 가르쳐 준다.

① 부정적 구전 두 가지 편향이 있다.
② 좋은 것보다 나쁜 것을 더 전달하려고 하는 심리가 있다(평균 3배).
③ 듣는 사람 처지에서 좋은 구전보다 나쁜 사람 말에 더 귀를 기울인다.
④ 좋은 소문은 걸어가고, 나쁜 소문은 날아간다.

<표 10-4> 고객 불만족 처리

| 유 형 | 설 명 |
|---|---|
| ① 불평 토로 | 불만을 가진 4%는 거래기업에 불평을 토로함<br>96% 고객은 불만이 있지만 말하지 않음<br>96% 말 없는 불만이 있음 |
| ② 거래 단절 | 불만을 품은 고객 중 91%는 거래가 단절됨<br>가시적인 4%는 보이지만 91%의 거래단절 고객의 이유를 알지 못하게 됨 |
| ③ 이웃에게 불평 전달 | 불만을 품은 고객은 16명에게 불만을 전달함 |
| ④ 불평하는 사람 재거래 | 불만, 불평을 호소하는 사람은 하지 않는 사람보다 재거래율이 높음 |
| ⑤ 불평이 해결되면 재거래 | 불만, 불평이 해결된 사람 54~75%는 재거래됨<br>그리고 불평을 신속하게 처리할수록 재거래율이 높음 |
| ⑥ 만족한 불평 해결을 이웃에 전달 | 불만, 불평을 만족스럽게 해결 받은 고객은 평균 5명에게 전달함 |

# 3. 불만 고객 불평 처리

## 1) 영업(Sales) 있는 곳에 불만이 있다.

요리는 소금 가감, 장사는 불평 가감이다. 짠맛 성분은 10,000분의 1g 넣어도 맛이 변하며 단맛 성분은 수만 배인 수 그램을 넣지 않으면 맛 변화를 알 수 없다. 싫은 것에 민감하지만 좋은 것에 둔하다.

## 2) 상황판단에 민감해야 하며 불평불만 원인을 파악해야 한다.

### (1) 불평 발생 이유

불평은 판매원 태도와 말씨가 불친절하거나 판매원이 지식(특히 상품 지식) 부족, 고객 부주의(상식적인 문제로 알고 설명을 생략했으나 고객이 예상외로 알지 못해), 사무처리 미숙이나 착오(납기 지연, 사양·부속품의 착오 따위), 손님 감정에 대한 배려 부족 등 이유로 발생한다.

### (2) 백화점에서 컴플레인 발생원인

품질 불량, 불친절, 정보제공 미흡, 상품관리의 미흡, 강권 및 강매, 교환 및 환급지연, 약속 불이행, 수리 수선 미흡, 거래조건 표시 및 광고, 주차 안내 및 주차시설 불량, 신용판매(자동이체 누락, 매장 서명 대조 미확인), 기타(보관 물품 소홀한 관리…)

## 3) 불평 처리

### (1) 불평 처리 신조 12장

① 고객 불평·불만을 말하기 쉽게 한다.
② 고객 말을 막지 않고 끝까지 정중한 예의로 경청한다.
③ 고객과는 절대로 논쟁하지 않는다.
④ 판매사원 개인을 향한 클레임이 아님을 알아야 한다.
⑤ 고객 우월감을 최대한 만족하게 한다.
⑥ 감정적 불평에는 관대해야 한다.
⑦ 도가 지나친 요구에 대해서는 결론을 서두르지 말아야 한다.
⑧ 선입관에 사로잡히지 말고 쓸데없는 말을 삼간다.

⑨ 딱딱한 긴장이나 부자연스러운 웃음보다 자연스러운 태도로 응대한다.
⑩ 칭찬 묘약을 아끼지 않는다.
⑪ 즉각적으로 명쾌·신속하게 처리한다.
⑫ 클레임에서 배우고 아이디어를 얻는다.

### (2) 클레임 처리단계

불평 사항 청취 → 원인분석 → 해결책 마련 → 해결책 전달 → 처리 → 결과 검토

① 고객 불평을 우선 잘 듣는다.
② 고객이 말하는 것을 성의를 가지고 메모하면서 듣는다.
③ 사과할 것은 솔직하게 사과한다.
④ 고객 잘못을 책망하지 않는다.
⑤ 어떤 클레임도 긍정적으로 받아들여 처리한다.
⑥ 원인을 분석한다.
⑦ 요점을 파악한다.
⑧ 고객 착오는 없었는지 검토한다.
⑨ 이쪽이 책임을 져야 할 문제인가, 즉시 대답할 수 있는가를 생각한다.
⑩ 과거 사례와 비교해 본다.
⑪ 회사방침이나 정책과 대조해 본다.
⑫ 내부 사정을 이유로 들지 않는다.
⑬ 해결책을 찾아낸다.
⑭ 해결책을 전달한다.
쉬운 말로 설명, 권한 이외 사항일 때에는 그 과정을 충분히 설명하고 양해를 얻는다.
⑮ 결과를 검토한다.
결과를 검토·반성하고 고객 반응과 만족도를 살핀다. 두 번 다시 같은 클레임이 발생하지 않도록 유의한다.

### (3) 불만 고객 특별관리법 → 전화위복

① 컴플레인 고객은 반드시 고객 카드를 만들어 고객 이름·주소·전화번호·컴플레인 내용·처리결과 등을 기록으로 남긴다.
② 고객 제안이나 아이디어도 물어서 기록해 둔다.

③ 카드를 컴퓨터에 입력, 수시로 DM을 보내고 전화와 방문 등 인간관계를 맺음으로써 평생 단골손님이 될 수 있게 노력한다.

(4) 컴플레인 처리 삼변주의 : 장소, 사람, 시간 변경

(예 : 매장 → 사무실이나 고객상담실, 판매사원 → 판매 담당)

(5) 불만 처리 경로

<표 10-5> 불만 처리 경로

| 불만 처리 | 경 로 | 비 고 |
|---|---|---|
| 1 차 | 소비자 → 판매사원 →<br>담 당 → 과 장 | • 1차 처리 시 처리결과를 소비자상담실로 연락하여<br>→ 처리 일관성 유지 |
| 2 차 | 소비자 → 소비자상담실 | • 1차 처리가 안 된 경우<br>• 1차 처리 부서에서 독자적으로 처리가 애매한 경우<br>• 회사정책 차원에서 처리해야 할 필요가 있는 경우<br>• 소비자가 직접 상담실로 방문한 경우 |

(6) 처리방법

<표 10-6> 불만 처리 방법

| 방 법 | 구체적 예 |
|---|---|
| 문제 파악 | 불만이나 노한 감정을 전부 듣고 고객 흥분을 진정<br>선입관을 버리고 최후까지 전부 들으면서 메모하고 변명을 삼가<br>원인 : • 상품(결함, 포장, 가격)<br>• 판매사원(접객 태도, 친절서비스, 정보요구)<br>• 기타(배달, 사고, 고객의 오해)<br>실제로 원인은 복합적으로 나타나며 특히 판매원에 기인하는 경우가 많음. |
| 일목요연 재확인 | 고객 욕구를 분명히 파악하여 정확히 이해하고 수용 |
| 욕구충족 해결책 방안 모색 | 제품교환, 환급, 수리 수선, 약속 재이행, 시정, 배상, 해명 사과, 정보제공, 기타 |
| 처리결과에 대한 만족 확인 | 해결 후 전화하여 조처된 사항에 만족하는지 확인하여 고정 고객화 함. |
| 해결방안 검토와 전달 | 컴플레인 발생 ⇒ 상사(고객상담실) 보고 ⇒ 판매사원에 의한 처리 또는 상사(고객상담실)에 의한 처리 ⇒ 해결책과 그 과정을 설명하여 고객 의사타진 ⇒ 고객 양해 및 협의(컴플레인 고객의 고정 고객화) ⇒ 약속내용의 실행 ⇒ 컴플레인 처리 일지 작성 ⇒ 상품 및 판매 서비스 적극적으로 개선 |
| 결과 보고 | |

### (7) 컴플레인 처리 시 응대 요령

① 고객은 독특성을 지닌 인간으로서 존중하는 태도를 보인다.
② 고객은 근본적으로 선의를 하고 있다고 믿는다.
③ 친절하고 상냥하게 대한다.
④ 상대방에게 동조해 가면서 긍정적으로 듣는다.
⑤ 침착하게 응한다.
⑥ 고객 관점에서 성의 있는 자세로 임한다.
⑦ 품위를 지킨다.
⑧ 쉬운 언어를 사용한다.
⑨ 부드러운 대화 분위기를 조성한다.
⑩ 선입견을 품지 않는다.
⑪ 자기 통제력을 유지한다.
⑫ 공감 표시를 적절히 한다.
⑬ 판에 박힌 듯한 행동은 삼간다.
⑭ 논쟁이나 변명은 피한다.
⑮ 솔직하게 사과한다.
⑯ 설명은 사실을 바탕으로 명확하게 한다.
⑰ 고객에게 유리한 처리로 최선을 다한다.
⑱ 신속하게 처리한다.
⑲ 자기 통제력을 유지한다.

### (8) 컴플레인 처리를 위한 체크리스트

① 컴플레인을 성의를 가지고 최후까지 듣도록 노력하고 있는가.
② 컴플레인 사실을 확인하고 그 진의가 어디 있는가를 찾고 있는가.
③ 상대방 과실이라 할지라도 상대방 체면을 손상치 않고 적절히 오해를 풀었는가.
④ 컴플레인 처리를 회사에 가져갔을 때 성의 있는 처리를 하고 있는가.
⑤ 책임을 전가하기 위한 언동은 없는가.
⑥ 컴플레인 처리는 자기 권한 내에서 대답하고 있는가.
⑦ 컴플레인을 가져온 고객에게 이야기할 분위기를 조성하고 있는가.
⑧ 컴플레인에 대한 질책을 받았을 때 부자연스럽게 말을 꾸미는 습관은 없는가.
⑨ 컴플레인을 받았을 때 상대방을 칭찬하는 것을 잊지 않고 있는가.

⑩ 컴플레인이 있을 때 그 해결에 앞서 먼저 사과하는 것을 잊지 않고 있는가.
⑪ 선입관에 의해 쓸데없는 말을 하여 실패하지 않았는가.
⑫ 이쪽이 실수한 과실에 대해 먼저 상대방 의견을 듣는가.
⑬ 상대가 아무리 화를 내고 자기 쪽에서 손해를 보았다 해도 사죄를 잘 할 줄 아는가.
⑭ 이쪽이 실수한 과실에 대해 먼저 상대방 의견을 듣는가.
⑮ 상대가 아무리 화를 내고 자기 쪽에서 손해를 보았다 해도 사죄를 잘 할 줄 아는가.
⑯ 이쪽이 실수한 과실에 대해 먼저 상대방 의견을 듣는가.
⑰ 컴플레인 보상을 기대 이상으로 하는가.
⑱ 보상이 규정 외 요구일 때 상사와 의논한다고 하여 결론을 서둘지 말 것을 잊지 않는가.
⑲ 상대가 지나치게 흥분했을 때 또는 요구가 무리했을 경우 시간을 바꾸고 사람을 바꾸고 장소를 달리하고 있는가.
⑳ 명백히 상대방에게 책임 있는 경우 과거 예를 들고 합리적으로 이해시키고 있는가.
㉑ 컴플레인에 대해 상대를 어리둥절하게 우물쭈물하고 있지 않은가.
㉒ 거래 개시 후 후일 컴플레인이 일어나지 않도록 충분한 계약 내용 기타를 설명하고 있는가.
㉓ 컴플레인을 처리할 때 고객과 싸운다든가 감정적으로 흐르지 않는가.
㉔ 언제나 대표 관념 의식을 지니고 동료 실패까지 사과하고 있는가.

# 제11장 매장관리(PRESENTATION) : 인 스토어 머천다이징

## 제 1 절 인 스토어 머천다이징(ISM)과 매장 레이아웃

### 1. 경영전략에서의 ISM 위치

일반적으로 소매업 경영전략은 비용을 절감하는 방법과 매출이 증가하는 방법이 있다. 소매업에 있어서 매출을 올리는 것은 '객수 × 객단가 = 매출' 관계에 따라 객수를 올리는 방법과 객단가를 올리는 방법으로 나눈다.

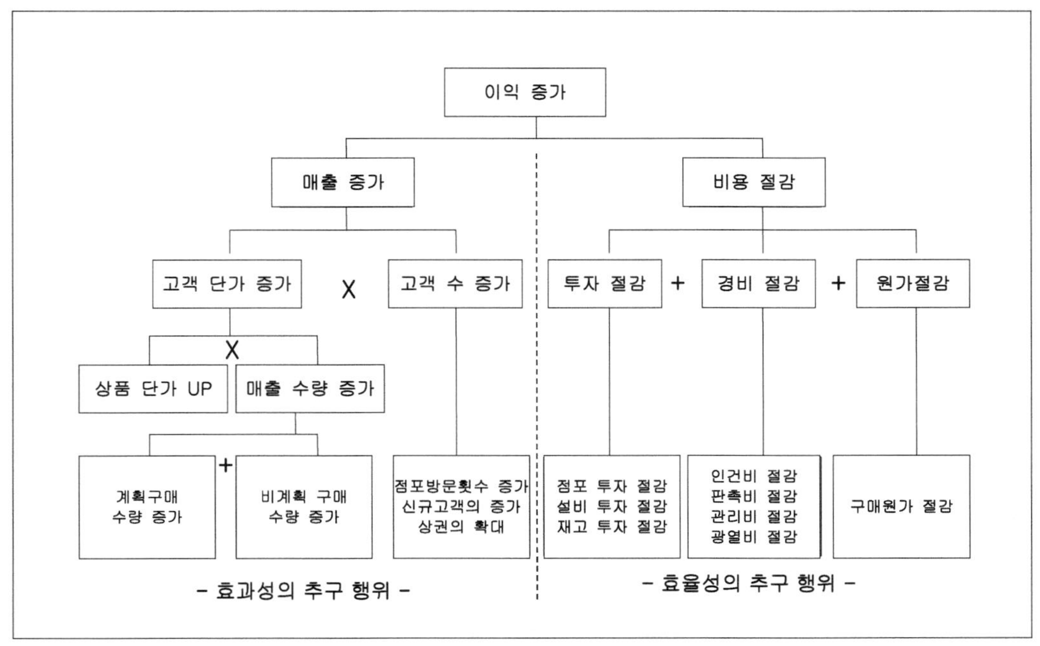


<그림 11-1> 소매점포 전략체계와 기술혁신 방향

고객 수를 증가시키려는 방법에는 다음과 같은 것들이 있다.

## 1) 기존 고객 방문 횟수를 증가시키는 방법

(1) 방문 의욕을 향상한다. (차별화)

(2) 방문 수단을 늘린다.

(3) 방문 기회를 늘린다.

## 2) 신규고객을 증가시키는 방법

(1) 상권 내 고객 증대

(2) 상권 확대

구체적으로 고객 수 증대책은 다음 <표 11-1>과 같다.

**<표 11-1> 고객 수 증대책**

| 고객 수 증대책 | |
|---|---|
| • 특매품목 선정<br>• 특화상품 개발<br>• 품종 폭 확대<br>• 매장면적 확대<br>• 일자별 서비스 품목 확대 | • 타임 서비스 강화<br>• 생식품 판매 강화<br>• 소매촉진 강화<br>• 신속한 정보수집 및 처리<br>• 차별화된 서비스 제공 |

## 3) 객단가를 증대시키는 방법

객단가를 증대시키는 방법으로는 다음과 같은 것들이 있다.

(1) 품절 체크 기능 강화

(2) 상품관리 강화

(3) 진열 방법 지속적 연구

(4) 볼륨 존 연구

(5) 묶음 상품 판매 개발

(6) 구매시점광고(pop) 활용 간접 대화 강화

(7) 스페이스 생산성 향상

상품은 점포와 매장을 통해 고객에게 인도되는데 같은 조건 상품이라도 매장 환경 조건에 따라 판매량이 많이 달라진다. 그러므로 매출 = '객동선 길이에 정비례'라는 이론에 근거하여 매장에서 쇼핑하는 고객 동선을 어떻게 하면 길게 할 수 있는가? 객동선을 길게 해서 객단가를 증가시킬 방법은 무엇인가? 하는 사항에 착안하여 점내 설계를 하는 것이다. 이와 같은 것들이 인 스토어 머천다이징에 있어서 풀어나가야 할 과제이다.

## 2. 인 스토어 머천다이징 개선을 위한 사고방식

### 1) 인 스토어 머천다이징과 비계획 구매

고객은 식료품 및 일용품 구매 시 구매 품목 80~90%를 비계획적으로 산다. 지금까지 행해진 각종 소비자 조사에서 위와 같은 결과가 나왔다. 셀프서비스 매장을 이용하는 소비자 대다수가 상품구매 의사를 매장에서 최종 결정을 하고 있다.

<표 11-2> 비계획 구매에 대한 조사자료

| | 조사 1 | 조사 2 | 조사 3 | 조사 4 | 조사 5 |
|---|---|---|---|---|---|
| 특정품목 계획 | 13.0% | 3.5% | 7.0% | 11.0% | 3.2% |
| 일반적 계획 | 14.5% | 15.9% | 9.0% | 10.8% | 12.7% |
| 대체 구매 | 0.9% | 0.4% | 1.0% | 2.1% | 6.8% |
| 충동 구매 | 71.6% | 80.2% | 83% | 76.1% | 77.3% |
| 합계 | 100% | 100% | 100% | 100% | 100% |
| 점포 내 결정 | 87.0% | 96.5% | 93% | 89% | 96.8% |

자료 : 일본 유통경제연구소.

이와 같은 구매패턴을 유발한 이유로 첫째, 셀프서비스 판매 방식 도입을 들 수 있다. 매장에서 자유롭게 살 수 있는 환경이 '점포에서 결정'이라는 행동으로 바뀌게 했다. 둘째, 비계획 구매 품목은 비교적 단가가 낮은 '식품류, 일용 잡화류' 등 일상용품이기 때문이다. 따라서 비계획 구매율이 높으면 인 스토어 머천다이징은 더욱 유효하게 적용된다.

### 2) 인 스토어 머천다이징 개선을 위한 사고방식

인 스토어 머천다이징을 통한 생산성 향상을 위해서는 먼저 매장관리가 제대로 해져야 한다. 품절, 누락 상품, 구매시점광고(pop) 미부착 등으로 매장이 어지러워지면 판매에 나쁜 영향을 주고 POS 데이터 자료도 무용지물이 되어 인 스토어 머천다이징 개선 효과는 기대할 수 없게 된다. 인 스토어 머천다이징은 객단가 증가를 목표로 한다.

(1) 비계획 구매수 증대(= 구매 품목수)

① 연상구매를 유도한다.
② 관련 구매를 유도한다.
③ 충동구매를 유도한다.
④ 제안을 접수한다.

(2) 구매 상품 단가를 높여 고 가격상품 구매 유도

이를 위해 인 스토어 머천다이징 비결(know how) 개발이 필요하다. 소매점에서 소비자 요구에 합치한 상품 및 상품구성을 가장 효과적인 방법으로 소비자에게 제공함으로써 자본과 노동생산성을 최대화하려는 활동을 의미하며 소매점에 있어서 '가치공학'(Value Engineering)이다. 소매점의 매출 증가는 내점객 수 증가와 객단가 증가의 곱이라고 생각할 수 있다. ISM이란 주로 객단가를 증가시키는 방법을 고객 행동 과학적 입장에서 연구하는 것이다.

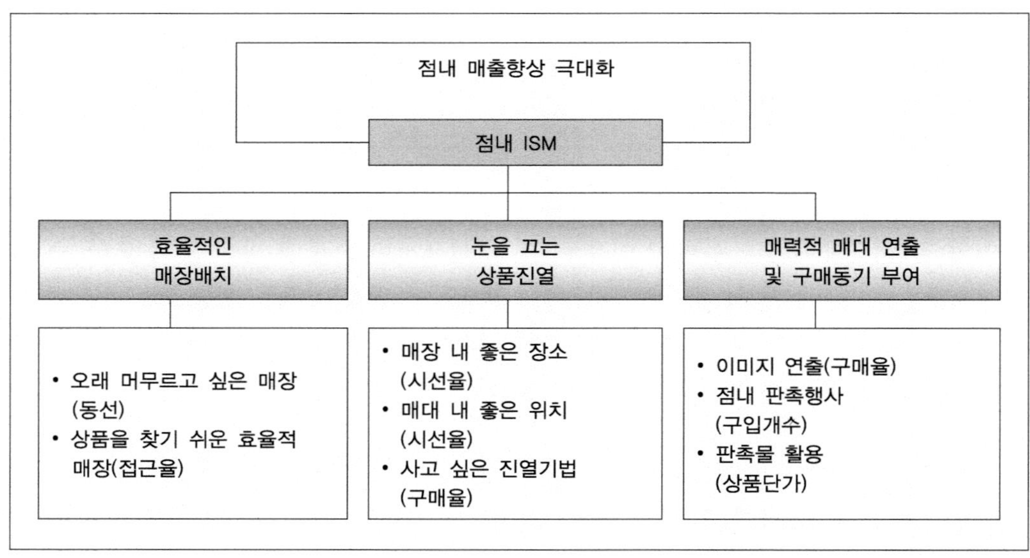


<그림 11-2> ISM 구성

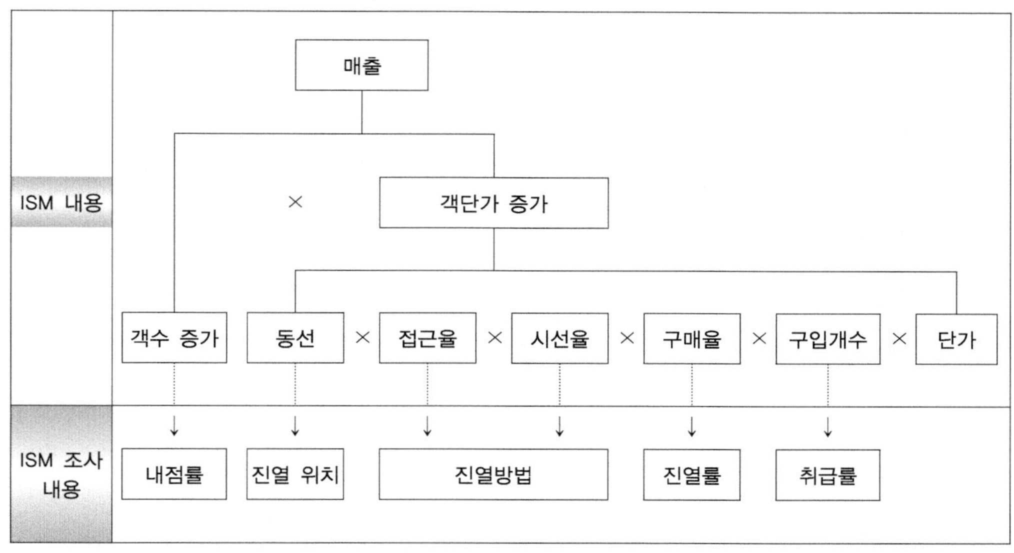


<그림 11-3> ISM 내용

## 3. 고객의 흐름을 좋게 하는 매장 레이아웃

### 1) 매장 레이아웃

매장의 각종 설비, 통로 등을 배치하는 것으로서 상품구성이나 상품 진열, 각종 동선, 작업 동작 등을 위해 더욱 효율적으로 배치하는 것을 뜻한다.

(1) 목 적

① 고객들이 점내를 두루 돌아다니면서 구매기회를 증대 : 회유성 향상(상하, 수직형 회유/수평형 회유 촉진)

② 점내 배치구성을 적절히 함으로써 고객 수와 구매단가, 내점 빈도 증가 : 판매효율 향상

③ 공간 면적당 생산성 향상(판매 생산성 향상) : 죽은 매장(死角 賣場) 살리기

(2) 상하 수직형(Floor) 회유성 증대

① 샤워 효과

고객이 내점하여 1층에서 들어와 지하 식품매장에서 장거리를 산 후 맨 위층까

지 올라가서 양쪽으로 흩어져 내려오면서 쇼핑하게 하는 방법

② 분수효과

고객이 1층에서 바로 맨 위층에 수직 엘리베이터나 에스컬레이터를 타고 올라간 다음 밑으로 흩어져 내려오면서 쇼핑을 하게 하는 방법

③ 승강 시설 위치(중앙설치와 측면 설치)

㉠ 매장 각 층당 한 층씩 올라갈수록 30% 정도 고객이 감소하는 경향이 있다.

㉡ 내구재나 의류를 구매하러 온 고객이 식품을 구매(반대 경우는 없음)

㉢ 고객이 내점하면 즉시 건물 최상층으로 가려고 한다.

(3) 레이아웃(단층) 유형

① Grid-Store-Layout : 일반 슈퍼, 규격상품용

② Race-Track-Layout : 쇼핑센터, 대형백화점

③ Free-Form-Layout : 전문점

(4) 레이아웃 분류

① 층 레이아웃

㉠ 매장 레이아웃

㉡ 통로 레이아웃 : 주 동선, 보조 동선, 작업 동선

㉢ 설비 레이아웃 : Fitting-Room, 휴게실, 계산대 등

㉣ 상품 레이아웃

② 후방 레이아웃 : 작업장, 창고, 사무실 기타 공간(휴게실, 직원 탈의실)

③ 점내 면적 배분 시 매장 면적은 60~90%를 차지(대형점일수록 면적 축소)

## 2) 효과적인 매장 레이아웃 설계

레이아웃이란 단순히 어느 상품을 어디에 두고 어떤 곳에 어떤 진열 집기를 놓을 것인가에 그치는 것이 아니다. 어떤 상품을 몇 개 놓을 것인가에서 시작되어 이 표준 계획이 완성되었을 때 끝나는 것이다. 그러므로 점포 내에 부문별 상품 배치를 한 것만으로는 불완전한 레이아웃 계획이 되어버린다. 또 경영 전반에 있어 각 품목을 얼마만큼 재고로 하고 어느 정도 판매하여 어느 정도 회전율을 올리는가 하는 것으로부터 필요 자금 개요, 사업 경제성, 나아가 채산성 목표까지 세운다.

따라서 완전한 레이아웃 계획은 각 품목 진열 수와 진열방법에 관해 상세하게 표를 작성하는 것까지 해야 한다. 이처럼 표자 그림을 이용한 진열 지도서를 만드는 것은 소매점포 경영에서 필수 작업이다. 재고량을 통제하고 작업을 표준화하기 위해서라도 진열 지도서는 꼭 필요하다. 매장 레이아웃은 고객 동선을 길게 하고 상품과 접하는 시간을 오래 유지해 매출을 늘리기 위한 것으로 매우 중요하다. 매장 레이아웃을 설계하면서 가장 중요한 것은 매장에서 쇼핑하는 고객 행동을 먼저 파악하는 일이다. 고객이 매장에서 쇼핑할 때 일반적인 행동을 보면 똑바로 앞으로 나가려는 본능, 좁은 통로보다 넓은 통로를 걸으려는 본능, 좌측통행하려는 본능, 벽면을 따라 걸으려는 습성, 탐구 본능 원칙성, 최단 거리 동선을 선택하려는 본능(목적지를 향한), 평균 보행 속도 1m/초, 단조로운 통로를 회피하려는 본능, 상품을 자유롭게 만져 보고 고르려는 본능, 왼쪽보다 오른쪽 상품에 시선을 정지시키려는 습성 등이다. 이 밖에도 여러 가지 행동 특성이 있을 것이다. 매장 레이아웃 설계는 매장에서 보여주는 고객들의 이러한 행동 특성을 잘 살펴서 연출해야 성공할 수 있다.

### (1) 레이아웃 목적

레이아웃은 시설물·상품·판매 및 비판매 부서·통로 공간을 효과적으로 배치하고 상품 노출을 최대화해 고객 마음을 끄는 환경과 편리를 제공함으로써 다음과 같은 목적을 달성하게 한다.

① 매출을 많이 올릴 것
　㉠ 많은 고객을 점포로 들어오게 할 것
　㉡ 객단가를 높일 것

② 점포를 유지하는 데 경제적일 것
　㉠ 적은 인원으로 근무가 가능할 것
　㉡ 판매 이외의 검수·보관·진열·상품 보충 등 기타 작업에 드는 경비를 줄일 수 있을 것
　㉢ 투자 자본(상품 또는 모든 설비)의 경제성을 높일 것

### (2) 레이아웃 설계 및 전개 순서

① 점포 레이아웃

점포 콘셉트를 결정하는 단계이다. 점포를 경영해서 무엇을 실현하려고 하는 것인

가, 어느 대상 고객에게 어떠한 상품을 제공할 것인가를 결정하고, 구체적인 점포 모습을 정하는 일이다.

<표 11-3> 점포 레이아웃 설계와 전개

| 설계 시 착안점 | 전개 |
|---|---|
| - 업태 명확화(대면판매, 측면판매, 셀프서비스 판매)<br>- 구색 갖춤 방침(취급상품 유형)<br>- 점포 건물·설비·내장재에 대한 방침(사무실, 창고, 검수장, 기계실, 계단 등)<br>- 점포 전체 상품구성 방침 | - 건물 설계<br>- 실내장식 계획, 색채 이미지 계획<br>- 진열기법, 비주얼 머천다이징 계획 |

② 매장 레이아웃

각 층과 매장마다 매장 용도·목적을 결정하고, 실생활에서 어떤 장면인가를 고려한다. 매장별 방침에 따라 '매장별 상품구성', '매장별 동선 계획', '주 통로 설정', '자석상품 배치'를 정한다.

<표 11-4> 매장 레이아웃 설계와 전개

| 설계 시 착안점 | 전개 |
|---|---|
| - 매장별 상품구성(주력상품, 조력상품, 부속상품, 자극상품)<br>- 매장별 동선 고려(주 동선, 부 동선)<br>- 매장별 자석상품(상품의 힘으로 고객을 끌어들일 수 있는 매력 있는 상품 배치)<br>- 매장별 상품구성 및 품종구성 | - 주 통로 설정<br>- 제1 자석 위치<br>- 부 통로, 순환통로 설정<br>- 고객 유도 계획<br>- 매장별 각 부문 배치 |

③ 부문 레이아웃

매장마다 특정 위치에 어떤 상품을 놓을 것인가 정한다. 상품과 매장 분류를 기초로 매장 통로별 성격을 부여한다. 통로별 상품 배치·품군별 통로 설정·통로별 상품 계획을 세밀히 해나간다.

<표 11-5> 부문 레이아웃 설계와 전개

| 설계 시 착안점 | 전개 |
|---|---|
| - 상품부문 방침(주 통로는 주력상품, 부 통로는 간식류 배치)<br>- 상품 구색 갖춤 방침<br>- 상품 분류에서 매장 분류로 다시 바꾸어 구성<br>- 통로별 자석상품 배치 방침(소비량·소비빈도가 높고, 계절성이 강한 주력상품 배치) | - 통로별 상품 배치<br>- 품목별 통로 설정<br>- 제2 자석 배치<br>- 주력 상품군 배치<br>- 통로별 동선 계획 |

④ 곤돌라 레이아웃

부문 레이아웃에 따라 어느 곤돌라, 어느 집기에 무엇을 놓는가를 결정한다. 생활용품이나 중점상품 방침에 따라 부문별 품종 배치, 곤돌라 내 위치 등을 정한다. 제3 자석 상품 배치, 특화상품이나 용도, 식단 등을 호소하는 코너 만들기를 정한다. 곤돌라에 비교적 장기간 진열 판매하는 '항시 상품'은 상관없으나 엔드 진열대나 행사매대에 단기간 진열 판매하는 '임시 상품'은 진열 위치를 고정하지 말고 수시로 이동이 가능한 엔드나 평대 따위 행사 진열대를 이용한다.

**<표 11-6> 곤돌라 레이아웃 설계와 전개**

| 설계 시 착안점 | 전개 |
|---|---|
| - 부문 구성 시 품종구성 방침<br>- 곤돌라 성격 부여(곤돌라 원리 응용)<br>- 곤돌라, 엔드 구분(곤돌라/엔드·평대) | - 곤돌라별·집기별 상품 배치<br>- 제3 자석 배치<br>- 특화상품 코너 만들기<br>- 용도별 품종 상품 배치 |

⑤ 페이스 레이아웃(facing)

품목별 배치를 결정한다. 곤돌라별 상품구성 주장을 갖게 하려고 단품마다 페이싱을 결정해 나간다. 고객이 사기 쉽고, 비교하기 쉽고, 고르기 쉽도록 어느 위치에 무엇을 진열할 것인가, 어떤 상품과 어떤 상품을 연결하여 진열할 것인가 따위 단품마다 차례차례 정해 나간다.

**<표 11-7> 페이스 레이아웃 설계와 전개**

| 설계 시 착안점 | 전개 |
|---|---|
| - 페이싱에 의한 상품구성, 표현 방침 결정<br>- 사기 쉽고, 비교하기 쉽고, 고르기 쉽게 결정<br>- 재고관리 방침 결정 | - 진열 지도서 만들기<br>- 페이싱 결정<br>- 단품 매출 수에 의한 적정 진열량 결정<br>- 곤돌라 내 자석 만들기 |

### (3) 레이아웃 기법

① 들어가기 쉽게 한다.

드나드는 고객 수를 예상하여 입구 폭을 충분히 확보하여 점내 분위기와 상품이 어느 정도 보일 수 있게 하여 주며 점내가 밝은 것도 들어가기 쉽게 만드는 요인이 된다.

② 스스로 돌아보게끔 한다.

주 동선과 부 동선의 적절한 폭을 유지하여 동선이 꺾이는 곳이나 일정한 간격마다 볼거리를 연출하여 체류 시간을 길게 함으로써 판매 기회를 가능한 한 많이 만든다.

③ 보기 쉽게 한다.

한 가지 예로 통로에서 볼 때 낮은 집기부터 높은 집기 순서로 배치(3차원 효과)하여서 한 눈에 여러 상품을 보여주도록 한다.

④ 만지기 쉽게 한다.

너무 깔끔하게 정리 정돈되면 보기에는 좋아도 만지기가 부담스러워 깊숙이 들어가려고 하지 않으므로 매장에 들어온 이상 보는 것보다는 만질 수 있도록 배려한다.

⑤ 상품분류를 명확히 한다.

레이아웃 목적은 점내에서 고객 회유에 있으며 고객은 상품을 보면서 매장을 돌게 되므로 명확한 상품분류에 의한 그루핑 배치가 요구된다.

(4) 레이아웃 원칙

셀프 서비스점 one way control 방법과 전문점 지그재그 이론 양자를 비교하기로 한다. 셀프 서비스점은 매장을 곤돌라 주체로 평면적으로 구성함으로써 전 매장을 빈틈없이 돌아보도록 하려는 효율적인 매장구성법이다. 이에 반해 전문점은 매장이 평균 2~30평으로 좁아 평면적인 구성을 하게 되면 고객이 금방 싫증을 내게 되어 대화와 접촉을 위주로 하는 매장구성이 되어야 하므로 지그재그형 이론을 채용하게 된다.

① 셀프 서비스점 레이아웃 원칙

셀프 서비스점에서 레이아웃 원칙은 보통 다음과 같다.

㉠ 입구와 출구를 확실히 구분한다.

㉡ 입구 부근에는 색채감이 풍부하고 계절성이 높은 상품을 배치함으로써 고객을 유도한다.

㉢ 점포 구석에는 주력상품이나 판매 빈도가 높은 상품을 할당해서 고객을 점의 구석으로까지 오도록 한다.

㉣ 판매 빈도를 고려해서 상품 배치를 한다. 더럽혀지기 쉬운 것은 가능하면 점포 출구 부근에 배치하도록 한다.

㉤ 주력상품을 요소요소에 배치하고 할당하여 고객이 각 부문을 빈틈없이 돌아

보도록 연구한다.

ㅂ 대면판매를 택할 상품은 한군데로 모은다.

ㅅ 관련 상품 진열을 고려한다. 관련 상품에는 대체 상품(셔츠와 블라우스 혹은 치마와 바지처럼 대체가 가능한 것)과 보완 상품(슈트에 블라우스 또는 원피스에 스카프) 등이 있는데 대체 상품에 대해서는 관련 진열을 한다.

ㅇ Check-out 장소는 출구 부근으로 하고 전면 통로는 넓게 확보하여 전망이 좋아지도록 한다.

이상이 'one-way control' 이론인데 이것은 넓은 내점으로 상정해서 곤돌라와 평대를 중심으로 한 평면적인 레이아웃을 고려한 이론으로 전 점포를 빠짐없이 고객이 돌아보도록 하려면 어떻게 하면 좋을까 하는 극한 상황까지도 고려한 효율적인 방법이다. 그러나 전문점 경우 대개가 단층에다 2~30평 매장 면적을 가진 점포들이므로 전술한 'one-way control'의 한 가지 방식만을 채택한다면 오히려 매장을 비효율적으로 운용하게 된다.

② 전문점 레이아웃 원칙

전문점 경우 레이아웃 원칙은 다음과 같은 지그재그 이론을 원용하게 된다.

ㄱ 점두 전체가 입구이다. 입구와 출구는 구태여 구별하지 않는다.

ㄴ 점두는 색채감이 있고 계절성이 있는 상품을 배치한다.

ㄷ 역 L자형 유도 원칙에 따라 고객이 상품에 동화될 수 있도록 이야깃거리(story)가 있는 매장을 구성하도록 한다.

ㄹ Open display를 기본으로 하여 고객이 부담 없이 상품을 만져 볼 수 있도록 배려한다.

ㅁ 진열은 쉬운 진열(떼고 붙이는 것이 간단하고 집기 쉬운)을 하고 고객이 부담 없이 제자리에 다시 가져다 놓을 수 있도록 한다.

ㅂ 경의류(輕衣類)를 점포 전면에 배치하고 중의류(重衣類)는 점포 구석에 진열하여 고객을 자연스럽게 유도하고 여유 있게 쇼핑할 수 있도록 배려한다.

ㅅ 점포 구석에 계산대를 배치하여, 되도록 고객의 눈에 띄지 않도록 한다.

ㅇ 코디네이트는 관련 상품으로서 위치 설정을 명확하게 하여 한 곳에 모은다. 슈트·원피스 등 코디네이트 대체 상품으로서 그룹화(grouping)를 명확히 하여 매장을 할당한다.

### (5) 레이아웃 유형

통행 패턴에 따른 레이아웃 기본 유형은 여러 가지가 있다. 백화점이나 할인점 그리고 대형 슈퍼마켓은 격자형과 귀갑형 레이아웃을 가장 많이 사용한다. 레이아웃 기본형은 그리드형(격자형: Grid System), 자유통행형(Free-Floor rangement), 귀갑형으로 구분한다.

#### ① 그리드형 레이아웃

슈퍼마켓이나 할인점처럼 동일 제품에 대해 반복 구매 빈도가 높은 소매점에서 주로 볼 수 있다. 그러나 같은 소매점이라 하더라도 고급 의류나 고가 제품을 파는 전문점이나 백화점 매장에서는 '귀갑형'을 보게 된다. 그리드형에는 '주통로, 부통로, 순환통로'가 있다. 흔히 격자형이라고도 하는데 응용형으로 'L자형과 역 ㄷ자형'이 있다. 다음과 같은 장점이 있다.

㉠ 어느 건물에나 적용할 수 있어 건물 비용이 적어진다.
㉡ 통로 낭비가 작아 면적을 유용하게 사용할 수 있고 많은 상품 진열이 가능하다.
㉢ 곤돌라 등 각종 설비 표준화가 가능하여 비용이 경제적이다.
㉣ 동선 계획으로 고객 흐름을 제어할 수 있다.
㉤ 매장 진열 구조 파악이 쉽다.

한편 매장 규모가 커질수록 단조롭다는 단점이 있다.

#### ② 자유 통행형 레이아웃

백화점이나 전문점 같은 패션 지향적 점포와 대형점에서 볼 수 있는 유형으로 통로를 굽히고 모양이 서로 다른 집기를 사용할 수 있다. 의도적인 획일성을 탈피, 상품마다 식별이 쉬우므로 쇼핑 즐거움을 주는 형태이다. 격자형이 규칙적인 데 비해 자유통행형은 섬 진열도 있고 가늘고 긴 쇼케이스도 있는 변화가 풍부한 형태이다. 자유통행형은 곤돌라, 쇼케이스 등을 섞어 불규칙적 배열 방법으로 장점이 많다.

㉠ 배치 형식 서로 다르므로 레이아웃 변경이 자유롭다.
㉡ 상품을 정면에서 볼 수 있어 상품 노출도가 크다. (격자형은 상품을 측면에서 보기 때문에 불리하다)
㉢ 상품별로 구분이 명확하다. 이것은 부문마다 진열 형태가 다르고 섬 진열이나 블록으로 분할되어 있기 때문이다.

③ 귀갑형 레이아웃

미국 백화점들이 할인점 등 신업태에 밀려 매출실적이 떨어지자, 그 타개책으로 더욱 등급이 좋은 고급 상품으로 매장구성을 시도하면서 도입한 것이다.

상품 고급화와 함께 점포 판매 공간 고급화도 지향하였다. 그 수단으로 도입한 것이 '귀갑형' 레이아웃을 주로 한 공간 연출이었다. 이 방법을 도입한 미국 백화점 업적은 그 후 순조롭게 회복되었다고 한다. 그 후 대형 전문점이나 대중양판점(GMS) 일부 점포에서 이 귀갑형 공간 구성을 볼 수 있게 되었다. 우리나라도 이미 유명 백화점 업계에서 이 형태를 도입하여 좋은 성과를 얻고 있다. 그러나 귀갑형 레이아웃은 모든 상품에 적합한 것이 아니라 의류 상품에 적합한 것으로 나타났으며, 의류 상품 중에서 고급 패션 의류에 알맞은 것으로 나타났다. 귀갑형 레이아웃의 주된 특징은 다음과 같다.

㉠ 주 통로를 환상형(거북이 등 모양)으로 잡는다.
㉡ 주 통로와 보조 통로 폭은 명확히 차이가 나도록 잡는다.
㉢ 창고는 각 코너 각을 잡아 분산시킨다(건물 모서리에 비스듬히 벽을 설치한다).
㉣ 적절한 곳에 벽을 세우고 부문별 구역을 명확히 한다.
㉤ 통로에서 벽면까지 거리를 될 수 있는 한 짧게 한다. 벽까지 거리는 8m 이내로 한다.
㉥ 진열 집기는 통로에 대해 약간 비스듬히 배치한다(대개가 통로를 따라 직각으로 배치하나, 고객 시선에 저항 없이 대응하기 위함).

④ 레이아웃 두 가지 변화

㉠ 역 L자형 레이아웃

ⓐ 시대 : 1966년부터
ⓑ 매장 규모 : ~300여 평
ⓒ 특징

- 주 통로는 입구에서부터 역 L자형 위에 직선을 잡는다.
- 통로 주변, 벽면 진열을 중시한다.
- 입체 진열, 볼륨 진열에 유리하다.
- 진열 집기는 많은 상품을 진열할 수 있는 곤돌라, 쇼케이스가 있다.
- 식품 전문 슈퍼마켓, 백화점 식품 판매장, 편의점 등에서 볼 수 있다.
- 매장 규모가 3백 평 이상이 되면 이 레이아웃만으로 고객 유도를 한다는

것은 무리이다.

ⓛ 역 ㄷ자형 레이아웃

ⓐ 시대 : 1967년부터

ⓑ 매장 규모 : 400~1,500여 평

ⓒ 특징

- 주 통로를 역 ㄷ자형 위에 직선을 잡는다.
- 통로 주변 상품 배치를 중요시한다(자석 상품 배치).
- 코너화, 매장(Shop)화, 상품군이 늘어난다.
- 집기는 행거 진열이 많다.

### (6) 매장 레이아웃 계획

① 출입구 위치 선정

매장 입구는 정면 중앙보다는 입구를 한쪽 끝에 위치시키는 편이 유리하고 될 수 있으면 오른쪽에 두어 왼쪽에 쇼핑백이나 바구니를 들고 오른손으로 상품을 집어 들어 바구니에 담아 가는 이용객 구매패턴을 이해하여 배치하도록 한다. 이는 인체가 회전 운동을 할 때 왼쪽으로 돌려는 경향이 강하다는 것에 근거한 것으로 출구는 이와 다른 곳에 분리함으로써 회유성 증진에 도움이 되도록 한다.

② 계산대 죠닝(Zoning) 역할과 이미지(Image)

포스 죠닝(Pos Zoning)은 매장 첫인상을 좌우함과 동시에 마지막으로 고객들과의 판매 시점(Point of Sales)이 이루어지는 부분으로 즐거운 쇼핑이 되리라는 고객 기대감과 만족스러운 구매 행위를 통해 매장의 강렬한 이미지를 심어주는 데 중요한 의미를 지니고 있다. 이러한 역할을 고려하여 지역 특성에 따라 매장 이미지에 맞는 강렬하고 메스(Mass) 감 있는 디자인 구조물로 매장을 한눈에 인지할 수 있는 이미지 연출이 필요하다. 또한, 구매를 끝낸 고객들이 계산하며 쾌적한 공간에서 자신의 쇼핑을 만족하여 또 다른 발걸음을 유도할 수 있는 심리를 자극한다.

③ 주 통로 배치

매장에 들어온 내점객 80% 이상이 반드시 걷는 주 통로 첫째 요건은 직선 유도를 통해 우선 입구로 들어선 고객을 매장 안쪽으로 깊숙이 끌어들여 매장 전체를 회유할 수 있도록 하는 데 목적이 있다. 따라서 통로를 더욱 넓게 편성하고 시원하게 뻗은 직선 형태 동선을 유도함으로써 시각적인 개방감을 확보한다. 둘째로 매장 전체적 윤곽

이 한눈에 들어와 어디에 어떤 상품이 놓여 있는지, 통로는 어떻게 구성되어 있는지 알 수 있도록 계획되어야 한다. 이를 위해서 동선상 고객이 서 있는 위치에서 어느 부위까지 시선이 머물 수 있는지를 고려하여 그 시야 내 천장 구조물 및 벽체 이미지(Image) 혹은 색채(Color)로써 자기 판매장만의 독특한 분위기를 연출하고 포인트가 되는 장소에 이벤트성 상품 진열 및 계절에 따른 디스플레이(Display) 또는 흥미로운 POP(Point of Purchase) 등을 설치하여 고객 호기심을 자극하는 데 중점을 둔다.

④ 합리적인 천장 구조물 배치

할인 매장 천장 구조물은 매장 전체 이미지(Image) 연출을 위함보다는 상품 가치를 더욱더 높게 부각하기 위한 존재로 그 의미가 있다. 불필요한 요소를 배제하여 각 상품특성을 잘 살려낼 수 있는 정돈된 깔끔한 이미지(Image) 구조물로써 그 역할을 해야 한다.

⑤ 농산물 채소, 청과 평대의 풍성한 연출

매장 안으로 들어온 내점객이 주 통로를 지나 제일 먼저 구매 행위가 이루어지는 농산물 분야 청과, 채소 평대는 그 특유 신선함과 먹음직스러운 풍성함을 연출하는 데 그 목적이 있다. 따라서 차별화된 맑고 투명한 소재 천장 구조물과 상큼하고 맛깔스러운 색채(Color)와 조화로 농산물만큼은 국내산 제품을 절대적으로 선호하는 소비자들 심리에 신뢰감을 심어준다. 이는 고객 구매 욕구를 충족시키기 위함과 동시에 나가서는 고객 이탈 현상을 방지하고 신규고객 창출을 위한 적극적인 방안이기도 하다. 또한, 지역적인 특산품을 고려하여 그 매장과 제품을 알맞은 통일성과 변화를 병행할 수 있도록 하고 평대 및 동선과 일치하는 방향성을 부여하는 점내 깊이감을 더하도록 계획되어야 한다.

⑥ 오픈 케이스(Open Showcase) 상부 효율성

오픈 케이스(Open Showcase) 상부 기계 자체만으로 단독적인 형태를 취했을 때 느껴지는 기본적 진열대 개념에서 벗어나 쇼케이스(Showcase)와 상부 벽면의 일체성을 부여하여 더욱더 확장된 시각적 효과를 꾀하는데 그 의미를 지니고 있다. 이와 더불어 상품을 인지하는 데 있어서 필요한 사인 보드(Sign Board) 역할을 해야 함과 동시에 자연스러운 상품군의 진열 형성과 내구성을 고려한 마감재 선택, 상품 이동에 의한 상시 교체 가능한 아이템(Item)에 착안하여 이를 유효 적절히 적용하도록 한다. 그리고 상부 구조물 소재 선택은 천장 마감이 되어있는 일반 매장과 천장이 노출된 창고형 매장으로 구분하여 각 매장 단점을 최대한 보완할 수 있는 마감재로 선택하여

계획하도록 한다.

⑦ 정육, 생선판매대 이미지 부각

점포 매출은 고객 점내 체류 시간이 길어질수록 고객이 매장 안을 많이 돌아볼 수 있도록 더욱더 다양한 구매를 증대시킬 수 있다. 이에 우리나라 식생활에 대부분을 차지하는 정육, 생선판매대를 매장 안쪽 깊숙이 배치함으로써 매장 내 객동선을 길게 하여 고객 객단가를 올릴 수 있도록 한다. 그러나 점포 안쪽에 배치됨으로써 고객의 넓은 시야를 상쇄시킬 수 있는 점을 유의하여 대면 상부 독특하고 차별화된 구조물 설치로 소비자들이 정육, 생선판매대의 신선하고 깨끗한 상품 가치를 집중시키도록 한다. 이와 더불어 정육, 생선 이미지(Image)를 더욱더 어필(Appeal)하기 위하여 고객 흥미를 유발할 수 있는 재미있고 신선한 디스플레이(Display)를 적용하여 시선을 유도한다.

⑧ 곤돌라 상부 상품 진열 실용성

상품군 사인 보드(Sign Board) 만의 역할과 어지럽게 상자(Box)째 쌓여 있는 기존 곤돌라 상부는 상품 인지도를 키우는 대신 창고화되어 있어 육중함과 함께 정갈하지 못한 매장 이미지를 줄 수 있다. 이를 보완하려는 방법으로 곤돌라 위에 선반을 설치하여 남아 있는 상품을 깔끔하게 정리함으로써 그 실용성을 강조하도록 한다. 오픈 쇼케이스와 마찬가지로 상품군을 형성시키고 상품 위치를 정확히 인지할 수 있도록 그림(Picture)과 문자(Logo)를 병행하는 사인(Sign)을 부착하여 매장 인테리어에 따른 다른 구조물과 조화를 꾀하여 이에 걸맞은 마감과 컬러를 선정하여 계획한다.

# 제 2 절 고객을 기쁘게 하는 매장연출과 상품 진열

## 1. 목 적

1) **기업과 상품 이미지를 높여 효율적인 매장을 구성한다.**

2) **매장 질을 높여 타 점포와 차별화를 꾀한다.**

3) **즐거운 쇼핑 분위기와 충실한 서비스 제공으로 판매효율을 높인다.**

## 2. 쇼핑하기 쉬운 점포

1) **도착하기 쉽다.(위치)**
2) **들어가기 쉽다.(구조)**
3) **걷기 쉽다.(구성)**

→ **매장에 들어가는 고객 수 결정**

4) **보기 쉽다.(진열)**
5) **선택하기 쉽다.(진열)**

→ **상품구매율 결정에 큰 영향**

## 3. 고객을 기쁘게 하는 매장연출

1) **점포 개성 이미지 표현**
2) **고객 본위 차별화**
3) **깨끗하고 신선한 점포 이미지**

* 차별화 포인트
- 상점 토털 이미지 창출
- 점두/점 내 연출 활성화
- 캠페인, 정보제공 등과 연계 연출
- 지역사회 활동과 연계

## 4. 진열 목적

점포를 방문한 소비자(계획적, 우연적)가 진열된 상품의 옆을 통과하면서 구매 의욕을 갖게 한 다음 구매하도록 소구한다.

## 5. 진열 기능

### 1) 보이게 하는 기능

소비자가 상품에 대하여 주의를 집중시켜 흥미를 갖게 하고 구매하고자 하는 욕구를 갖도록 자극하는 데 목적이 있다.

### 2) 사게 하는 기능

소비자가 상품을 비교, 검토한 후 스스로 신뢰감이 증진되어 구매 행동으로 옮겨지게 하는 데 도움을 줄 방법이다.

## 6. 진열 5W1H

### 1) 무엇을 진열할 것인가.

나열형 → 주제를 가지고

### 2) 언제 진열할 것인가.

시즌 전/시즌 중, 일과 전/일과 중, 평시/BS

### 3) 어디에 진열할 것인가.

(1) 위치적 문제

전면, 뒤쪽, 입구, 매장 통로 양쪽 등

(2) 상품의 성격

진열 효과 있는 상품, 고관여/저관여 상품, 가격 고저

### 4) 누구를 대상으로 진열할 것인가.

(1) 점포 앞을 통과하는 고객, 내점고객

(2) 나이별, 성별(남성, 여성, 아동), 라이프스타일별

### 5) 진열하는 이유는 무엇인가.

(1) 잘 보이게 진열, 그뿐만 아니라 많이 팔릴 수 있도록 진열

(2) 소비자가 원하는 정보제공

### 6) 어떻게 진열할 것인가.

(1) 복합매장을 가지는 대형 점포 : 점포 내 매장 배치(노출도 문제)

(2) 개별매장 : 주제별, 라이프스타일별, 특정 상품계열별

(3) 고급매장 : 유행성, 차별성, 희귀성

(4) 대중매장 : 볼륨감 강조

## 7. 진열 체크포인트

### 1) 찾기 쉽다.

(1) 어느 상품이 어디에 있는가(상품 배치).

(2) 상품 구분이 명확하다(선반 분류).

(3) 상품 이름과 값이 분명하다(정가표 부착).

### 2) 고르기 쉽다.

(1) 연관된 품종별 진열(관련 진열)

(2) 비슷한 가격대별 진열(가격 구역 진열)

### 3) 볼륨감이 있다.

식료품 경우 상품의 풍부한 감을 내기 위해 선반 앞쪽에 상품을 쌓아 올린다(전진 입체 진열).

### 4) 아름다움이 있다.

상품 자체 색깔을 이용하여 서로 상품이 돋보이게 하고 아름다움을 끌어낼 필요가 있다(색채대비 진열).

### 5) 점포 개성이 표현되어 있다.

'값이 싸다는 것을 주장하고 싶다.', '생활을 제안하는 점포로 하고 싶다'라는 식으로 점포 개성을 주장한다(Promotion 연계 특별 매대, 계절상품 매대, POP 연계).

※ 무엇보다 중요한 것은 선입선출(FIFO: First In First Out)에 철저해야 한다.

<표 11-8> 페이스와 페이싱 시각적 흐름

| | 역 할 | 목 적 | 진열 포인트 |
|---|---|---|---|
| 페이스 (Face) | 상품 차이, 상품 특징, 상품 네이밍과 로고 | 시각, 지각, 흥미 | 상품 정면을 향하여 진열하여 정확히 관찰할 수 있는 상태 |
| 페이싱 (Facing) | 페이스면에서 본 상품 다양성 (품목 수) 및 재고 | 선택, 인지, 신뢰 | 상품을 취급하거나 만질 수 있는 상태로서 풍족감과 함께 구매와 연결 |

## 8. 매대 내 좋은 진열 위치

점내 모든 활동은 점내 구매 고객을 지향하여야 하는데 이는 같은 진열 단이라도 소비자가 사기 쉽고 매출 효율이 높은 장소는 평균적인 여성 소비자 팔 높이, 눈높이에 따라 결정되는 것에서도 알 수 있다.

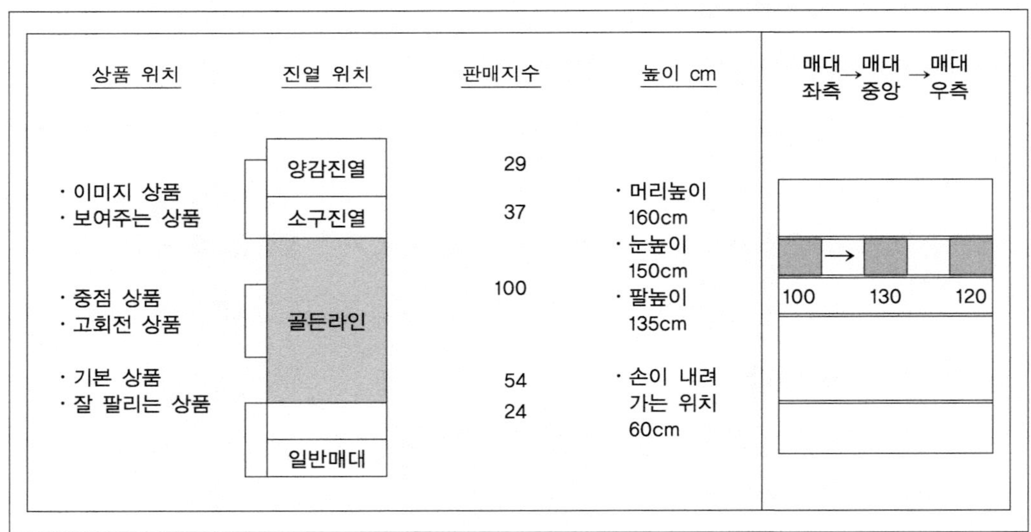


<그림 11-4> 매대 내 좋은 진열 위치

# 9. 진열 집기와 진열 초점

고객 눈에 잘 띄도록 하려면 진열 집기에 의한 상품연출이 잘 이루어져야 한다. 그러기 위해서 점포에서 일반적으로 많이 사용하고 있는 곤돌라에 대한 깊은 이해가 있어야 한다. 다음 <그림 11-5>와 같이 곤돌라 높이를 통해 진열 초점을 잘 깨닫도록 한다.

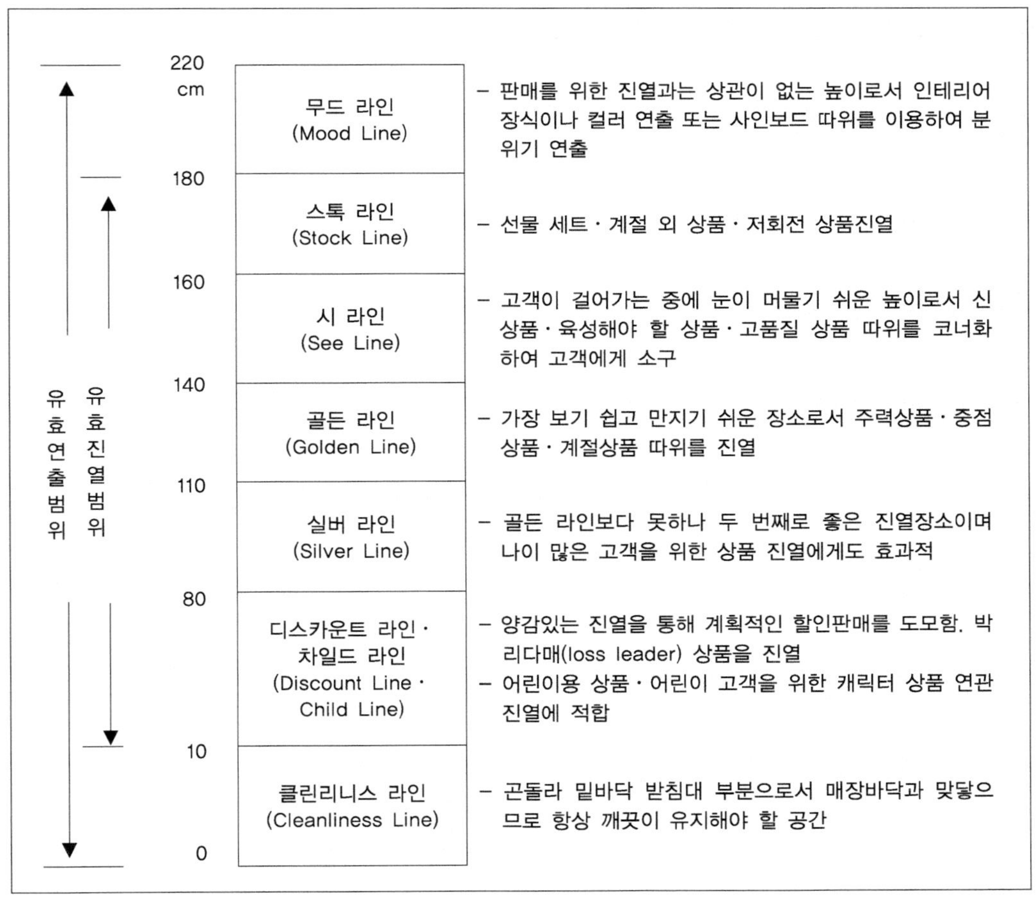


**<그림 11-5> 진열 초점**

# 10. 진열 신개념

진열에 대한 신개념은 매장에 대한 신개념에서 출발한다. 즉 매장은 상품을 판매하는 곳이 아니라 서비스하는 곳이요, 예술을 하는 곳이요, 과학 하는 곳이라는 신 매장 개념에 따라 진열은 단순한 상품 진열이 아니라 서비스와 예술적 연출 개념과 과학 개념으로 인식하여야 한다.

### 1) 진열 의미

#### (1) 진열은 고객에 대하여 서비스적 의미가 있다.

① 진열은 이른 시간에 상품을 찾을 수 있도록 하는 시간 절약 서비스 의미가 있다.
② 진열은 상품 종류를 쉽게 식별할 수 있도록 하는 식별 서비스 의미가 있다.
③ 진열은 상품선택 시에 경쟁상품 또는 동종 상품과의 비교를 쉽게 할 수 있도록 하는 비교 서비스 의미가 있다.
④ 진열은 연관 상품 구매 서비스 의미가 있다.
⑤ 진열은 상품에 따라 쉽게 편하게 선택할 수 있도록 하는 편의 서비스 의미가 있다.
⑥ 진열은 상품정보를 서비스하여 주는 정보 서비스의 의미가 있다.
⑦ 진열은 고객과의 무언 커뮤니케이션 서비스를 하여 주는 의미가 있다.

#### (2) 진열은 예술적 의미가 있다.

① 진열은 정리 정돈과 청결이라는 미적 의미가 있다.
② 진열은 유행이라는 예술적 의미가 있다.
③ 진열은 계절성 변화 연출 의미가 있다.
④ 진열은 다양성 조화라는 예술적 의미가 있다.
⑤ 진열은 조명, 색채, 디자인, 소품으로 이루어지는 무대 연출적 의미가 있다.

### 2) 진열 기능

진열이 가진 기능은 고객이 첫째, 주의를 끌도록 하고 둘째, 흥미를 갖도록 하고 셋째, 욕망을 일으키도록 하고 넷째, 신뢰하도록 하고 다섯째, 구매 태도 변화를 하도록 하고 여섯째, 구매 행동으로 옮기도록 하는 기능이 있다.

### 3) 진열 원칙

고르기 쉬운 진열은 동일 그룹 분류가 기본이다. 고르기 쉬운 진열을 실현하면 상품특징이나 가격 등 상품 타입이 명확해짐과 동시에 상품별 비교가 쉬워진다. 이를 위해 다음과 같은 진열 원칙이 반드시 지켜져야 한다.

### (1) 고르기 쉬운 진열

① 상품 그룹 분류를 할 때 소구 의도가 있는 상품분류를 염두에 두고 진열한다.
② 인기 상품은 잘 팔리는 조건을 갖춘 배치·배열한다.
③ 판매구역과 전시 구역을 확실히 구별한다.
④ 중점 판매 상품과 특매상품은 최저 진열량을 설정하여 판매효율을 높인 진열을 한다.
⑤ 잘 나가는 것을 판매하며 수요가 많은 품목 진열 횟수를 높인다.
⑥ 주로 충동 구매하는 상품에 최대 진열 면적을 할당한다.
⑦ 진열은 가능한 단순한 것이 좋다. 또한, 많은 품목을 가득 쌓아 놓아서는 안 된다.
⑧ 진열은 시간상으로 변화를 주어야 한다. 계절상품을 현저하게 눈에 띄게 한다.
⑨ 색채에 주의를 끌게 하고 주위 상황에 맞게 해야 한다.
⑩ 장치를 사용하라. 그것은 주의를 끌 수 있다.
⑪ 많은 것을 진열하는 데는 주제가 있어야 하며 설명이 필요하다.
⑫ 상품을 사용하는 상태로 보여라.
⑬ 적정한 조명과 소도구는 효과적인 진열에 필수이다.
⑭ 남녀를 상징하는 상징을 사용한다.

점내 진열은 고객 왕래 패턴을 깊이 생각하여 신중하게 구성해야 한다. 그것을 무시하면 점내에 구매 시점 판매촉진용 자재를 진열하기 위한 통로가 혼잡하여 고객 왕래가 불편하다.

### (2) 진열 기능 완성 조건

① 점포 앞은 통행자를 유인하기 위해 점두 진열해야 한다.
② 점내에 유인하게 되면 전략적으로 배치한 점내 진열에서 구매 의욕을 느끼도록 표시와 문자를 사용해야 한다.
③ 확정 구매객에게 매장에서 포장 기법이나 진열에 의한 충동구매를 유도한다.

충동구매 경우 마킨(Rom J. Markin)에 의하면 “진열과 기타 구매 시점 자극물이 중대한 결정요소이다.”라고 지적했듯이 진열은 대단한 의미가 있는 것이라고 할 수 있다.

### 4) 진열 기본 형태

(1) 붙이기

평면적 이미지 평면 진열로 잔잔하고 자연스러운 상품연출이 가능하다.

(2) 매달기

동적인 감각과 경쾌감을 주며 배경과 거리감에 따라 입체감을 줄 수 있도록 한다.

(3) 놓기

행거, 마네킹, 평대 등 진열 소도구를 이용해서 연출공간에 진열하는 방법이다.

(4) 넣어두기

고액 상품이나 훼손될 우려가 있는 상품은 쇼 케이스 안에 넣어둔다.

### 5) 구매로 이어지는 진열 8가지 포인트

(1) 구매율이 높은 상품이나 육성 상품 등 인기 상품은 손이 닿기 쉬운 곳에 진열한다.

(2) 중량상품과 대형상품은 아래쪽에 진열한다.

(3) 다량 상품 판매로 인해 진열이 흐트러지거나 상품명이 보이지 않는 일은 없도록 한다.

(4) 상품 품질이나 선도·회전율·이미지 등에 적합한 진열대를 사용한다.

(5) 유효진열 범위를 지킨다.

(6) 상품별 구매 특성에 따라 진열 위치를 정한다.

(7) 선반 생산성 등 매장 효율을 고려한 상품 배치를 한다.

(8) 진열대 배치나 형상에 따른 구매 특성을 고려하여 진열한다.

## 11. 상품 진열 기본

상품 진열은 고객 눈에 구매하고자 하는 상품이 가장 잘 보이도록 진열하는 것이 원칙이다. 따라서 상품 진열 구성요소인 상품(무엇을), 진열량과 수(얼마만큼), 진열면 중에 어느 면을 고객에게, 진열 위치, 진열 형태를 신중히 검토하여 선택하여야 한다.

상품 판매량에 정비례하는 진열 방식은 상품회전율을 높이고 많이 팔리는 상품 품절 방지와 비인기 재고 감소 효과를 주게 되며 또한 고객이 즐겁게 가격수준을 비교하여 구매할 수 있게 동일 상품당 가격 라인 수는 3~5개로 제한하여 진열하는 것이 좋다. 상품 진열 시에 상품혼합 방식은 상품별로 매출이익률에 매출구성비를 곱한 이익공헌도 분석에 따라 매출액 대비 전체 매출이익률이 가장 높게 되도록 매출구성비를 결정하는 것이 좋다.

## 1) 주역은 상품

매장 만들기에서 2가지 기술적인 문제 가운데 첫째는 진열, 둘째는 레이아웃 및 주통로다. 보통 사람들은 진열에 대해 상품을 장식하는 것으로 생각한다. 그러나 상품을 아름답게 장식하는 것 더욱이 예술적 진열을 실행하는 점포는 그것이 진열 일부가 아니라 확실한 차별화 수단이다. 점포는 고객과 상품이 일체 되어 감동이 일어나야 한다. 다시 표현한다면 움직이는 고객을 그 장소에 정지시키고 상품을 인식하도록 노력해야 한다는 것이다.

## 2) 상품 결정 4대 요소

고객이 무엇을 원하고 있는가에 항상 유의해야 한다. 진열 기본조건 가운데 하나는 상품 결정요소로 4가지가 있다.

### (1) 고객이 원하는 상품이다.

예를 들면 5월 초순 초여름 고객에게 필요한 것은 긴소매 블라우스보다 반소매 블라우스이다. 연출이란 고객에게 상품을 보이는 것이다. 그러나 환절기에 반소매 블라우스를 보이는 것은 구매를 유도하는 것이 아니고, 올해 패션 흐름에 대한 스타일이나 색채를 보여주는 것이다.

### (2) 자점이 취급하는 상품연출이다.

"지금 유행하는 패션은 이것이다."라고 주장하는 것이다. 혹은 여름이 되어 커튼을 교체하려면 고객이 내점할 경우 여름 커튼은 이런 것이 좋다고 주장하는 연출이다.

### (3) 상품 결정요소는 신문이나 텔레비전에서 광고한 신상품이다.

고객은 매스컴에 광고하는 상품을 현실로 보고자 하며 확인하려고 한다. 그리고 신

상품을 점포에서 산다. 체인스토어 중 고객의 요구 상품이나 잘 나가는 상품만 품목 구성해도 좋다고 착각하는 점포가 있다. 그러나 그것은 잘못된 것이다. 생활에 편리한 신상품, 혹은 생활을 즐겁고 풍요롭게 하는 신상품은 소비자에게 필요한 상품이다.

(4) 분위기를 타고 나오는 상품이다.

이 상품 선택 기준은 업태에 따라 다르다. 예를 들면 백화점에 대한 분위기, GMS가 시작하는 분위기 등이 다르다. 또한, 디스카운트 스토어, 슈퍼센터도 그 내점객 목적이 다르다. 이러한 업태 분위기에서 상품을 어떻게 할 것인가 생각해야 한다.

### 3) 유효진열 범위

고객은 상품구매 시 손으로 상품을 만져가며 품질을 확인한다. 그리고 구매 의사를 결정한 후 상품을 쇼핑 바구니 안에 넣든가 진열대에 되돌려 놓는다. 이때 진열이 불안정하여 상품을 집거나 되돌려 놓기 어려운 매장은 고객이 직접 손으로 집어 보는 행동이 줄어들어 결과적으로 판매 기회를 잃게 된다. 예를 들면 주부들 평균 신장을 고려해 보면 평대에서 상품을 집기 쉬운 위치는 손바닥 위치와 가장 가까운 곳 즉 허리 높이 정도인 바닥에서 60㎝ 전후가 된다. 반대로 냉장 케이스나 곤돌라에서 상품을 집기 어려운 위치는 어깨보다 높은 위치인 바닥에서 약 150㎝ 이상, 무릎보다 낮은 위치인 바닥에서 약 40㎝ 이하가 된다. 거리로 보면 고객이 상품을 집었을 경우 어깨를 중심으로 해서 팔 길이 반경 내가 집기 쉬운 위치이다. 특히 무릎 높이 아래보다 어깨높이 윗부분이 더 집기 어렵고 눈높이보다 높은 곳이 가장 집기 어렵다는 것은 상품배열을 하는 데 매우 중요하다.

즉, 상품회전율이나 소구하고 싶은 주제와 의도를 고려하여 적정 위치에 진열한 판매를 실행하여 매출 증가를 꾀해야 한다. 따라서 손에 집기 쉽고 되돌려 놓기 쉬운 진열은 다음과 같다.

(1) GOLDEN LINE(약 80~120cm)

① 허리 높이와 눈높이 사이가 고객에게 있어 가장 보기 쉽고, 만지기 쉽고, 찾기 쉬운 구간이기 때문에 주력상품, 실연 가능 상품, 계절상품 등을 진열한다.

② 골든라인 위(120～180cm)와 아래(60～80cm)는 골든라인 다음으로 눈에 띄고 만지기 쉬운 공간으로 준 주력상품, 일반적인 상품을 진열한다.

③ 이러한 원리를 이용하여 잘 팔리지 않는 상품을 고객 눈에 잘 띄도록 골든 존으로 이전하여 배치할 수도 있다.

(2) STOCK SPACE(위: 180~210cm, 아래: 0~60cm)

① 유효진열 범위 이외 SPACE(0~60cm)로 판매 비중이 적은 상품, 보충 재고상품을 진열한다.

② 준 STOCK SPACE(180~210cm)에는 풍부함을 연출하기 위한 재고품을 연출한다.

(3) MOOD SPACE(210cm 이상)

① Color Coordination에 의한 효과 또는 계절감 연출로 활용한다.

② 상품 진열 경우는 화려함이나 분위기 연출을 위한 진열로 처리한다.

③ 샘플 진열이나 색채 조절에 쉽다.

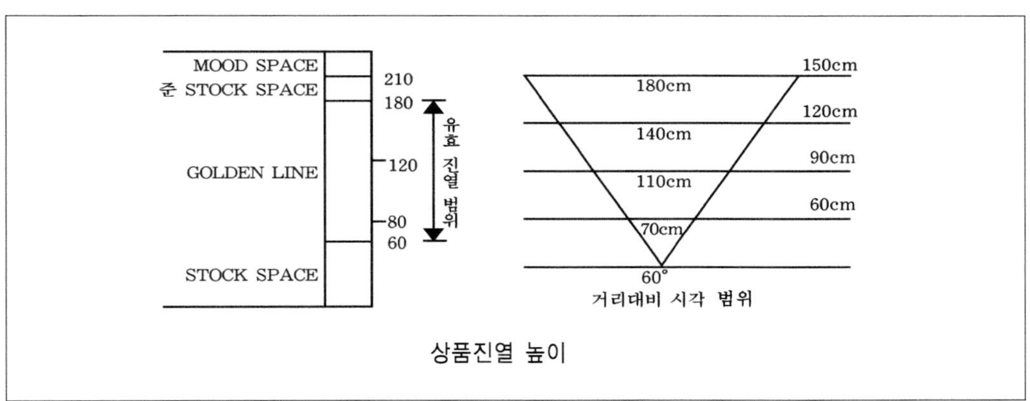


<그림 11-6> 진열 한계 범위

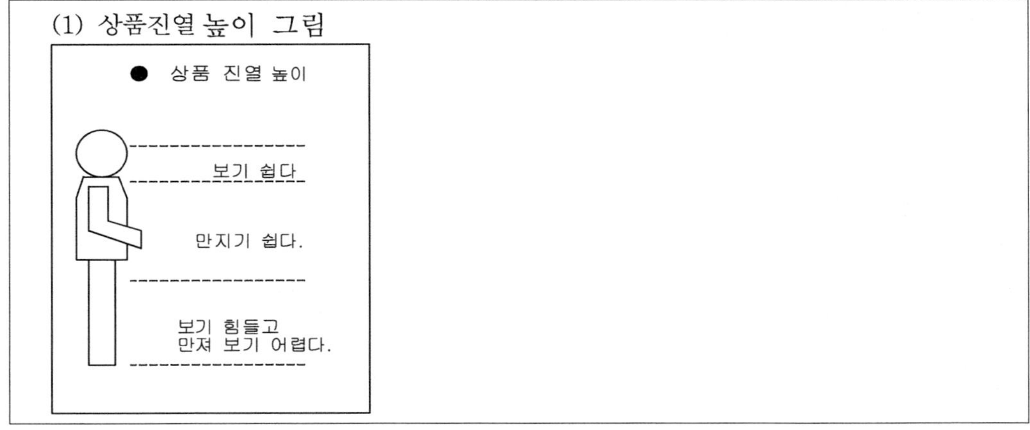


<그림 11-7> 상품 진열 높이

## 4) 메인 페이스(Main Face)

### (1) 모든 상품은 얼굴이 있다.

우리가 앞면이라 부르는 상품 포장 면에 상품명이 표시된 얼굴이 있다. 상품에도 얼굴이 있으므로 이 얼굴을 소비자에게 잘 보여서 판매와 연결할 수 있는가가 중요하다. 메인 페이스는 곤돌라 단 높낮이에 따라 보이는 상품 얼굴이 달라지기 때문에 진열 시 이 점을 유의한다. 상품 페이스는 육면체라면 ⓐ~ⓕ까지 6면이 있다.

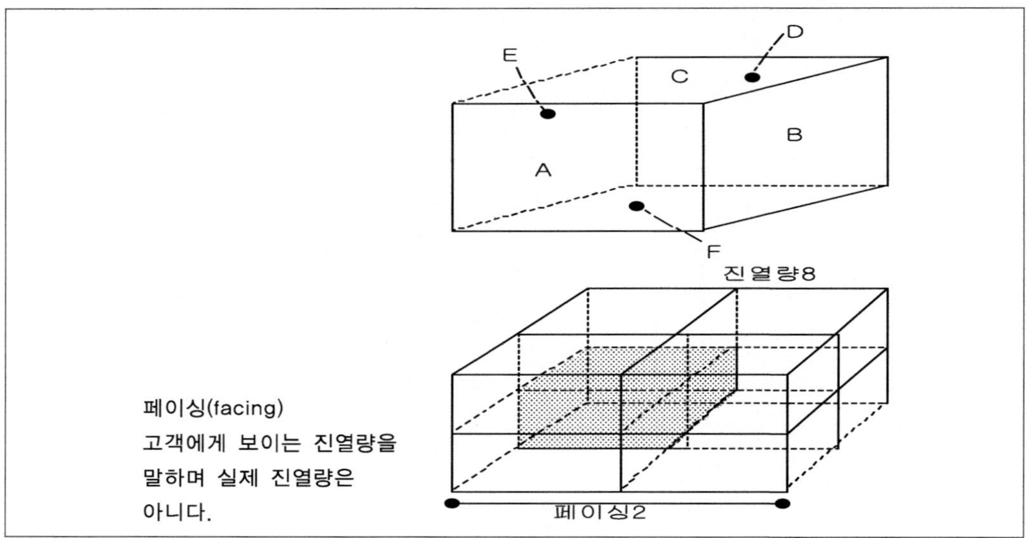


<그림 11-8> 상품 페이스

① 어떤 페이스를 진열 면에 낼 것인가를 결정한다.
② 고객이 알기 쉽고 산뜻한 진열로 한다.
③ 중량감을 낸다.
④ 헛된 공간을 차지하지 않도록 한다.
이 네 가지에 유의해야 한다.

### (2) 상품은 소비자에게 정면으로 향하도록 진열한다.

상품은 정면으로 향하게 하는 것이 가장 좋은 진열 방법이다. 한 상품에는 여러 가지 얼굴이 있는데, 어느 것이나 정면(main face)이 되는 것은 아니다.

<그림 11-9>와 같이 '마가린'에 있어 측면인 ⓑ와 ⓒ는 소비자에게 보이는 면이 작

으므로 진열 효과가 낮다. 이 상품에 있어서 얼굴은 ⓐ면으로 소비자 시선이 ⓐ와 만나도록 진열할 때 진열 효과는 높아진다. ⓐ면을 소비자에게 보이도록 진열한다.

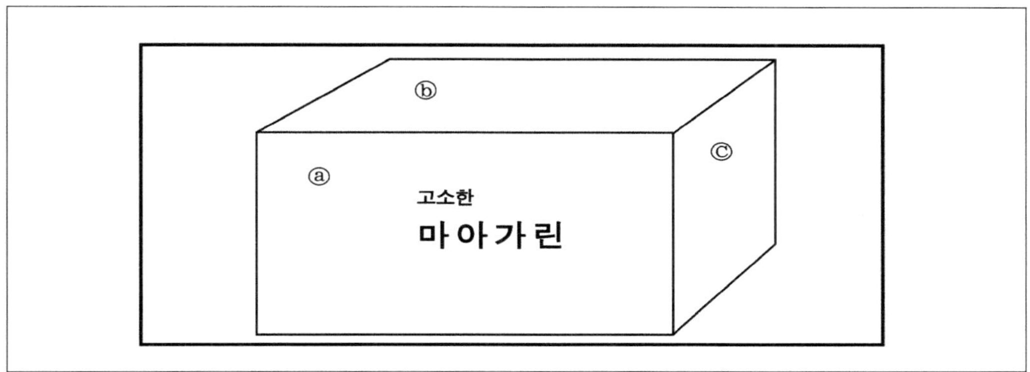


<그림 11-9> 상품 얼굴

(3) 페이스 수(페이싱 : Facing)

'페이스는 가로로 수를 헤아린다'. 어느 상품을 가로로 몇 개 진열하는가를 페이스라 한다. 그리고 그 진열량 모두를 페이스 수 혹은 페이싱이라고 부른다. 같은 선반 위에 몇 단을 쌓아 올리는 것은 페이스 수와 관계가 없다.

(4) 페이스 탄성치

일반적으로 페이스 증가는 판매량 증가를 가져온다. 페이스 증감이 판매량에 미치는 효과를 '페이스 효과'라 한다. 만약 페이스를 2배를 하면 판매량은 약 20% 증가하는데 이것을 '페이스 탄성치가 약 0.2 전후이다'라고 한다.

(5) 상품력과 페이스 효과

대체로 인기 있는 고회전 상품일수록 페이스 효과가 강하게 나타나며 인기 없는 저회전 상품일수록 그 효과는 적게 나타난다. 따라서 안 팔리는 상품을 무리하게 많은 페이스를 부여해 진열해도 그것으로 인한 효과는 낮다. '팔리는 만큼 페이스 수 진열'이라는 원칙에 따라 잘 팔리는 고회전 상품 페이스를 확대 진열하는 것이 매장 전체 판매를 더욱 증가시키게 된다.

페이스 증가는 판매 증가를 가져오지만 계속된 페이스 증가는 지속적인 판매 증가를 가져오지 않는다. 상황은 상품에 따라 다소 차이는 있겠지만 페이스 효과는 어느 정도 시점이 지나면 점차 감소한다. 이러한 현상을 가리켜 <그림 11-10>과 같이 '페이스 효과 체감 법칙'이라고 한다. 한 품목당 최저 페이스 수는 2 페이스 진열이 원칙이다.

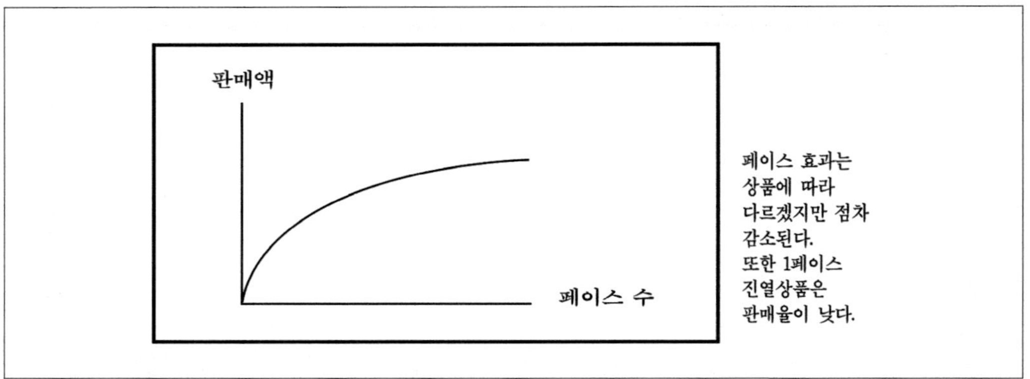


<그림 11-10> 페이스 효과 체감 법칙

## 12. 상품 진열 방법

### 1) 진열 양

시즌 초기나 끝 무렵 또는 세일 후에 상품량이 갑자기 지나치게 많아지거나 적어지는 것은 점 이미지 관리 면에서 좋지 않은 영향을 끼친다. 상품 판매실적이 둔화할 때 신규 상품을 많이 내놓아 고객 시선을 끌고자 하지만 그러면 품목별로 수량이 많아지고 혼란이 생기기도 하므로 점포 성격에 따라 적절한 진열 수량을 정하여 운영하는 것이 필요하다. 신규 상품이 입점했을 때 모두를 매장에 진열하는 것이 아니라 현 상태에서 재고를 고려하고 시즌에 맞는 순서대로 적정량을 가장 돋보이게 할 수 있는 위치에 진열하도록 한다.

### 2) 재고가 적은 시기 연출 방법

여름에서 가을로 겨울에서 봄에 이르는 시기는 상품이 변화하는 시기 또는 세일 후에 매장의 재고가 적어지는 시기이다. 그렇다고 해서 집기 내부에 상품을 충분하게 비치하지 않는다거나 진열량이 적어 선반 뒤쪽 벽면이 보인다면 고객 구매 의욕은 한층 감소하여 판매가 부진하게 된다. 따라서 재고량이 적으면 다음과 같이 시각적인 재고 밀도를 높여 평상시와 같이 풍만감과 다양성을 갖추도록 한다.

(1) 진열 더미를 줄인다.

가령 니트 선반 경우 한 단 선반에 네 더미를 개어 놓았다면 셋 또는 두 더미로 줄여 진열한다. 이때 주의할 것은 접는 폭을 넓혀서 선반 빈 부분이 많이 보이지 않도록 한다.

(2) 선반 수를 줄인다.

5단으로 전개하던 선반 단수를 4단 또는 3단으로 상품량에 맞게 줄인다. 일반적으로 골든 존(Golden Zone)이라고 불리는 선반 높이는 고객 시선과 손이 자주 가는 곳이므로 상품 배치상 우선순위는 변함이 없어야 한다.

(3) 상품 거는 방향을 변화시킨다.

소매가 보이게 옆으로 걸었던 상품을 정면으로 걸면 상품 수가 적어도 그다지 부족해 보이지는 않는다. 이때 앞쪽에 걸리는 상품을 관련 상품으로 코디네이터 한다면 더욱 다양하고 볼륨감 있는 진열을 할 수가 있다. 이처럼 선반 수를 증감시키거나 걸이 방향을 변화시키려면 시스템화된 디자인 집기 기능이 뒤따라야 한다. 그리고 무엇보다 중요한 것은 매장에서 변화 있게 활용하려는 의식과 상황에 맞게 적용할 수 있는 안목 디스플레이 지식이 있어야 한다.

## 13. 효과적 진열

### 1) 보기 쉬운 진열

(1) 진열 유효범위를 활용한다.

고객이 곤돌라 앞에 있을 때 고객이 찾기 쉬운 위치에 진열된 상품은 고객 눈에 쉽게 띄어 구매 가능성을 높여주므로 판매증대에 큰 역할을 하게 된다. 따라서 무릎 위부터 시선 높이 즉 판매효율이 좋은 골든 스페이스를 활용한다.

(2) 안정감을 준다.

상품을 진열할 때 작은 것은 위에 큰 것은 아래에 진열하여 전체적인 안정감을 느끼게 하여 고객을 오랫동안 점포에 머물도록 유인한다.

#### (3) 높낮이 차이를 준다.

상품을 앞에는 낮게 뒤로 갈수록 높게 진열하여 상품에 높낮이 차이를 둔다.

#### (4) 상품 얼굴을 보여준다.

상품은 하나하나마다 얼굴(페이스)이 있고 상품인지가 가장 빠른 페이스 부분 예를 들면 의류에서는 색채 부분 캔류에서는 상표 부분을 가능한 한 고객에게 정면으로 향하게 보여준다.

### 2) 선택이 쉬운 진열

#### (1) 상품을 분류한다.

같은 품목별로 같은 스타일로 상품을 분류하여 진열한다.

#### (2) 색채 배열을 한다.

왼쪽에서 오른쪽으로 향하는 그러데이션 효과를 높이기 위해 색채 배열을 한다.

#### (3) 잡기 쉬도록 한다.

예를 들면 프라이팬이라면 손잡이를 오른쪽 한 방향으로 하여 상품을 고객이 잡기 쉽도록 진열한다.

### 3) 주목률 높이는 진열

#### (1) 소도구나 소품을 활용한다.

시즌과 상품 그레이드와 적합성을 고려하여 소도구나 소품을 활용한다.

#### (2) POP를 활용한다.

분위기 연출과 장점을 설명하는 구매시점광고(P.O.P)를 활용한다.

#### (3) 상품별 특성을 살린 진열 방법을 택한다.

예를 들면 가전 제품류는 기능감을 강조하고 귤·사과 등은 양감을 강조하는 진열을 하여 단조로움을 느끼지 않도록 리듬감 있는 진열을 한다.

### 4) 가치 높이는 진열

(1) 상품 특정 부분을 부각해 표현한다.

(2) 관련 상품과 코디네이터가 되도록 한다.

(3) 고가품일수록 적게 진열한다.

(4) 동선과 마주치는 곳(유도 포인트)에 배치한다.

### 5) 신선도 높이는 진열

(1) 조명의 광원을 선택할 때 유의한다. 예를 들면 생선 경우 붉은색을 비추면 상한 것처럼 보이기 때문에 유의한다.

(2) 판매되어 빠진 곳은 바로 보충한다.

(3) 수시로 먼지를 털고 닦아 낸다.

## 14. 진열유형

진열유형은 크게 두 가지로 나눌 수 있는데 하나는 선반 진열, 즉 셀프 진열이고 다른 하나는 특수진열이다. 선반 진열은 수평 진열(횡 분할 진열)·수직 진열(종 분할 진열)·샌드위치 진열·라이트 업 진열·전진 입체 진열·브레이크 업 진열·컬러 컨트롤 진열이 있다. 특수진열은 엔드 매대 진열·평대 진열·사이드 진열·돌출 진열·걸고리 진열·점블 진열 등으로 나눌 수 있다.

### 1) 선반 진열

(1) 수직 진열

곤돌라 내에서 동일 품종 상품을 세로로 진열하는 방법을 수직 진열이라 한다. 수직 진열은 고객 시선에 반드시 들어오도록 세로로 분류하여 진열하는 것으로 상품구매 기회를 늘릴 수가 있다. 고객 눈높이는 여성이 1.5m 정도이고 시선을 따라 수평으로 움직이므로 이 시선에 주요한 상품이 카메라 필름 한 토막과 같이 계속해서 비치는 것처럼 진열한다. 또한, 수직 진열은 판매량이 큰 상품군을 강조할 수 있다. 수직 진열 장점은 각 부문 상품이 곤돌라 라인 내 골든 존에 걸쳐 진열되어 고객에게 균등히 볼 기회를 제공하는 평등한 진열이다. 또한, 이동하는 고객 시선 흐름을 수직으로 만들어 각 상품 부문을 효과적으로 보도록 만든다.

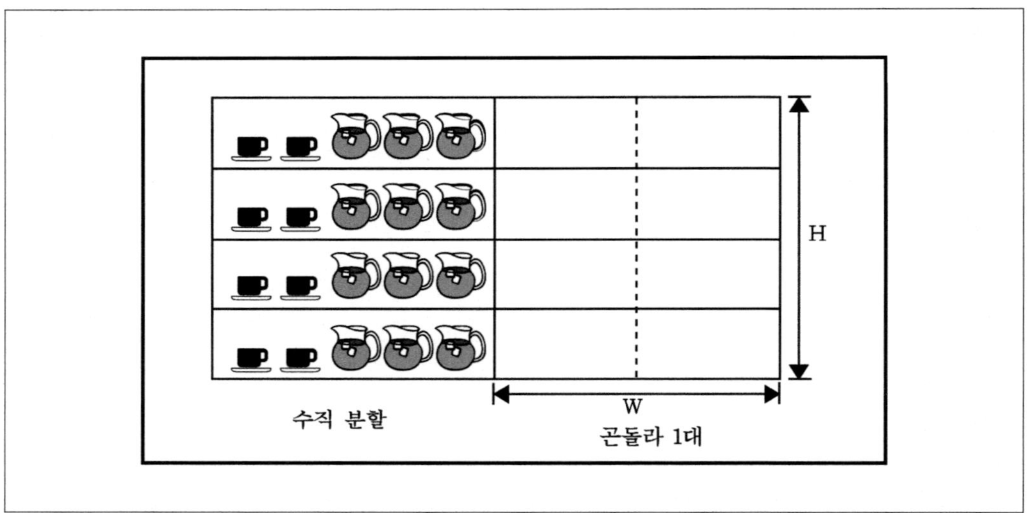


<그림 11-11> 수직 진열

### (2) 수평 진열

수평 진열은 하나의 품군을 용도별 또는 사용 순서별 등으로 가로 방향으로 분류하여 진열하는 것이다. 일명 파노라마식 진열이라고도 한다. 수평 진열은 수직 진열이 가진 대부분 장점을 단점으로 갖고 있어 그리 좋은 진열 방법이라 할 수 없으나 우수한 자석 부문이 있는 경우는 수평 진열이 유리하다.

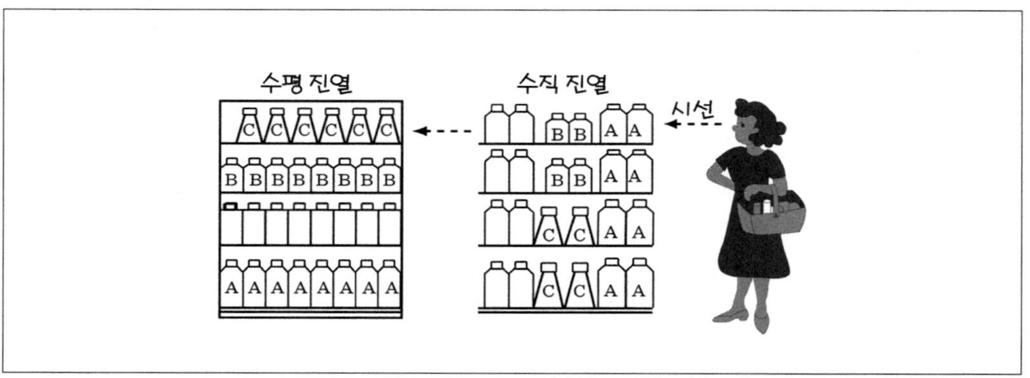


<그림 11-12> 수평 진열

(3) 샌드위치 진열

진열대 내에서 잘 팔리는 상품 곁에 이익은 높으나 잘 팔리지 않는 상품을 진열해서 고객 눈에 잘 띄게 하여 판매를 촉진하는 진열이다. 이 진열은 무형 광고효과가 있으므로 진열대 내에서 사각 공간을 무력화시키는 효율 좋은 진열 방법이다.

(4) 라이트 업(Right Up) 진열

'좌측보다 우측이 잘 팔린다'

진열 상품 좌·우 효과를 비교해 보면 좌측 상품보다 우측 상품이 잘 팔리는 것을 알 수 있다. 즉 우측이 우위 위치가 된다. 상품명은 좌측에서 우측으로 표기되어 있으므로 이것을 읽기 위해 사람 시선도 좌에서 우로 움직인다. 따라서 우측에 진열된 상품에 시선이 머물기 쉽다는 것이다. 그러므로 같은 상품 부문 중에서 우측에 고가격·고 이익·대용량의 상품을 진열한다.

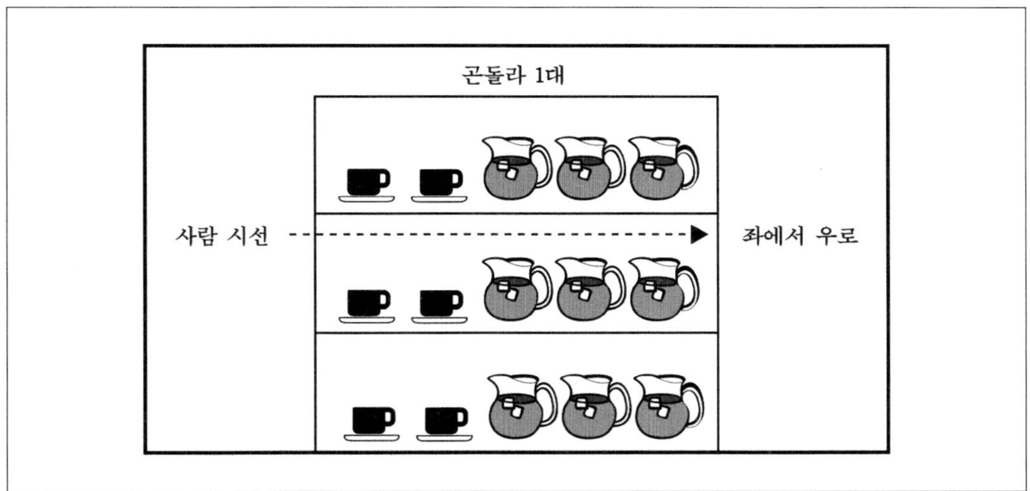


<그림 11-13> 라이트 업 진열

(5) 전진 입체 진열

상품은 하나마다 얼굴(페이스)이 있고 상품인지가 가장 빠른 페이스 부분을 가능한 한 고객에게 정면으로 향하게 하는 것이 진열 원칙이다. 그 기본이 되는 진열법이 전진 입체 진열이다. 이 진열을 효과적으로 활용하려면 전제조건이 있다. 인 스토어 프로모션 하나라는 인식을 높이고 회전율 및 품질 체크에 주의해야 한다. <그림 11-14>

는 그로서리 부문 곤돌라 엔드에서의 전진 입체 진열 모습이다. 캔·병·상자 등 상품 형태나 크기·진열 집기·코너 균형·소구 의도 차이에 따라 수법은 다르나 다음 포인트에 주의하여 진열하는 것이 중요하다. 조건과 상품에 맞는 진열기술을 습득하는 것도 필요하다. 매력적인 매장을 만들기 위해 적은 수량 상품이라도 앞으로 내어 쌓는 진열을 한다. 이것은 효율적인 진열 기술로서 가능한 한 진열 선반 앞에까지 상품을 전진시키고 위로도 공간이 있는 한 쌓아 올린다. 이렇게 함으로써 진열된 상품은 고객 눈에 잘 띄게 되어 판매율이 높아지게 된다. 전진 입체 진열은 페이스가 항상 고객을 향해 있어 다른 상품과 비교 대조하기 쉽다는 점 이외에 다음과 같은 진열 효과도 있다.

① 정연하게 진열함으로써 점포 전체 청결감이나 선도감, 상품에 대한 신뢰를 높일 수 있다.
② 정연하게 페이스 업시킴으로써 매장과 코너 풍만감이나 활기를 연출할 수 있다.
③ 판매 수량 파악 및 재고 수량 확인을 쉽게 할 수 있고 보충, 발주 작업이 쉬워진다.

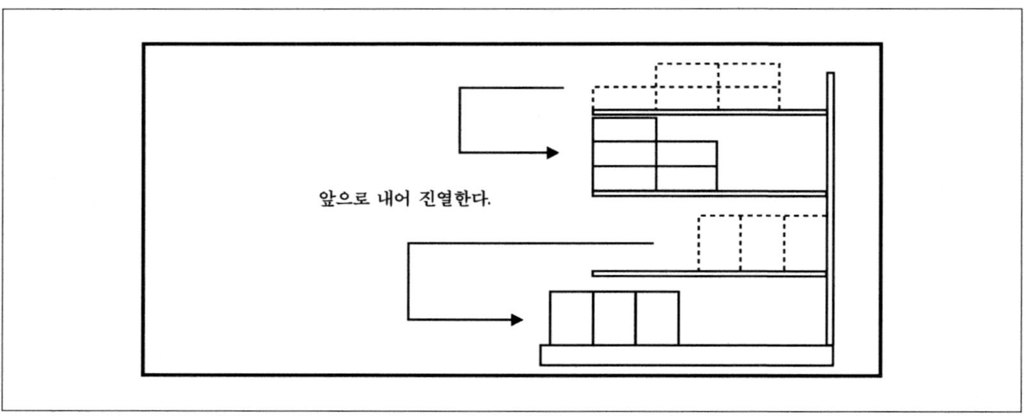


**<그림 11-14> 전진 입체 진열**

(6) 브레이크 업(break up) 진열

'진열대 단을 상품 크기에 맞게 조절해서 진열 효과를 높인다.'.

이 기법은 진열 라인에 변화를 주어 고객 시선을 유도하여 상품과 매장에 주목률을 높이는 효과가 있다. 브레이크 업 진열은 상품에 알맞게 선반 높낮이를 조정하여 줌으로써 고객 주목률을 높이려는 진열 기법이다.

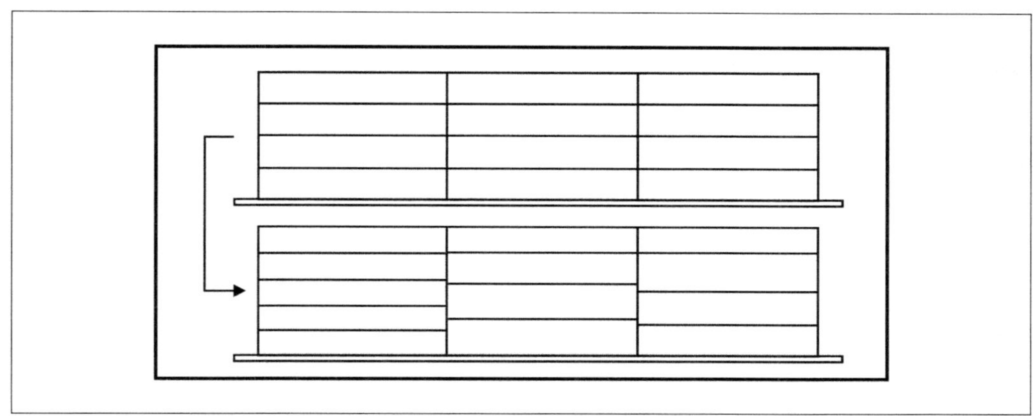

<그림 11-15> 브레이크 업 진열

(7) 컬러 컨트롤(Color control) 진열

상품 색채 특성을 파악하여 효과적으로 운용하는 것을 말한다. 고객 상품 구매동기 중에 색채가 차지하는 비중이 크므로 찾고자 하는 상품을 빨리 식별해 내고 고르게 해야 한다. 즉, 고객 눈에 쉽게 보이도록 계획하는 것이다. 이러한 컬러 진열은 조명 효과와 연계하여 운용한다.

① 그룹별로 색을 나열할 때는 밝은색에서 어두운색으로 나열한다.
② 왼쪽에서 오른쪽으로 배열한다. 왼쪽에서 오른쪽을 품목별·디자인별·스타일별 순서로 정리·진열한다.
③ 위에서 아래로 배열한다. 위에서 아래로 디자인별·사이즈별로 진열한다.
④ 상품을 강조하려 할 때는 주력상품 색을 주 컬러로 하고, 보조상품 컬러를 보조 컬러로 하여 60:40 비율로 진열한다.
⑤ 유사색끼리 나열한다.
⑥ 보색끼리 나열한다.

진열을 위한 배색 주의점은 다음과 같다.

① 진열 상품 주력 색을 정한다.
② 진열 상품 양·위치·형태를 파악한다.
③ 주위 색 환경을 고려한다.
④ 색상·채도·명도 관계를 고려한다.
⑤ 조명을 활용한다.

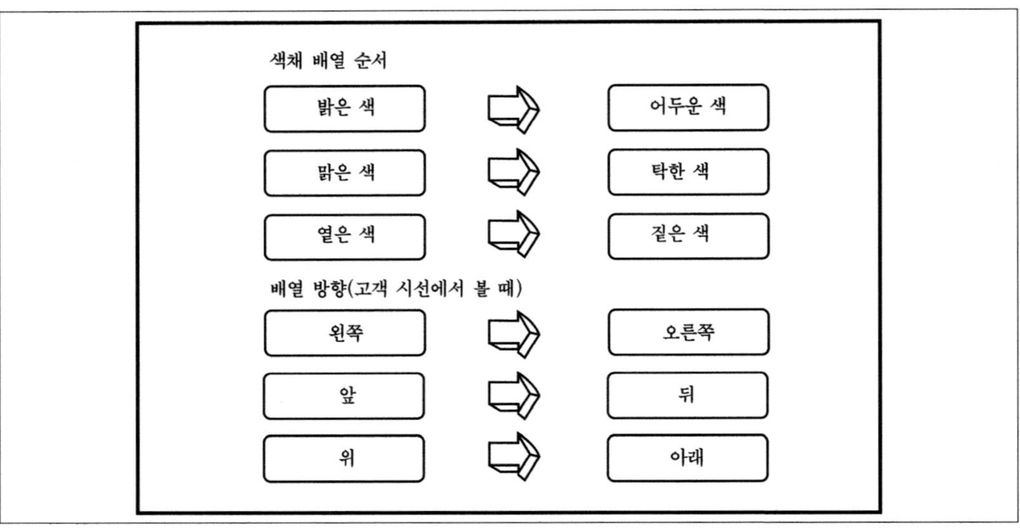


<그림 11-16> 컬러 컨트롤 진열

## 2) 특수진열 방법

매장에서는 고정 상품 진열이 주를 이루지만 고정 진열 이외 경우와 고정 진열 속에 특수한 변화를 가진 진열을 함에 따라 충동구매를 유도할 수가 있다. 이것은 전혀 구매계획에 없었던 상품을 충동적으로 추가 구매하도록 하는 진열이고, 고객 한 사람당 매출 건수를 늘리는 가장 빠른 방법이다. 그러나 보통은 잘 취급하지 않은 상품을 발견해 내서 진열하면 고정 진열과 관련성이 없어지므로 주의해야 한다. 매장 진열에서 선반(Shelf) 진열만 가지고는 너무 단조로우므로 여러 가지 형태 진열을 할 필요가 있으며 그 종류는 대체로 다음과 같다.

### (1) 사이드(side) 진열

엔드 좌측 또는 우측에 밀착시켜 돌출하는 진열 기법이다. 통상 엔드 매대 내 주력상품과 직·간접으로 관련 상품을 추가로 '갖다 붙이는 진열'로 양감 연출에 이용되기도 하지만 유의 사항은 다음과 같다.

① 통로가 넓어야 한다.

② 병목 현상을 피해야 한다.

③ 철수와 이동이 쉽도록 바퀴 달린 캐리어를 이용해서 박스 상품을 커팅 진열하거나 점블 바스켓 진열대를 사용하기도 한다.

④ 어떤 경우에도 맨바닥에 상품을 놓지 않는다.

⑤ 사이드 진열의 크기는 폭 40㎝, 높이 100㎝, 넓이 80㎝가 표준이다.

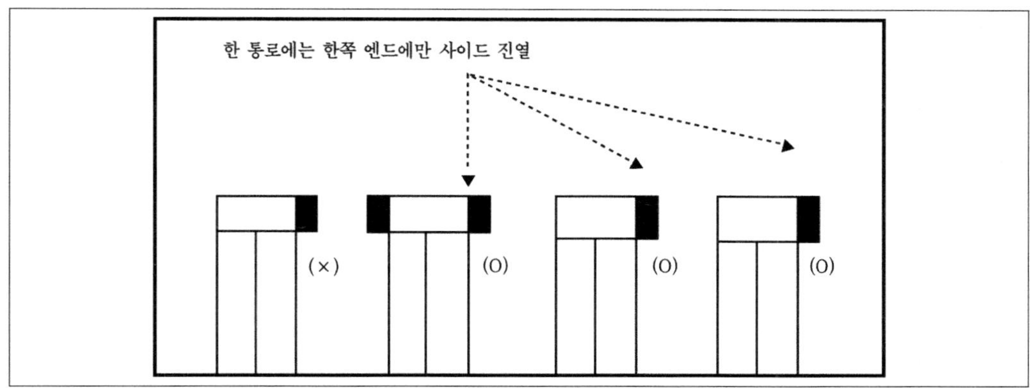


<그림 11-17> 사이드 진열

(2) 평대 진열

선반 진열과 달리 사방에서 상품에 접근이 쉬운 진열 방법으로 매출 효과가 크다. 주로 청과, 채소 등 생식품 행사용 진열대로 활용됐으며 최근 공산품 가운데 행사 상품이나 기획 상품 진열에도 적극적으로 활용되고 있다. 주의할 점은

① 통로가 넓어야 한다.
② 재고관리에 주의하여 보조구 활용 및 영감진열을 한다.
③ 단점으로 공간 로스가 문제이고 하단 부분 효율을 높이기 위해 홈을 파서 다단식 선반 처리를 해 평대 진열 상품과 관련 진열한다.

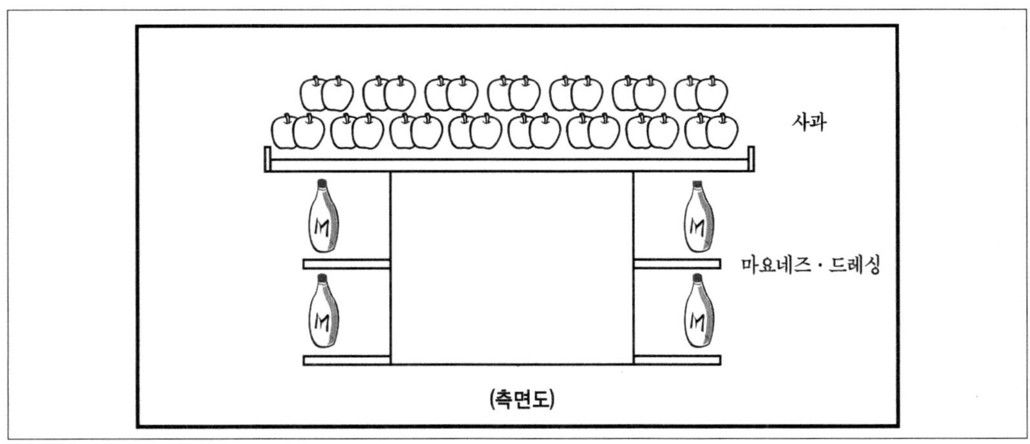


<그림 11-18> 평대 진열

### (3) 트레이팩 진열(tray pack display)

평대 진열과 유사하나 하단 부분을 팔레트 또는 받침대(깔판)만 처리하고 진열 상품의 박스 하단 부분을 트레이 형태로 커트해 상자째 쌓아 올려 진열한다. 섬 진열, 벽면 진열 모두 활용되며 일손 절감과 대량 양감 진열에 적합하다. 주로 할인점이나 슈퍼마켓 매장에서 대량으로 상품을 쌓아 진열한다. 통로 폭이 확보된 매장에서 유용하다.

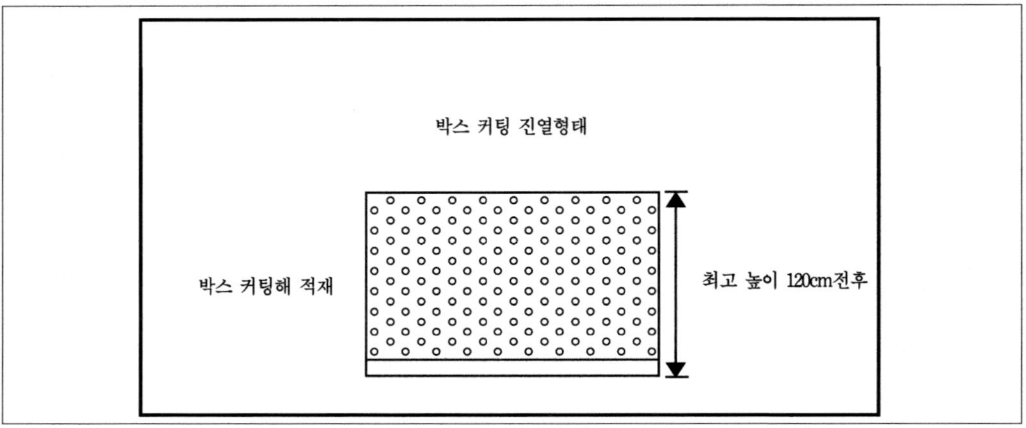


<그림 11-19> 트레이팩 진열

### (4) 점블 진열(jumble display)

일명 바스켓 진열이라고 하며 단가가 같고 가격이 싼 같은 범주 상품을 다양한 취향에 맞추어 갖춰 놓고 이것을 하나의 바구니나 상자에 섞어 진열하는 방법이다. 상품을 정돈하여 쌓지 않으므로 진열 작업시간이 절감되며 손님에게 '싸다', '특가품'이란 인상을 준다. 철제 바구니 등 진열 집기를 이용한다.

<그림 11-20> 점블 진열

(5) 슬롯 진열(slot display)

곤돌라 선반을 일부러 떼 세로로 긴 공간을 만들어 그곳에 박스 커팅 등 대량진열을 하는 방법이다. 고정 진열 등에 끼워 넣은 진열이다.

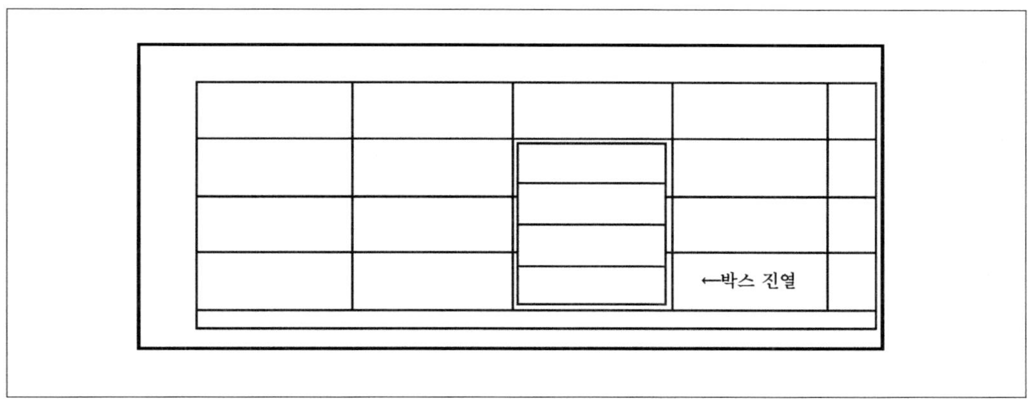


<그림 11-21> 슬롯 진열

(6) 푸시 진열(push display)

고객 쪽으로 밀어내는 듯한 진열로 특히 팔고 싶은 이익상품이라면 고정된 선반으로부터 돌출시켜 진열한다. 그러면 그 상품만이 튀어나오기 때문에 무엇일까 하고 주목하게 된다. 주의해야 할 점은 그 진열이 고정 상품을 가리지 않도록, 고정 선반에서 내민 선반을 슬라이스할 수 있는 것을 사용해야 한다는 것이다.

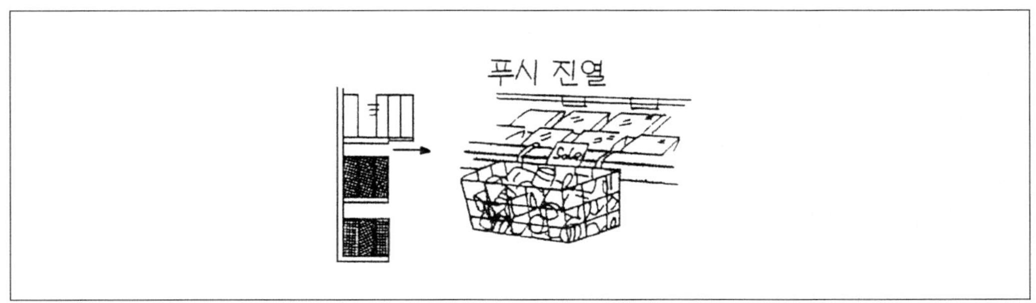


<그림 11-22> 푸시 진열

### (7) 훅 진열(hook display)

선반을 이용하지 않고 갈고리 모양으로 끝이 굽은 막대에 상품을 매단 진열로 종류가 많은 상품 진열에 이용한다. 재고관리가 쉬워진다. 소형상품에 많고 그 상품을 갈고리에 걸리도록 포장이 되어있어야 한다. 주로 비식품·잡화류에 많이 이용된다.

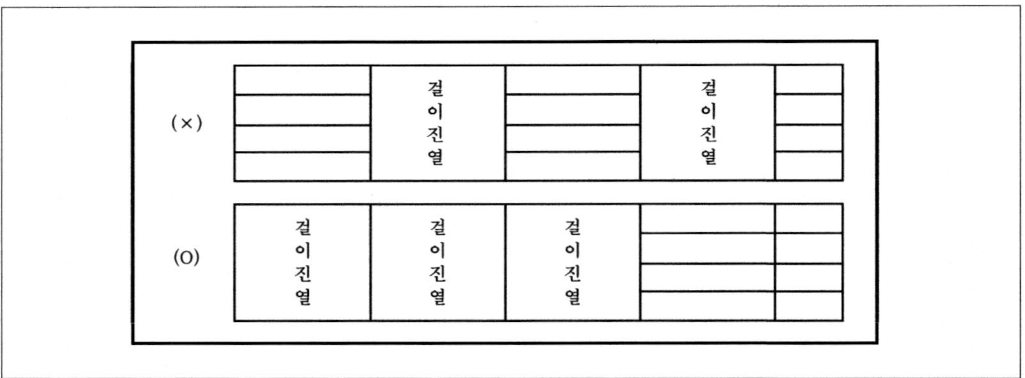


**<그림 11-23> 훅 진열**

### (8) 엔드 진열

슈퍼마켓이나 할인점 곤돌라 양 끝에 있는 진열대를 엔드라 한다. 비교적 장기간 판매하는 상품을 진열하는 곤돌라와는 달리 엔드는 이동하는 고객들을 순환 통로 안으로 끌어들이는 중요한 역할을 하는 진열 공간이다. 엔드 진열은 출구 쪽으로 돌아서려는 고객을 매장으로 다시 끌어들이는 역할을 한다. 따라서 대량진열로 고객 시선을 끌고 저가격으로 발걸음을 멎게 한 다음 계절상품이나 기획 상품으로 고객 마음을 사로잡아야 한다. 엔드 진열 표준 높이는 2m이다. 고객들은 가슴 정도 높이에 있는 상품을 집는다.

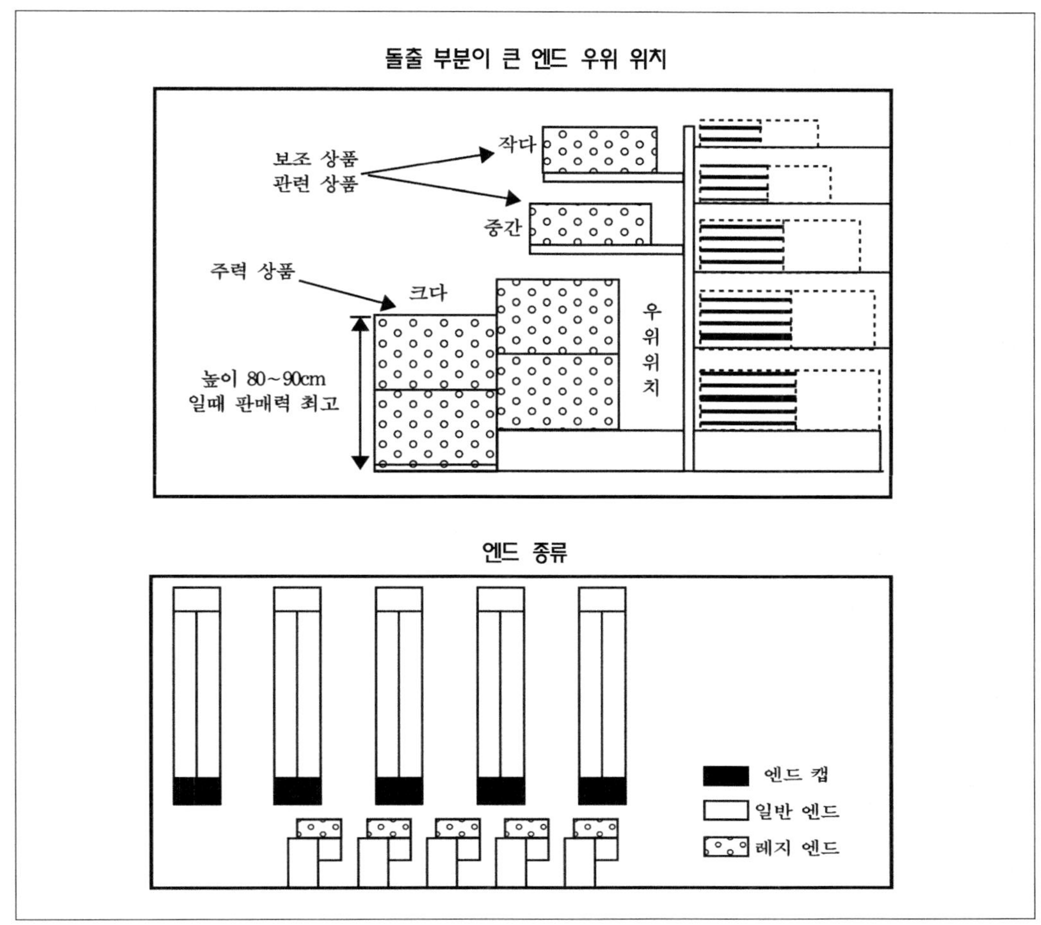


<그림 11-24> 엔드 진열

일반적으로 곤돌라에 많은 상품이 진열돼 있어 고객 눈에 '여러 가지 상품들'로 비치기 때문에 상품 하나하나는 눈에 잘 띄지 않는다. 반면에 엔드는 상대적으로 보이는 면이 단조로운 만큼 눈에 잘 띄어 판매가 잘 되는 특징이 있으므로 그 운영과 기법을 보다 과학적, 기술적, 체계적으로 매뉴얼화해야 한다.

① 엔드 종류

㉠ 엔드 캡(end cap)

계산대 정면으로 보이는 곤돌라 엔드로 매장 내 최고 위치이며 쇼핑을 마치고 계산을 하기 위해 출구 쪽으로 가려는 고객을 멈추게 하고 다시 통로로 유도하는 목적이 있다.

㉡ 일반 엔드

통로를 골고루 걸어 다니게 유도하는 목적이 있다. 따라서 해당 통로에 배치된 상품군과 일치되는 상품군을 진열한다.

㉢ 레지 엔드(reg. end)

일명 캐셔(Casher) 매대 또는 턴 오버(turn over) 코너라고 부른다. 엔드는 쇼핑을 마치고 계산하기 위해 지나치는 모든 고객에게 마지막 구매를 제안하는 매우 좋은 위치이다. 이 매대는 매장 내에서 상당한 비중을 차지하는 위치이므로 상품구성 및 진열에 특히 유의해야 한다. 레지 엔드는 타 매대보다 계산대 폭이 좁고 POS 계산기 높이보다 낮아야 하므로 보통 150㎝ 이하로 제작된다. 주로 껌, 초콜릿, 담배, 소형 건전지, 신문·잡지 등 비교적 부담 없이 구매할 수 있는 상품을 배치하며 로스 관리를 위해 고가상품을 배치한다.

② 효과적인 엔드 진열 포인트

'눈에 쉽게 띄게 진열한다'.

엔드 진열은 고객 눈에 잘 띄는 곤돌라 끝에 상품을 대량으로 진열함으로써 고객 주의를 환기해 구매 의욕을 높이는 것이 포인트이다.

<표 11-9> 효과적인 엔드 진열 포인트

| 점포 입장 | | 엔드 진열상품 |
|---|---|---|
| 1. 대량판매하고 싶다.<br>2. 연관상품을 모아 판매 개수를 늘리고 싶다<br>3. 매력적인 코너를 만들어 집객력을 높이고 싶다.<br>4. 일반 매장에 없는 상품을 진열하고 싶다.<br>5. 매장에 변화를 줘 구매 욕구를 일으키고 싶다. | → | 1. 구매빈도가 높은 상품<br>2. 인지도가 높은 상품<br>3. 충동구매상품<br>4. 계절상품<br>5. 저장성이 있는 상품<br>6. SB상품, 중점상품<br>7. 대량상품<br>8. 단가가 낮은 상품<br>9. 생활필수품 |
| | ↗ | ↓ |
| **고객 입장** | | **엔드 진열 포인트** |
| 1. 새로운 상품으로 즐거운 쇼핑을 하고 싶다<br>2. 구매빈도가 높고 값싼 상품을 빠르고 편하게 찾고 싶다.<br>3. 관련 상품을 한 곳에서 사고 싶다.<br>4. 계절과 시기에 맞는 상품을 한꺼번에 싸게 사고 싶다. | | 1. 일정한 시기마다 새로운 주제로 교체한다.<br>2. 가격을 명확히 소구한다.<br>3. 양감 연출로 시인율을 높인다.<br>4. 친근한 주제로 관련 진열한다.<br>5. 단품 처분을 위한 엔드로 만들지 않는다. |

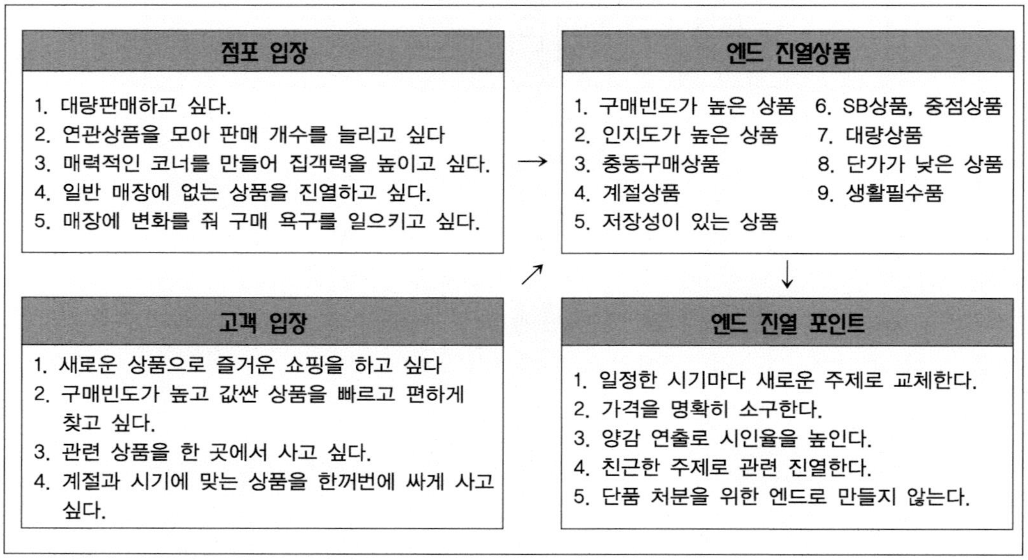

③ 세 가지 엔드 진열

㉠ 단품 진열

신상품, 기획 상품 등 특정 브랜드 판매를 극대화하는데 적당하다. 1품목 대량진열로 고객 주목률·인지율은 세 가지 방법 가운데 가장 높지만 매익률이 저하된다는 단점이 있다.

㉡ 다품 진열

생활 제안, 메뉴 제안, 시즌 상품 등 명확한 주제를 갖고 엔드에 연출하는 효과적인 진열 방법이다. 적절한 상품 수는 진열하는 상품 특성이나 엔드 크기 등에 따라 조금씩 다르다.

㉢ 관련 진열

상품력이 높은 주력 품목 진열 페이싱을 확보한 후 그에 관련된 보조상품을 일정 비율로 추가로 구성하여 연출한다.

## 15. 매장연출 기법

매장에 있어서 상품연출은 맛있는 요리를 먹음직스럽게 담는 것과 같다. 급변하는 상품과 패션 분류, 상품량에 맞추어 매장은 언제나 재구성되어야 한다. 이러한 세심한 대응이 매력 넘치는 매장을 유지하게 하는 원동력이 된다.

### 1) 매장 청결감 최우선

매장에는 언제나 청결감이 있어야 한다. 캐주얼한 아이템을 다수 전개하고 있는 점포나 고객 수가 많고 정리 정돈해야 하는 점포일지라도 그 점포 특성에 맞는 청결감은 필요하다. 고객들은 상품이 풍족한 점포에 대해 쾌적한 구매 환경을 기대하고 있으므로 오늘날의 매장에서는 청결감이 전제조건이 된다.

#### (1) 세심한 부분까지 청소가 철저하다.

매장바닥에 휴지가 떨어져 있어서는 안 된다. 매일 아침 청소하는 것이 일상화되어 있긴 하지만 영업시간이 임박하고 고객 수가 많은 점포는 대개 청소를 소홀히 하게 된다. 아침 고객과 오후 고객, 특히 저녁 고객은 다른 것이다. 따라서 고객에게 깨끗하고 기분 좋게 느끼게끔 해야 한다.

(2) 정리 정돈이 잘 되어있다.

상품 선반 진열 시 1cm도 어긋남이 있어서는 안 된다. 이러한 상품 진열은 물론이고 행거 방향 및 종류를 통일하는 것도 중요하다. 특히 계산대를 포함한 서비스 카운터의 정리 정돈을 잊지 않도록 주의해야 한다. 비록 고객이 구매하기로 한 상품일지라도 포장하는 곳이 지저분하다면 구매 상품에 대해 곧 후회하게 된다. 따라서 고객과 편안한 대화가 오갈 수 있는 분위기를 조성해야 한다.

(3) 조명은 적소에 적당한 양만큼만 비춘다.

점포 특성이나 취급하는 상품 특성에 맞도록 부드러움을 표현하는 밝은 조명과 더 강조성을 표현하는 스포트라이트를 확실하게 구분하여 사용할 필요가 있다.

(4) 컬러 컨트롤(색상 조정)이 잘 되어있다.

점포 컬러 컨트롤이 전체적으로 잘 되어있으면 청결감과 상쾌함을 더욱 잘 느낄 수 있다. 여름 상품에서 가을 상품으로 혹은 겨울 상품에서 봄상품으로 등과 같이 계절이 바뀌는 시기에 상품의 여러 가지 색상이 혼재하게 된다. 이러면 시즌별 구분과 동시에 매장 전체적인 색상을 조정해야 한다. 매장을 들어서는 고객 시각에 가장 먼저 포착되는 것이 색상이다.

(5) 판매원의 몸가짐이 바르다.

점포는 고객을 상대로 영업하는 곳이다. 따라서 고객에게 불쾌감을 주지 않도록 언행에 주의해야 한다. 지나치게 헐렁한 복장은 왠지 몸가짐도 흐트러져 보인다. 반면 단정한 복장을 하고 있으면 몸가짐도 바르게 보인다. 판매원은 자기의 개성이나 기호를 우선할 것이 아니라 청결감과 품위, 친숙함과 밝음을 고객이 느낄 수 있도록 복장과 몸가짐을 가져야 한다. 점포 쾌적함이 중시되는 오늘날은 매장 전체가 청결할 수 있도록 주의를 기울여야 한다.

## 2) 매장연출 포인트

과일, 채소, 생선 등 경우 어제와 오늘은 물론 오전과 오후의 신선도가 같을 수는 없다. 오늘 모처럼 보기에도 싱싱하고 군침이 도는 좋은 품질의 상품을 가지고 있다면 어제와 같은 가격으로 팔 필요 없이 조금 더 높은 가격으로 팔더라도 아무런 문제가 없다. 그러나 보다 높은 가격을 받기 위해서는 어제와 같은 상황이어서는 안되며 무언가 구매 고객을 겨냥한 판매측의 성의를 보여야 한다. 가령

- 진열 위치가 잘 보이는 위치로 옮긴다.
- 눈에 띄도록 다른 상품과 분리한다.
- 관련된 소품을 활용하여 가치를 높인다.
- POP를 사용하여 부각한다.

그러나 먼저 고려할 것은 부각할 상품을 가려내는 것이며 그러기 위해서는 판매부서와 긴밀한 의사소통이 요구된다. 디스플레이어는 이러한 과정 없이 본인 마음에 드는 상품을 골라 멋지게 보이려고 하지만 비주얼 머천다이저라면 판매측 상황을 판단하여 시행한다. 왜냐하면, 판매 전략을 위해 다른 품목을 부각해야 할 경우도 있고 매입 시세에 의한 높은 가격 때문에 비싸고 신속하게 팔아야 할 경우도 생길 수도 있기 때문이다. 따라서 연출에 앞서 상품에 대한 지식과 판매계획 파악을 토대로 방법을 구체화한다.

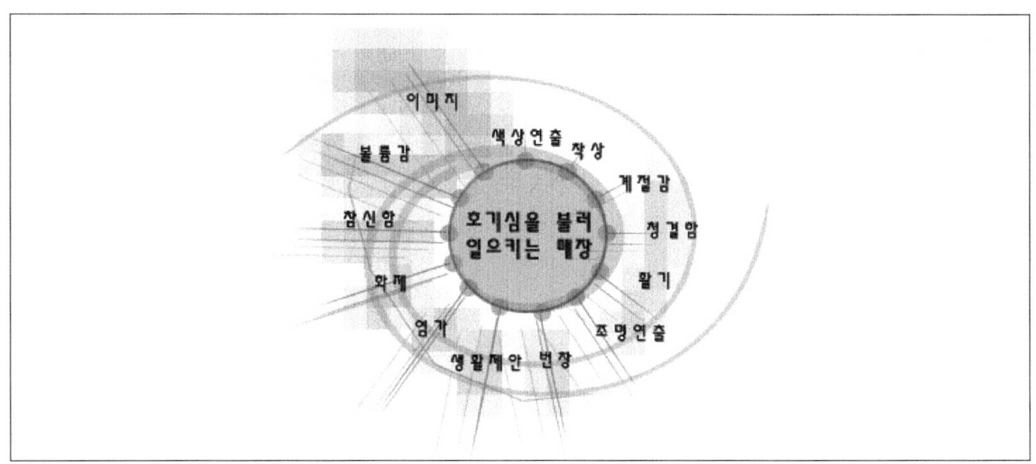


<그림 11-25> 매장연출 포인트

### 3) 매장연출기법

상품은 살아 있는 것이다. 따라서 판매를 위해서는 단순히 보여주는 것만으로는 부족하여 상품연출을 연결하기 위해 다음 사항을 주의해야 한다.

### (1) 연출 주제를 정확히 파악한다.

등급은 어느 정도인가, 다량 진열 상품인가, 계절상품인가, 판매 포인트는 무엇인가 등 상품에 따른 지식을 바탕으로 상황에 따라 정확한 이미지를 연출하기 위해 상품의 성격을 파악한다.

### (2) 상품 특징을 명확히 보여준다.

연출상품은 고객이 손을 대지 않아도 디자인, 사이즈, 소재, 가격 등을 알 수 있어야 하며 필요 이상의 기교로 인해 짧은 소매인가 긴소매인가를 알기 어려워서는 안 된다. 이러면 소재, 가격 등을 알려 줄 수 있는 POP를 사용하는 것이 좋다.

### (3) 연출상품은 최상 상태를 유지한다.

때가 묻거나 변형 또는 파손된 상품은 가치를 떨어뜨린다. 상품은 점내 장식을 위한 것이 아니라 판매를 위한 견본 전시이므로 무리한 연출로 상품에 손상이 가서는 안 된다.

### (4) 항상 특색있는 연출이 필요하다.

활기찬 매장을 꾸미기 위해서는 새로운 상품 위주로 항상 특색있는 연출을 해야 한다. 예를 들어 주류 경우라면 술 역사 또는 술에 얽힌 간단한 에피소드를 소개하기도 하고 좋은 위치에 관련 소품이나 POP 등을 동원하여 상품에 대한 주목률을 높이고 호기심을 불러일으켜야 한다. 새로운 상품이 없을 경우라도 품목별로 시즌을 고려하여 일정 기간을 교대로 하여 항상 특색있는 연출을 만들어야 준다.

### (5) 시즌 감각을 느끼게 한다.

시즌 상품을 취급하고 있어도 상품의 판매 포인트와 연출 방법을 모르면 시즌 감을 느끼게 할 수 없다. 시즌을 춘하추동 계절감을 비롯하여 설날, 추석 등 판매 적기를 파악하여 더욱 세분화시킨다.

### (6) 상품분류, 배치를 명확히 한다.

상품(패션) 주기인 발생기 → 성장기 → 안정기 → 쇠퇴기 →소멸기를 기본으로 품목에 따라 성장기와 절정기 상품 부각과 쇠퇴기 또는 소멸기 상품 배치를 타 상품과의 연관성을 고려하여 적절히 운용한다.

(7) 청결을 유지한다.

상품연출 진행 과정에서 가장 중요한 것은 청결이다. 시작 단계에서부터 상품 자체는 물론 집기류 청결은 기본이며, 최종 마무리 단계에서 다시 점검한다.

### 4) 상품 특성별 연출

(1) 미감 상품

아름답고 고급스러움을 느끼도록 연출한다.

(2) 기능감 상품

기능을 중시하고 실제 체험하도록 한다.

(3) 양감 상품

많은 양을 쌓아 구매 욕구를 높인다.

## 16. 매장계획

### 1) 평면계획

매장 평면계획은 마케팅과 상품화(Merchandising) 전략을 매장 내에 구성해 나가는 것으로 상품화(MD) 전략에 기초를 둔 상품구성과 집기 배치 등이 가변적이고 적극적인 성격을 가져야 하며 단순하고 명쾌한 것이 효과적이다. 따라서 평면계획은 상품화(MD)를 고려한 동선에 따른 연계성을 가져야 하며 일관된 형태를 벗어나 상품의 특성에 알맞게끔 개성적으로 계획되어야 한다.

(1) 매장계획 시 고려 사항

① 대상 고객을 명확히 하고 상품 관련성을 고려하여 상품군을 조정한다.
② 고객이 많이 이용하는 공간을 중심으로 한 동선 계획을 하여야 한다.
③ 동선은 단순하고 회유할 수 있게 하여야 한다.
④ 매장 깊이는 상품 성격과 진열 방법, 집기 크기를 고려해 설정한다.
⑤ 동선 폭은 고객 유동성과 체류 시간 등 동선 혼잡도를 예상하여 고객 편의를 고

려하여야 한다.

⑥ 매장 벽면은 고객 동선에서 고객 시선과 직교하게 하여야 한다.

⑦ 상품 진열 공간 구획을 명확히 하여야 한다.

⑧ 고객 시선이 맞닿는 곳에 주력상품을 진열하게 한다.

### (2) 점포배치(Store Layout) 목적

① 고객 밀집을 막고 부문 간 이동을 쉽게 하고 매장으로서 상품 운반설비 이동을 쉽게 하는 통로를 설치하여야 한다.

② 매장을 아무런 방해 없이 바라볼 수 있게 하여야 한다.

③ 관련 품목 구매를 촉진하기 위해 관련되는 상품을 군집화하여야 한다.

④ 부문 배치를 합리화하여 구매 저항을 줄이도록 하여야 한다.

⑤ 고객이 적절하지 않다고 생각하는 부문은 신속히 지나갈 수 있는 수단을 마련하여야 한다.

⑥ 앙상블(조화, Ensemble)이나 라이프스타일(Life Style)에 따라 상품을 조합하도록 한다.

이처럼 상품화(MD) 전략에 따른 상품구성·집기 배치·동선 유형 등에 의한 매장 평면 계획법은 직각 배치법·사행 배치법·방사 배치법·자유곡선 배치법 등으로 구별할 수 있다.

**<표 11-10> 매장 평면 계획법**

| 구 분 | 특 징 |
|---|---|
| 직각 배치법 | · 매장면적을 최대한 이용할 수 있다.<br>· 매장형태에 따른 구성 형태가 단조롭다.<br>· 고객 통행량에 따라 동선 폭을 조정하기 어렵다.<br>· 진열대 크기 및 배치에 있어 규격화가 가능하다. |
| 사행 배치법 | · 45° 사선으로 배치하여 동선 변화감을 줄 수 있다.<br>· 주 동선에서 보조 동선 진열된 상품이 잘 보인다.<br>· 고객이 매장 구석까지 접근할 수 있다.<br>· 많은 이형 진열대가 필요하다. |
| 방사 배치법 | · 중앙을 중심으로 방사 형태를 이루는 방법이다. |
| 자유곡선 배치법 | · 동선을 유기적으로 계획하여 자유로운 곡선형으로 배치하는 방법이다.<br>· 매장 획일성 탈피와 개성적이며 독특한 특징을 줄 수 있다.<br>· 고객 유동이 부드럽고 공간 유연성이나 동선 이용상 혼란을 배제하기 어렵다.<br>· 진열대 제작비가 많이 든다. |

## 2) 동선 계획

동선이란 사람이 움직이는 방향을 가리키는 것으로 합리적이고 능률적인 동선 계획은 단순히 통로를 확보하는 것이 아니라 매장 전체가 잘 보이게 하여 진열된 상품을 폭넓게 볼 수 있게 하고 상품으로의 접근을 쉽게 함으로써 고객에게 쾌적한 쇼핑을 제공하고 효율적인 매장구성이 이루어지게 하며 판매원에게는 업무의 능률을 제고시켜 주는 것이다. 동선 계획은 매장구성의 기본으로서 주 동선과 부 동선, 집시(集視) 포인트, 고객이 머무는 곳, 그리고 제반 집기류와의 적절한 면적 배분이 중요하다. 동선은 내부 시설이 잘되어 있더라도 고객 편에서 편리성, 즐거움, 안전성 등을 고려하지 않으면 좋은 매장이 될 수 없다. 동선은 크게 기능과 형태로서의 동선으로 분류되며, 기능으로서의 동선에는 주 동선, 부 동선으로 나눌 수 있고 형태로서의 동선에는 고객 동선, 판매원 동선, 관리 동선 등 3가지로 구분할 수 있다.

### (1) 기능으로서의 동선

① 주 동선(주 통로)

주 동선은 넓고 단순하며 내점객이 목적하는 곳까지 바로 갈 수 있도록 하며 점내에 진열 배치된 상품을 될 수 있는 한 많이 보여주기 위해 매장 깊숙이 들어갈 수 있도록 계획한다.

② 부 동선(보조 통로)

부 동선은 주 동선에 접하여 기능성보다는 연출성이 강하며 고객이 자연스럽게 매장 구석까지 다니게 함으로써 가능한 한 매장에 오랫동안 머물 수 있도록 한다. 주 동선이 고객 유동성을 꾀하는 것에 비해 부 동선은 내점객 체류를 목적으로 하는 체류 동선 역할을 한다.

<표 11-11> 동선 기능

| 동 선 | 정 도 | 동 선 폭(㎜) |
|---|---|---|
| 주 동 선 | 최 소 | 1800 |
| | 보 통 | 2400 – 3000 |
| | 최 대 | 4500 |
| 보 조 동 선 | 최 소 | 1500 |
| | 보 통 | 2100 – 2400 |
| | 최 대 | 3000 |

(2) 행태로서의 동선

① 고객 동선

점 입구에서 안쪽에 이르기까지 고객의 흐름을 말하며 이 흐름은 길고 자연스러워야 한다. 이상적인 점포는 고객이 들어가기 쉽고 부담감이 없어야 한다. 고객 동선이 길면 길수록 효과적인 것은 상품을 다양하게 살필 수 있으며 판매원과 대화도 자연스럽게 이루어질 기회가 생기므로 상품 구매를 유도하는 효과를 얻을 수 있다.

② 판매원 동선

판매 형식이나 점포 특성에 따라 다소 차이는 있지만, 판매원 동선은 고객 동선과는 반대로 짧은 것이 효과적이다. 또한, 상품을 빨리 꺼낼 수 있고 재고관리가 쉬워야 하며 판매원 동선이 길면 피로도가 높아지므로 능률이 저하된다.

③ 관리 동선

관리 동선은 판매 관계 이외의 사람들 동선을 의미한다. 상품 반입, 반출이나, 사무실과 매장, 창고, 작업장과 원활한 업무 관계를 위하여 관리 동선은 판매원 동선과 마찬가지로 짧게 계획되어야 한다. 또한, 사무실을 중심으로 매장, 창고, 작업장, 종업원실 등이 최단 거리로 연결된 것이 이상적인 동선 계획이다.

### 3) 집기 계획

상품을 진열하고 연출하는 집기는 판매를 위한 도구로써 프랑스 봉 마르세(Bon Marche) 백화점이 개점하면서 상품을 진열·판매하는 도구를 사용함으로써 근대 집기의 개발이 시작되었다. 집기는 점포를 구성하는 데 있어서 상품을 진열하고 연출하는 도구로 고객과 판매원이 만나는 곳이며 상품특성을 살리고 점포 이미지를 형성시켜주는 요소로서 점포 표정과 개성을 나타내는 환경조성에 중요한 역할을 한다. 상품특성에 맞는 집기에 상품이 진열되어 있거나 연출되어 있으면 고객이 상품에 대한 구매 욕구를 일으키게 하며 점포 이미지를 향상하게 한다. 따라서 집기는 고객 처지에서 볼 때 상품 진열과 연출이 보기 쉽고 이해하기 쉬워야 하며, 상품을 선택하고 구매하기가 쉬워야 한다. 이처럼 집기는 상품의 특성에 따라 진열과 연출 집기로 구분돼 집기 디자인이 결정되고 점포 동선에 따라 집기 배치가 이루어진다. 상품연출을 위한 집기는 동선에 인접하여 배치함으로써 고객 시선을 끌어들이고 상품 진열 집기는 볼륨 있는 진열로서 고객을 매장 깊숙한 곳에까지 유도하는 동선 역할도 수행한다. 이처럼 집기는 상품을 뒷받침해 주고 고객을 유도하는 중요한 수단으로서도 사용한다. 그러나 전체적인 매장구성을 살펴볼 때 집기만이 지나치게 큰 볼륨으로 느껴지게 되면 상품 가치가 떨어져 보이고 매장 환경이 경직되게 보임으로써 고객의 상품구매력이 떨어지게 되므로 상품의 특성과 기능에 유의하여 상품 진열과 연출 그리고 집기 배치계획이 이루어져야 한다. 상품 진열에 사용하는 집기로 주로 스테이지(Stage)와 테이블(Table)이 있는데 상품 특성에 따른 다양한 상품연출이 이루어지고 있다. 상품 진열 집기는 고객이 상품을 보고 만지기 쉽게 크기와 디자인을 결정할 때 상품 특성을 정확히 파악하는 자세가 요구된다.

### (1) 집기 기능

집기 기능 요소들을 살펴보면 다음과 같이 매장을 구성하는 데 있어서 4가지로 구분할 수 있다.

<표 11-12> 집기 기능

| 기 능 | 조 건 |
|---|---|
| 진열 기능 | 상품을 보고 만지기 쉬우며 선택하기 쉽게 하여야 한다. |
| 연출 기능 | 상품의 색채와 재질감이 돋보이게 하여 상품에 대한 정보를 쉽게 이해할 수 있도록 하여야 한다. |
| 창고 기능 | 고객의 손과 시선이 닿지 않는 곳에는 상품을 보관·정리할 수 있도록 디자인되어야 한다. |
| 동선 기능 | 매장에 집기를 배치할 때 고객이 매장 깊숙한 곳까지 들어 올 수 있도록 적절한 배치계획이 이루어져야 한다. |

이처럼 집기는 상품 진열과 연출 그리고 상품을 보관하고 고객을 유도하는 기능 요소들을 충분히 고려하여 규격화·시스템화되어 경제적이어야 한다. 규격화·시스템화된 집기에 의해 구성된 매장은 집기 관리가 쉽고 상품 진열 형태를 한눈에 정확히 파악할 수 있기에 점포 이미지를 향상하는 계획적 상품구성이 가능하다.

### (2) 집기 계획 시 유의할 점

점포 이미지는 상품 진열과 연출이 차지하는 비중이 매우 크므로 보다 나은 진열·연출 효과를 위해서는 집기 개발과 선정이 무엇보다 중요하다. 따라서 집기를 디자인하고 계획할 때 다음과 같은 사항에 유의해야 한다.

① 상품을 보기 쉽고 만져보고 선택하기 쉽도록 크기와 디자인이 결정되고 배치되어야 한다.

② 상품 볼륨감을 느낄 수 있도록 진열 방법에 유의해야 한다.

③ 상품분류를 쉽게 인지할 수 있어야 한다.
④ 상품 색과 재질감이 돋보일 수 있어야 한다.
⑤ 상품관리가 편리하도록 규격화·모듈화되어야 한다.
⑥ 상품 특성에 맞는 디자인 이미지 균형이 이루어져야 한다.
⑦ 상품을 중심으로 진열 소품·POP 등 시각적 요소들을 고려한 유기적인 편성이어야 한다.
⑧ 경제적이며 정밀성·내구성이 높아야 한다.
⑨ 상품 수량 및 재고 필요성을 쉽게 파악할 수 있어야 한다.

### (3) 집기 규격

**<표 11-13> 집기 규격**

| 구 분 | 내 용 |
|---|---|
| 길 이 | • 보통 집기를 볼 수 있는 범위는 두 손을 넓게 펼친 범위와 같은 길이로서 1,500mm가 기준이 되지만 일반적으로 1,200, 1,500, 1,800이 공통으로 많이 사용된다. 이보다 길이가 짧거나 크면 상품진열 면적이 좁고 집기 관리가 쉽지 않기 때문에 지양되고 있다. |
| 깊 이 | • 집기 깊이는 상품종류에 따라 달라지지만, 일반적으로 일면 진열일 경우는 450–600이 기본이고 양측 진열일 경우 800–900이 기준이 된다. |
| 높 이 | • 집기 높이는 일반적으로 손이 닿는 범위로서 600–2,000이지만 시선보다 아래인 600–1,350이 기준이 된다. |

### (4) 집기 유형

**<표 11-14> 집기 유형**

| 유형 | 내 용 |
|---|---|
| 동선 측 집기 | 스테이지 및 테이블을 두어 상품을 연출하거나, 중앙에 자리한 집기보다 낮은 집기를 두어 상품을 진열한다. (1,200 이하) |
| 중앙 집기 | 동선 집기보다 높은 집기를 선택하여 상품의 볼륨감을 느낄 수 있는 집기를 선택한다. (1,350–1,500) |
| 벽면 집기 | 상품진열과 연출을 동시에 보여주는 집기로서 상품의 효율적 가치와 특성을 한눈에 파악할 수 있는 집기의 선택이 필요하다.<br>(2,100–2,400) |

따라서 매장공간을 효과적으로 사용하기 위해서는 집기 높이에 의해 매장 내 진열상품을 한눈에 파악할 수 있는 동선·중앙 벽면 진열 집기 크기를 달리하여 상품을 어느 곳에서도 진열된 모든 상품을 볼 수 있게 하고, 매장 내 체류 시간을 길게 하여 상품선택 폭을 넓혀야 한다.

### (5) 집기 배치

매장 내에서 집기 배치와 상품 진열은 상품을 보기 쉽고 만지기 쉽도록 계획돼야 하는데 그 범위는 일반적으로 바닥 면에서 600 이상 2,400까지 이루어진다.

가장 효과적인 상품 진열 범위는 고객 시선에서 10∼40° 아랫부분으로서 골든라인이라 하며 가장 눈에 띄기 쉬운 범위이기에 주력상품을 진열한다. 그러나 골든라인은 동선 폭이나 상품 크기에 따라 달라지는데 동선이 넓으면 하단도 보기 쉬워지므로 대형상품 하단진열도 가능해진다.

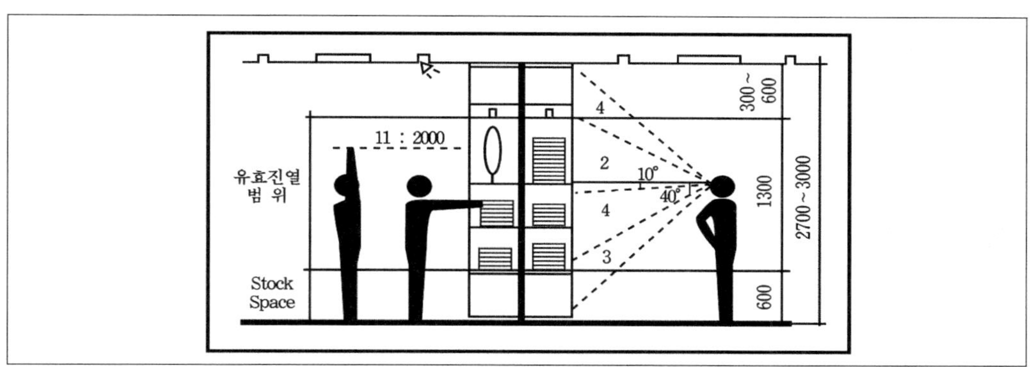


<그림 11-26> 상품 유효진열 범위

이와 같은 효과를 연출하기 위해서는 다음과 같은 조건으로 집기 배치계획을 하여야 한다. 특히 벽면 집기에 있어서는 상품 진열 · 연출 · 창고 기능이 있기에 그 기능에 따른 공간분할이 명확히 이루어져야 한다.

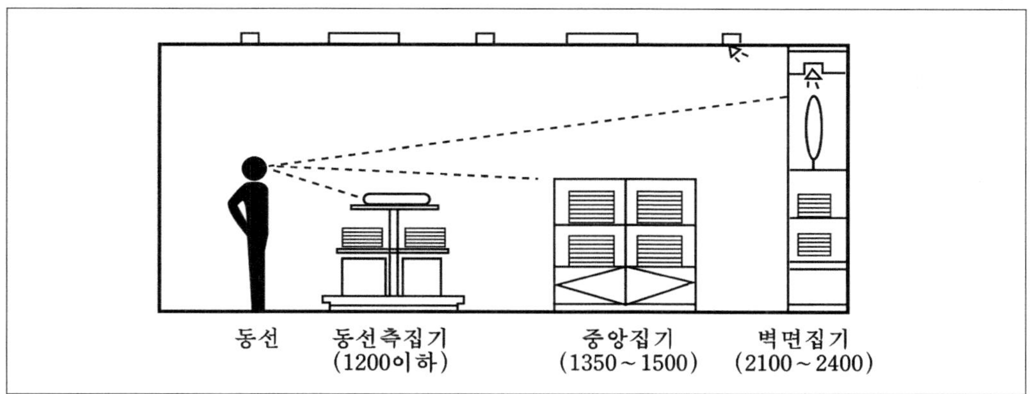


<그림 11-27> 집기 배치계획

상품을 진열하기 위한 쇼케이스, 행거, 진열장 등을 포함한 진열대는 계획하고자 하는 상점 평면 형태, 규모를 고려하여 배치한다. 진열대는 굴절배열형, 직렬배열형, 환상배열형, 복합형으로 분류된다.

① 굴절배열형
진열대 배치와 고객 동선이 굴절 또는 곡선으로 구성되는 상점으로 대면판매와 측면 판매 방식이 조합된 형식이 안경점, 양품점, 문구점 등 상품이 소형이고 고가일 때 많이 적용된다.

② 직렬배열형
진열대가 입구에서 안으로 향하며 직선적으로 구성된 형식이다. 통로가 직선이어서 고객 흐름이 빠르며 상품 진열이 쉽다. 대량판매에서도 가능한 형식이다. 침구, 가전제품, 식기, 서점 등 비교적 상품이 크고 고객이 직접 취사, 선택할 수 있도록 하는 측면 판매 업종에서 많이 볼 수 있다.

③ 환상배열형
평면 중앙에 쇼케이스, 진열 스테이지 등이 직선 또는 곡선에 고리 모양 부분을 설치하는 형식이다. 계산대나 포장대는 점두나 상점 내 깊숙한 곳에 위치한다. 상점의 고리 모양 부분을 2개 이상으로도 한다. 중앙 고리 모양 부분에는 소형 고액 상품을 대면 판매하는 부분으로 하고 벽면에는 대형상품을 진열한다. 고객에게 상품에 대한 설명이 필요한 수예품, 민예품과 같은 업종에 많이 적용된다.

④ 복합형
위 형태들을 평면 크기, 형태, 상품에 따라 적절히 조합하는 형식으로 일반적으로 전면은 측면 판매를 후면은 대면판매 카운터로 한다.

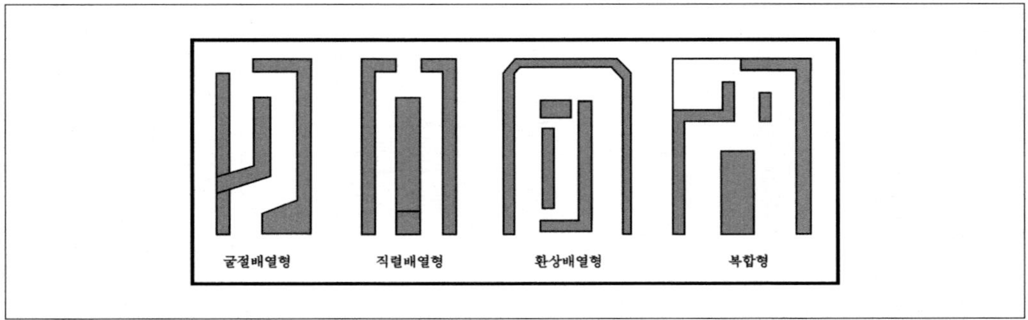


<그림 11-28> 진열대 배치 유형

### 4) 마감 재료계획

매장에서 마감 재료는 환경요소 중 색채와 함께 고객 시선에 커다란 영향을 미치는 요소 중 하나이다. 마감 재료 자체가 가지고 있는 색채와 재질감이 인간 감정에 소구하므로 매장 이미지 형성에 많은 영향을 미친다. 따라서 전체 매장 통일된 이미지와 개성적 분위기를 조성하기 위해서는 디자인 과정에서 계획성 있게 활용하고 효과적으로 표현해야 한다. 매장 마감 재료계획에 있어서 고려해야 할 사항은 상품 특성을 충분히 이해하고 진열된 상품 가치를 높이게끔 주시도(注視度)를 고려하여야 하며 아울러 목표로 하는 고객 성별, 나이, 문화 정도, 생활환경, 소비패턴 등도 충분히 고려함으로써 상품에만 구애받지 않는 계획이 이루어져야 한다. 급변하는 소비 환경변화를 고려한 마감 재료계획을 함으로써 시간적, 경제적인 손실을 줄이고 매장 환경을 더욱 쾌적하게 조성할 수 있도록 하여야 한다.

### 5) 조명 · 색채계획

#### (1) 조명

조명이란 단순히 밝기만을 얻기 위한 것이 아닌 인간 요구와 활동 목적에 부응하여 주어진 환경 속에서 빛을 효과적으로 이용하여 즐겁고 쾌적한 인공 환경을 조성하기 위한 것이다. 매장에서 조명은 단순히 조명기구 형태·조도·연색성 문제뿐만 아니라 상품과 공간 표현에 대해서 어떠한 연출 기능을 가지고 있으며 고객에게 어떠한 생리적·심리적 영향을 주는지를 검토하여 상품과 공간의 효과적 표현을 실현하는 것이다. 상품과 공간을 효과적으로 연출하는 데에는 조명기구 형태보다는 조도와 연색성을 중요시하여야 한다. 연색성이 좋고 적절한 조도가 주어질 때 눈 피로도가 적어지고 심리적으로 안정감과 쾌적감이 높아진다. 하지만 조명의 사용 방법에 따라 상품과 공간 특성이 크게 변화하므로 빛 특성이나 조명기구 특성에 유의하여 점포 이미지 향상을 기할 수 있도록 계획돼야 할 것이다. 조명계획이란 단순히 조명기구 디자인과 배열만을 의미하는 것이 아니다. 특히 조명은 상품의 색채와 소재감을 돋보이게 연출하고 공간입체구성 효과를 극대화함으로써 고객 시선을 점포 내기로 유도하여 상품에 대한 정보를 정확히 이해시켜 고객이 상품구매 욕구를 불러일으킬 수 있도록 즐겁고 쾌적한 쇼핑 공간이 되도록 점포 내 광 환경을 조성하는 것을 목적으로 한다.

### (2) 색채

색채는 조명과 함께 시각효과를 나타내는 인공 환경 기본적 구성요소로서 인간 심리에 작용하며 정신적 반응을 나타내고 연상력을 수반하여 충동을 일으킬 뿐 아니라, 시각적으로 특수한 생리적 반응을 일으키므로 인간이 색채에 대하여 어떻게 지각하고 선호하는가를 파악하여 디자인 과정에서 계획성 있게 활용하고 효과적으로 표현해야 한다. Bellizzi는 색채가 점포설계에 있어서 이미지 창출력만큼 고객 유인 영향력을 가지고 있지만, 연구 결과는 색채가 가격과 상품 질에 대한 지각에는 영향을 미치지 않는다고 하였다. 따라서 매장 색채계획에 있어서 유의해야 할 점은 대상으로 하는 고객 성별·나이·계층·문화 정도·생활환경 등을 충분히 고려하여 상품에만 구애받지 않고 집기·기둥·벽면·바닥 등 재질감과 조명에서 오는 색 조화를 고려하여 색상·명도·채도 등 3 속성과 색 면적·대비·상호 간섭·배색 효과 등을 계획성 있게 활용함으로써 진열된 상품 가치를 높이게끔 주시도(注視度)를 조정·향상해야 한다. 따라서 매장 환경 색채 의미를 평가하기 위해서는 단일한 색상 지각에 대한 의미가 아닌 다차원적(多次元的) 관점에서 의미가 다루어져야 하겠다. 그러므로 체계적인 색채계획을 통해 색채가 인간에게 미치는 심리적·생리적 효과를 적극적으로 도입하여 상품의 주시도를 높이는 배색을 도모하고 매장 환경을 더 쾌적하게 조성할 수 있도록 하여야 하겠다. 색채계획을 한다고 해서 반드시 성공적인 환경 공간이 조성된다는 보장은 없지만, 최종적 효과에 대한 예측이 가능하므로 표현하고자 하는 연출 의지에 맞는 효과적인 결과를 얻게 됨은 자명한 것이다. 이와 같은 색채계획을 통해서 다음과 같은 효과를 기대할 수 있다.

① 매장이 개성적·인상적으로 되고 상품 진열 효과를 향상해 고객 주의를 끄는 효과가 있다.
② 매장을 밝고 쾌적하게 만들며 고객 시선을 유도하여 즐거운 쇼핑이 되도록 한다.
③ 상품 진열 효과를 향상함으로써 구매 욕구를 자극해 판매촉진을 제공한다.
④ 판매원에게 생동감을 느끼게 하여 심신 피로를 줄이고 일에 대한 능률을 높이게 한다.
⑤ 보호색과 안전 예방 색 배색으로 사고를 예방하고 안전 유지 효과를 제공한다.
⑥ 정리·정돈과 청결을 유지하도록 하며 유지관리가 편리하고 경제적이다.

## 17. 판매를 늘리는 자석매장기법

자석 판매장은 고객을 유도할 수 있는 매력이 풍부한 매장으로 그 배치 형태에 따라 고객 유도를 가능하게 하는 수단이다. 자석 판매장은 네 가지 형태가 있어 이것을 얼마나 적절하게 잘 배치하느냐에 따라 매장 레이아웃의 성과가 좌우된다.

### 1) 제 1 자석 매장

제 1 자석 매장은 주 통로 양쪽을 둘러싸고 있는 매장으로 주 통로가 역 L자형이나 역 ㄷ자형을 하고 있으므로 제 1 자석 역시 같은 모양으로 배치된다. 매장에 들어서 고객을 매장 안쪽 깊숙이 끌어들여야 하므로 제 1 자석은 가장 강력한 상품이어야 한다. 제 1 자석 상품 기본조건은 소비량이 많고, 소비 빈도가 높고, 계절성이 강하고, 주력상품이고, 구매력이 높은 상품으로 고정고객을 만들 수 있어야 한다. 제 1 자석 매장은 점포에서 자랑할 수 있는 주력 상품(생식품)으로 이뤄져야 하며, 고객을 끌어들이고자 하는 위치까지 계획적으로 배치되어야 하며, 기업 독자의 매입력을 발휘한, 타사가 흉내 낼 수 없는 강력한 핵심 상품으로 배치된다. 이것으로 자사 특징으로 고객에게 어필하는 것이다.

### 2) 제 2 자석 매장

제 2 자석은 통로에 머물러 있는 고객 또는 걷고 있는 고객을 매장 안쪽까지 일직선으로 유도하는 역할을 하는 장소에 진열되는 상품이다. 제 2 자석 매장은 주로 주 통로 안쪽 정면에 위치하여 일직선으로 고객을 유도하는 형태가 있고, 다른 통로 정면에 위치하여 고객을 통로 끝까지 끌어당기는 형태가 있다. 그렇게 하려면 제 2 자석 매장은 밝고 화려해야 하며, 계절성이 강한 상품을 배치한다. 또한, 화려하다고 함은 밝고 화려한 감각 색채를 사용하여 주목률을 높이는 것을 말하는데 매장이 크지 않을 때 포스터나 POP 광고를 활용하는 것도 유효하다.

### 3) 제 3 자석 매장

제 3 자석 매장은 주 통로를 다 지나서 출구로 향하려는 고객을 다른 통로로 끌어들이는 엔드 매대를 말한다. 엔드 매대 역할은 출구로 향하려는 고객을 자극하여 멈추게 하는 데 있다. 양감 자극·계절 자극·가격 자극을 갖추어야 한다. 제 3 자석 매장

조건은 자사 업태 유형 특징을 고객이 인정할 수 있도록 특히 자석 매장이라는 업태 유형으로 강조한다. 엔드별 품목을 3개 이내로 한정시키는 것이다. 1~3주일에 한 번씩 상품을 교체하는 것이다.

### 4) 제 4 자석 매장

제 1·2·3 자석매장에 이끌려 주 통로를 걸어 다니는 고객을 진열선에 끼워진 통로로 끌어들이는 효과를 노린 것이다. 제 1·2·3 자석 매장이 매장구성 역할에 중점을 둔데 반해 제 4 자석매장은 상품구성에 역점을 두어야 한다. 자석 매장에서 진열대 역할이 매우 중요하며 진열대 가운데에도 주요 지점에서 자석 상품을 배치해야 한다. 제 4 자석은 의류나 잡화 매장에는 없는 개념으로 긴 곤돌라를 사용하는 슈퍼마켓·할인 매장이나 백화점 식품 매장에서 볼 수 있다. 제 4 자석매장은 더욱 미세하게 고객을 유인하는 것으로 일단 순환 통로로 들어선 고객을 직선으로 유도하기 위한 보조적 요소이다.

### 5) 연관 매장

연관 매장은 고객이 상품을 사는 차례에 맞게 매장을 만드는 것을 말한다. 즉, 점포에 들어선 고객을 점포가 의도하는 대로 유도하여 최대 효과를 올릴 수 있도록 매장을 연관성 있게 배치하는 것이다. 첫째, 등지고 있는 진열대 양쪽에 연관 매장을 나란히 두어서는 안 된다. 고객이 진열대 건너편으로 돌아가는 불편을 주게 되므로 통로 양쪽으로 연관 매장을 나란히 배열해야 한다. 둘째, 모퉁이에서 연관성을 끊지 말고 모퉁이를 지나고 나서 끊어야 한다. 모퉁이에서 끊어버리면 고객도 더 진행하지 않고 되돌아올 가능성이 있기 때문이다. 셋째, 진열대 안에서 연관시키는 방법으로 옆으로 위아래로 다른 진열대로 연관시켜야 한다. 넷째, 곤돌라는 연속시켜야 한다. 곤돌라는 한 대 길이가 0.9~1.8m이고 4~8대를 잇는 것이 보통이다. 7~8m 이상 되면 고객들은 공포감이 있게 되어 곤돌라 안 순환통로로 들어가는 데 거부감을 느끼기 때문이다. 곤돌라 6~15대를 둘로 나누면 많은 쪽을 출입구 쪽으로 해야 한다. 다섯째, 고객이 상품을 사는 순서에 따라 매장을 인접시켜 나가는 것이 중요하다. 이것은 입구에서 주 통로를 따라가서 출구를 향해 나가는 순서로 물건을 놓는 방식이다.

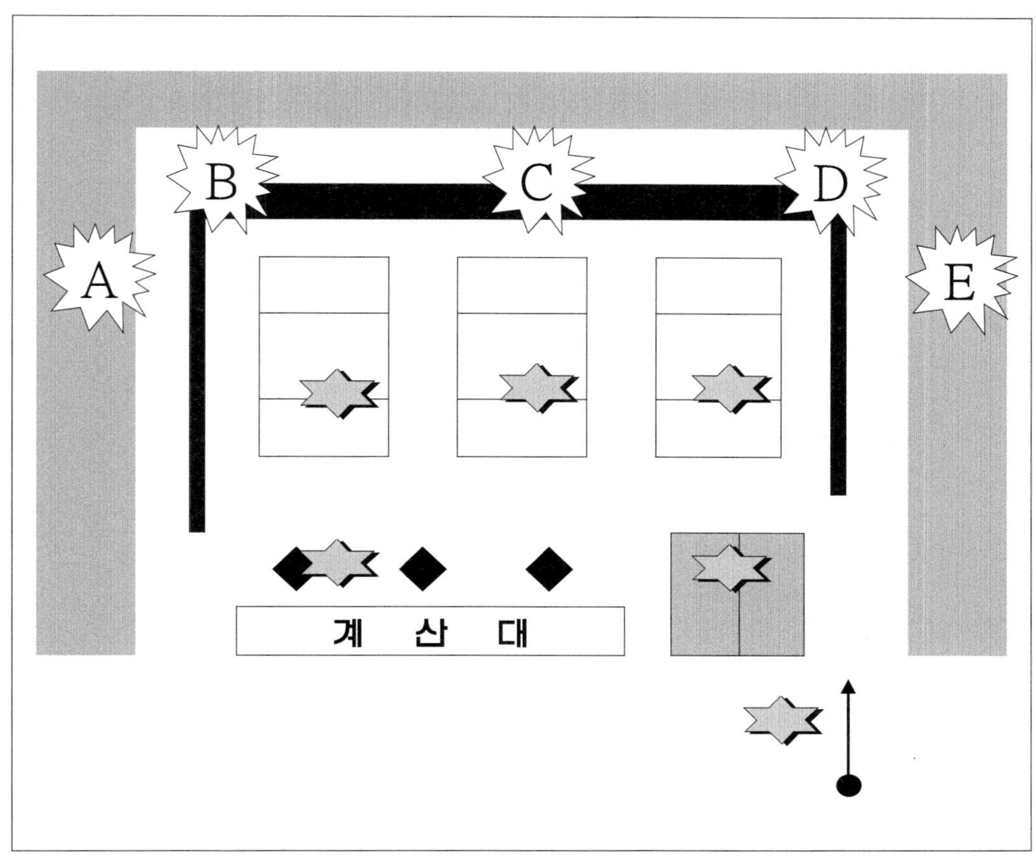


<그림 11-29> 고객을 끌어들이는 자석 매장

| 자석 매장 | 매장위치 | 진열상품 | 비 고 |
|---|---|---|---|
| 제1자석 매장 | 주 통로 양측 | • 소비량이 많은 상품<br>• 소비빈도가 많은 상품<br>• 주력상품 | |
| 제2자석 매장 | 주 통로<br>막다른 곳 | • 최근 히트상품<br>• 화려한 상품 | |
| 제3자석 매장 | 앤드 캡 | • 특가상품<br>• 시즌(계절) 상품<br>• 거래처 판촉 상품 | 앤드 캡은 1대당<br>1~3품목<br>1~3주마다 변경 |
| 제4자석 매장 | 곤돌라<br>1대마다<br>1~2품목 | • 의도적 대량진열<br>• 매스컴 광고상품 | 쇼카드부착<br>상품강조 POP |

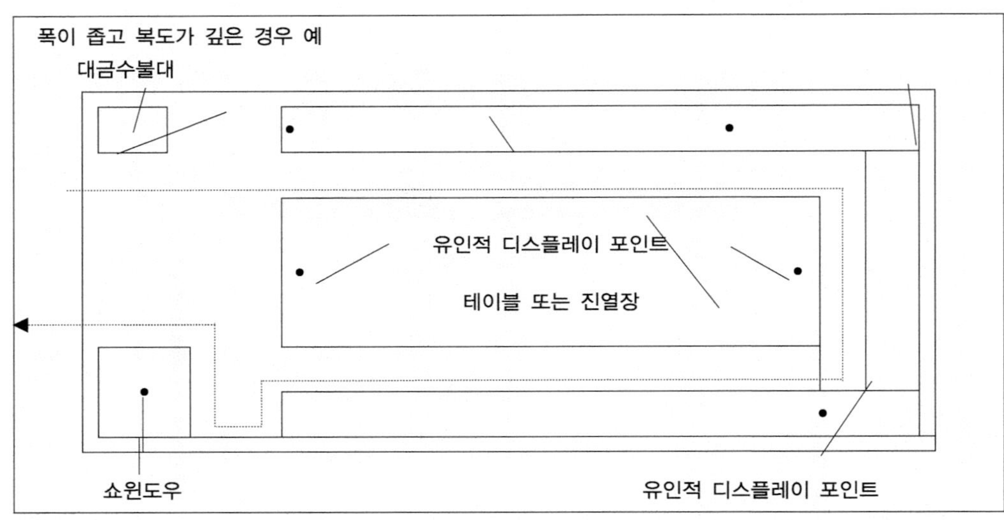


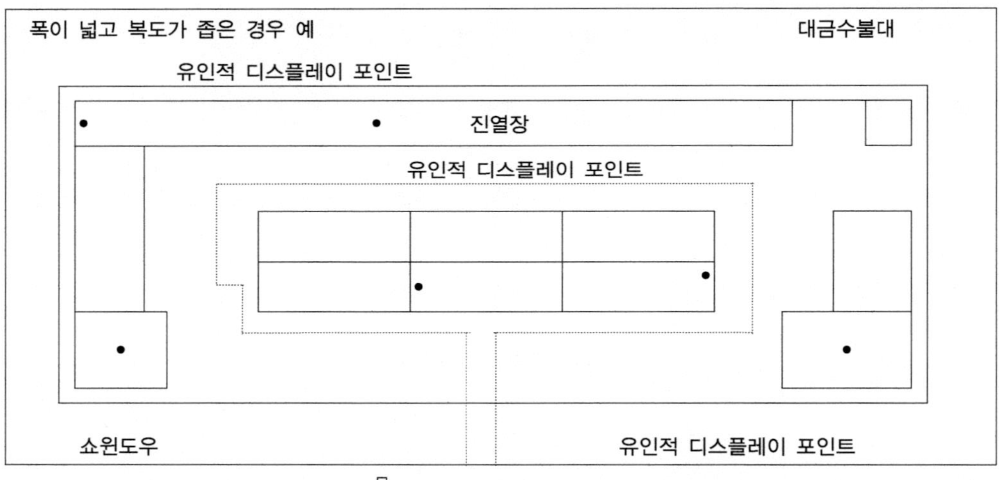


⇩

디스플레이 기본 구조로서 점・선・면이 있고, 항상 면을 중심으로 점과 선을 레이아웃해 간다.

● = 점 = VP 포인트 스페이스
---- = 선 = 점과 점을 연결하는 선, 즉 각 동선
□ = 면 = 판매장 전체를 표시

<그림 11-30> 점포에서 판매 공간과 표현 구도 사례

<표 11-15> 라이프스타일별 진열 제안

| 타이프 | 라이프 스타일 | 판촉 포인트 | 디스플레이 포인트 |
|---|---|---|---|
| 해방감각형 | • 생활을 적극적으로 변화시키며 새로운 유행에 대해 민감한 타입 | • 신상품 출하 시 유행 및 계절에 따라 제안하며 추세에 포인트를 두고 적시성 정보제공 | • 패셔너블한 전개와 유행성과 참신한 표현성을 주제로 진열 |
| 혁신해방형 | • 새로운 유행에 대해 민감하지만 적극적이지 못하며, 자신 생활 변화를 추구하는 혁신적인 견실파 스타일 | • 추세에 대한 위대성과 패셔너블한 정보제공 | • 조정 중시 추세상품, 특성 및 내용을 중점적으로 표현하는 진열 |
| 견실지향형 | • 생활에 변화는 있지만, 유행에 대해서는 자기 베이스형 | • 장래에 상품 소구가 뒤따를 수 있도록 각종 행사나 관습행사를 적극적으로 전개 | • 상품 중심 소구와 생활 스타일 변화와 계절 변화를 표현하는 진열 |
| 견실보수형 | • 유행이 좌우하는 변화에도 불구하고 항상 자기 베이스를 유지하면서 자기 스타일을 존중하는 타입 | • 생활행사에 대응하여 상품 가치를 인지하도록 판촉에 따라 생활 행동에 밀착된 상품을 고지 | • 상품 가치나 가격을 표현하는 진열 |

# 제 3 절 조명과 색채계획

## 1. 조명 역할과 기본 설계

점포 주체적 기능은 판촉이므로 조명은 진열에 대하여 상품을 부각해 고객을 유인함으로써 효과적으로 매출액을 증대시키는 임무를 수행한다. 점두(店頭) 밝기는 통행객 주의도를 높이며 쇼윈도우 조명은 고객 관심을 유인하여 매력감을 부여한다. 한편 점내에서는 조도(照度)를 통해 상품 인상도를 높이는 동시에 가격표나 쇼 카드를 명시하여 구매에 대한 흥미를 일으키는 임무를 수행하며, 점내를 따뜻하고 쾌적하게 하여 룸 분위기를 연출하게 된다. 즉 조명 역할은 점내에 고객 유인, 상품에 대한 고객 유인, 상품선택 유인을 목적으로 한다. 조도는 보통 1촉광, 즉 럭스(LX)를 기준으로 할 때 1m 거리에 있는 물체를 1㎡ 정도 조명하게 된다. 점포 조명 수준은 점포 업종이나 지역에 따라 차이가 생긴다. 첫째로 경영형태와 업종에 따라서는 편의품·선호품·전문품과도 차이가 있으며 같은 편의품 점포라 하더라도 식료품점과 일상 잡화점에서도 차이가 있다. 주기적인 선호품 경우에도 의류품과 신변용품점은 조도상 차이가 있을 수 있다. 또한, 업태에 따라 일반 소매점, 양판점, 백화점, 전문점 및 슈퍼마켓에 따라 차이가 난다. 둘째로 지역에 따라 예를 들어 대도시 상점가, 중소도시 상점가, 소도시 상점가에 따라 차이가 있으며, 농촌과 어촌지역 상점을 비교할 때도 조도 수준은 차이가 생긴다.

**<표 11-16> 점내 조명효과와 조도**

| 조명의 종류 | 조 명 기 준 | 조 명 효 과 |
|---|---|---|
| 상품조명 | 1,000~2,500lx | 상품을 대상으로 조명하므로 상품 가치를 정확히 조망 |
| 기본조명 | 400~700lx | 점내 전체를 대상으로 조명하므로 보행과 안전성을 고려하여 조명 |
| 유도조명 | 기종과 연출에 따라 차별화 | 간판 및 일루미네이션 조명이므로 유도 및 안전효과를 목적 |
| 연출조명 | 기종과 연출에 따라 차별화 | 경계 분위기를 만드는 연출 효과를 목적으로 조명하므로 밝은 색과 이동 광원 장치를 사용 |

| 조 도(LX) | 일용품점 | 슈퍼마켓 | 백화점 · 양판점 | 의류전문점 |
|---|---|---|---|---|
| 3,000 럭스 | | | | |
| 2,000 | | 특별 진열부 | 장식창에 중점 진열 | 장식창에 중점 |
| 1,500 | | | | |
| 1,000 | 중점 진열 | 점내 전반 (도심점포) | | 중점 진열 |
| 750 | | | | |
| 500 | | | 저층계단 전반 | 점내 전반 |
| 300 | 점내 전반 | | 고층계단 전반 | |
| 200 | | | | |
| 150 | | | | |

**<그림 11-31> 업태별·업종별 조도기준**

## 2. 조도 배분

배분되는 조도는 입지에 따라 인근 조명 수준에 균형을 맞추어야 한다. 다시 말해 출입구보다 점포 안쪽 조도를 더 높여준다든지 에너지 절약 정책에 따라 평면조명을 회피하고 입체적 조명 기술을 구사함으로써 조명효과와 경제적 측면을 함께 고려할 필요가 있다. 특히 진열 상품을 중심으로 스포트 형식으로 집중조명을 시행하여 상품에 대한 구매 소구를 강화한다든지 점포 각 요소를 빛 배분 원리에 따라 차등을 두어야 할 때도 있다. 조도 배분 대략적 일반 원칙은 다음과 같다.

점두 : 1.5~2.0lx 정도
쇼윈도우 : 2.0~4.0lx 정도
스테이지 : 2.0~3.0lx 정도
진열케이스 내 : 1.5~2.0lx 정도
벽면 : 1.5~2.0lx 정도
안쪽 면 : 2.0~4.0lx 정도
점내 평균 조도(통로 포함) : 1.0lx 정도

## 3. 조명방식

조명방식에는 보통 다섯 가지 방법이 있는데 이를 설명하면 다음과 같다.

### 1) 직접조명

직접조명은 광선을 물체에 직접 조사(照射), 즉 일정 방향으로 광선을 집중시키는 방법이다. 보통 백열등 일면을 갓을 씌워 조사하게 되는데 백열등은 고객 눈을 부시게 하지만 상품을 돋보이게 하는 데는 큰 효과가 없으며 주로 천장이나 점내 어두운 곳을 비추는 데 사용되지만, 전력 소비가 많은 단점이 있다. 최근 조명기구 디자인이 장식화되면서 점내 조화와 함께 전기 절약 면에서 백열등에 대체하여 절전형 크린 램프*가 개발되어 소매상에서도 직접조명을 많이 사용하고 있다.

* 크린 램프는 형광등을 백열등식으로 만든 신제품으로 백열전구보다 약 80%의 절전 효과가 있고 수명도 약 8배에 달한다. 특히 시력보호를 위해 태양 빛과 자연색을 조화시킨 3파장으로 시력을 보호하며, 소비전력은 12W가 백열등 60W 그리고 22W가 백열등 100W에 해당하며, 계속 신제품이 개발되어 고광도 저전력품이 계속 출하되고 있다.

### 2) 반직접조명

이는 상향조사(上向照射)를 주체로 하여 일부 광선만 쌍방향으로 빛을 투사하는 방식으로써 전체 밝기를 보완하는 데 효과가 있다.

### 3) 반간접조명

이는 상향조사를 주체로 하되 일부 광선을 하방행으로 향하게 하는 방식으로서 주로 천장 또는 천장 근처 부분 조명에 이용된다.

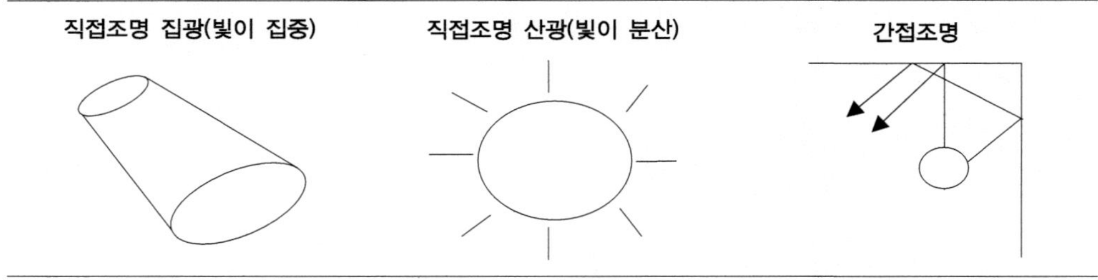


<그림 11-32> 조명 종류

<표 11-17> 조명방식에 있어서 촉광 비율

(단위 : W)

| 직접조명 | 반직접조명 | 반간접조명 | 간접조명 | 확산조명 |
|---|---|---|---|---|
| 0～10/100～90 | 10～40/90～60 | 60～90/40～10 | 90～100/10～0 | 40～60/60～40 |

## 4. 조명기구 사용 방법

조명기구 종류로서 조명등은 일반적으로 점내에서는 백열등과 형광등을 사용하며 그리고 점두에서 사용하는 특수 등으로는 네온사인, 수은등, 나트륨등, HID 조명*이 있다. 백열등은 종래에 가장 많이 사용하였지만, 최근에는 백열등을 대체할 수 있는

* HID 조명은 High Intensity Discharge(고도방전) 계통의 조명으로서 수명은 형광등이나 백열등보다는 월등하게 오래간다. HID 광원은 연색성을 개량하여 자연색에 가깝도록 신제품이 출현하고 있다. 현재는 수은등보다 나토리움등이 2만 시간 이상 사용할 수 있는 장점이 있으나 연색성이 나빠 점내에서의 사용은 어렵다고 본다.

절전형 백열등식 형광등이 개발되면서 백열등을 많이 대체하고 있다. 백열등에도 백색 램프, 리플렉터 램프, 빔 램프, 투명 램프, 밀러 램프 등 다양한 전구가 생산되고 있다. 형광등 경우에도 주백색 · 천연백색 · 주광색 · 천연주광색 · 컬러 형광등 등으로 광도 촉광은 12W, 15W, 17W, 20W, 22W, 28W 등 대단히 다양하다. 조명기구는 스탠드형, 브래킷형(벽면 액세서리 및 보조용), FL 라이트(천정용 1자 형광등), 다운 라이트(천장 속 소형 등), 스포트라이트, 펜던트(pendant) 라이트(천정에서 줄을 늘어뜨린 갓형 등), 시링 라이트(천장 부착용 소형 원형 등), 벽면 라이트, 폴로어 라이트, 홀 램프(샹들리에 등) 등이 있으며 이외에도 미러볼 조명, 스트로프 조명, 테프형으로 극소형 전구 수백 개가 연결된 점멸형(點滅型) 일루미네이션 조명, 회전 조명 등이 있다.

## 5. 업종별 조명기구 사용 방법

### 1) 고급전문점

#### (1) 점두 조명

점두 조명은 인근 상점가 조도와 균형을 이루도록 하며 점내 조명 1. 5 또는 2배 정도 밝게 조명할 필요가 있다. 보통 밝기가 다른 소형 투명전구를 다수 조합하여 자극적인 라이팅 기법을 사용함으로써 사람들 시선을 유도하지만, 최근에는 조도가 아주 높은 수은등 및 나트륨등과 같은 특수 등을 많이 사용하기도 한다. 그리고 주유소라든지 레스토랑(패스트푸드점 포함)과 신업태 경우 고객 눈길을 끌기 위해 점두 조명을 지나치게 밝게 사용하는 경우가 많아지고 있다.

#### (2) 쇼 윈도우 조명

점두 쇼 윈도우는 사람들 시선을 끌기 위해 매력 있고 흥미를 환기하여 구매 의욕을 고취해 점내로 유도할 수 있도록 윈도우 전반에는 확산성 조명을 사용하여 골고루 밝게 비추어 주는 동시에 전시물에는 전시물 자체에 하이라이트와 영상(影像)이 생기도록 지향성이 강한 집중 광을 이용하게 된다. 또한, 스포트라이트를 조합하여 상품 입체적 조명효과를 증대시키고 있는데 이 경우 조도는 보통 1,000~2,000lx가 보통이며 절전을 위해 1,000~1,200lx를 사용하기도 한다.

#### (3) 점내 조명

점내에서는 고객 통로·바닥·천장 등 고객 동선과 색채와 조화를 위해 전반적으로 밝게 조명하며 벽면·케이스·진열대·구석과 안쪽은 스포트라이트로 조명하게 된다. 벽면 라이트나 천장 모서리에는 소형 투명전구를 배열하여 분위기를 조성해야 하며 특히 벽면이나 안쪽에 중점상품이 많은 경우에는 지향성이 강한 스포트라이트로 상품을 클로즈업시켜야 한다. 그리고 안쪽 스테이지에는 쇼 윈도우에 준하는 조명이 필요하며 기둥이나 스크린은 브래킷 라이트로 분위기를 조성해야 한다. 대형점 경우에는 한복판 공간에 대형 샹들리에를 설치하여 점내 분위기를 조성하는 동시에 밝고 아름다운 분위기를 연출하고 있다.

### 2) 생선전문점 및 식품점

생선전문점 및 식품점은 선도(鮮度)를 강조하여 판매해야 하므로 점포 전반에 대한 조도 배분은 기본적 규칙에 따라 배치되어야 한다. 예를 들어 적색 상품에 대해서는 형광등을 사용하면 연색성(演色性)이 나타나므로 주의해야 한다. 다시 말해 상품 자연 색상이 죽어버려 신선도를 정확하게 표현할 수 없으므로 생선이나 청과물 경우에는 대개 백색 백열등을 사용하며 형광등을 사용할 때는 천연백색을 사용하는 것이 무난하리라고 생각된다. 냉동식품을 포함하여 진열창 안에는 별도의 조명이 필요하므로 백열등 스포트라이트(간격은 대개 1m)를 설치한다. 또한, 쇼 케이스에는 차광판(遮光板)을 부착하여 조명은 윈도우 진열창 내부 상 하단에 천연백색 형광등을 1m 간격으로 부착하여 식품 신선도가 눈에 띄도록 조명한다. 케이스 조명은 윈도우 조명이나 점내 조명과 같이 상품에 매력을 유인할 수 있도록 소형 백열등으로 스포트 라이트식 조명이 필요하다.

## 6. 색채 기능과 각종 용어

### 1) 색채 기능

색채란 빛 자극 때문에 생기는 시각(視覺) 일종으로서 소매상에서는 색채 배색과 조절을 통해 고객 주의를 끌어들임으로써 구매 의욕을 환기해 쾌적한 공간을 형성하게 된다. 따라서 색채 조절 최적화가 가장 중요한 과제가 된다. 색채 기능은 시각적 기능으로서 난색(暖色)계통은 팽창적이고 진출성을 나타내며 한색(寒色)계통은 신축적이고 후퇴성을 나타낸다. 심리적으로 보면 난색계통은 권태감을 유발하며 한색계통은 긴장감을 조성하는 특성이 있다.

### 2) 색상 둘레와 색입체(色立體) 용어

#### (1) 색상 둘레(色環)

최근에 국내에서도 기본색상에 대하여 KS 표시 색상도(色相圖)가 출판되었으며 일본에서는 이미 오래전에 JIS 색상환(色相環)을 발표하여 이용하고 있다. JIS의 색상환을 살펴보면 적·황적·황·황녹·녹·청녹·청·청자·자(紫)·적자 등 10가지로 구분하고 있으며 일본색채연구소가 개발한 PCCS 색상환은 난색계통 12가지 그리고 한색계통 12가지 모두 24가지로 구분하고 있다.

#### (2) 색입체

색채는 세 가지 기본적 성질인 색 속성을 가지고 있는데 색상(Hue), 명도(明度, Value) 및 채도(彩度, Chroma)이다.

#### (3) 유채색과 무채색

무채색은 명도단계(明度段階)에서 채도가 없는 것이며 유채색은 명도와 채도가 존재하는 것을 의미한다.

#### (4) 중성색

중성색은 난색과 한색 사이에 색감의 균형을 통해 만들어진다. 최근에 색도를 결정하는 데 있어서 가장 어려운 점이 바로 중성색을 어떻게 표현하느냐에 달려 있다.

## 7. 배색이론

색채 배색(配色)과 조화에 관한 이론적 연구자 가운데 미국 색채학자 샤트 교수의 색채 조화론을 살펴보면 다음과 같다.

- 색채조화는 고객 선호와 혐오 문제로서 감정적 반응을 불러일으킨다.
- 색채조화는 디자인 및 색에 의존하는 동시에 그 절대 면적에 의존한다.
- 색채조화는 배색 면적비에 의존한다.
- 색채조화는 디자인 요소로서 그 형에 의존한다.
- 색채조화는 디자인 의미 및 해석에 의존한다.

배색 기본은 색상을 중심으로 하는 경우와 명도를 중심으로 하는 경우 그리고 채도를 중심으로 하는 경우가 있다. 이 가운데 색상을 중심으로 할 때 색채조화는 통일 요소와 변화 요소가 적당하게 필요하며 동일계통 조화는 통일감을 주체로 하여 색채에 조화를 주어야 하며 유사 계통색 조화는 인근 색채에 적당한 변화를 주체로 하여 조화시켜야 한다. 대조 계통색 조화는 이질적 조화로서 변화의 아름다움을 주체로 하여야 한다.

**<표 11-18> 색상을 중심으로 한 배색 기본표**

| 대분류 | 소분류 | 색상표 각도 | 배 색 포 인 트 |
|---|---|---|---|
| A. 동일계 조화 | 동일색상 | 0도 조화 | • 다른 색은 포함하지 않고 배색하여 조화시키는 배색<br>• 평범하게 명도 차를 변화시켜 채도 변화를 조금 가미한 배색 |
| | 인근색상 | 15도 조화 | • 당해 인근 색상환에서 배색하여 색 차이를 인상적으로 조화하고, 자연적 명암을 나타낸 배색은 조화감을 준다 |
| B. 유사계 조화 | 유사색상 | 30도 조화 | • 색상 차이가 아주 크게 되면 부조화하게 되므로 명도와 채도를 크게 변화시켜 조화 |
| | 중 간 색 | 60~90도 조화 | • 전혀 다른 대비 색을 섞어 중간색으로 배합하면 조화면에서 변화를 추구하는 배색이 출현<br>• 예를 들어 청색과 어두운 녹색은 색 명암 · 강약을 통해 통일적 조화감을 준다 |
| C. 대조계 조화 | 대조색상 | 120도 조화 | • 색상 차가 아주 큰 대조 색을 배합하는 것으로 색채 3원색(赤 · 黄 · 靑) 균형을 유지<br>• 채도를 통일화시켜 조화 |
| | 보색색상 | 180도 조화 | • 변화가 아주 커서 동적이며 상호 색을 강력하게 하나로 움직이게 한다<br>• 상호 색상이 고채도로 동일위치에서 선택하여 조화를 주려면 명도 및 채도에 변화를 주도록 배색한다 |

## 8. 색채 디자인과 계획

색채계획은 점포 디자인과 설계 하부시스템으로서 색채계획 가운데는 색채 디자인과 설계를 포함하게 된다. 색채 디자인과 설계 기본은 색채 조절과 색채 다이내믹스의 영역에 속하고 있다. 이 같은 색채 조절과 다이내믹스화 목적은 고객 주의를 유인하여 구매 의욕을 환기하고 고객에 대해 유쾌한 매장공간을 제공하며 작업능률을 향상하며 또한 판매원 피로를 경감시키며 위험방지에 일역을 담당하는 데 있다. 이 같은 목적을 합리적·효과적으로 실시하기 위해서는 색채계획, 색채실시, 색채통제 세 가지 기능과 단계를 거치게 된다.

# 9. 색채 디자인과 설계 포인트

색채 디자인과 설계 기본 포인트를 설명하면 다음과 같다.

## 1) 당해 기업 특유 색채

많은 소매상은 내외장에 많은 색채를 다양하게 사용함으로써 혼란을 일으키고 있다. 따라서 당해 기업 특유 색채를 통일적으로 정하여 매칭되는 색을 병용할 필요가 있다. 특히 체인점 경우에는 기업 특징을 대표할 수 있는 특유 색채를 통일적으로 사용함으로써 기업 이미지를 제고시켜야 한다.

## 2) 배색 기능 활용

좁은 점포에서는 후퇴성 한색계(寒色系) 색이나 어두운색을 선택하여 벽면을 넓게 보이게 한다든지 천정이 높은 경우에는 난색계(暖色系) 밝은색을 선택하여 천정을 낮아 보이도록 배색 기능을 이용하여 점포 분위기를 바꿀 수 있다. 또한, 회전율 본위 음식점 같은 곳에서는 식욕과 연계시키도록 내장을 밝은 난색계를 사용할 수 있다.

## 3) 배색 이론 응용

### (1) 색채 정책

배색 경우 색 위치를 결정할 때 색을 좌우로 배치하는 경우 밝은색은 좌측에 어두운색은 우측에 배치하는 것이 원칙이다. 그리고 벽면 경우 밝은색은 상층부에 어두운색은 하층부에 배치하는 것이 자연스럽다고 본다. 점내의 바닥·벽·천장 등 세 곳을 비교할 때는 어두운색은 바닥에 벽면과 천정은 밝은색을 이용하는 것이 일반적 원칙으로 되어있다.

### (2) 색 면적비

색 면적은 배색 조화를 크게 좌우한다. 다시 말해 면적이 큰 색은 왼쪽 위에 그리고 면적이 작은 색은 오른쪽 아래에 배치하는 것이 일반적이다.

## 4) 계절색과 유행색

연녹색이나 푸른색(물색)은 여름철에 많이 사용하며 따뜻한 황색이나 붉은색은 겨울에 많이 사용하는 것이 일반적이다.

## 5) 색 이미지 고려

색채는 자체적으로 고유한 이미지를 가지고 있다.

<표 11-19> 색채 이미지

| 이미 지 | 색 채 | 이미지 | 색 채 |
|---|---|---|---|
| 1. 고급 색상 | 금, 은, 백, 흑색 | 6. 달콤한 색상 | 핑크, 크림색 |
| 2. 상급 색상 | 백, 흑, 엷은 하늘색 | 7. 남성적 색상 | 잿빛, 감색, 흑색 |
| 3. 번화가 색상 | 연주황, 붉은 자주색 | 8. 여성적 색상 | 핑크, 붉은 자주, 크림색 |
| 4. 즐거운 색상 | 황적색, 연주황, 물색 | 9. 행복한 색상 | 핑크, 크림색 |
| 5. 아름다운 색상 | 크림색, 엷은 하늘색 | 10. 차분한 색상 | 엷은 청 보라색, 물색, 밝은 회색 |

## 6) 고객이 좋아하는 색 선택

색에 대한 기호는 시대·성·나이에 따라 변화한다. 일본 경우 좋아하는 고객이 선호하는 색과 혐오하는 색을 남성과 여성을 나이별로 구분하여 조사한 내용을 살펴보면 남자 경우 나이가 들면서 좋아하는 색은 황색과 백색에서 살색과 하늘색으로 변하며 싫어하는 색은 올리브색과 어두운색에서 다시 올리브색과 감색으로 변하고 있다. 여자 경우는 좋아하는 색은 물색과 백색에서 붉은색과 녹색으로 변하며 싫어하는 색은 주황색과 붉은 자주색에서 남색으로 변하고 있다. 물론 이는 국가에 따라 다소 차이가 나는데 그 이유는 민족에 따라서 온대·열대·한대 지방에 따라 또는 국민성에 따라 고객이 선호하는 색깔이 전통적으로 차이가 있기 때문이다.

## 7) 색 시인성 검토

색 시인성(視認性)이란 색을 보는 정도 차이로서 일반적으로 밝고 강렬한 색은 어둡고 약한 색보다 눈에 많이 띄며 색 배합에 있어서 난색계통이 한색계통보다 눈에 잘 띈다. 따라서 외장이나 간판을 설계할 때 그리고 매장이 넓은 점포를 설계할 때 시인성을 잘 고려할 필요가 있다.

### 8) 조명과의 관련성

색채는 조명에 따라 그 기능이 좌우되며 연색성(演色性)은 광원(光源) 종류에 의해 물체 색채가 변화하는 성질을 가지고 있다. 따라서 점포 디자인과 설계 시 연색성이 많은 광원(천연백색이나 천연주광색 형광등)을 사용하는 것도 바람직하다.

## 10. 업종별 색채 디자인과 설계 포인트

### 1) 의상점 색채 디자인과 설계

고급의상점 경우에는 상품이 색깔이 다양하고 화려하므로 천장은 백색으로 그리고 벽면은 백색·엷은 진흙 색·상아색 등으로 치장하며 바닥은 베이지나 감색 등으로 색채를 구성하는 것이 적당하다. 그러나 고급의상점 경우에도 젊은 층과 중년층에 따라 색채 디자인과 설계에는 다소 차이가 나기 때문에 유의할 필요가 있다. 또한, 시대변화에 따라 변화하는 유행색이 다르다는 것을 인식하고 이에 적합한 색상을 선택해야 할 것이다.

### 2) 식료품점 색채 디자인 설계

식료품점에서는 천정은 백색으로 벽면은 백색·녹색으로 그리고 바닥은 모스크린색·황색·오렌지색을 잘 조화하여 치장해야 한다. 보통 식욕을 증진하는 색은 오렌지색·황색·아이보리색 등이다. 그리고 상품 배경색도 명도(明度)와 채도(彩度)가 낮은 중간색이 무난할 것으로 본다. 특히 생선·식료품점이나 청과점은 신선도를 표현하는 것이 대단히 중요하기 때문에 천정과 벽면은 백색과 녹색을 스트레이트로 통일해야 한다. 특히 양판점이나 백화점 지하 식품점이나 청과점에서는 녹색과 백색 계통을 스트레이트로 그리고 청과점에서는 신선도를 강조하는 색으로 연출해야 한다.

## 11. 업종별 향기 디자인

### 1) 의상점과 화장품점 향기 디자인

최근에 선진국에서는 소매상에서 상품 매출을 증대시키기 위해 상품별 종류에 따라 점내에 독특한 향기를 은은하게 살포함으로써 소비자 구매 욕구를 유도하는 향료

연구도 활발하게 진행되고 있다. 연구 결과 사람들은 냄새에 따라 여러 가지 구매 욕구가 발생한다는 사실이 실험 때문에 입증된 바 있다. 예를 들어 화장품이나 향수 매점에서는 감미로운 향수 냄새를 살포하고 화장품점에서는 은은한 화장품 향기를 살포함으로써 조도와 색채가 같이 어울려 구매증대를 기대할 수 있다.

## 2) 식료품점 향기 디자인

특히 식료품 경우에는 예를 들어 빵 가게에서는 구수한 빵 냄새를 방류하거나 채소 코너 경우에는 신선한 채소 냄새나 흙냄새를 살포하며 용기에 담겨있는 캔류 조미식품이나 주류(酒類) 경우 이에 적합한 냄새를 방류함으로써 구매 의욕을 증대시킬 수 있다.

# 제 3 부

# 매장관리평가(CHECK)

# 제12장 매출액과 관련된 계수

## 제 1 절 기본적 부문별 매출액

### 1. 기본적 부문별 매출액

#### 1) 매출액 경영성과 지표

(1) 우선 매출액을 본다.

유통점 경영성적을 가장 바로 보여주는 지표는 매출액이다. 왜냐하면, 매출액 크기로 유통점과 회사 규모를 추측할 수 있기 때문이다. 물론 이익 크기로도 회사 규모를 유추할 수 있지만, 이익은 매출액에서 비용을 제외한 나머지라고 생각되기 때문에 기본은 매출액이라 생각해도 좋을 것이다.

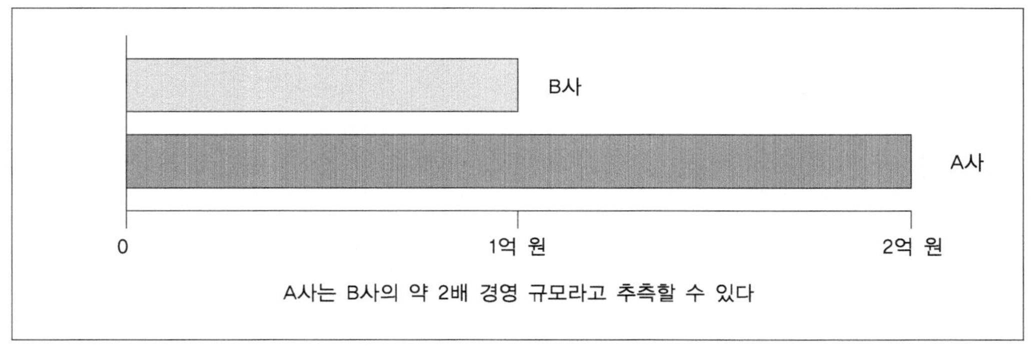


<그림 12-1> **매출액 지표**

(2) 매출액에 대한 수익 비율을 본다.

유통점 수익을 볼 때 단순히 이익액 크기로 비교하는 것이 아니라 매출액에 비교해 몇%냐 하는 견지에서 분석 평가한다. 즉, 매출액에 대한 수익 비율이 높을수록 수익성은 높다고 판단할 수 있다. 이처럼 계산에서도 매출액이 기본이 되는 것이다. 대표적 결산서 하나인 '손익계산서'에서도 매출액이 처음으로 표시되어 모두가 제일 먼저 주목하는 부분이 되어있는 것이다.

## 2) 유통점 전체 부문별 관리

### (1) 유통점 매출을 올리기 위해서는 부문 관리 중요

경영자가 생각하는 것은 어떻게 하면 유통점 전체매출액을 매년 올릴 수 있을까 하는 것이다. 그러기 위해서는 부문 관리 사고방식을 도입해 나가야 한다.

부문 관리 장점은 다음과 같다.

① 유통점 전체를 부문 10 정도로 나눠 관리가 쉬워진다.
② 한 가지 부문 업종이 침체하면 다른 부문에서 만회한다는 사고방식을 취한다.
③ 부문 관리는 종업원 교육에도 연결된다.
④ 부문별로 나누면 목표를 세우기가 쉽다.
⑤ 부문별로 나누면 실적을 파악하기 쉽다.

### (2) 부문 나누는 법

부문별 관리를 도입하는 경우 기본이 되는 것은 상품분류에 따라 나누는 방법이다. 그러나 이 상품분류에 따라 나누는 방법은 일정 기준이 있는 것이 아니라 각 회사 양식으로 관리하기 쉬운 방법을 취하여야 한다.

상품분류 체계는 다음과 같다.

· 대분류 …… 이 레벨을 부문이라 한다.
· 중분류
· 소분류
· 단품

<표 12-1> CVS 상품분류 체계

| 대 분 류 | | 중 분 류 | | 소 분 류 |
|---|---|---|---|---|
| 1 | (이 레벨을 부문으로 한다) 주 류 | 1 | 맥 주 | 맥주(대), 맥주(중), 맥주(소) 등 |
| | | 2 | 국 산 술 | 소주, 과일주 등 |
| | | 3 | 양주, 와인, 기타 | 위스키, 리큐르 와인 등 |
| 2 | 가공식품 | 4 | 미 곡 | 쌀, 보리 등 |
| | | 5 | 가 공 식 품 | 조리 통조림, 말린 식품 등 |
| | | 6 | 기 호 품 | 커피, 홍차, 녹차 등 |
| | | 7 | 조 미 료 | 고추장, 된장, 마요네즈 등 |
| | | 8 | 청량음료 | 탄산음료, 캔커피, 천연 주스 등 |
| | | 9 | 우유, 유음료 | 우유, 요구르트, 푸딩 등 |
| 3 | 과 자 | 10 | 쌀 과 자 | 생과자 등 |
| | | 11 | 스낵, 진미 | 스낵, 콩과자, 진미 등 |

(3) 부문별 관리로 책임 구분 명확

부문마다 책임자를 각각 배분하여 유통점 내에는 활기가 차고 종업원 동료끼리 경쟁의식을 고취한다.

① 경영자는 각 책임자를 관리함으로써 유통점 전체매출액과 이익 목표를 달성할 수 있다.
② 책임자에게 경영 의식을 심어줄 수 있다.
③ 부문 전문가 양성이 가능하다.
④ 부문마다 경쟁의식을 심어주어 유통점 내 성장을 촉진할 수 있다.
⑤ 부문 책임자 계수관리 의식이 향상된다.

## 2. 매출액 공식 활용

### 1) 매출액=매출원가+매출이익(공식 1)

(1) 매출액은 원가와 이익으로 구분되어 있다.

매출액을 나타내는 공식은 많으나 본 장에서 소개하는 것은 일부에 지나지 않고 이외에도 계산 공식을 생각할 수 있다.

공식 1이 표시하고 있는 것은 다음과 같다.

① 매출액은 거기에 관계되는 원가 부분과 매출총이익으로 구성되어 있다.
② 매출원가 부분이 커지면 매출이익이 작아지고 반대로 매출원가 부분이 작아지면 매출이익 비율이 커진다.
③ 공식을 이행해 변형하자면 매출이익 계산 공식은 다음과 같다.

매출이익 = 매출액 – 매출원가

④ 매출이익은 매출총이익이라고도 말하고 유통점 이익을 나타내는 대표적 지표이다.

(2) 매출원가, 매출이익은 매출비로 본다.

공식 1 양변을 매출액으로 나누면 다음과 같다.

$$1 = \frac{\text{매출원가}}{\text{매출액}} + \frac{\text{매출이익}}{\text{매출액}}$$

$$\Downarrow \qquad \Downarrow$$

$$1 = \text{매출원가율} + \text{매출이익률}$$

이 공식을 보아도 매출원가율이 높아지면 매출이익률이 낮아지고 매출원가율이 낮아지면 매출이익률이 올라가는 것을 알 수 있다.

### 2) 매출액 = 고객수 × 객단가(공식 2)

(1) 매출액은 매출객수와 객단가 누적으로 표시된다.

공식 2인 유통점 매출액은 상품을 팔아주는 고객수와 1인 고객이 평균 어느 정도 팔아주었는가 누적으로 표시되는 것을 의미한다. 이 공식은 매출액 산정에 맞춰 객수라는 시점을 첨가했다는 점을 특징으로 할 수 있다.

① 매출액을 올리기 위해서는 고객증가가 필요하다.
② 객수가 일정해도 객단가를 올리면 매출액은 증가한다.
③ 유통점을 방문하는 고객에는 여러 객층 사람이 있어 객수를 분석하는 발판이 된다.

(2) 객수 파악 방법

객수를 파악하기 위해서는 레지스터(등록, 기록부)를 통과한 고객수를 파악하는 것이 일반적이다. 최근 유통점에 보급된 POS 레지스터로 시간 관리 기능을 사용해, 한 시간마다 객수를 파악할 수 있다.

객수 파악 포인트는 다음과 같다.

① 최저 1일에 1회는 레지스터 객수를 기록해 둔다.
② 객수는 합계만이 아니라 남녀별, 연대별, 객층에 따라 분류해 둔다.
③ 객수 증감을 전월, 전년도 같은 달로 비교해 증가 경향인지, 감소 경향인지를 체크한다.
④ 유통점 경우 요일에 따라 고객 방문 수 변동이 심하므로 ③ 비교를 행하는 경우 같은 요일, 같은 주 단위로 행한다.

### 3) 매출액=3.3㎡당 매출액×매장면적(공식 3)

#### (1) 매출액을 매장 시점에서 보자.

공식 3은 매출액을 유통점 내부에서 본 것이다. 즉 매출 효율이 어떠한가를 파악하는 것이다.

① 매출액은 3.3㎡당 매출액에 매장면적을 곱한 것으로 표시된다.
② 매출면적을 일정하게 하면 3.3㎡당 매출액을 올림에 따라 매출액은 증가한다.
③ 매출면적을 증가시키면 매출액은 올라간다.

#### (2) 3.3㎡당 매출액 계산

$$3.3\text{㎡당 매출액} = \frac{\text{매출액}}{\text{총매장면적(평/3.3㎡ 환산)}}$$

이 수치를 산출하는 목적은

① 매장 효율성을 분석한다.
② 효율이 좋은 매장과 좋지 않은 매장이 명확해진다.
③ 매장에 따른 상품 배치 변경 기본자료가 된다.

### 4) 매출액=종업원 1인당 매출액×종업원수(공식 4)

#### (1) 인적 효율에서 매출액을 본다.

공식 4는 매출액을 인적 생산성에서 본 것이다. 이런 의미에서 이 공식도 유통점 내 관리용으로 사용된다고 할 수 있다.

① 유통점 매출액을 높이기 위해서는 종업원 1인당 매출액을 가능한 올리는 것이 필요하다.
② 평균과 비교해 종업원 1인당 매출액이 극단적으로 낮은 경우는 그 원인을 추정한다.
③ 종업원 1인당 매출액을 크게 높이기 위해서 인원 증가도 생각해 봐야 한다.

(2) 종업원 1인당 매출액 $= \frac{\text{매출액}}{\text{종업원수}}$

종업원 1인당 매출의 산출에 대해 다음과 같은 점에 주의해야 한다.

① 유통점 경우 소수로 영업하는 경우가 많으므로 분모인 종업원 수에는 경영자 부부도 포함해 계산하는 쪽이 더욱 실태에 가까운 수치가 된다.
② 파트 · 아르바이트 경우 8시간으로 환산한 인수로 계산한다.

### 5) 매출액=(1시간당 매출액×영업시간)×영업일수(공식 5)

(1) 시간 효율을 본다.

공식 5는 다음 2가지를 나타내고 있다.

① (1시간당 매출액×영업시간)으로 1일당 매출액을 나타내고 있다.
② 영업 일수를 월간 영업 일수라고 하면 월간 매출액을 말하고 연간 영업 일수라고 하면 연간매출액을 나타내고 있다.

(2) 시간 효율은 유효한 인원 배치와 연결된다.

하루 영업시간을 시간대별로 파악하기 위해서는 통상 레지스터로도 가능하지만, POS 레지스터가 들어 있으면 더 간단히 파악할 수 있다. 시간대마다 매출액, 객수 증감이 있는 유통점 경우 그것에 따라 파트·아르바이트 적정 인원을 배치하는 것도 가능하다. 또 정식사원을 채용하고 있는 경우 고객이 적은 시간대에 매장 정리나 상품 발주 등 판매 이외 일을 하게 하는 것도 가능하다.

<표 12-2> 컨비니언스 스토어 시간대별 방문 고객 수 추이

| 시간대 | 내점객 수 | % |
|---|---|---|
| 7 ~ 9 | 32 | 3.1 |
| 9 ~ 11 | 35 | 3.4 |
| 11 ~ 13 | 102 | 9.8 |
| 13 ~ 15 | 75 | 7.2 |
| 15 ~ 17 | 191 | 18.3 |
| 17 ~ 19 | 216 | 20.7 |
| 19 ~ 21 | 185 | 17.7 |
| 21 ~ 23 | 105 | 10.1 |
| 23 ~ 1 | 42 | 4.0 |
| 1~3 | 22 | 2.1 |
| 3 ~ 5 | 11 | 1.1 |
| 5 ~ 7 | 28 | 2.7 |
| 합 계 | 1,044 | 100.0 |

(3) 시간대에 따른 객수의 불균형을 없애기 위해

어느 시간대에 완전히 고객 방문 수가 끊긴다는 것은 유통점을 경영하는 측에 있어서 바람직하지 않다. 시간대에 따른 고객 수가 평균치에서 벗어나지 않게 하기 위해서는

① 시간대별 방문 고객 수의 내용을 조사한다.

② 시간대에 따라 방문 고객 수가 다른 경우는 그 객층에 맞는 상품 구비를 시행한다.

# 제 2 절 단품별 매출액과 ABC 분석 활용

## 1. 단품별 매출액 파악법

### 1) 상품분류 중요성

유통점에 있어서 상품관리 중요성은 다시 설명할 필요가 없다고 생각한다. 상품관리를 함에 앞서 많은 상품분류 그 분류마다 상품 판매 추세와 이익률을 고려해야 한다.

(1) 유통점 상품을 우선 크게 분류한다.

방법은 여러 가지가 있겠지만 가능한 한 10분류 내로 한다.

(2) 대분류를 중분류로 나눈다.

(3) 최소 분류, 소분류로 나눈다.

(4) 소분류 중에서 더 나눌 수 없는 단위를 단품이라 한다.

## 2) 단품별 관리 중요성

단품 관리라는 말이 소매 현장, 도매, 메이커 단계에서도 많이 사용되고 있다. 그 이유를 생각해 보면 신상품이 계속해서 나오기 때문에 각 상품 매출액, 이익을 확실히 파악할 필요성이 증가하고 신상품 쇄도가 계속되지만, 매장 증가시킬 수 없는 제약이 있으며 POS 시스템 보급에 따라 단품 매출 파악이 쉽고 EOS 시스템 도입에 따라 단품 매입 원가 파악이 쉽다. 팔리지 않은 상품은 빨리 매장에서 철수시켜야 할 필요성이 주목받고 있다.

## 3) 단품별 매출액 파악

단품별 매출액을 파악하기 위해서는 POS 시스템을 이용할 수밖에 없다. 그렇게 하기 위해서는 단품별 코드 부착을 확실히 행할 것, 단품별 매출액 활용 방법이 확립될 것, 코드 유지가 늘 되고 있어야 한다.

<표 12-3> POS 데이터

(단위 : 만 원)

| 분류 / 월별 | 쌀 밥 | | | 조 리 빵 | | | 합 계 | | |
|---|---|---|---|---|---|---|---|---|---|
| | 2024년 | 2025년 | 전년 대비 % | 2024년 | 2025년 | 전년 대비 % | 2024년 | 2025년 | 전년 대비 % |
| 9월 | 1,440 | 1,600 | 111.1 | 680 | 696 | 102.4 | 2,120 | 2,296 | 108.3 |
| 10월 | 1,200 | 1,400 | 116.7 | 632 | 656 | 103.8 | 1,832 | 2,056 | 112.2 |
| 11월 | 1,120 | 1,520 | 135.7 | 496 | 600 | 121.0 | 1,616 | 2,120 | 131.2 |
| 12월 | 1,360 | 1,440 | 105.9 | 592 | 840 | 141.9 | 1,952 | 2,280 | 116.8 |
| 1월 | 1,280 | 1,680 | 131.3 | 472 | 520 | 110.2 | 1,752 | 2,200 | 125.6 |
| 2월 | 1,200 | 1,600 | 133.3 | 520 | 576 | 110.8 | 1,720 | 2,200 | 127.9 |

## 2. 단품별 매출이익 파악법

### 1) 단품별 매출이익 파악

매출이익을 계산하는 공식은 매출이익 = 매출액 – 매출원가이다.

이 공식은 유통점 전체 경우는 물론 단품 베이스 경우에도 활용할 수 있다. 단, 단품 베이스 경우 우변 '매출원가'를 '매입원가'로 대치하는 쪽이 알기 쉽다.

즉 위 공식을 단품별 매출이익에 대치하면 단품별 매출이익 = 단품별 매출액 – 단품별 매출원가이다. 단품별 매출액은 POS 데이터에서 단품별 매출원가는 EOS 데이터와 실제 재고조사 데이터에서 추출한다.

### 2) 단품별 매출이익 중점화

단품별 매출이익 파악이 가능하면 매출이익이 높은 상품에 중점을 둔 상품구비가 가능하고 매출이익이 낮은 상품은 미끼상품으로써 사용한다. 팔리지 않는 상품 커트 기준을 알 수 있어 유통점 상품전략이 쉬워지는 것은 확실하다.

## 3. ABC 분석

### 1) ABC 분석

유통점 취급 상품을 ABC 세 가지로 나누어 그중에서 최상위 A랭크 상품을 중점 관리해 나가는 수법이다. ABC 분석은 상품관리뿐만 아니라 단골 관리와 매입처 관리 등에 활용되고 있다. 예를 들어 상품관리에 있어서 상품별 매출액 분석, 상품별 매출이익 분석, 상품별 재고액 분석 등의 사용법이 일반적이다.

### 2) ABC 분석 순서

상품별 매출액 분석은 아래와 같은 순서로 한다.

상품을 매출액이 큰 순서로 나열한다.

⬇

상품별 매출구성비를 계산한다.

⬇

각각 상품 매출구성비 누계를 계산 최후 상품에서 반드시 누계매출 구성비가 100%가 되게 한다.

⬇

그래프용지 가로에 상품명을 세로에 비율을 기재한다.

⬇

누계 매출구성비를 그래프 위에 표시한다.

⬇

표시한 점을 꺾은 선으로 연결한다.

⬇

누계구성비가 80%, 90%, 100%가 되도록 그래프를 3분할한다.

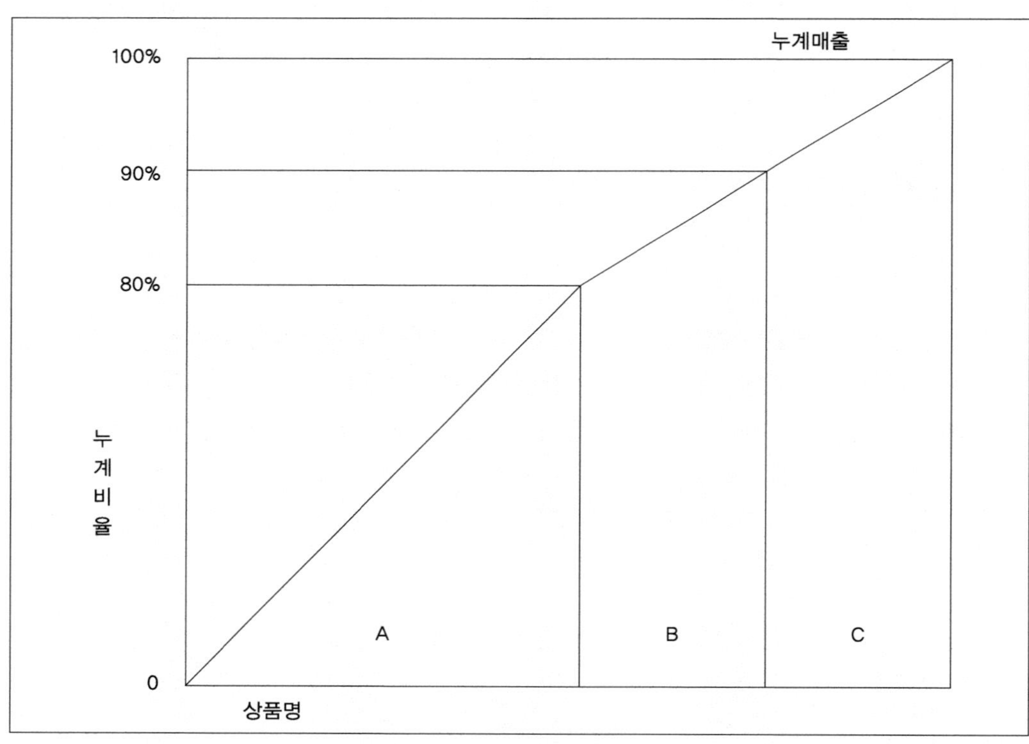


<그림 12-2> ABC 분석 도표

### 3) ABC 분석 도표 패턴

ABC 분석표를 작성해 보면 대체로 다음 3가지 패턴 그래프가 형성된다.

분산형

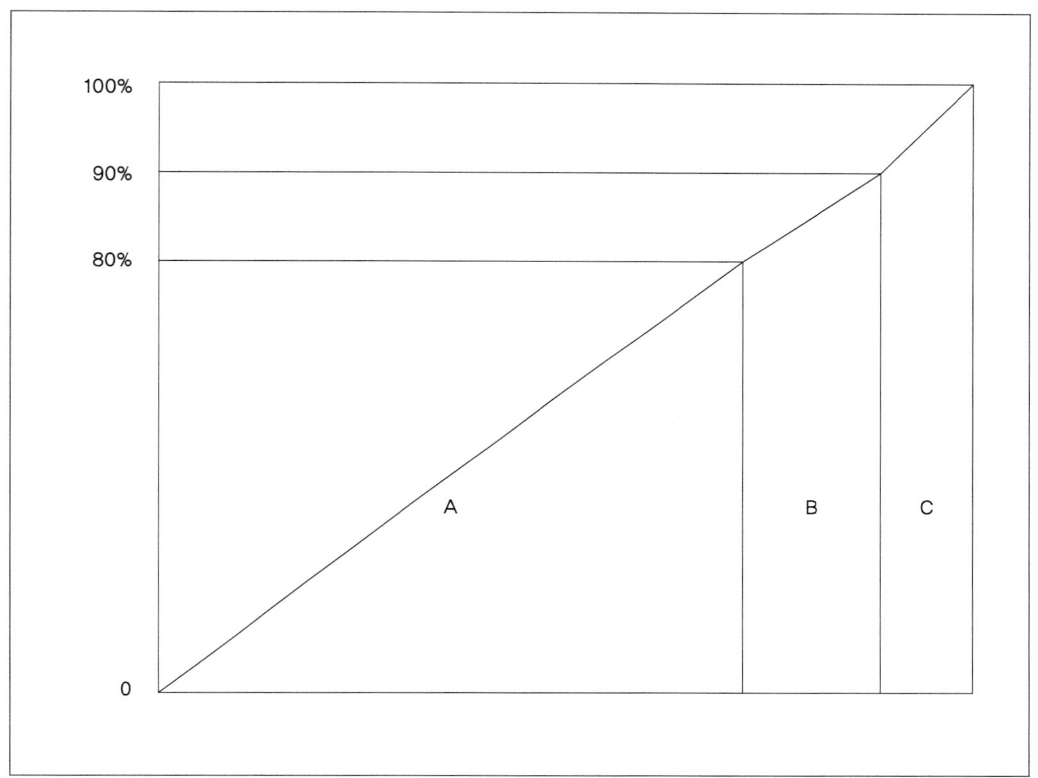


분산형은 45% 대각선으로 누계 비율 꺾임 선이 신장하고 있는 경우이다. 이러한 상품특성은 각 상품 간 매출액에 거의 차이가 없고 중점상품이 없다.

초집중형

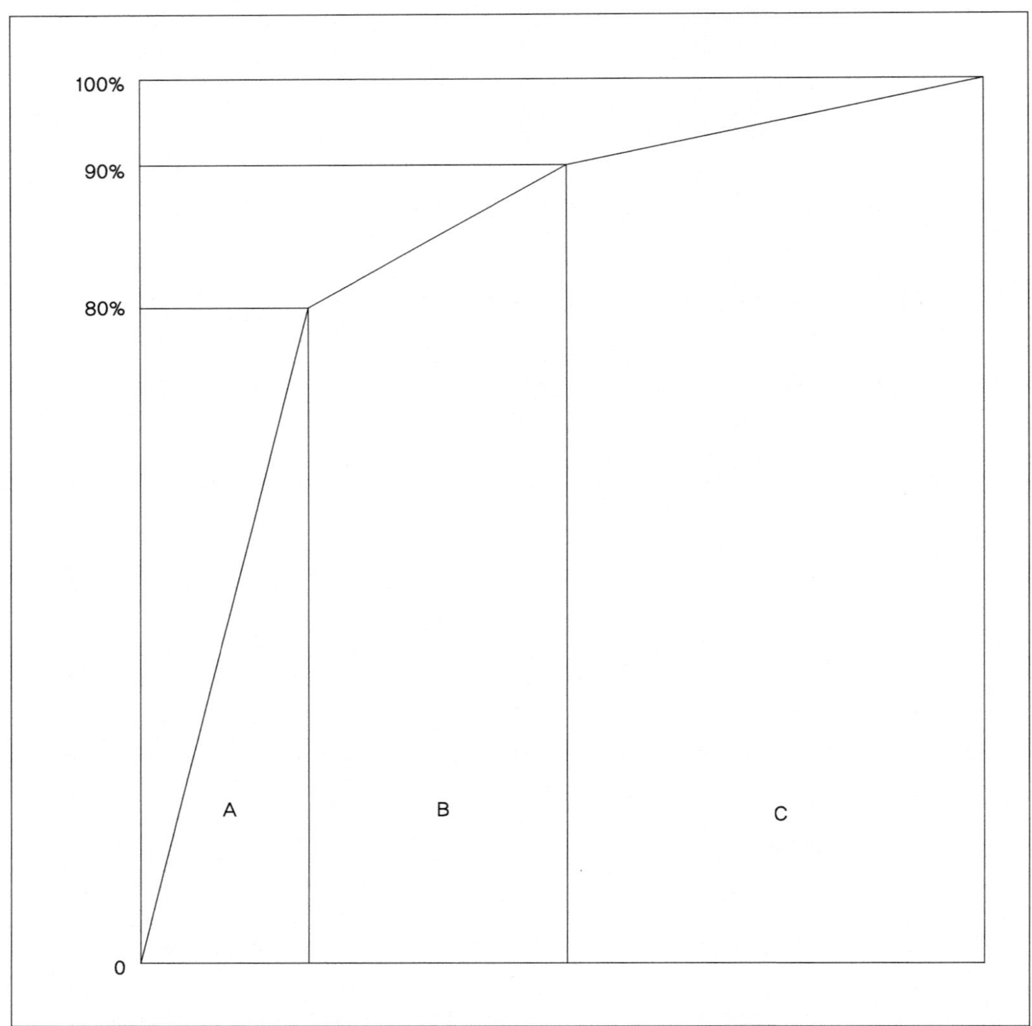


초집중형는 분산형과 완전히 반대되는 형으로 돌출한 상품이 있고 하나나 둘로 누계 80%를 넘고 있는 경우이다. 중점 관리하기에는 좋지만, 한쪽으로 치우쳐 있으므로 그 상품 매출액이 침체할 때 반동이 염려된다.

이상형

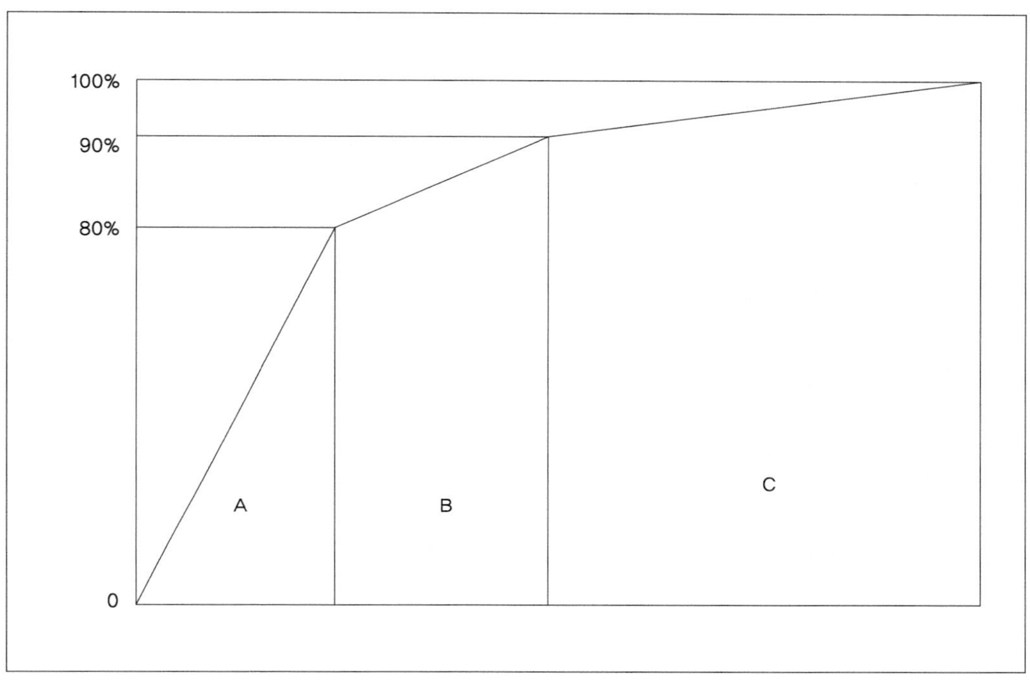


이상형은 패턴 중에서 가장 이상적인 패턴이라 할 수 있다. 즉, A랭크 상품이 전체 상품 중 약 2할을 차지하고 있고, 20 · 80 원칙(전체 2할 상품이 매출액 80%를 차지)에 적합해 있기 때문이다.

## 4) ABC 분석 활용

ABC 분석은 매출 분석, 이익분석, 상품분석 등에 쉽게 활용할 수 있는 이점이 있다. 취급 상품 포지션을 명확히 하고 팔리지 않는 상품을 발견할 수 있다. 매출액뿐만 아니라 매출이익, 재고액 등 ABC 분석과 비교, 검토함에 따라 취급 상품 효율을 파악할 수 있다. 상품을 중점 관리하기 때문에 인적 효율도 올릴 수 있다.

# 제 3 절 요일별, 시간대별 매출액에 따른 고객 대응

## 1. 진정한 고객 지향 의미

### 1) 고객 지향 추구 POS 시스템 도입

세븐일레븐이 왜 POS 시스템을 도입했는지 그 이유를 열거하면 첫째, 도시락, 조리빵 등 하루 수 차례 배달되는 상품으로 부족 상품이 많이 발생하고 둘째, EOS 정보만으로는 고객 얼굴을 볼 수 없었다. 셋째, 고객이 유통점 내 원하는 상품이 없는 경우, 그 상황을 알 수 없는 경우가 많아졌다. 첫 번째와 세 번째의 내용을 경영자 지향이라 한다. 유통점은 고객 편에 있는 듯하지만 실은 그렇지 않은 상황이었다. 즉, 진정한 '고객 지향'이 아니었다. 이러한 점을 빨리 알아내어 세븐일레븐에서는 전체 유통점에 POS 시스템을 도입하여 고객 지향 경영을 해오고 있다는 것이 현재 번창과 연결된 것이다. 단, '고객 지향' = 'POS 시스템 도입'이라고 단적으로 파악해서는 안 된다. 고객 지향은 POS 이전의 더 근본적 유통점 경영방침과 연관된 부분이 많기 때문이다.

### 2) 고객에게 지지받는 유통점

(1) 유통점 콘셉트가 명확히 설정되어 있다.
(2) 고객이 원하는 상품을 취급한다.
(3) 인기 상품이 항상 갖춰져 있다.
(4) 신상품을 우선으로 취급한다.
(5) 매장 분위기가 밝다.

## 2. 요일별 유통점 방문 고객 수 파악

### 1) 유통점 타입 파악

소매업은 입지 산업이라고 불린다. 입지에 따라 방문 고객 수, 매출액이 변한다. 또한, 입지는 고정적인 것이 아니라 환경이 변함에 따라 변하는 법이다. 그 때문에 자신의 유통점이 어떠한 상황에 있는지 알기 위해서 우선 요일별 방문 고객의 변화를 아는 것이 중요하다. 주택가 입지, 번화가 입지, 비즈니스 입지 등에 따라 고객 수 변화가 발생한다.

### 2) 요일별 방문 고객 수 비교법

(1) 전 주 같은 요일과 비교

(2) 전 달 같은 요일과 비교

(3) 전년도 같은 달, 같은 요일과 비교

## 3. 시간대별 방문 고객 수 파악

### 1) 1일 3회 피크가 있는 CVS

24시간 영업을 대표하는 CVS의 경우 하루 방문 고객수 피크는 3회 있다고 한다.

### 2) 방문 고객 수, 각 층에 맞는 상품배열

시간대에 따라 방문 고객은 변하기 마련이기 때문에 유통점에서도 시간대에 따른 상품 구비를 해야만 한다. 예를 들어 오전 8시경은 OL이 많이 방문한다는 사실을 알고 있다면 OL 취향 신선한 샌드위치 아이템을 증가시키고 오후 11시에서 1시 사이에 고교 남학생이 많으면 도시락을 많이 진열하는 것이다.

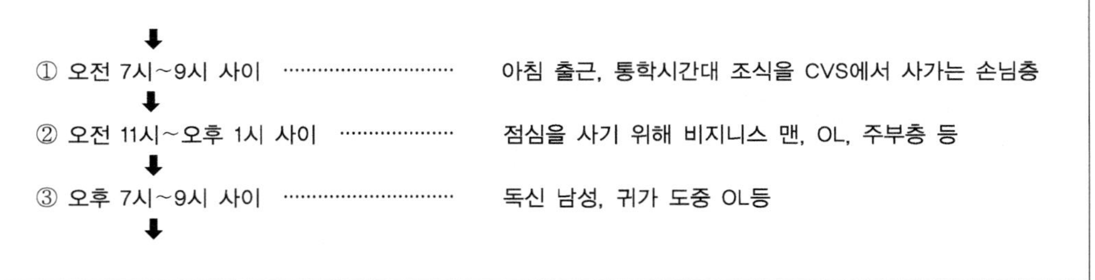


<그림 12-3> CVS 하루 3회 피크

## 4. 객층별 관리에서 각 고객관리

### 1) 고객 한 사람 한 사람 얼굴을 기억한다.

과거 유통점은 현재만큼 고객이 많지 않았던 탓도 있어 고객의 얼굴을 기억해 말을 거는 것도 보통으로 행해지고 있었지만, 슈퍼마켓 등 셀프서비스 방식 유통점이 증가함에 따라 고객 얼굴을 유통점 측에서는 기억할 수 없게 되었다.

그러나 고객관리를 확실히 행하고 있는 유통점에서는 지금도 고객 이름을 점원 측에서 기억하고 있다.

### 2) 각 고객관리 철저

(1) 각 고객 데이터를 상세히 취한다.

(2) 신규고객을 자신 유통점 팬으로 한다.

(3) 여러 번 방문하도록 궁리한다.

(4) 고객 범위를 좁혀 나가 특정 판촉한다.

정리하자면 고객관리는 곧 '각 고객관리'에 연결해 나가는 것이다. 각 고객을 소중히 하는 것이 유통점 번영과 일맥상통하는 것이다.

# 제 13 장 이익과 관련된 계수

## 제 1 절 매출이익과 영업이익 차이점

### 1. 매출이익

#### 1) 매출이익은 이렇게 구한다.

(1) 매출이익

(2) 영업이익

(3) 세금공제 전 이익

(4) 세금공제 후 이익

이 중 (1)의 매출이익이 유통점 매출총이익을 가장 단적으로 나타내고 있다.

$$\text{매출이익} = \text{매출액} - \text{매출원가}$$

$$\text{매출이익률} = \frac{\text{매출이익}}{\text{매출액}} \times 100\%$$

#### 2) 매출이익은 부문별로 잡는다.

매출이익도 매출액과 마찬가지로 상품 부문별로 잡아두는 것이 중요하다. 유통점 전체 매출이익을 높이기 위해서는 각각 상품 부문 매출이익을 올리는 일이 필요하다.

<표 13-1> 주류 부문별 매출액·매출이익 분석표

| 부 문 | 매출액 | 매출이익 | 매출이익률 (%) |
|---|---|---|---|
| 맥 주 | 36,000 | 6,120 | 17 |
| 양 주 | 18,000 | 3,690 | 20 |
| 청 주 | 24,000 | 5,280 | 22 |
| 와 인 | 12,000 | 2,400 | 20 |
| 식품·기타 | 30,000 | 7,500 | 25 |
| 합 계 | 120,000 | 24,990 | 21 |

## 2. 영업이익

### 1) 영업이익 구하는 방법

영업이익은 말 그대로 유통점 영업 결과를 가장 좋게 나타내고 있는 이익이라 할 수 있다.

$$\text{영업이익} = \text{매출이익} - \text{판매비·일반관리비}$$

$$\text{매출액 영업이익률} = \frac{\text{영업이익}}{\text{매출액}} \times 100\%$$

즉, 영업이익은 매출이익에서 영업 관계에 든 비용, 관리비용 등을 뺀 이익이라 할 수 있다.

### 2) 판매비 및 일반관리비

유통점에서 발생하는 비용은 파트·아르바이트 급여, 수도·광열비, 여비·교통비, 통신비, 감가상각비, 지급이자·할인료 등이다. 그러나 유통점에서는 판매비와 일반관리비를 나누는 일 없이 일괄적으로 영업비용으로서 계상해도 문제없다고 생각한다. 영업이익을 올리기 위해서는 매출이익 인상은 물론 판매비 조절도 중요한 요건이라 할 수 있겠다.

<표 13-2> 영업이익·매출액 영업이익률 구하는 방법

손 익 계 산 서

| | |
|---|---|
| * 매 출 액 | 6,500 |
| 매 출 원 가 | 4,800 |
| 매 출 총 이 익 | 1,700 |
| 판매비 및 일반관리비 | 1,100 |
| 영 업 이 익 | 600 |
| 영 업 외 수 익 | 100 |
| 영 업 외 비 용 | 300 |
| 세 전 이 익 | * 400 |
| · · | |
| · · | |
| · · | |

영업이익 = 매출이익 − 판매비 · 일반관리비
= 1,700 − 1,100
= 600

$$매출액\ 영업이익률 = \frac{영업이익}{매출액} \times 100\%$$

$$= \frac{600}{6,500} \times 100\%$$

= 9.2%

# 3. 이익은 절대액과 매출비로 분석

## 1) 이익은 금액과 비율 양면 파악

대규모 유통점과 소규모 유통점 수익성을 비교하는 경우 단순히 이익 절대액으로 비교해도 그다지 의미가 없다. 이익률이 없다고 해서 매출액 절댓값이 작은 것도 문제이다. 위와 같은 관점에서 이익은 금액과 비율 양면에서 보는 것이 바른 경영분석을 하는 기본이라 할 수 있다.

### (1) 금액 표시

매출이익 272,000천 원, 경영 이익 64,000천 원 등

### (2) 비율 표시

매출이익률 25%, 영업이익률 2.5% 등 통상 매출액과의 대비로 표시한다.

### 2) 이익지향 부문 관리

대기업 소매업 경우 매장 부문마다 담당자가 있어 매출액, 이익까지 체크하는 체제가 융성하고 있다. 그러나 중소 소매업의 경우 매장마다 인원을 배치하는 일이란 어려운 상황이다. 어쨌든 부문 단위로 매출에서 시작하여 이익까지 전부 점검하는 조편성이 필요하다. 대기업에서 도입되고 있는 '사업부제' 사고방식을 응용해 부문마다 이익 책임 체제를 채용해 보는 것도 좋을 것이다. 그때에는 부문 평가는 매출액이라는 볼륨만이 아니라 이익액 혹은 이익률로 판단하는 것도 필요하다.

<표 13-3> A 소매업 매출액·이익·이익률

| 매 출 액 | 1,802,344천 원 |
|---|---|
| 매 출 이 익 | 525,968천 원 |
| 매 출 이 익 률 | 매출이익 ÷ 매출액<br>525,968 ÷ 1,802,344 × 100% = 29.2% |
| 영 업 이 익 | 46,064천 원 |
| 영 업 이 익 률 | 영업이익 ÷ 매출액<br>46,064 ÷ 1,802,344 × 100% = 2.6% |

# 제 2 절 유통점 전체 이익을 높이는 방법

## 1. 점차액과 매출이익액 차이

### 1) 점차액

점차액이라는 것은 매입된 상품에 얼마의 이익액을 얹어 파는 값을 결정하는 것을 말한다. 예를 들어 100원으로 매입한 상품 50원 이폭(이익률)을 얹어 150원으로 매가를 결정했다고 하면 이 50원이 점차액이 되는 것이다.

점차액 = 매가 − 원가

매가 = 원가 + 점차액

### 2) 점차액과 매출이익액 다른 점

점차액은 매입한 시점에서 매가와 원가 차이기 때문에 실제 판매한 후에 실현한 이익하고 다르다. 즉, 점차액은 애초 생각한 예상이익이고 실제 판매에서는 가격하락과 로스 등이 발생해 예상대로 이익이 올라가지 못하는 경우도 많이 발생한다.

점차액과 매출이익액 상이점은 다음과 같다.

(1) 점차액은 예정한 매매차익이다.

(2) 매출이익액은 실현한 매매차익이다.

(3) 점차액의 결정에 앞서서 가격하락과 로스 예상이 필요하다.

광고비와 운임 등 비용을 커버하고 거기에 적절한 이익을 확보하기 위해 매입원가에 이폭을 얹어 매가를 결정하는 것이 '점차액(율)'이다.

## 2. 매출액과 매출이익액 매트릭스표 작성법

### 1) 매출액과 매출이익액 양면 파악

유통점에서 취급하고 있는 상품은 여러 가지 있으므로 어느 상품 혹은 상품군에 신경을 써야 좋을지 판단하기 어려울 때가 있다. 유통점에서 취급하고 있는 상품을 매출액과 매출이익액 양면에서 생각해 볼 때 다음과 같이 크게 4가지로 분류된다.

(1) 매출액이 많고, 이익도 큰 상품

(2) 매출액은 많지만, 이익이 적은 상품

(3) 매출액은 적지만, 이익이 많은 상품

(4) 매출액이 적고, 이익도 적은 상품

### 2) 매트릭스표로 각 상품 위치를 안다.

1)에서 서술한 바와 같이 상품을 4가지로 크게 분류하는 사고방식을 응용해 매출액과 매출이익 매트릭스표를 만들어 보자. 앞서 나왔던 ABC 분석 순서를 상기시키기 바란다.

<표 13-4> 매출액과 매출이익 매트릭스표

| 매출이익 / 매출액 | A (대) | B (중) | C (소) |
|---|---|---|---|
| A (대) | | | |
| B (중) | | | |
| C (소) | | | |

# 3. 부문별 매출이익률 제고법

## 1) 부문별 매출이익률 제고

상품군마다 매출이익을 얻기 위해서는 각각 상품에 있어서 이폭이 높은 상품을 취급하는 것이 필요하다. 예를 들어 다음과 같은 경우를 생각해 보자.

(1) 취급상품 변경 전

| 부 문 | 매 출 액 (천원) | 매 출 이 익 (천원) | 매출이익률 ( % ) |
|---|---|---|---|
| 맥 주 | 240,000 | 40,800 | 17 |
| 양 주 | 144,000 | 28,800 | 20 |
| 청 주 | 211,200 | 46,464 | 22 |
| 와 인 | 96,000 | 19,200 | 20 |
| 기 타 | 268,800 | 67,200 | 25 |
| 합 계 | 960,000 | 202,464 | 21 |

(2) 취급상품 변경 후

| 부 문 | 매 출 액 (천원) | 매 출 이 익 (천원) | 매출이익률 ( % ) |
|---|---|---|---|
| 맥 주 | 240,000 | 43,200 | 18 |
| 양 주 | 144,000 | 30,240 | 21 |
| 청 주 | 211,200 | 48,576 | 23 |
| 와 인 | 96,000 | 20,160 | 21 |
| 기 타 | 268,800 | 69,888 | 26 |
| 합 계 | 960,000 | 212,064 | 22 |

각 상품 부문마다 매출이익률 1%씩 높은 상품을 취한다고 가정하면 전체 매출이익률은 당연 1% 올라간다. 금액으로 환산하면 9,600천 원이 증가한 것이다.

그러나 논리상으로는 위와 같이 전 부문에 걸쳐 매출이익률을 올릴 수 있지만, 현실상 어려운 점이 있다. 그래서 매출구성비 변경에 따른 매출이익률 상승이 실제로 나타나고 있기 때문이다.

## 2) 매출구성비 변경

전체 매출이익률을 올리기 위해서는 상품마다 매출이익률을 그대로 둔 채 상품마다 매출구성비를 바꿔본다. 예를 들어 앞서 서술한 주류점 경우에서 생각해 보면 매출이익률이 낮은 맥주 구성비를 30%에서 25%로 내리고 매출이익률이 높은 청주와 기타 비율을 올려 보았다.

(1) 매출구성비 변경 전

| 부 문 | 매 출 액 (천원) | 매출구성비① ( % ) | 매출이익률② ( % ) | 상승누적①×② ( % ) |
|---|---|---|---|---|
| 맥 주 | 288,000 | 30 | 17 | 5.1 |
| 양 주 | 144,000 | 15 | 20 | 3.0 |
| 청 주 | 192,000 | 20 | 22 | 4.4 |
| 와 인 | 96,000 | 10 | 20 | 2.0 |
| 기 타 | 240,000 | 25 | 25 | 6.25 |
| 합 계 | 960,000 | 100 | | 20.75 |

(2) 매출구성비 변경 후

| 부 문 | 매 출 액 (천원) | 매출구성비① ( % ) | 매출이익률② ( % ) | 상승누적①×② ( % ) |
|---|---|---|---|---|
| 맥 주 | 240,000 | 25 | 17 | 4.25 |
| 양 주 | 144,000 | 15 | 20 | 3.0 |
| 청 주 | 211,200 | 22 | 22 | 4.84 |
| 와 인 | 96,000 | 10 | 20 | 2.0 |
| 기 타 | 268,800 | 28 | 25 | 7.0 |
| 합 계 | 960,000 | 100 | | 21.09 |

전체로서 매출이익률은 변경 전 매출이익률 20.75% 변경 후 매출이익률 21.09%이고 차이는 0.34%이다. 이처럼 자신의 유통점에서 취급하고 있는 상품구성비를 바꾸는 것을 머천다이징 믹스라 한다.

# 제 3 절 이익 감소 최대 요인 '로스'

## 1. 유통점에서 발생하는 로스

### 1) 로스는 이익을 감소시키는 최대 요인

유통점에서는 여러 가지 로스가 발생하고 있다. 이 로스가 발생하지 않으면 매입 시점에서 예상한 이익 폭을 실현할 수 있다.

매입액 = 실현 매출이익액

그러나 실제 매장에서는 각종 로스가 발생하여 이익 증가를 저지하고 있다. 결국,

매입액 − 로스액 = 실제 매출이익액

이 된다.

### 2) 로스 분류

1)에서 본 바와 같이 로스를 없애면 유통점 이익은 확실히 상승해 간다. 단, 로스를 제거하더라도 로스 실태를 파악하지 않으면 대책은 설 수 없다.

유통점에서 발생하는 로스를 분류할 때 로스 발생 장소별 분류, 로스 발생원인별 분류 등 방법을 들 수 있겠다.

**<표 13-5> 유통점 로스(Loss)를 분류하는 방법**

① 로스 발생 장소별 분류
- 매장 내
- 레지스터 주위
- 사무실
- 작업장
- 백야드, 창고 등

② 로스 발생원인별 분류
- 가격하락 로스
- 상품폐기 로스
- 품절 로스
- 재고조사 로스

※ 재고조사 로스를 방지하기 위해서는 외부에 재고조사를 부탁하는 것도 가능하다.

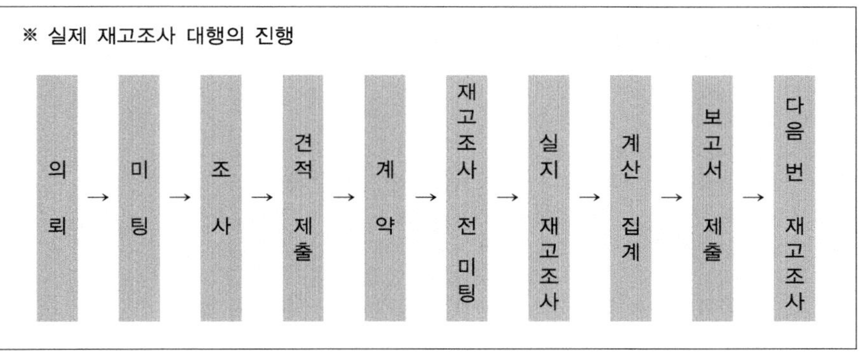


## 2. 로스 종류

### 1) 가격하락 로스

매입 시점에서 예정한 매가를 에누리 등에 따라 가격 인하할 때 발생하는 로스를 말한다. 식품을 많이 취급하고 있는 유통점에서는 그날 중으로 다 팔아 버리기 위해서는 폐점을 앞두고 가격을 인하해서 판매하는 경우 등에 발생한다.

### 2) 상품폐기 로스

식품 등에서 유효기간이 지난 상품이나 아무리 판촉해도 팔리지 않는 상품을 '폐기' 처분했을 때 발생하는 로스를 말한다. 최근 메이커가 신제품을 계속 생산해 나가면 유통점에서 이 폐기로스 비율은 높아지기 마련이다.

### 3) 재고조사 로스

장부상 재고와 실제 재고조사를 했을 때 재고 차액을 말한다.

### 4) 품절 로스

고객이 내점해 사고 싶은 상품이 유통점에 없을 때 발생하는 로스이다. 판매기회를 없애는 요인이기 때문에 '기회 로스'라고도 말한다. 품절 로스는 앞서 말한 3가지 로스와 달리 수치로 잡을 수 없으므로 대책 마련이 어려운 위험한 로스이다.

**<표 13-6> 검품 시점에서의 로스 발생 요인**

1. 매입 수량과 전표 수량을 확인하지 않고 매매
2. 상품 매가와 전표 매가를 확인하지 않고 매매
3. 자동판매기가 상품 매가를 오기입
4. 자동판매기 가격부착 상품 가격부착 착오
5. 운송회사 사원이 상품을 빼돌렸을 때
6. 전표에 적힌 상품명과 다른 상품이 납품되었음을 알지 못할 때
7. 적은 수량이 부족해 있는 데도 검품을 하지 않았을 때
8. 적은 수량이 부족해 있는 데도 반품처리를 하지 않았을 때
9. 공동 배송 수량이 부족해 있는 데도 검품을 하지 않았을 때
10. 공동 배송 수량이 부족해 있는 데도 공동 배송 전표 처리를 하지 않았을 때
11. 도시락 수량이 부족해 있는 데도 검품을 하지 않았을 때
12. 도시락 수량이 부족해 있는 데도 반품처리를 하지 않았을 때
13. 빵 수량이 부족해 있는 데도 검품을 하지 않았을 때
14. 빵 수량이 부족해 있는 데도 반품처리를 하지 않았을 때
15. 발주리스트 표를 한 달마다 경신하지 않았을 때
16. 결품 후 결품상품 전표수정을 잊었을 때
17. 결품 후 결품상품 전표수정 미스

(컨비니언스 스토어 경우)

# 3. 로스 대책 구체적 방법

## 1) 가격 인하 로스 대책

### (1) 매입과 판매 연동

가격 인하 로스를 적게 하기 위해서는 가격 인하 로스가 왜 발생했는가를 파악해야 한다. 가격 인하 발생 원인은 발주 수량이 너무 많아 팔리지 않고 있고 발주 수량은 일정했으나 기후, 그 외 요인으로 팔리지 않고 있으며 유통점 정책으로 다음 시즌으로 넘기고 싶지 않아 가격 인하해 왔다. 고객 요망으로 가격을 인하한 것이다.

> ※ 정기 발주 방법에 따른 발주량 계산공식
>
> 발주량 = (발주 사이클 + 조달 기간) × 1일당 평균판매 수량 + 최저 재고량 − 현재 재고량

### (2) 가격 인하 로스 발생원인

<표 13-7> 가격 인하 로스 발생원인

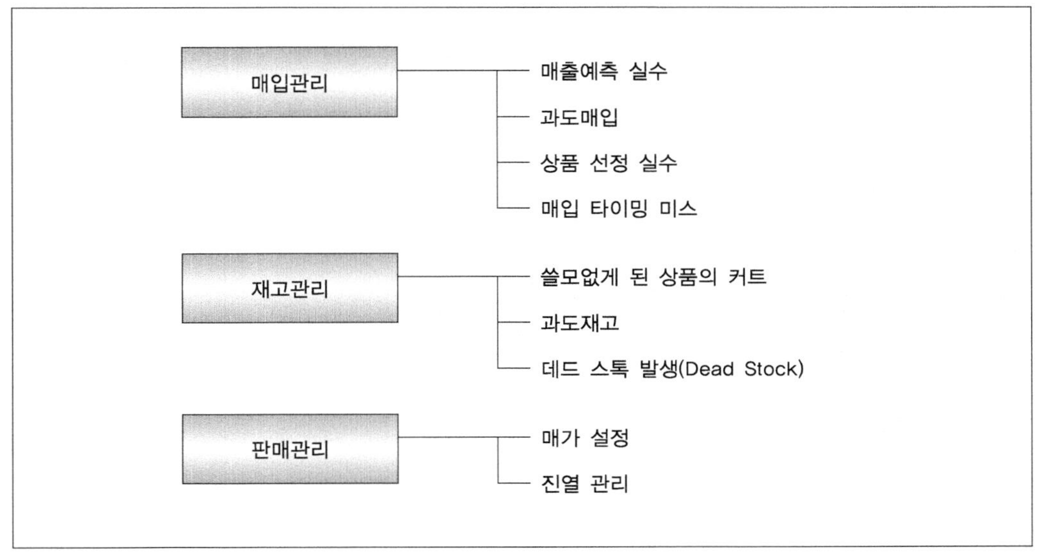

## 2) 상품폐기 로스 대책

### (1) 상품관리 철저

매장에 진열된 상품은 모두 '신선도'를 갖고 있다. 신선한 상품은 금세 팔리고 그렇지 않은 상품은 팔리지 않아 폐기될 가능성이 커진다.

① 폐기 로스 대책
- ㉠ 상품 선입선출 철저
- ㉡ 상품 전출 철저
- ㉢ 날짜 관리 철저
- ㉣ 매장 청결 철저

폐기 상품 발생 큰 원인은 매장에 활기가 없기 때문이다. 언제 가도 같은 상품이 같은 장소에 진열된 것으로 고객이 물려 버린다.

② 매장 활성화 대책
- ㉠ 신상품을 보다 빨리 취급
- ㉡ 매장 단위로 단기적 진열 교체
- ㉢ POP나 샘플 등을 효과적으로 활용
- ㉣ 팔리지 않을 듯한 상품을 조속히 폐기 처분

### (2) 판매예측 철저

어떤 상품이 어느 정도 팔리는가를 예측하는 것을 '판매예측'이라 한다. 유통점에서 판매예측을 하기 위해서는 요일 특성, 행사, 기후·기온 변화, 유인물 효과 같은 요인을 조사해야 한다.

## 3) 재고조사 로스 대책

### (1) 재고조사 로스 계산 방법

재고조사 로스 = 장부상 재고액 – 실제 재고액

즉, 재고조사 로스 산출하기 위해서는 장부 재고액을 정확히 파악해 두고 실제 재고조사를 하는 두 가지가 필요하다.

#### (2) 재고조사 로스 대책

재고조사 로스는 1)에서 본 바와 같이 장부 재고와 실제 재고 차로써 계산된다. 재고조사 로스 대책은 장부를 정확히 관리하는 일과 실제 재고조사를 정확히 행하는 일이 두 가지가 핵심이 된다.

**<표 13-8> 재고조사 요인 분석(재고조사 시)**

1. 재고조사 담당자 카운트 실수
2. 재고조사 담당자 오기입
3. 곤돌라 뒤에 상품이 떨어져 있을 때
4. 재고조사 당일까지 전표 회람을 잊음
5. 재고조사 개시 후 전표를 재고조사 전에 넣었을 때
6. 두 차례 같은 상품을 카운트했을 때
7. 경영자가 유통점 이외에 상품을 보관했을 때 카운트를 잊음
8. 카운트가 아직 끝나지 않은 상품 창고에서 물품을 꺼냈을 때
9. 외상 판매상품 카운트를 잊어버림

- 매입전표, 이동전표, 반품전표 등 상품 입출이 정확히 입력되고 있다.
- 가격 인하, 유통점 내 사용 등 전표 처리가 정확히 이루어지고 있다.
- 레지스터 단계에서 수량, 금액 등 입력 실수가 없다.
- 검품이 정확히 이루어지고 있다.
- 종업원과 고객에 의한 부정이 없다.
- 가격카드가 정확히 붙여져 있다.

### 4) 품절 로스 대책

#### (1) 품절 로스 발생은 고객의 방문 수를 적게 하는 큰 요인

품절 로스는 상품이 있으면 팔렸다고 생각되는 금액 다시 말해 상품이 없었기 때문에 팔 기회를 놓쳤던 금액을 말한다. 이 품절 로스는 다른 로스와는 달리 수치로 얻기 힘들다. 그리고 품절 로스가 발생하면 확실히 매출이 줄고 유통점에 대한 신용도가 떨어져 버린다.

#### (2) 품절 로스 방지책

품절 로스를 완전히 '0'으로 만들 수는 없지만 줄일 수 있는 대책은 있기 마련이다.

그러기 위해서는 점장뿐만 아니라 파트·아르바이트를 포함한 사원 전체 품절 로스를 발생시키지 않으려는 각오가 중요하다. 발주 시 판매 동향을 점검한다. 경험과 감에서 데이터에 기초를 둔 발주를 한다. 행사와 이벤트 정보를 폭넓게 수집하고 발주를 소극적으로 하지 말아야 한다.

## 5) 로스 원인별 파악과 대책

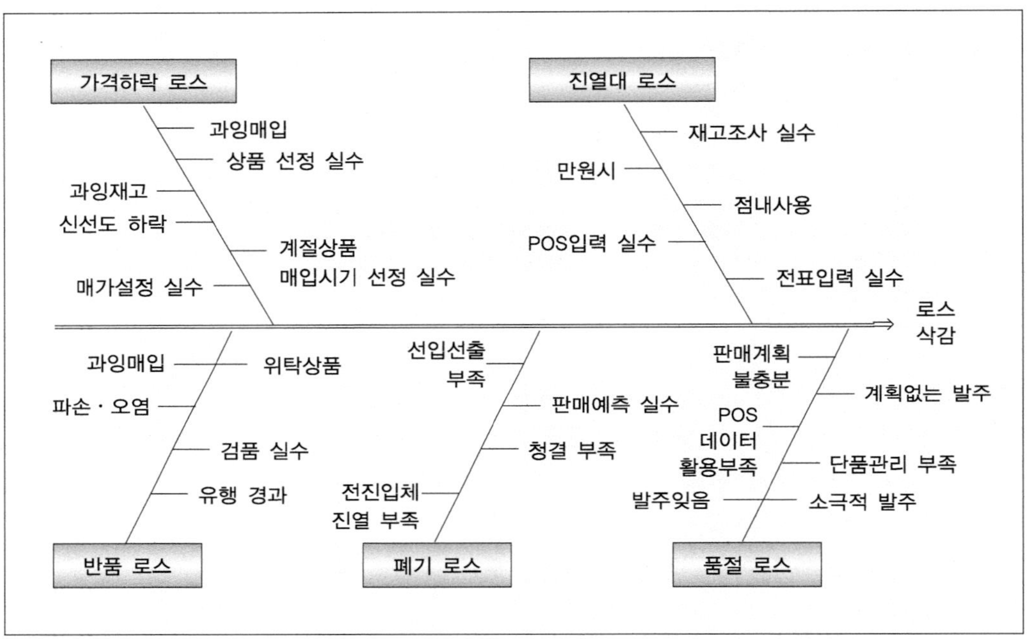


<그림 13-1> 로스 발생 특성 요인도

### (1) 로스 원인 특성 요인도

유통점에서 발생하는 로스를 축소하기 위해서는 로스 원인별 내용을 요인도와 같은 시각적 형태로 표시해 보는 것도 좋을 것이다. 이것을 전 사원이 볼 수 있도록 하여 전원이 로스를 감소시켜야 한다는 의식을 갖게 하는 것이다.

### (2) 로스액, 로스율 예산화

로스율을 1% 다운시킨다는 것은 곧 유통점 이익률을 1% 올리는 결과가 된다. 하지만 로스를 완전히 '0'으로 만드는 일은 불가능하다. 왜냐하면, 상품 수량을 지나치게 줄이면 폐기 로스가 발생하지 않는 대신에 품절 로스가 생길 가능성이 커지고 반대로 상품 수량을 늘리면 이와 반대의 현상이 나타나기 때문이다.

또, 로스를 '0'에 가깝게 하려고 드는 여러 가지 비용이 로스액보다 많아진다면 의미가 없을 것이다. 따라서 가장 이상적인 것은 사전에 예산을 작성하는 단계에서 로스액을 견적하는 것이다. 장점은 예산 견적에 따라 종업원 전 사원에게 그 금액 이내로 확보할 수 있도록 하는 목표가 생긴다. 반대로 도를 넘어도 매월 점검해 둔다면 그리 큰 문제는 아니다. 로스 감소 목표 아래 전원 의식을 통일하여 매장 활성화로 연결한다.

### (3) 로스 관리 포인트

로스 관리를 단계별로 맞춰 나가면 다음과 같은 포인트가 생길 것이다.

**<표 13-9> 로스 관리 포인트**

**① 계획단계**

- 부문별, 상품별 매출액, 매출이익과 함께 로스액, 로스율 계획을 작성한다.
- 로스를 원인별 혹은 종류별로 수치화해 둔다.

**② 실행단계**

- 부문별 책임자를 정한다.
- 실적 파악이 쉬울 수 있도록 규칙을 정하고 조 편성을 한다.

**③ 체크단계**

- 로스액 혹은 로스율이 큰 부문부터 차이 분석을 진행한다.
- 차이 원인 규명한다.

로스 관리를 단계별로 맞춰 나간다.

# 제14장 매장 경영분석

## 제 1 절 경영분석 포인트

### 1. 문제점 도출

경영분석이란 의사 진찰과도 같은 것으로 문제점을 찾아 그 대책을 마련해 나가는 데 필요한 것이다. 물론 문제점뿐만 아니라 타점과 비교해 우수한 점도 알아내 나간다.

### 2. 경영분석 차기 경영계획 작성

경영 결과는 재무상태와 손익계산서로 표시된다. 이러한 계산 서류는 세무서용으로 작성된다는 생각하고 계시는 분이 많은데 실은 유통점 경영에 있어서 매우 중요한 정보를 제공하고 있다. 경영 결과가 나오면 그 결과를 분석하고 좋은 점은 확장하고 나쁜 점은 원인분석을 해 차이 계획에 활용해 나감이 필요하다.

### 3. 쉬운 경영분석

경영분석이라는 말을 들으면 "아, 또 숫자야. 어려워!"라는 연상을 해 버리는 경영자가 있을지도 모르겠다. 그러나 지금부터 봐 나갈 경영분석은 그렇게 어렵지 않다. 계산기로 계산할 줄만 알면 간단히 해낼 수 있다.

### 4. 비율 비교와 실적 비교

경영분석 방법에는 여러 가지 있는데 그것들은 두 가지로 구분하면 다음과 같다.

(1) 비율 비교

매출이익과 상품회전율 등 비율로 표시하며 비교 검토하는 것이다.

(2) 실적 비교

전월과 증감비교와 예산과 차액 등 금액으로 표시 검토하는 것이다.

실제 현장에서 (1), (2) 양자를 혼합해 사용하고 있다.

## 5. 예산 대비

경영분석에 있어서 예산과 비교해 어떠한가 점검하는 예산 대비를 함은 매우 중요하다. 왜냐하면, 예산은 세우는 것만이 목적이 아니라 실적 진척을 점검하는 데 의미가 있기 때문이다.

(1) 실적 - 예산 = 차액

(2) $\frac{\text{실적}}{\text{예산}} \times 100\% = \text{달성률}$

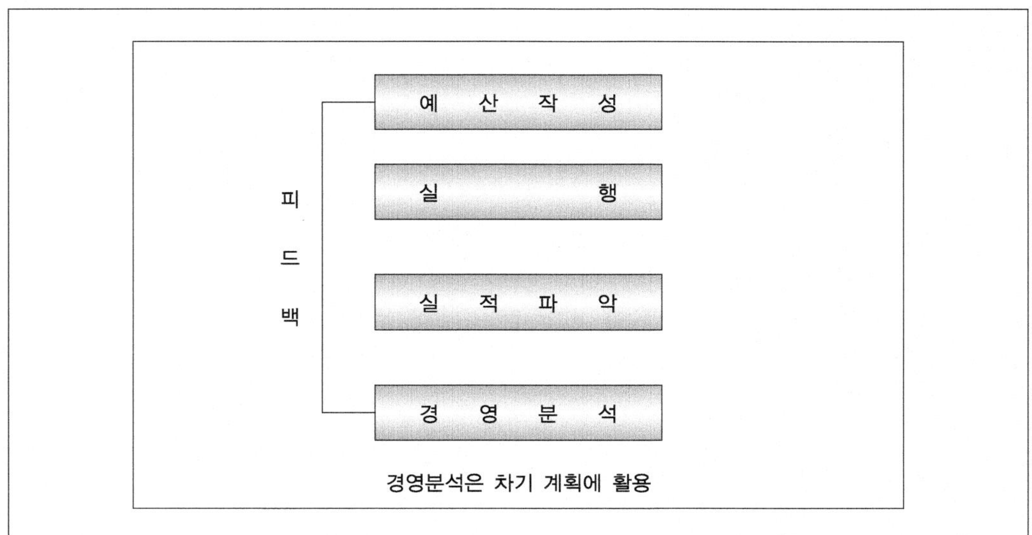


<그림 14-1> 경영분석 피드백

## 6. 전년도와 비교

유통점 경영에 있어서 전년도와 같은 달 혹은 같은 주와 비교를 해 나가는 것은 매우 의미가 있다. 유통점 경우 계절성이 비교적 높은 상품을 취급하고 있는 업종이 있다. 그러한 유통점에서는 전년도와 비교함으로써 올해는 정말로 성장하고 있는 것인가, 그렇지 않은 것인가를 한눈에 알 수 있기 때문이다.

## 7. 표준 비교

경영지표를 참고로 자점이 속한 업계 평균치와 비교하는 것이 표준 비교이다. 구체적으로 살펴보면 자점 수치가 업계 평균 수치, 증액을 비교한다. 자점 수치가 업계 평균을 밑도는 경우 몇 % 혹은 얼마의 금액으로 밑돌고 있는가를 산출한다. 특히 업계 평균과 비교해 크게 떨어지고 있는 부분을 중점적인 개선 사항으로 한다.

## 8. 동 업종, 동 규모 유통점과 비교

경영분석을 하면서 잊지 말아야 할 것은 동 업종·동 규모 유통점과 비교이다. 유통점 경우 입지 산업이기 때문에 완전히 동일 조건으로 비교할 수는 없지만 비슷한 정도 유통점 면적에서 매출액과 이익에 큰 차가 생긴다는 것은 어딘가 문제가 있기 때문이다. 그런 의미에서 동 업종 동 규모 경쟁 유통점과 비교하는 것은 효과가 있다. 단, 문제는 경쟁 유통점 수치를 간단히 얻을 수 없으므로 어떤 방법으로라도 조사하지 않으면 안 된다.

## 9. 동 업종, 동 규모 경영 수치 수집법

입점 객수·매출단가·판촉 종류와 진열 특징 등에 대해 도매 영업사원으로부터 정보를 수집하고 메이커 영업사원으로부터 정보를 수집한다. 파트·아르바이트를 사용해 경쟁 유통점을 조사한다.

# 제 2 절 수익성과 안전성 분석

## 1. 수익성

### 1) 수익성 이익 합계

유통점 경영분석을 행하는 경우 여러 방면에서 분석하고 유통점 경영상태를 미루어 생각한다. 대표적인 분석 수법으로서 수익성, 안전성, 생산성, 성장성 네 가지이다. 이 중 가장 중요한 것은 역시 수익성이 될 것이다. 수익성이란 말 그대로 수익이 올라가고 있는가를 보는 것이다. 즉, 이익 합계를 재는 것이 수익성인 것이다. 수익성은 매출액에 대해 수익 비율은 어떤가, 투자한 자본에 대해 수익은 올라가고 있는가? 2가지 관점에서 분석한다.

### 2) 수익성 대표적 지표

#### (1) 경영자본 대 영업이익률

영업용으로 투자한 자본이 어느 정도 이익을 얻고 있는지를 보는 지표이다.
다음과 같은 산식으로 구한다.

$$\text{경영자본 대 영업이익률} = \frac{\text{영업이익}}{\text{경영자본}} \times 100\%$$

#### (2) 경영자본 회전율

투자한 자본 이용도를 보는 지표이다. 다음과 같은 산식으로 구한다.

$$\text{경영자본회전율} = \frac{\text{매출액}}{\text{경영자본}}\,(\text{回})$$

#### (3) 매출액 대 영업이익률

매출액에 대한 이폭 정도를 보는 지표이다. 다음과 같은 산식으로 구한다.

$$\text{매출액 대 영업이익률} = \frac{\text{영업이익}}{\text{매출액}} \times 100\%$$

<표 14-1> 수익성 비율

(1) 매출액 총이익률 $= \frac{\text{매출총이익}}{\text{매출액}} \times 100\%$

(2) 매출액 영업이익률 $= \frac{\text{영업이익}}{\text{매출액}} \times 100\%$

(3) 매출액 세금공제전 당기순이익률 $= \frac{\text{세금공제전 당기순이익}}{\text{매출액}} \times 100\%$

(4) 매출액 당기순이익률 $= \frac{\text{당기순이익}}{\text{매출액}} \times 100\%$

(5) 매출액 인건비 비율 $= \frac{\text{인건비}}{\text{매출액}} \times 100\%$

(6) 매출액 광고 선전비 비율 $= \frac{\text{광고선전비}}{\text{매출액}} \times 100\%$

(7) 매출액 지급이자 비율 $= \frac{\text{지급이자· 할인료}}{\text{매출액}} \times 100\%$

(8) 총자본 이익률 $= \frac{\text{당기순이익}}{\text{총자본}} \times 100\%$

(9) 총자본 회전율 $= \frac{\text{매출액}}{\text{총자본}}$

## 2. 매출이익률 2단계 분석법

매출액에 대한 이익 비율을 보는 비율에서 다음과 같은 것이 있다.

- 매출액 총이익률(= 매출액 매출이익률)
- 매출액 영업이익률
- 매출액 세금공제 전 이익률
- 매출액 세금공제 후 이익률

이 중에서도 유통점 경영자가 알아두어야 할 비율은 매출액 총이익률과 매출액 영업이익률 두 가지이다. 매출총이익과 영업이익과의 관계 표에서 알 수 있듯이 매출총이익(매출이익)은 영업이익과 판매비·관리비로 구성되고 있다.

즉, 상기 관계를 산식으로 나타내자면

A) 매출총이익 = 영업이익 + 판매비·관리비

A) 식을 매출액으로 나누면

B) $\frac{\text{매출총이익}}{\text{매출액}} = \frac{\text{영업이익}}{\text{매출액}} + \frac{\text{판매비·관리비}}{\text{매출액}}$

즉, 매출총이익률 = 매출액 영업이익률 + 판매·관리비 비율

매출액 영업이익률을 높이기 위해서는 매출총이익률을 높이고 판매·관리비 비율을 억제하여야 한다.

**<표 14-2> 매출총이익과 영업이익과의 관계**

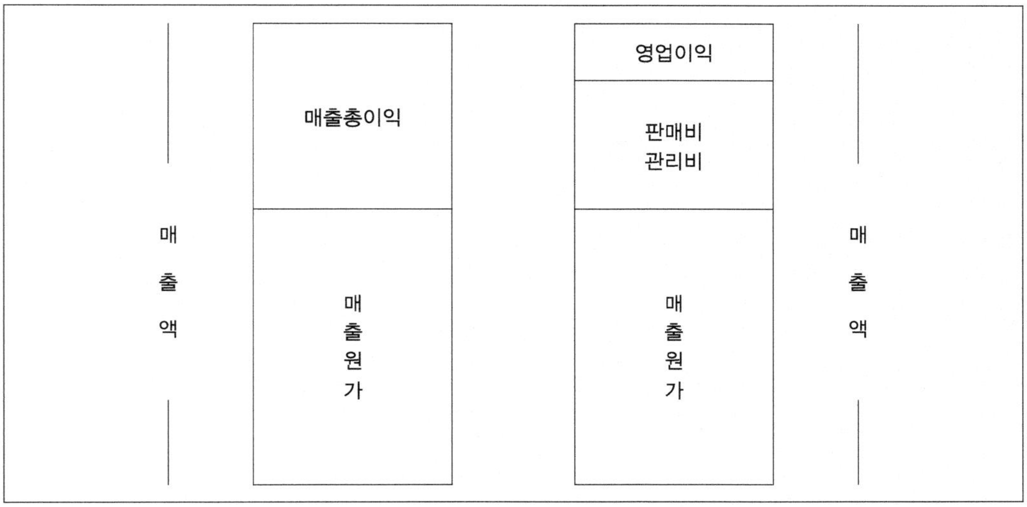

<table>
<tr><td rowspan="3">매출액</td><td rowspan="2">매출총이익</td><td>영업이익</td><td rowspan="3">매출액</td></tr>
<tr><td>판매비<br>관리비</td></tr>
<tr><td>매출원가</td><td>매출원가</td></tr>
</table>

# 3. 안전성으로 자금 상태를 안다

## 1) 안전성

### (1) 안전성이란 유통점의 현금흐름 상황을 보는 지표

유통점 경영 상황을 파악할 때 현금흐름 상황을 보는 것도 중요한 일이다. 안전성이란 문자 그대로 유통점 경영 상태가 안전한가를 판정하는 것이다.

### (2) 안전성을 보는 대표적 지표

① 유동비율

유통점 지급 능력을 나타내는 대표적인 비율이다. 산식에서와 같이 현재 소유하고

있는 유동자산(현금·예금과 외상 매출금, 받을어음, 상품 등)과 유동부채(지급어음, 외상 매입금, 단기차입금 등) 비율을 본 것이다. 당면한 지급 능력을 표시하고, 이것은 높을수록 좋은 것이다.

$$유동비율 = \frac{유동자산}{유동부채} \times 100\%$$

② 당좌비율

유동비율과 같이 유통점 지급 능력을 표시한다. 유동자산 중에서도 현금화되기 쉬운 당좌자산과 유동부채 비율을 나타내고 있다. 100% 이상이 이상적이라 할 수 있다.

$$당좌비율 = \frac{당좌자산}{유동부채} \times 100\%$$

③ 총자본 대 자기자본 비율

유통점에서 차입한 타인자본(매입채무와 차입금 등)과 자기자본 비율을 표시하고 있다. 타인자본은 어쨌든 돌려주어야 하므로 너무 많아지면 자금융자가 어렵게 되고 만다. 그러므로 총자본 대 자기자본비율이 높을수록 재무 안전성이 높다고 할 수 있다.

$$총자본\ 대\ 자기자본\ 비율 = \frac{자기자본}{총자본} \times 100\%$$

**<표 14-3> 안전성 비율**

(1) $유동비율 = \frac{유동자산}{유동부채} \times 100\%$

(2) $당좌비율 = \frac{당좌자산}{유동부채} \times 100\%$

(3) $비유동\ 비율 = \frac{비유동\ 자산}{자기자본} \times 100\%$

(4) $비유동장기\ 적합률 = \frac{비유동\ 자산}{자기자본 + 비유동\ 부채} \times 100\%$

(5) $자기자본비율 = \frac{자기자본}{총자산/본} \times 100\%$

(6) $경상수지\ 비율 = \frac{경상수입}{경상지출} \times 100\%$

## 2) 생산성으로 사람, 상품, 매장 효율을 본다.

### (1) 생산성

일반적으로 생산성이란 말은 상품을 생산하고 있는 메이커로서 자주 사용됐다. 그러나 이 생산성이라는 것은 메이커 전매특허가 아니라 유통점 경우에도 적합한 것이다. 생산성이라는 것은 투입에 대해서 그 성과로서 산출이 어느 정도 있는가를 표시하는 것이다.

$$생산성 = \frac{산출량}{투입량}$$

경영은 사람, 상품, 자금을 효과적으로 사용해 성과를 낳게 하는 것이라 한다. 위 산식에 분모인 투입량 부분에 사람, 상품, 자금을 들여 어느 정도 산출량(유통점 경우는 매출액 혹은 이익)을 얻을 수 있는지다.

### (2) 생산성은 매년 올리는 것이 바람직하다.

유통점 입구에 POS 레지스터와 발주용 단말, 사무실에는 개인용 컴퓨터라는 기기가 있다. 이러한 SA(스토어 오토메이션)기기를 도입하는 목적은 인재부족을 해소한다든지 레지스터 효율화를 위해서라고 생각된다. 그러나 이런 기기를 도입하지만, 생산성이 저하했다는 것은 SA기기 도입 무의미함을 느끼게 해 준다. 그러므로 생산성 각 지표를 보는 포인트는 전년도 비(전월 대비)와 비교해 어떠한가 동 규모점과 비교해 어떠한가 두 가지 점을 체크해야 한다.

### (3) 인적 생산성

인적 생산성은 종업원 1인당 어느 정도 팔았는가 혹은 이익을 얻었는지를 보는 것을 말한다. 물론 이 인적 생산성은 높으면 높을수록 좋은 것이지만 지나치게 높아지면 종업원에 대한 작업량이 증대하기 때문에 주의가 필요하다.

### (4) 인적 생산성 대표적 지표

① 종업원 1인당 연간 매출액

이 지표는 종업원 1인당 연간 어느 정도 매출을 올렸는가를 보는 것이다. 이 비율이 높다는 것은 적은 인원으로 효율적 매출을 올렸다는 것이 된다.

$$종업원\ 1인당\ 연간\ 매출액 = \frac{연간\ 매출액}{종업원수}$$

유통점 경우 분모인 수치를 종업원에게만 한정해 버리면 종업원 1인당 연간 매출액이 과대하게 표시되어 버리기 때문에 경영자도 포함해 산출한 쪽이 실태를 잘 나타내고 있다고 할 수 있을 것이다.

② 종업원 1인당 매출이익액

이 지표 ① 분자 수치를 매출이익액으로 바꿔 쓴 것이다. 종업원 1인당 어느 정도 이익을 내고 있는가를 나타내는 지표이다.

$$종업원\ 1인당\ 매출이익액 = \frac{매출이익액}{종업원수}$$

### (5) 물적 생산성

유통점 경우 경영자원인 '물(物)'에 해당하는 부분은 '상품'이며 '유통점'을 말하는 것이다. 즉, 물적 생산성이란 상품 효율을 본 것이다.

### (6) 상품 효율 지표

상품 효율을 나타내는 대표적 지표는 상품회전율이다. 적은 재고로 많은 매출액을 올리면 효율은 높아진다.

$$상품회전율 = \frac{매출액}{재고액}(回)$$

즉, 상품회전율이란 연간에 몇 번 재고가 교대되었는지를 보는 지표이다.

여기에서 상품회전율을 일수로 표시하면 다음과 같다.

$$상품보유일수 = \frac{상품재고액 \times 365日}{연간\ 매출액}$$

이 수치를 산출하면 현재 가진 재고가 며칠 분에 상당하는 지를 알 수 있다. 이 수치는 작을수록 재고 회전이 빠르고 팔림세가 빠르다는 것을 의미하고 있다.

### (7) 매출 효율

매출 효율은 매장 효율을 보는 대표적 지표이다. 통상 3.3㎡당 매출액과 매출이익으로 나타낸다.

① 3.3㎡당 연간 매출액

$$3.3\text{㎡당 연간 매출액} = \frac{\text{연간 매출액}}{\text{매장면적(평)}}$$

일반적으로 평 효율이라 한다. 이 수치는 높은 쪽이 좋고 적은 매장 면적에서 높은 매출액을 올리는 일이 요점이다.

② 3.3㎡당 연간 매출이익액

$$3.3\text{㎡당 연간 매출이익액} = \frac{\text{연간 매출이익액}}{\text{매장면적(평)}}$$

평당 어느 정도 이익이 있는가를 나타내고 있다. 이 수치가 너무 낮은 경우는 영업한다는 의미가 없다고 말할 수 있으므로 주의가 필요하다.

# 제 3 절 성장성 분석

## 1. 성장성

### 1) 유통점은 성장을 계속하는 것

기업은 '고잉컨선(going concern)'이라 한다. 영속해 나간다는 의미로 해석해도 좋을 것이다. 유통점 경영도 같은 것이라 할 수 있을 것이다. 유통점 경영자가 가장 기쁠 때가 매년 매출액, 이익 모두가 신장하고 있을 때이다. 그러므로 이 성장성의 지표는 경영의 좋고 나쁠 때를 보는 중요한 요점이 되는 것이다.

### 2) 성장성 지표

유통점 성장성을 보는 지표에는 여러 가지 척도가 있다. 다음에 그 중요한 항목을 열거해 본다.

#### (1) 매 출 액

기업 성장도가 가장 잘 나타나 있다.

(2) 이 익

매출액 이상으로 이익 신장을 중요시하는 기업도 있다.

(3) 종업원수

종업원수가 매년 증가하고 있는 기업도 성장하고 있는 회사라 할 수 있다.

(4) 유통점수

출점 여력이 있는 자본력, 인재를 갖춘 회사라 하겠다.

## 2. 매출액 성장률 평가

### 1) 매출액 성장은 유통점 성장 파라미터

유통점이 성장해 있는가는 우선 매출액이 신장해 있는가로 확인한다. 근래에 들어와 유통점을 둘러싸고 경영환경은 점점 더 엄격해졌다. 이러한 상황에서 유통점이 매년 매출액을 올려 나가는 일은 힘들지만, 확실히 매출, 이익 모두 증가해 있는 유통점은 많이 있다.

### 2) 매출액 성장을 보는 법

매출액 성장은 다음과 같은 금액과 비율 양면에서 잡는다.

(1) 금액에 의한 방법

금년도 매출액 − 전년도 매출액(매월, 전주, 전일로 대체 가능)

플러스 경우 매출액이 증가하고 있다.
마이너스 경우 매출액이 감소하고 있다.

(2) 비율에 따른 방법

A) $\text{매출액 성장률} = \dfrac{\text{금년도 매출액}}{\text{전년도 매출액}} \times 100\%$

또는,

B) $\text{매출액 성장률} = \dfrac{\text{금년도 매출액} - \text{전년도 매출액}}{\text{전년도 매출액}} \times 100\%$

A) 식에서는 100을 기준으로 100을 웃돌면 매출액이 증가, 밑돌고 있으면 매출액이 감소한다. 한편, B)의 식에서는 0을 기준으로 0보다 큰 비율이 나오면 매출액 증가, 마이너스가 나오면 매출액 감소가 된다.

## 3. 이익 증가율 평가

### 1) 이익 증가도 금액과 비율 양면 파악

유통점 이익 신장에 관해서도 매출액 금액과 비율 양면에서 파악하여야 한다.

#### (1) 금액에 의한 방법

금년도 이익액－전년도 이익액
계산 기간은 연도 이외에 일, 주, 월, 분기, 반기로 구분해 나가는 것도 필요하다.

#### (2) 비율에 따른 방법

A) $\text{이익액 성장률} = \dfrac{\text{금년도 이익액}}{\text{전년도 이익액}} \times 100\%$

B) $\text{이익액 성장률} = \dfrac{\text{금년도 이익액} - \text{전년도 이익액}}{\text{전년도 이익액}} \times 100\%$

### 2) 부문별, 상품별 이익 증가도

1. 성장성에서 행한 계산은 유통점 전체는 물론 이것을 더욱 세분화해 부문마다, 상품마다 분석해 나가야 한다. 그것에 따라 성장률이 둔화하는 부문과 상품 부각·축소·개폐 등을 생각하는 기본이 되기 때문이다.

# 제15장 매장진단 개선방안 수립

## 제 1 절 쇼핑 사이클별 점포진단 고객만족도 평가

세상에는 체크리스트라고 불리는 것이 많이 있다. 경영 관점에서 만들어진 것, 업무 내용 관점이라고 하는 것을 목표로 하여 만들어진 것 등 여러 가지가 있다. 그 가운데서 본서에서 제시하는 체크리스트는 철저한 고객 지향을 기초하여 고객 눈에 비치는 자신 점포 강점과 약점을 명확히 하고 거기서부터 매출을 높이는 방법을 끌어내려고 하는 것이다. 소매업은 점포가 들여온 상품을 파는 사람이 현금을 받고 교환하는 것으로 성립된 것이다. 따라서 상품을 파는 점포 측보다는 돈을 지급하는 고객 측에 주도권이 있다. 점포 평가를 결정하는 것은 고객이다. 고객이 돈을 지급한다고 하는 것은 그 점포와 상품을 지지한다고 하는 것과 다름이 없다. 이제부터 유통업, 서비스업에 있어서 중요한 것은 <고객 지지를 얼마만큼 받을 수 있는가> 하는 것에 달려있다. 고객 지지를 얻기 위해서는 구매 결정 현장에 있는 점포를 어떻게 보고 있는가를 알 필요가 있다. 어느 부분이 지지를 받고 있고, 어느 부분이 지지받지 못하고 있는지를 아는 것이다. 그래서 지지받는 부분은 더욱 강화하고 지지받지 못하는 부분은 우선순위를 붙이면서 힘 균형 원리에 의해 효율적으로 개선해 간다. 그러면 고객 지지를 지금 이상으로 얻고 매출을 늘릴 수 있게 된다. 자기 점포 현상을 아는 것에는 <점포>와 <고객 눈>의 2가지가 필요하다.

따라서 본서 체크리스트는 <점포 자가 진단>이라고 하는 형태로 고객이 구매할 때 유의점을 진단 항목으로써 열거하고 그 항목에 스스로 ○, ×를 붙여서 <고객 눈으로 본 자신 점포 모습>을 명확히 밝히는 것이다.

체크 순서

| I | H | G | F | E | D | C | B | A |
|---|---|---|---|---|---|---|---|---|
| 사용가치확인 | 단품 플로우설비 등 | 단품정산 설비 등 | 단품인적서비스 | 부문집기전개 | 단품소구 매장 | 단품소구 점포입구 | 단품유도 간판주차장 | 단품소구 전단DM |

<그림 15-1> 점포 자기진단 체크리스트

이 체크리스트는 어디까지나 <고객 입장>을 중시하는 진단 항목을 현장 사람들이 스스로 체크하고 매장에서 활용하기 위한 것이다. 방법은 매우 간단하며 진단 항목 하나하나에 이루어지고 있는 것에는 O를 표시하고 이루어지지 않는 것에는 ×를 체크하는 것뿐이다. 체크 불가능한 것에는 체크하지 않아도 좋다. 항목 순서는 고객이 점포에 들어갈 때까지 행동, 점포 안에서 행동, 점포를 나온 후 행동으로 나누고 다시 이것을 세분화한 것이다. 고객 움직임에 따라 체크한다.

<표 15-1> 점포 진단 체크리스트 A

| | 진단항목 | 평가 |
|---|---|---|
| A 단품소구 전단/DM | A-1 전단 혹은 DM을 최저 연 1회 발행하고 있는가? | |
| | A-2 전단 또는 DM에 점포명 표기가 한 곳 이상 있는가? | |
| | A-3 전단, DM에 처음 가는 고객도 내점이 가능하도록 지도가 실려 있는가? | |
| | A-4 전단, DM에 영업일 및 영업시간을 명시하고 있는가? | |
| | A-5 전단, DM에 전화번호를 명시하고 있는가? | |
| | A-6 전단, DM에 행사 기간을 명시하고 있는가? | |
| | A-7 전단, DM에 주차장이 있는 것을 명시하고 있는가? | |
| | A-8 전단, DM에 주력 상품 군을 풍부히(1 단품에 3 아이템 이상) 표현하고 있는가? | |
| | A-9 전단, DM에 단품 개별 아이템 가격을 90% 이상 명시하고 있는가? | |
| | A-10 전단, DM상 상품을 단품별로 분류하고 있는가? | |
| | A-11 전단, DM에 상품 기능, 사용방법, 유지관리방법 등을 전하고 있는가? | |
| | A-12 전단, DM에 취급 신용카드 행사 특전을 표시하고 있는가? | |

### <표 15-2> 점포 진단 체크리스트 B

| | 진단항목 | 평가 |
|---|---|---|
| B 단품유도 간판/주차장 | B-1 점포명과 업종을 표시하는 간판이 있는가? | |
| | B-2 외관상으로 무슨 점포인지 구분이 되는가? | |
| | B-3 주차장이 있는가? | |
| | B-4 주차장에서 차가 들어가고 나가는데 편리하게 되어 있는가? | |
| | B-5 주차장은 주차하기 쉬운가? | |
| | B-6 처음 내점한 고객도 주차장을 찾기가 쉬운가? | |
| | B-7 주차장에 대기 차량이 많은 경우 차량유도를 하고 있는가? | |
| | B-8 주차장에 요금표시가 있는가? | |
| | B-9 주차장에 쓰레기나 물이 고여있지 않는가? | |
| | B-10 주륜장(자전거)은 있는가? | |
| | B-11 주륜장은 찾기 쉬운가? | |
| | B-12 주륜장은 정리정돈이 되어 있는가? | |
| | B-13 주륜장에 쓰레기나 물이 고여있지 않은가? | |

### <표 15-3> 점포 진단 체크리스트 C

| | 진단항목 | 평가 |
|---|---|---|
| C 단품소구 점포입구 | C-1 입구는 찾기 쉬운가? | |
| | C-2 입구는 물리적으로 들어가기 편리한가? | |
| | C-3 입구는 분위기적으로 들어가기 편한가? | |
| | C-4 점포 앞부분은 청결한가? | |
| | C-5 입구에 더러워지지 않도록 우산을 꽂을 공간이 있는가? | |
| | C-6 입구 매트는 청결하고 반듯이 놓여 있는가? | |
| | C-7 입구에 재떨이, 휴지통 등이 있고, 청결한가? | |
| | C-8 우산은 보관대에 우산 넣을 비닐이 입구부근에 있는가? | |
| | C-9 입구 부근에 영업시간, 정기휴일 표시가 있는가? | |
| | C-10 입구 부근에 인기상품, 행사표시가 있는가? | |
| | C-11 입구 부근에 층 안내도가 있는가? | |
| | C-12 입구 부근에 취급 신용카드가 표시되어 있는가? | |
| | C-13 입구 부근에 애완동물 동반 여부 표시가 있는가? | |
| | C-14 점포 주력 단품이 점포 앞에 이미지화되어 있는가? | |

### <표 15-4> 점포 진단 체크리스트 D

| | 진단항목 | 평가 |
|---|---|---|
| D 단품소구 매장 | D-1 매장은 한 번 둘러보았을 때 밝은 분위기를 느끼게 하는가? | |
| | D-2 매장은 한 번 둘러보았을 때 청결하다고 느껴지는가? | |
| | D-3 매장을 한 번 둘러보았을 때 매장에서 재촉하지는 않는가? | |
| | D-4 매장을 둘러보았을 때 계절감이 느껴지는 상품이 있는가? | |
| | D-5 환경은 쾌적한가? | |
| | D-6 백 그라운드 뮤직 음향은 적절한가? | |
| | D-7 매장이 물리적으로 밝은가(1,000lx 이상)? | |
| | D-8 부문표시는 명확한가? | |
| | D-9 계단, 에스컬레이터와 엘리베이터 표시는 있는가? | |
| | D-10 주 통로는 명확하고 통행하기 편한가? | |
| | D-11 보조 통로는 명확하고 통행에 편한가? | |
| | D-12 쇼핑 바구니나 카트는 입구 부근에 있고, 잡기 편한가? | |
| | D-13 쇼핑 바구니, 카트는 청결한가? | |
| | D-14 매장에서 고객 특전이 되는 것(바겐세일, 포인트 카드, 신용카드 등)을 명시하고 있는가? | |

### <표 15-5> 점포 진단 체크리스트 E

| | 진단항목 | 평가 |
|---|---|---|
| E 부문집기전개 | E-1 상품은 청결한가? | |
| | E-2 상품은 손상되어 있지는 않는가? | |
| | E-3 상품은 주력 단품으로서 한데 묶여 있는가? | |
| | E-4 주력 상품은 3 아이템 이상 갖추어져 있는가? | |
| | E-5 주력 단품 판매선 1 아이템은 정말 저렴한가? | |
| | E-6 주력 단품의가격표가 바르게 붙어 있는가? | |
| | E-7 집기는 청결한가? | |
| | E-8 집기에 빈 공간이 눈에 띄지는 않는가? | |
| | E-9 상품은 취급하기 쉽게 진열(거리에 대해서)되어 있는가? | |
| | E-10 주력 단품이 그 매장 제일 좋은 자리에 진열되어 있는가? | |
| | E-11 주력 상품이 가격대별로 진열되어 있는가? | |
| | E-12 전단에 실린 주력 단품 3 아이템은 결품되어 있지 않는가? | |
| | E-13 주력 단품 판매선 아이템의 페이스수는 많은가? | |
| | E-14 주력 단품 판매선 1 아이템에 POP, 가격표가 붙어 있는가? | |
| | E-15 POP가 1평당 3장 이상 붙어 있는가? | |
| | E-16 POP로 판매가격 표시와 사용가치를 명시하고 있는가? | |
| | E-17 POP로 정가, 할인율을 명시하고 있는가? | |

| E 부문집기전개 | E-18 품절되었을 때에는 품절 및 입고 예정을 명시하고 있는가? | |
|---|---|---|
| | E-19 POP를 보기 쉽도록 고정시켜 놓았는가? | |
| | E-20 POP가 더럽거나 구부러지지 않았는가? | |
| | E-21 저렴감이 있는가? | |
| | E-22 가치감이 있는가? | |
| | E-23 풍부감(볼륨감)이 있는가? | |

**<표 15-6> 점포 진단 체크리스트 F**

| | 진단항목 | 평가 |
|---|---|---|
| F 단품인적서비스 | F-1 눈이 마주칠 때 방긋 미소를 짓는가? | |
| | F-2 "어서 오세요!"라고 밝게 인사하는가? | |
| | F-3 활기차 보이는가? | |
| | F-4 복장은 청결한가? | |
| | F-5 고객이 무언가 묻고 싶을 때에는 곧 대응할 수 있도록 하고 있는가? | |
| | F-6 손님을 기다리게 할 때에는 "잠깐 기다려 주십시오!"라고 말하고 사정을 설명하는 등 고객이 기분 좋게 느낄 수 있도록 대응하는가? | |
| | F-7 고객이 볼 수 있는 범위에 판매원이 1인 이상 있는가? | |
| | F-8 단품이 있는 장소를 즉시 답할 수 있는가? | |
| | F-9 고객에 대해 차별을 두지 않고 대하고 있는가? | |
| | F-10 상품을 사지 않은 손님에게도 "감사합니다!" 라고 기분 좋게 인사하고 있는가? | |
| | F-11 고객에게 특전이 되는 것(바겐세일, 포인트 카드, 크레디트 카드 등)을 권하고 있는가? | |
| | F-12 고객에게 접근하는 타이밍은 적절한가? | |
| | F-13 고객 이야기를 충분히 듣고 있는가? | |
| | F-14 고객 이야기를 들은 후 "알겠습니다!"라고 하는가? | |
| | F-15 고객이 원하는 상품을 제시하고 있는가? | |
| | F-16 상품을 다루는데 있어 정중한가? | |
| | F-17 포장은 신속하고 아름답게 하는가? | |
| | F-18 상품을 들기 쉽고 운반하기 쉽게 포장하는가? | |
| | F-19 고객 용도, 목적에 맞는 포장인가? | |
| | F-20 계산대에서 상품과 가격을 읽어주면서(확인하면서) 계산하고 있는가? | |
| | F-21 계산한 금액과 받은 금액, 거스름돈을 말로 확인하고 있는가? | |
| | F-22 고객 손에 닿을 정도로 정중하게 거스름돈을 전하는가? | |
| | F-23 전화에서는 친절한 어조로 대응하고 있는가? | |
| | F-24 전화음 5회 내에 전화를 받고 있는가? 6회 이상이었을 때는 "기다리게 해서 죄송합니다!"라고 하는가? | |
| | F-25 전화에서 회사(점포)명을 1회에 알아들을 수 있도록 하는가? | |
| | F-26 영업시간외에 부재중 전화번호 등 무엇인가 대응하고 있는가? | |

### <표 15-7> 점포 진단 체크리스트 G

| | 진단항목 | 평가 |
|---|---|---|
| G 단품정산 설비 등 | G-1 계산대 위치 표시는 있는가? | |
| | G-2 계산대 줄 표시는 있는가? | |
| | G-3 영수증을 고객에게 전하고 있는가? | |
| | G-4 계산대에서 기다리는 고객이 3명 이하인가? | |
| | G-5 보증서를 발행하고 있는가? | |
| | G-6 계산대 주변에 신용카드 특전 표시가 있는가? | |
| | G-7 계산대 주변이 밝고 청결한가? | |
| | G-8 계산대 공간은 혼잡하지 않은가? | |
| | G-9 셀로테이프, 비닐봉투는 보충되어 있는가? | |
| | G-10 빈바구니, 빈카트가 계산대 주위에 방치되어 있지 않는가? | |

### <표 15-8> 점포 진단 체크리스트 H

| | 진단항목 | 평가 |
|---|---|---|
| H 단품플로우 설비 등 | H-1 화장실 장소 표시는 있는가? | |
| | H-2 화장실이 밝고 청결한가? | |
| | H-3 화장실 휴지는 보충되고 있는가? | |
| | H-4 화장실에 수화물을 놓을 설비가 있는가? | |
| | H-5 휴식장소가 있는가? | |
| | H-6 흡연장소가 있는가? | |
| | H-7 흡연장소 재떨이에 담배재가 지나치게 쌓여있지 않는가? | |
| | H-8 (공중)전화가 있는가? | |
| | H-9 비상구가 명시되어 있는가? | |
| | H-10 시계가 있는가? | |
| | H-11 서비스(안내) 카운터가 있는가? | |

### <표 15-9> 점포 진단 체크리스트 I

| | 진단항목 | 평가 |
|---|---|---|
| I 사용가치 확인 | I-1 고객 불평(불만)에 대해 즉시 대응하고 있는가? | |
| | I-2 반품 처리 표시는 있는가? | |
| | I-3 배송 서비스와 요금표시는 있는가? | |
| | I-4 고객 카드를 발행하고 있는가? | |
| | I-5 POP에 지역 고객에게서 얻은 상품정보를 활용하고 있는가? | |

아래 표는 득점별에 따른 점포 타입과 고객이 어떻게 느끼고 있는가를 정리한 것이다. 점포 점수가 80점 이상이라면 성공 점포일 것이다. 물론 40점 미만 점포도 있다. 우선 득점에서 점포 위치를 확인해 본다. 계속해서 그것을 쇼핑 사이클별로 알아본다. 다음 표에 각각 득점을 기재한다.

체크한 항목수 :

미체크 항목수 :

체크한 항목수 중에서 :

O 항목수 :

× 항목수 :

달성율 :

$$\frac{\text{0항목수}}{\text{체크한 항목수(0+X)}} \times 100$$

평가 :

**쇼핑 사이클별 달성도**

| 쇼핑 사이클 | 이루어지고 있는 항목 | 달 성 도 |
|---|---|---|
| A 전단, DM | / 12 | % |
| B 간판, 주차장 | / 13 | % |
| C 점포입구 | / 14 | % |
| D 매장 | / 14 | % |
| E 부문집기 전개 | / 23 | % |
| F 인적 서비스 | / 26 | % |
| G 정산 설비 등 | / 10 | % |
| H 플로우 설비 등 | / 11 | % |
| I 사용가치 확인 | / 5 | % |

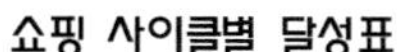
쇼핑 사이클별 달성표

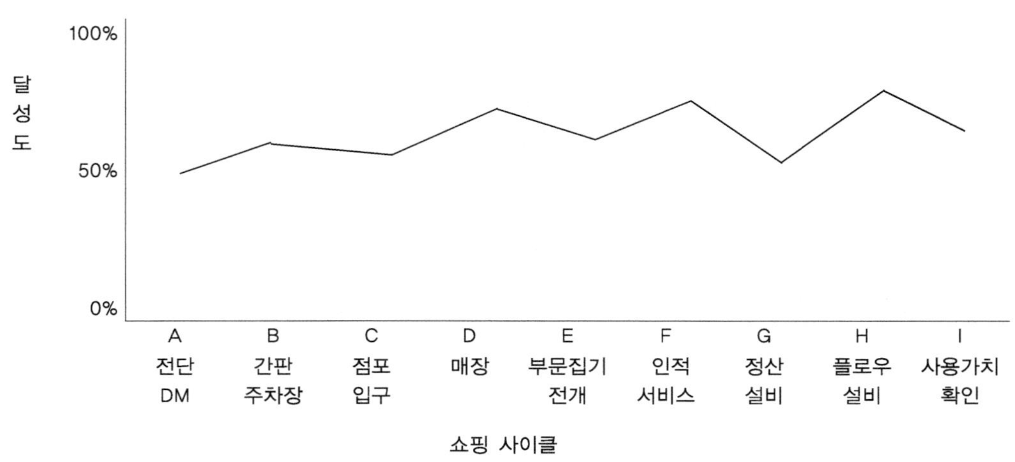


**득점별에 따른 점포 타입**

| 득점 | 고객은 이렇게 느끼고 있다. |
|---|---|
| 80~100 | "와 좋다. 쾌적한 점포. 만족!" 계속해서 활약을............ |
| 70~79 | "좋은 점포. 조금 더 쾌적하게 되었으면........!" 한 숨 돌림. 분발해 보시지 않겠습니까? |
| 60~69 | "쓸모는 충분한 점포이지만........" 온순한 고객만 있다면 좋겠지만...... |
| 50~59 | "여기밖에 점포가 없는 줄 아나!" 고객에게 가까이 다가서고 있습니까? |
| 40~49 | "쓸쓸한 점포. 들어가기가 어쩐지....!" 고객을 깔보아서는 안됩니다. |
| 40 미만 | "여기가 점포?" 고객이 보이지 않습니다. |

# 제 2 절 상품 배치계획

## 1. 상품 배치계획

매장은 항상 그 시기에 적당한 상품으로 채워져야 하며 상품특징과 용도를 충분히 표현해야 한다. 코디네이터 상품을 유기적으로 관련 시켜 가며 배치함으로써 고객을 점포 안으로 유도하여 구매 계기로 만들어야 한다. 따라서 점포 적정한 레이아웃, 상품구성 방법, 상품 배치 방법 등이 중요한 요점이 된다.

### 1) 주력상품 배치

주력상품 스페이스는 매장 50% 이상이 되게 하는 것이 효과적이다. 주력상품은 그 매장에서 가장 주된 입구(대개 손님이 매장 안으로 들어서면서부터 오른쪽으로 돌아 들어가는 것이 일반적이라고 한다)에서부터 매장 안을 오른쪽으로 꺾어 들어가서 앞쪽으로 나와 있는 한 줄 측면 진열이나 그 반대쪽이 적당하다고 한다.

### 2) 조력상품 배치

조력상품은 매장 안쪽 중앙부로 판매 제2 선적인 성격을 가진 부분이다.

### 3) 부속상품 배치

부속상품은 슈퍼마켓의 경우 출구 가까운 대면 판매 부분이나 그 주변으로 종업원 정입지 가까이에 배치하는 것이 상품 성격상(일용품, 필수품 등) 능률적이라고 한다.

### 4) 자극상품 배치

자극상품은 코너나 진열대 끝쪽, 그리고 큰 통로 공간 등을 살려서 특가 판매대 등으로 고객을 유치시키는 역할을 담당케 한다.

## 2. 상품배치 방법

### 1) 판매 비중에 따른 배치

판매량이 가장 많은 필수상품군을 우선 중앙 부분에 배치하며 이 경우 다소 뒤쪽에 배치되어도 고객은 찾아가게 되어 있으며 둘러보는 동안 준 필수상품이나 자극적인 상품은 눈에 띄게 하여 충동구매를 유도할 수 있다. 또한, 부가가치가 높은 상품은 매장 안쪽에 배치하고, 자극 상품은 입구 부분에 배치하는 것이 좋다.

### 2) 계절에 따른 배치

코트류는 가을철이 되면 비교적 면적을 넓게 차지하게 되며 위치는 주력상품인 슈트류와 코디가 될 수 있는 인접한 곳이 적당하다. 그리고 휴가 용품 경우라면 초여름부터 매장 전면에 나올 수 있다.

### 3) 상품 특성에 따른 배치

커튼이나 벽걸이 등은 벽 쪽에 걸리는 것이 좋고 가전용품 매장에서 규격이 큰 냉장고나 세탁기 등은 뒤쪽에 배치하며 상대적으로 작은 상품은 앞쪽에 배치되는 것이 일반적이다.

### 4) 판매 빈도에 따른 배치

판매 빈도가 상대적으로 높은 상품은 입구 쪽이나 창고와 가까운 곳에 배치하여 손쉽게 구매하거나 점내 재고공급이 쉽게 한다.

### 5) 가격에 따른 배치

비교적 고가상품은 매장 안쪽에 배치하고 타상품보다 자주 구매하고 가격이 저렴한 편의품류는 매장 입구 쪽이나 계산대 주변에 배치한다.

### 6) 매장 면적에 따른 배치

여러 품목 중에서 넓은 면적이 있어야 하는 품목은 후면이나 측면에 배치한다.

상품 배치는 위에 열거한 요인은 물론 품목 특성이나 색채, 또는 상황에 따라 얼마든지 변할 수 있다는 인식이 중요하며 그 근본은 고객 편리함이다. 상품을 제대로 배치한다는 것은 곧 합리적인 매장구성과 같은 맥락으로 사기 쉽고 관리가 쉬운 매장을 만드는 지름길이다. 이상과 같은 상품 배치가 기본이 되는 방법으로 적절한 활용이 요구된다.

## 3. 상품 배치 시 고려할 사항

상품 점포 내 배치는 점포를 하나의 종합시스템으로 보고 모든 기능이 매끄럽게 연결되도록 배치하되 구매심리에 따른 고객 동선을 고려한 배치, 매장 전체를 방해 없이 바라볼 수 있는 배치, 고객이 한군데 모이는 것을 막고 부문 간 이동과 상품의 운반이 쉽도록 배치, 고객 계획 구매에 더하여 충동구매가 일어날 수 있도록 관련 상품의 집중 진열, 구매 저항을 줄이는 부문별 배치 합리화, 고객서비스 개념 비매장 공간 충분한 확보, 고객 통행 흐름을 우선하는 디자인으로 고객에 대한 상품의 노출 기회를 많게 하고 점포 내에 머무르는 시간을 길게 하여 통과구매 (충동구매) 비율을 높이는 디자인 등 사항이 고려되어야 한다.

## 4. 고객 마음을 움직이는 상품배열

고르기 쉬운 매장과 코너를 만들기 위해 가장 중요한 것은 상품배열 방법이다. 뛰어난 상품배열 조건 중 하나는 각각 배열에 관한 표시가 없거나 멀리 있어도 어떤 상품분류인지 어떤 주제로 팔려고 하는지 고객이 바로 알 수 있는 배열이다. 즉, 어떤 주제로 팔려고 하는가를 한눈에 알 수 있도록 해야 한다. 다음은 상품배열 방법이다. 부문 특성·상품 특성·전개 시기 등을 고려하여 최대 효과를 발휘할 수 있도록 실시하는 것이 중요하다.

### 1) 기본형

정규 매장에서 효과를 발휘한다.

#### (1) 품종별 배열 방법

품종·품목이 많은 그로서리 부문에서 상품선택 시간을 단축하는데 효과가 큰 배열 방법이다.

#### (2) 소재별 배열 방법

파인애플 통조림은 과일 쪽에 쇠고기 통조림은 정육 쪽이란 식으로 원료나 소재를 분류하여 배열하는 방법이다.

### 2) 응용형

부문·품종에 국한되지 않는 엔드 매대나 평대 전개 등 프로모션 전개에 적당하다. 새로운 판매를 만들거나 숏 타임(shot time) 쇼핑 등 서비스 레벨을 높이는 데 중요한 배열 방법이다.

### (1) 가격별 배열 방법

상품을 가격대별로 집합 진열시킴으로써 고르기 편하고 구매하기 쉬운 배열 방법이다.

### (2) 색채별 배열 방법

컬러 컨트롤이라고도 한다. 아이 캐치 효과를 높임으로써 집객률 향상이나 계절감 어필에도 효과적 배열 방법이다.

### (3) 기능·용도별 배열 방법

예를 들어 설탕을 백설탕과 흑설탕, 테이블용과 조리용 등으로 나누어 배열하는 방법이다. 또한, 건강을 주제로 기능성 음료·건강보조식품·유기농 식품 등을 집합시켜 코너화하고 소구 효과를 높이는데 효과적인 배열 방법이다.

### (4) 관련식 배열 방법

테마 및 식사 장면을 기초로 여러 가지 관련 상품을 조합시켜 각 상품의 소구력을 높이는 배열 방법이다. 이외에도 타 부문 상품이나 매장과 관련시킨 진열, 고회전 상품 2~3단 진열은 더욱 효과적이다.

### (5) 계절별 배열 방법

계절감이 강한 상품 집합은 상품 이미지를 높여 매출과 매출총이익 확보에 효과적인 배열 방법이다.

### (6) 행사별 배열 방법

행사에 따라 관련 상품을 집합시키는 배열 방법이다. 필수품과 중점상품 등 구매개수나 객단가를 향상할 수 있다.

### (7) 메뉴별 배열 방법

메뉴 및 식사 장면을 테마로 한 관련 상품을 집합 진열로 소구하는 것이다. 식단을 생각하는 고객 입장에 서서 서비스 레벨을 높인 배열 방법이다.

<표 15-10> 상품 구매 특성별 적정 진열 위치 결정방법

| 상품 성격 / 진열위치, 엔드이용 | | 판매수량 | | 구매빈도 | | 판매경향 | | 육성도 | | 상품용량형태 | | 브랜드 파워셰어 | | 가격경쟁 판매빈도 | | 메이커 캠페인 | | 판매의욕 | |
|---|---|---|---|---|---|---|---|---|---|---|---|---|---|---|---|---|---|---|---|
| | | 많은 상품 | 적은 상품 | 높은 상품 | 낮은 상품 | 늘어나는 상품 | 줄어드는 상품 | 높은 상품 | 낮은 상품 | 대형·무겁다 | 소형·가볍다 | 강한 상품 | 약한 상품 | 높은 상품 | 낮은 상품 | 적극 상품 | 소극 상품 | 적극브랜드 | 소극브랜드 |
| 선반위치 | 상 | | ● | | ● | | ● | | ● | | ● | | ● | | ● | | ● | | ● |
| | 중 | ● | ● | ● | ● | ● | ● | ● | ● | | ● | ● | ● | ● | ● | ● | ● | ● | ● |
| | 하 | ● | | ● | | ● | | ● | | ● | ● | ● | | ● | | ● | | ● | |
| 엔드 | 이용 | ● | | ● | | ● | | ● | | ● | ● | ● | | ● | | ● | | ● | |

## 5. 할인점 매장 상품 배치 기준

입구에 가장 근접해 진열되는 상품들은 회전율이 높은 품목이어야 한다. 셀프서비스 판매에서 고객이 가능한 한 빠르게 상품을 구매하게 하는 것이 매우 중요하다. 처음 진열된 상품 다음에 진열되는 상품들은 시각적으로 주의를 끌 수 있는 품목이어야 하며 상품 단위 크기가 크지 않아야 한다. 생활 필수용품은 매장 안쪽 깊숙한 곳에 진열되어야 한다. 상호 관련 있는 상품들은 같은 장소에 모아 진열한다(식품·비식품을 구별하지 않음). 한 상품 판매가격은 매장 내에서 같아야 한다. 각 곤돌라에 고객 주의를 끌 수 있는 약간 상품이 고르게 포함되어야 한다. 각 통로는 고객이 쉽게 찾을 수 있어야 하며 부문별 상품그룹도 찾기 쉬워야 한다. 충동구매가 가능한 상품들은 주통로 교차로 안이나 그 가까운 곳에 전시되어야 한다.

## 6. 상품별 배치 사례 및 운용 전략

매장배치 첫 단계는 고객을 입구로부터 전 매장을 돌게 하려고 매장 벽 쪽으로 '신선식품(생식품)'을 배치하는 것에서 시작한다.

### 1) 과일·야채류 부문

풍성하게 진열된 싱싱한 과일은 철 따라 바뀌므로 매장에 들어온 고객에게 계절감을 느끼게 하고 식욕을 돋우는 역할을 한다. 이익률도 높은 편이므로 다른 상품을 구매하기

전에 구매할 수 있도록 입구 쪽에 배치하는 것이 좋다. 야채류는 과일류 다음으로 진열하는데 진열 순서는 상하기 쉬운 잎채소류, 나물류, 구근류 순으로 진열한다.

### 2) 육류와 생선류 부문

육류나 생선류는 전 매장을 돌게 하는 역할이 있으므로 입구에서 끝쪽 또는 벽 쪽(주 통로서 꺾어진 주 통로 벽 쪽)에 진열한다. 육류와 생선류 가운데 어느 부문을 먼저 배치하는가는 점포 상권조사 결과에 따른다. 상권조사 결과 점포 경쟁점에서 생선 부문이 강할 때는 생선 부문을 먼저 놓고 육류를 안쪽에 배치한다. 육류 부문이 강하면 육류 부문을 먼저 놓는다. 이는 경쟁점보다 약한 부문을 강화하여 끝쪽에 배치하여 점내로 들어온 고객들을 주 통로까지 유도하기 위해서이다.

### 3) 냉동식품

냉동식품 위치에 대해서 두 가지 견해가 있다. 냉장 시간과 관련되어 쇼핑 맨 마지막에 배치하는 방법과 구매 유인을 위한 장소 전략의 일환으로 매장 중심에 두는 방법이다.

### 4) 낙농 제품

낙농 식품은 신선식품 가운데 마지막 쇼핑 대상이 되므로 채소류 쪽 반대편 벽 쪽에 배치한다. 낙농 식품과 냉동식품은 상호보완적 관계이기 때문에 서로 위치를 가깝게 한다. '주 통로 둘레 매장'은 주 동선 계획에 따라 파급효과가 높은 상품부터 순차 배치함으로써 매출 증가를 기대할 수 있다. 이처럼 주 통로 둘레 매장에 구매율이 높은 상품을 분산 배치하고 또한 점내 깊숙이 배치해서 동선을 유도할 수 있다. 주 동선 계획을 '주 통로 매장 순회' → '곤돌라 순회'로 설계함으로써 곤돌라 내 동선을 길게 하여 '접근 횟수, 구매 횟수'를 높이므로 점포 매출 극대화를 도모할 수 있다. 이상 주 통로 주변에 배치한 상품 쇼핑을 마친 고객은 다음 곤돌라에 진열된 식료품과 일반 잡화 등 공산품을 구매하려 한다.

### 5) 부문 배치 원칙

매장 연관 배치 형태는 슈퍼마켓 경우 대체로 식품을 구매한 후 비식품으로 흘러가는 패턴이다. 상품구매순서는 식품 → 비식품 순이다.

(1) 식품 내역

1차 식품(청과·채소·선어·정육) → 일배식품 → 일반식품 → 과자·기호품

(2) 일반식품 내역

주식 관련(곡류·면류) → 조리 소재 식품(건조식품·밀가루) → 조미료·기름류 → 가공식품(통조림·조리 식품)

(3) 비식품 내역

소모성 잡화 → 내구성 취미 잡화 → 내구성 욕구 잡화

이상과 같은 고객 구매 순서에 따라 다음과 같이 세부적으로 배치한다.

① 주 통로(부식류)
곡류+채소 → 반 생식품(김치, 채소 절임, 가공 반찬, 기타) → 달걀·생선·건어물 → 정육 → 나물류 → 부식 재료 → 조미료 → 인스턴트 식품 → 기호식품

② 부 통로(출구 부분, 간식류)
무 포장 과자, 포켓 과자 → 음료 → 간식·통조림 → 과일 → 생과자 → 비 식품류 → 빵

## 7. 매출 증가를 위한 매장 만들기 전략

매출 증가를 위해서는 차별화된 상품구성과 제공 방법을 365일 꾸준히 확립해 가는 것만이 최선이다. 매장 만들기에 필요한 것을 3단계로 나누어 보았다.

### 1) 1단계

#### (1) 상품구성을 한 눈에 알 수 있게 진열한다.

매장 만들기 기본은 보기 쉽고, 고르기 쉬우며, 사기 쉬운 것이다. 색·디자인·사이즈 차이를 한눈에 알 수 있도록 한다. 점내 진열 규칙을 정한 다음 진열 페이스나 컬러, 사이즈 등 진열 순서를 동일하게 하는 것이 필요하다.

### (2) 바로 옆에 있는 상품으로 디스플레이 한다.

고객이 디스플레이를 보고 사고 싶다는 생각이 들었다면 매장을 돌아다니지 않고 곧바로 구매할 수 있게끔 해줘야 한다. 디스플레이 스테이지나 마네킹에 사용하는 상품은 바로 뒤나 옆에 있는 집기에 기둥 주위나 벽면 상부에 디스플레이할 때는 반드시 그 바로 밑에 있는 선반이나 행거에 진열되어 있는 상품을 사용하는 것이 바람직하다.

### (3) 기교를 부리지 않는다.

디스플레이는 누구나 간단히 할 수 있어 같은 모양이 되도록 하는 것이 중요하다. 벽에 장식하는 사진(핀 업), 얇은 종이 등을 사용한 모양 만들기(포밍) 등을 활용할 때 시간과 노력이 많이 든다. 아울러 디스플레이 변경 횟수도 줄어들고 상품도 더러워지며 흠집이 생기기 쉽다. 상품을 놓거나 입히고 거는 것만으로 입체감이나 움직임을 보일 수 있는 진열 보조기구를 준비하는 편이 러닝 코스트를 줄이는 비결이다.

### (4) 진열, 연출은 컬러가 우선이다.

사람 눈에 제일 먼저 인식하는 것은 컬러 차이다. 디자인이나 소재는 그다음으로 가까이 다가가서 보지 않고는 정확히 알 수가 없다. 따라서 컬러 차이는 가로로 디자인·사이즈 나열은 세로로 하는 것이 좋다. 사람 눈은 세로 보다 가로로 움직이는 것이 더 자연스럽기 때문이다.

### (5) 컬러의 배열을 일정하게 한다.

왼쪽에서 오른쪽으로 향하는 그라데이션(gradation) 또는 세퍼레이션(separation)배열이 원칙이다. 사람 눈은 왼쪽에서 오른쪽으로 움직인다.

### (6) 소구할 요소를 제한한다.

고객이 점포나 매장 앞을 걸으면서 디스플레이나 진열에 관심을 보이는 시간은 불과 1~2초로 그 순간에 받아들일 수 있는 정보는 한 가지 정도다. 따라서 상품 소구에서 중요한 것은 색, 브랜드, 디자인, 용도, 소재 등에서 소구할 요소를 제한해 테마를 명확히 하는 것이다. 특히 컬러 제한이 가장 효과적인데 비교적 손쉬운 방법이 기본색 2 + 액센트색 1의 3색 소구다. 4색 이상이 되면 효과가 약해지고 2색 이하면 너무 단조롭다.

물론 3색이란 상품 컬러 뿐만 아니라 상품 주위 POP나 장식물 컬러 까지 포함한 것이다. 또한 다색을 전개할 때는 디스플레이할 상품 디자인을 하나로 제한하는 것이 바람직하다.

## 2) 2단계

### (1) AIDMA를 활용한 매장을 만든다.

AIDMA 5단계로 매장 만들기, 연출, 진열하면 보다 체계적이고 과학적으로 고객에게 접근할 수 있게 된다. 판매 시작은 행인에게 주의를 환기하는 것에서 비롯된다. 윈도우 디스플레이나 점두 진열은 소구 요소를 제한하고 효과 있는 연출로 유동 고객 발을 일순간 멈추게 해야 한다.

<표 15-11> AIDMA 법칙과 매장 만들기

| | A⇒I⇒D⇒M⇒A | | | | |
|---|---|---|---|---|---|
| | Attention | Interest | Desire | Memory | Action |
| 거리 | 4~8m<br>중앙홀, 주통로 | 2~4m<br>매장내 주동선 | 1~2m<br>집기 사이 통로 | 45㎝~1m<br>집기, 상품바로 앞 | 45㎝ 이하 |
| 매장 만들기 | 메인 VP<br>주목 에어리어<br>브랜드 사인 | PP<br>포스터, POP | IP<br>POP | IP<br>쇼카드<br>프라이스 카드<br>태그, 가격표 | 상품 그 자체 |
| 판매 포인트 | "앗"하고 발과 눈을 멈추게 한다 | "괜찮다, 맘에 든다". "한번 보고 싶은데"라는 마음이 생기게 한다.<br>언제라도 고객을 불러들일 수 있는 태세 갖추기 | "갖고 싶다"는 마음이 들게 한다.<br>판매원과 눈이 마주치는 '어서 오십시오' 거리 | 상품 설명으로 이해시킨다.<br>구입하고 싶은 마음이 들게 한다.<br>착용 장면이나 손에 들은 것을 상상한다.<br>타점과 비교한다. | 구입한다.<br>또 오고 싶다 라는 마음이 들게 한다.<br>만족하고 점포를 나간다. |
| 커뮤니케이션 | 사람이나 상품이 평면적으로만 보이는 거리, 실루엣, 컬러가 비결 | 상대를 인지, 확인할 수 있다.<br>대략적인 디자인을 알 수 있다.<br>아이템을 알 수 있다. | 정보가 보인다.<br>말을 할 수 있다.<br>소재, 디자인 등이 섬세한 것을 알 수 있다. | 손을 뻗으면 닿는다.<br>쇼카드를 읽을 수 있다.<br>가격표를 뒤집는다. | 말은 필요 없다.<br>공감없이는 고통의 거리 |

#### (2) 현실감 있게 코디네이트 한다.

연출에서 중요한 것은 사용 방법이나 사용 장면 등을 제안하느냐 하는 것이다. 따라서 소구 상품뿐만 아니라 다른 상품과 조화나 사용 장면을 연상시키는 관련 아이템과 코디네이트 연출이 필요하다. 현실감 없고 독선적이고 즉흥적인 코디네이트는 고객 공감을 얻을 수 없다.

#### (3) 연출 도구는 상품 형태 구매 대상과 조화시킨다.

윈도우나 스테이지에서 사용하는 연출 도구나 장식물은 잘못 선택하면 역효과를 낸다. 예를 들어 부인용 고급 상품을 소구하는데 비닐이나 종이로 만든 조화로 장식했다면 싸구려 느낌이 들어 고객은 실망한다. 또한 10대용 잡화를 소구하는데 전통적인 가구를 도구로 활용했다면 반대로 센스없는 점포로 전락한다. 연출 도구를 생각하기 전에 자점 주력 타킷 라이프 스타일이나 기호를 충분히 이해하는 것이 필요하다.

#### (4) 공간을 살린 디스플레이가 필요하다.

매장 안을 디스플레이로 가득 채우고 있는 점포가 많다. 특히 벽면 집기 위 공간이 보이지 않을 정도로 디스플레이를 하는 경우도 자주 본다. 이러면 소구력은 제로다. 벽을 디스플레이로 채우면 디스플레이가 벽이 되어버린다. 디스플레이와 디스플레이 사이에 공간이 있으므로 그 디스플레이가 눈에 띄는 것이다. 틈(공간)이 없는 디스플레이는 제 역할을 하지 못한다.

#### (5) 디스플레이에 재고가 풍부한 상품을 사용한다.

패션성이 높은 상품이라 고액품만으로 디스플레이 하는 경우 딱 하나 남은 상품을 디스플레이 하는 점포가 많다. 패션성이 뛰어나고 고액인 상품은 객층 폭이 좁은 상품이다. 그것으로 디스플레이하면 대부분 고객은 '비싼 점포', '부담스러운 점포'로 생각하기 쉽다. 디스플레이하는 상품은 자점 주력상품으로 잘 팔리고 이익이 높은 상품을 선택한다.

### 3) 3단계

#### (1) 재고는 금액이 아니라 수량으로 관리한다.

매장 만들기라는 오퍼레이션 관점에서 보면 '재고 금액'이라는 숫자는 아무런 의미가 없다. 금액은 어디까지나 숫자이고 손으로 직접 만지거나 눈으로 보는 것이 불가능하기 때문이다. 매장 내 진열, 상품분류 등 작업에서 파악한 것이 재고 수량이다. 일률적으로 재고가 1,000만 원이라고 해도 단가가 10만 원이면 수량은 100개, 단가가 100원이면 수량은 10만 개가 된다. 100개와 10만 개는 전혀 다른 오퍼레이션이 적용된다는 것은 누구나 알 수 있을 것이다.

(2) 진열 페이스 수와 SKU(Store Keeping Unit)수를 일치시킨다.

고객이 원하는 상품 컬러나 사이즈가 어디에 있는가를 한눈에 알 수 있고 필요한 상품을 바로 집을 수 있어야 한다. 이런 진열은 결품 발견을 쉽게 하고 상품 정리 및 보충작업을 간편하고 신속하게 한다. 이렇게 하기 위해서는 진열할 수 있는 페이스 수(예를 들어 선반에 상품을 진열할 경우 한 단에 6개를 둘 수 있는 선반이 4단이라고 하면 페이스 수는 24)와 상품 SKU 수가 일치해야 한다. 페이스 수보다 SKU 수가 많으면(대부분 이 패턴) 집기에 상품이 다 들어가지 못해서 통로로 삐져나오든가 다른 SKU와 겹쳐진 진열이 되어 고객에게 보이지 않는 상품이 생기게 된다. 고객이 보지 못하면 그 상품은 없는 것이나 마찬가지이다.

(3) 1 집기 1 테마가 원칙이다.

풍부한 상품구성이란 고객 자신이 원하는 상품이 다양하게 있어 선택 즐거움을 만끽할 수 있는 것을 말한다. 상품이 다양하게 있어도 그 안에 자신이 원하는 것이 하나밖에 없다면 풍부한 상품구성이라 할 수 없다. 하나의 집기에 대상, 용도, 스타일, 프라이스 존이 다른 여러 가지 상품이 진열된다면 고객은 선택하기가 어렵고 재미없는 점포가 된다.

(4) 연출은 '점'이 아니라 '면'이다.

효과적 연출을 하기 위해서는 약간 떨어진 위치에서 눈에 들어오는 디스플레이를 하나로 묶어 동일 컬러로 전개하는 것이 효과적이다. 또한, 매장 안쪽에 있는 벽면 상부 디스플레이도 종합적이고 통일감 있는 연출(디자인이 같은 상품 색상 차이, 동일 형태의 디스플레이 반복 등)로 고객 시선을 점내로 유도하는 것도 필요하다.

(5) 점내 안쪽까지 동선을 확보한다.

상품을 팔기 위해서는 점포 안을 걸어 상품 앞까지 오게 해야 한다. 안쪽까지 가면 자연히 긴 거리를 걷게 되고 더욱 많은 상품을 접할 수 있게 된다.

# 제 3 절 매장점검 체크리스트

<표 15-12> 진열 5원칙 체크 포인트

| 원 칙 | 체크 포인트 | YES | NO |
|---|---|---|---|
| 제 1 원칙<br>보기 좋게 진열 | 물리적으로 쉬운 진열인가?<br>• 유효진열의 범위를 살려서 진열<br>• 상품 크기와 성격에 따라 보기 쉬운 높이에 진열<br>• 상품특성 및 성격을 알기 쉽고 바로 볼 수 있게 진열<br>• 포인트를 만들고 유사상품과 비교하기 쉽게 진열<br>• 관련 상품진열로 연상 효과를 높여 진열<br><br>심리적으로 보기 쉬운 진열인가?<br>• 사지 않는 고객에게도 부담감이나 저항감을 주지 않는다.<br>• 변화 있는 연출기술로 아름답게 보이도록 한다.<br>• 소도구 보조기구를 활용하여 가치를 높여 보이도록 한다.<br><br>보기 쉬운 진열방법인가?<br>• 상품형태가 큰 것은 뒤쪽, 작은 것은 앞쪽에 진열<br>• 가격이 비싼 것은 뒤쪽, 싼 것은 앞쪽에 진열<br>• 색채가 밝은 것은 뒤쪽, 어두운 것은 앞쪽에 진열 | | |
| 제 2 원칙<br>만지기 쉽게 진열 | • 고객이 만지기 쉽고 본래대로 돌려놓기 쉬운가?<br>• 허물어지기 쉽게 진열되지 않았는가?<br>• 무거운 용량이 높은 그곳에 있지는 않은가?<br><br>상품을 손으로 잡기 쉽게 하는 것이 핵심이다. | | |
| 제 3 원칙<br>구분하기 쉽게 진열 | • 비슷한 상품끼리 연결 진열이 되어 있는가?<br>• 선입선출진열이 잘 되어 있는가?<br>• 상품별로 명확하게 구분되는가? | | |
| 제 4 원칙<br>생동감 있게 진열 | • 주력상품과 신상품은 적절하게 두드러져 있는가?<br>• 입체감과 생동감이 있는가?<br>• 품목별 상품은 풍족하게 진열되어 있는가? | | |
| 제 5 원칙<br>청결하게 진열 | • 상품이나 진열대에 먼지나 얼룩 등이 없는가?<br>• 상품, 포장, 라벨 등에 손상이나 때가 있지 않은가?<br>• POP 등의 인쇄 판촉물이 청결하게 진열되어 있는가? | | |

### <표 15-13> 점포 외관 체크리스트

| No.1 체크 항목 | | | 담당 | 점장 |
|---|---|---|---|---|
| 주변도로 상황 | 1 | 점포 주변 도로 상황은 양호한가? | | |
| | 2 | 점포 주변에 휴지 등이 떨어져 있지 않은가? | | |
| | 3 | 자전거가 고객 통행을 방해하지는 않는가? | | |
| | 4 | 자동판매기 부근 안전성은 완벽한가? | | |
| | 5 | 운반차가 고객 통행을 방해하지는 않는가? | | |
| | 6 | 유모차가 점포내로 쉽게 들어올 수 있는가? | | |
| | 7 | 입구 경사면에서 미끄러질 위험은 없는가? | | |
| | 8 | 계단에 미끄럼 방지가 제대로 되었는가? | | |
| | 9 | 비 오는 날, 주변 도로에 물웅덩이는 없는가? | | |
| | 10 | 식품 슈퍼마켓다운 분위기를 갖추고 있는가? | | |

| No.2 체크 항목 | | | 담당 | 점장 |
|---|---|---|---|---|
| 점포명 표시간판 | 1 | 점포명 표시 간판이 눈에 잘 보이는가? | | |
| | 2 | 간판 칠이 벗겨지거나 더럽지는 않은가? | | |
| | 3 | 간판 부속물은 튼튼하게 부착되어 있는가? | | |
| | 4 | 시계가 있는 경우 시각은 정확한가? | | |
| | 5 | 게시판, 알림판은 깨끗한가? | | |
| | 6 | 야간 조명 밝기는 적절한가? | | |
| | 7 | 흔들리거나 빛이 약한 전구는 없는가? | | |
| | 8 | 휴일이나 영업시간 표시가 눈에 잘 띄는가? | | |
| | 9 | 차양이 더럽지는 않은가? | | |
| | 10 | 개점 전(폐점 후) 셔터가 더럽지는 않은가? | | |

| No.3 체크 항목 | | | 담당 | 점장 |
|---|---|---|---|---|
| 전면운반 출구 | 1 | 도로에서 정면 출입구까지 노면은 깨끗한가? | | |
| | 2 | 출입구 매트(신발 떨이용)는 깨끗한가? | | |
| | 3 | 정면 유리는 깨끗한가? | | |
| | 4 | 상품 등으로 출입구가 비좁지는 않은가? | | |
| | 5 | 자동문 조정은 완료되었는가? | | |
| | 6 | 상품 반입을 위한 통로가 확보되어 있는가? | | |
| | 7 | 작업장 쓰레기 처리는 충분히 되어 있는가? | | |
| | 8 | 골판지 등 처리는 충분히 되어 있는가? | | |
| | 9 | 집기, 비품에 빗물이 들이치지 않는가? | | |
| | 10 | 운반차 소음이 귀에 거슬리지는 않는가? | | |

| No.4 체크 항목 | | | 담당 | 점장 |
|---|---|---|---|---|
| 주차장 | 1 | 주차장에 휴지가 떨어져 있지는 않은가? | | |
| | 2 | 적당한 장소에 휴지통이 설치되어 있는가? | | |
| | 3 | 유리, 자갈 등이 떨어져 있지는 않은가? | | |
| | 4 | 간판 표시가 선명한가? | | |
| | 5 | 주차선 등이 분명하게 그려져 있는가? | | |
| | 6 | 통행금지 표지가 분명하게 그려져 있는가? | | |
| | 7 | 야간 조명이 설치되어 있는가? | | |
| | 8 | 매장 출입이 쉬운가? | | |
| | 9 | 방범시설이 잘 되어 있는가? | | |
| | 10 | 환기가 잘 되는가? | | |

<표 15-14> 점포 내 환경

| No.1 체크 항목 | | | 담당 | 점장 |
|---|---|---|---|---|
| 천정 | 1 | 점포 내 조명은 적절한가? | | |
| | 2 | 불이 들어오지 않는 형광등은 없는가? | | |
| | 3 | 스폿 전구 갓이 더럽지는 않은가? | | |
| | 4 | 분류표시 간판이 더럽지는 않은가? | | |
| | 5 | 스프링클러 등에 오염물질이 묻어 있지는 않은가? | | |
| | 6 | 농축수산 식품 케이스 위가 청결한가? | | |
| | 7 | 방범용 거울은 깨끗하게 닦여 있는가? | | |
| | 8 | 방화용 칸막이, 창문 유리는 깨끗한가? | | |
| | 9 | 대면용 사방 유리는 깨끗한가? | | |
| | 10 | 천장에 더러운 물건이 매달려 있지 않은가? | | |

| No.2 체크 항목 | | | 담당 | 점장 |
|---|---|---|---|---|
| 바닥 | 1 | 각 플로어 모두 청결하게 유지되어 있는가? | | |
| | 2 | 냉장 · 냉동 케이스에서 물이 새 나오지 않는가? | | |
| | 3 | 통로에 상품이 방치되어 있지 않은가? | | |
| | 4 | 쇼핑카트를 끌고 점포 내를 돌아다닐 수 있는가? | | |
| | 5 | 타일이 떨어져 나간 그곳은 없는가? | | |
| | 6 | 진열 시에도 비어있는 곳은 골판지 등에 주의를 기울이는가? | | |
| | 7 | 섬 진열, 돌출 진열이 많지 않은가? | | |
| | 8 | 고객용 화장실은 청결한가? | | |
| | 9 | 계단에 물건을 내버려 두지 않는가? | | |
| | 10 | 엔드 진열이 튀어나와 있지 않은가? | | |

| No.3 체크 항목 | | | 담당 | 점장 |
|---|---|---|---|---|
| 레지스터·카운터주변 | 1 | 계산대 밑은 깨끗한가? | | |
| | 2 | 계산용 가격 표시판은 선명한가? | | |
| | 3 | 레지스터 번호 표시판은 선명한가? | | |
| | 4 | 영수증이 여기저기 버려져 있지 않은가? | | |
| | 5 | 천장에서 내려온 배선 코드가 튼튼하게 죄어져 있는가? | | |
| | 6 | 각 레지스터 사이는 깨끗한가? | | |
| | 7 | 클레임 처리 시 필요한 매뉴얼이 있는가? | | |
| | 8 | 항상 고객을 맞을 준비가 되어 있는가? | | |
| | 9 | 명절 및 특수용 안내 책자가 있는가? | | |
| | 10 | 버스, 지하철 등 시각표가 있는가? | | |

| No.4 체크 항목 | | | 담당 | 점장 |
|---|---|---|---|---|
| POP 광고 | 1 | 계절이 지난 것은 없는가? | | |
| | 2 | 더럽지는 않은가? | | |
| | 3 | 오자·탈자는 없는가. 읽기 쉬운 글자인가? | | |
| | 4 | 상품에 어울리는 크기가 정해져 있는가? | | |
| | 5 | 아이 캐치에 관한 연구가 이루어지고 있는가? | | |
| | 6 | 분류표 시간 판이 올바른 위치에 있는가? | | |
| | 7 | 가격 카드가 올바른 위치에 있는가? | | |
| | 8 | 천장에 매단 광고물이 너무 많지는 않은가? | | |
| | 9 | POP 광고가 확실하게 붙어 있는가? | | |
| | 10 | 점포 내 안내판은 제대로 정리되어 있는가? | | |

### <표 15-15> 작업장

| | | No.1 체크 항목 | 담당 | 점장 |
|---|---|---|---|---|
| 설비관리 | 1 | 작업대는 사용하기 편리하게 만들어져 있는가? | | |
| | 2 | 조명은 작업하기 편리하게 밝은가? | | |
| | 3 | 바닥이 미끄럽지 않은가? | | |
| | 4 | 바닥청소가 제대로 되어 있는가? | | |
| | 5 | 냉 염수 처리장치는 제대로 작동되는가? | | |
| | 6 | 슬라이서 날은 잘 드는가? | | |
| | 7 | 반·출입용 카트는 제대로 준비되어 있는가? | | |
| | 8 | 세탁기, 건조기는 제대로 준비되어 있는가? | | |
| | 9 | 저울은 잘 준비되어 있는가? | | |
| | 10 | 전반적으로 작업장으로서 준비가 되어 있는가? | | |

| | | No.2 체크 항목 | 담당 | 점장 |
|---|---|---|---|---|
| 비품관리 | 1 | 트레이, 랩이 쓰기 편리하게 준비되어 있는가? | | |
| | 2 | 테이프, 고무줄이 쓰기 편리하게 준비되어 있는가? | | |
| | 3 | 씰(Seal), 가격표가 쓰기 쉽게 준비되어 있는가? | | |
| | 4 | 비닐봉지는 쓰기 쉽게 준비되어 있는가? | | |
| | 5 | 숫돌은 종류별로 갖추어져 있는가? | | |
| | 6 | 행주는 필요한 만큼 준비되어 있고 깨끗한가? | | |
| | 7 | 식칼은 종류별로 준비되어 있고 깨끗한가? | | |
| | 8 | 주방 가운은 필요한 수 만큼 준비되어 있고 깨끗한가? | | |
| | 9 | 마스크, 모자, 삼각건은 어떠한가? | | |
| | 10 | 비품관리 전반에 관한 배려를 하고 있는가? | | |

| No.3 체크 항목 | | | 담당 | 점장 |
|---|---|---|---|---|
| 안전성 | 1 | 콘센트, 스위치 안전성은 어떠한가? | | |
| | 2 | 상품을 접어 올리는 법을 교육하고 있는가? | | |
| | 3 | 소화기가 지정된 장소에 놓여있는가? | | |
| | 4 | 슬라이서 사용법이 정해져 있는가? | | |
| | 5 | 프라이어 사용법이 정해져 있는가? | | |
| | 6 | 식칼 사용법이 정해져 있는가? | | |
| | 7 | 그라인더 사용법이 정해져 있는가? | | |
| | 8 | 작업하기 좋은 밝기인가? | | |
| | 9 | 작업원 복장은 규정 복장인가? | | |
| | 10 | 전반적으로 안전성에 관한 배려를 하고 있는가? | | |

| No.4 체크 항목 | | | 담당 | 점장 |
|---|---|---|---|---|
| 위생 | 1 | 작업장이나 냉장고 문이 깨끗한가? | | |
| | 2 | 천장이 깨끗한가? | | |
| | 3 | 벽이 깨끗한가? | | |
| | 4 | 바닥이 깨끗한가? | | |
| | 5 | 식칼 보관 장소가 깨끗한가? | | |
| | 6 | 점심 후 휴식 시간 동안 도마, 행주는 깨끗한가? | | |
| | 7 | 점심 후 휴식 시간 동안 슬라이서는 깨끗한가? | | |
| | 8 | 점심 후 휴식 시간 동안 작업대는 깨끗한가? | | |
| | 9 | 작업원 복장이 위생적으로 디자인되어 있는가? | | |
| | 10 | 누가, 언제 청소하는지가 정해져 있는가? | | |

<표 15-16> 레지스터 부분

| No.1 체크 항목 | | | 담당 | 점장 |
|---|---|---|---|---|
| 레지스터주변 | 1 | 계산대는 깨끗한가? | | |
| | 2 | 포장용 비닐은 정리되어 있는가? | | |
| | 3 | 계산대 사이는 깨끗한가? | | |
| | 4 | 포장 대는 깨끗한가? | | |
| | 5 | 포장용 테이프는 준비되어 있는가? | | |
| | 6 | 바닥에 휴지가 떨어져 있지는 않은가? | | |
| | 7 | 쓰레기통은 제대로 관리하고 있는가? | | |
| | 8 | 바구니는 항상 청결하게 정리되어 있는가? | | |
| | 9 | 천장 형광등은 깨끗한가? | | |
| | 10 | 레지스터 표시판은 깨끗한가? | | |

| No.2 체크 항목 | | | 담당 | 점장 |
|---|---|---|---|---|
| 단정한 복장 | 1 | 정해진 복장을 하고 있는가? | | |
| | 2 | 머리카락은 정해진 모양인가? | | |
| | 3 | 화장은 허용된 범위인가? | | |
| | 4 | 명찰은 눈에 띄는 그곳에 부착했는가? | | |
| | 5 | 지각, 조퇴, 휴가 신청을 내었는가? | | |
| | 6 | 외출 규정을 지키고 있는가? | | |
| | 7 | 담당구역을 떠날 때 규정을 지키고 있는가? | | |
| | 8 | 쇼핑규정을 지키고 있는가? | | |
| | 9 | 지시에 대한 보고가 있었는가? | | |
| | 10 | 휴식, 식사에 관한 규정을 지키고 있는가? | | |

| No.3 체크 항목 | | | 담당 | 점장 |
|---|---|---|---|---|
| 접객 서비스 | 1 | 고객을 기다리는 자세가 올바른가? | | |
| | 2 | 고객을 맞는 자세가 올바른가? | | |
| | 3 | 접객용어를 올바르게 사용하고 있는가? | | |
| | 4 | 인사는 3인 이상에게 들리는가? | | |
| | 5 | 표정은 밝은가? | | |
| | 6 | 불공평한 접객을 하고 있지는 않은가? | | |
| | 7 | 가격확인은 정해진대로 하고 있는가? | | |
| | 8 | 인사는 정해진 형태로 하고 있는가? | | |
| | 9 | 인사는 고객을 보면서 하고 있는가? | | |
| | 10 | 접객 전반에 관한 배려가 있는가? | | |

| No.4 체크 항목 | | | 담당 | 점장 |
|---|---|---|---|---|
| 등록 | 1 | 등록하는 자세는 올바른가? | | |
| | 2 | 소리를 내어 읽으면서 등록을 하고 있는가? | | |
| | 3 | 상품 이동을 올바르게 하고 있는가? | | |
| | 4 | 금전 수수는 올바른가? | | |
| | 5 | 지폐는 항상 지폐 넣는 곳에 넣고 있는가? | | |
| | 6 | 고객보다 능숙하게 상품을 넣을 수 있는가? | | |
| | 7 | 상품 넣는 것을 올바르게 하고 있는가? | | |
| | 8 | 포장용 비닐 크기는 적절한가? | | |
| | 9 | 상품을 건넬 때 요령에 관한 연구를 하고 있는가? | | |
| | 10 | 감사하는 마음으로 고객을 보내고 있는가? | | |

### <표 15-17> 그로서리 상품관리

| No.1 체크 항목 | | | 담당 | 점장 |
|---|---|---|---|---|
| 일반식품 | 1 | 선입선출이 지켜지고 있는가? | | |
| | 2 | 제조연월일이 오래된 그것은 없는가? | | |
| | 3 | 상품에 먼지가 쌓여 있지는 않은가? | | |
| | 4 | 더러워진 가격표가 늘어서 있지는 않은가? | | |
| | 5 | 계절이 지난 상품이 진열되어 있지는 않은가? | | |
| | 6 | 칸막이 판이 더럽지는 않은가? | | |
| | 7 | 상품 포장이 손상된 그것은 없는가? | | |
| | 8 | 선반은 더러운 그곳이 없는가? | | |
| | 9 | 상품을 그대로 바닥에 두지는 않았는가? | | |
| | 10 | 매장 전체적으로 상품관리에 배려가 되어 있는가? | | |

| No.2 체크 항목 | | | 담당 | 점장 |
|---|---|---|---|---|
| 일일배달식품 | 1 | 선입선출이 지켜지고 있는가? | | |
| | 2 | 일일배달 식품 날짜관리를 하고 있는가? | | |
| | 3 | 요 냉 식품을 제대로 취급하고 있는가? | | |
| | 4 | 케이스 온도는 정해진대로 있는가? | | |
| | 5 | 케이스 통풍구가 막혀 있지는 않은가? | | |
| | 6 | 케이스, 선반은 깨끗한가? | | |
| | 7 | 칸막이 판이 더럽지는 않은가? | | |
| | 8 | 더러워진 가격표가 늘어서 있지는 않은가? | | |
| | 9 | 상품을 그대로 바닥에 두지는 않았는가? | | |
| | 10 | 매장 전체적으로 상품관리에 배려가 되어 있는가? | | |

| No.3 체크 항목 | | | 담당 | 점장 |
|---|---|---|---|---|
| 과자·빵 | 1 | 선입선출이 지켜지고 있는가? | | |
| | 2 | 제조연월일이 오래된 상품은 없는가? | | |
| | 3 | 생과자 판매 기간이 정해져 있는가? | | |
| | 4 | 빵 진열 상자는 언제나 깨끗한가? | | |
| | 5 | 포장이 손상된 상품이 진열되어 있지는 않은가? | | |
| | 6 | 냉동 케이크는 진열 한계선을 넘지 않는가? | | |
| | 7 | 칸막이 판은 깨끗한가? | | |
| | 8 | 더러운 가격표가 늘어서 있지는 않은가? | | |
| | 9 | 계절이 지난 상품이 놓여 있지는 않은가? | | |
| | 10 | 매장 전체적으로 상품관리에 배려가 되어 있는가? | | |

| No.4 체크 항목 | | | 담당 | 점장 |
|---|---|---|---|---|
| 잡화 | 1 | 선입선출이 지켜지고 있는가? | | |
| | 2 | 위생·규격 등 품질 체크 기준이 있는가? | | |
| | 3 | 상품에 먼지가 쌓여 있지는 않은가? | | |
| | 4 | 상품 포장이 손상된 그것은 없는가? | | |
| | 5 | 칸막이 판은 깨끗한가? | | |
| | 6 | 상자 선반은 깨끗한가? | | |
| | 7 | 계절이 지난 상품이 놓여 있지 않은가? | | |
| | 8 | 상품을 그대로 바닥에 두지는 않았는가? | | |
| | 9 | 더러운 POP 광고나 계절이 지난 그것은 없는가? | | |
| | 10 | 매장 전체적으로 상품관리에 배려가 되어 있는가? | | |

## <표 15-18> 그로서리 진열

| No.1 체크 항목 | | | 담당 | 점장 |
| --- | --- | --- | --- | --- |
| 보기에 편리한 진열 | 1 | 상품을 선반 앞쪽부터 진열하고 있는가? | | |
| | 2 | 상품 라벨이 정면을 향해 있는가? | | |
| | 3 | 전진 입체 진열인가 | | |
| | 4 | 곤돌라 뒤판이 보이지 않도록 연구를 하고 있는가? | | |
| | 5 | 칸막이 판은 깨끗한가? | | |
| | 6 | 선반은 깨끗한가? | | |
| | 7 | 진열이 안정감이 있는가? | | |
| | 8 | 건조 식품류 등이 가로, 세로 반듯하게 진열되어 있는가? | | |
| | 9 | 트레이 진열에 관한 연구를 하고 있는가? | | |
| | 10 | 선입선출이 지켜지고 있는가? | | |

| No.2 체크 항목 | | | 담당 | 점장 |
| --- | --- | --- | --- | --- |
| 선택하기 쉬운 진열 | 1 | 재해방지관리체계가 이루어져 있는가? | | |
| | 2 | 통로에 물이나 채소 잎 따위가 떨어져 있지는 않은가? | | |
| | 3 | 진열대에서 튀어나온 위험물은 없는가? | | |
| | 4 | 엔드 진열은 안정되어 있는가? | | |
| | 5 | 상품 보충 시 빈 골판지 처리가 올바른가? | | |
| | 6 | 상품보충용 카트가 제자리에 있는가? | | |
| | 7 | 통로에 상품을 내버려 두지는 않았는가? | | |
| | 8 | 쇼핑카트의 안전성은 양호한가? | | |
| | 9 | 계단 손잡이, 바닥이 안전한가? | | |
| | 10 | 점포 출입구에 위험물은 없는가? | | |

| No.3 체크 항목 | | | 담당 | 점장 |
|---|---|---|---|---|
| 즐거움이 있는 진열 | 1 | 엔드 진열에 관한 연구를 하고 있는가? | | |
| | 2 | 정보를 제공할 수 있는 POP 광고가 되어 있는가? | | |
| | 3 | 컬러 컨트롤에 대한 연구를 하고 있는가? | | |
| | 4 | 기둥 주변을 효과적으로 활용하고 있는가? | | |
| | 5 | 스트로트 진열에 관한 연구를 하고 있는가? | | |
| | 6 | 훅 진열을 잘 이용하고 있는가? | | |
| | 7 | 레지스터 앞 진열에 관한 연구를 하고 있는가? | | |
| | 8 | 천장까지 공간을 잘 이용하고 있는가? | | |
| | 9 | 계절감을 제대로 연출하고 있는가? | | |
| | 10 | 시식판매가 강제성을 띄지는 않는가? | | |

**<표 15-19> 관리 업무**

| No.1 체크 항목 | | | 담당 | 점장 |
|---|---|---|---|---|
| 근무규정 | 1 | 타임카드 체크 시 복장은 단정한가? | | |
| | 2 | 결근 등 신고 형식은 정해진대로인가? | | |
| | 3 | 담당구역을 이탈할 때 규칙은 지키고 있는가? | | |
| | 4 | 지시, 명령에 대해 보고를 하고 있는가? | | |
| | 5 | 출장 시 보고서를 제출하는가? | | |
| | 6 | 업자와 타협 규정을 지키고 있는가? | | |
| | 7 | 사내에서 쇼핑규정을 지키고 있는가? | | |
| | 8 | 점심 등 휴식 규칙은 지키고 있는가? | | |
| | 9 | 조기 출근, 잔업 규정을 지키고 있는가? | | |
| | 10 | 건강진단을 받고 있는가? | | |

| No.2 체크 항목 | | | 담당 | 점장 |
|---|---|---|---|---|
| 고객 안전성 | 1 | 재해방지관리체계가 이루어져 있는가? | | |
| | 2 | 통로에 물이나 채소 잎 따위가 떨어져 있지는 않은가? | | |
| | 3 | 진열대에서 튀어나온 위험물은 없는가? | | |
| | 4 | 엔드 진열은 안정되어 있는가? | | |
| | 5 | 상품 보충 시 빈 골판지 처리가 올바른가? | | |
| | 6 | 상품보충용 카트가 제자리에 있는가? | | |
| | 7 | 통로에 상품을 내버려 두지는 않았는가? | | |
| | 8 | 쇼핑카트 안전성은 양호한가? | | |
| | 9 | 계단 손잡이, 바닥은 안전한가? | | |
| | 10 | 점포 출입구에 위험물은 없는가? | | |

| No.3 체크 항목 | | | 담당 | 점장 |
|---|---|---|---|---|
| 종업원 안전성 | 1 | 상품 취급에 무리가 없는가? | | |
| | 2 | 부문마다 손전등이 준비되어 있는가? | | |
| | 3 | 가스기기 취급법은 올바른가? | | |
| | 4 | 프라이어 취급법은 올바른가? | | |
| | 5 | 로스터 취급법은 올바른가? | | |
| | 6 | 그라인더 취급법은 올바른가? | | |
| | 7 | 커터 취급법은 올바른가? | | |
| | 8 | 케이스 어스(earth)는 유효한가? | | |
| | 9 | 작업장 바닥이 미끄럽지 않은가? | | |
| | 10 | 식칼을 올바르게 사용하고 있는가? | | |

# 참고문헌

## 국내 참고문헌


강병수(1984), "소비자의 공간선호 행태와 구매결정에 관한 연구" 석사학위논문. 서울대학교 환경대학원.

권구혁·신진교(역)(2000), 「전략경영과 경쟁우위」, 서울; 시그마프레스.

김상화(2000), "한국형 슈퍼마켓 모형의 제안과 발전전략에 관한 연구", 인천대학교 국제경영 대학원 석사학위논문.

김완순 외(2000), 「세계경제와 국제통상」, 서울; 무역경영사.

김진서(2001), 「다국적기업요론」, 서울; 법서출판사.

반병길·이인세·김성영(2001), 「다국적기업 전략과 관리」, 서울; 박영사.

박재홍(2007), "국내할인점 분석을 통한 대형슈퍼마켓의 유통부문 발전전략에 대한 실증연구" 건국대학교 대학원 벤처전문기술학과 석사학위논문.

박철주·고윤배·윤명길·김원겸(2006), "대형백화점 신규출점에 따른 예상매출액 추정", 한국유통과학회 유통과학연구4권 제2호 12월.

설영기(2001), 「다국적기업과 글로벌전략」, 서울; 상조사.

신재호(2008), "서울시 대형할인점 입지유형 및 특성에 관한 연구" 석사학위논문, 한양대학교 도시대학원.

윤명길·박종찬·남궁석(2007), "국내 대형점의 매출추정 모델 설정방안 연구", 한국산업경제학회 춘계학술대회 논문지 6월.

이광종(1995), "슈퍼마켓 경영기술 I" 한국슈퍼체인협회 출판부.

이상규(2004), "대형할인점의 매출액 결정에 있어서 입지요인의 영향에 관한 연구", 인하대학교 경제학과 석사과정.

이상윤(1998), "한국 편의점 체인본부의 운영시스템에 대한 연구", 한국유통정보학회.

이상윤(1999), "체인스토어의 시스템적 운영향상을 위한 교육점포활용에 관한연구", 명지대학교.

이상윤(2005), "프랜차이즈본부의 균형성과평가지표개발에 관한연구", 유통과학연구, 제3권제1호, (사)한국유통과학회.

이상윤(2005), "중국의 유통경로구조와 정책에 관한 연구", 유통과학연구, 제3권 제2호, (사)한국유통과학회.

이상윤(2006), "글로벌 다국적 소매기업의 해외진출전략에 관한 연구", 2006 동계정기 학술대회, 명지대유통경영대학원 창립10주년기념, (사)한국유통과학회.

이상윤(2007), "유통경제이데올로기와 가난으로부터의 자유-성경적 유통경제학의 태동", 2007동계정기국제학술대회, 명지대유통경영대학원, (사)한국유통과학회, (사)한국물류학회 공동 통합주최.

이상윤(2008), "영업활성화와 마케팅기법개발", 2008 동계 정기 국제학술대회, 삼육대학교, 명지대유통경영대학원, (사)한국유통과학회, (사)한국물류학회 공동 통합주최.

이상윤(2009), "영상전화기(비디오폰) 판매활성화 방안 연구", 유통과학연구, 제7권 제1호, (사)한국유통과학회.

이상윤(2009), "TV홈쇼핑 가정용품 판매가격이 매출에 미치는 영향에 관한 연구", 유통과학연구, 제7권 제2호, (사)한국유통과학회.

이상윤(2009), "국내 대형슈퍼의 계량확률모델에 관한 연구", 유통과학연구, 제7권 제3호, (사)한국유통과학회.

이상윤(2009), "농산물 특수품목 취급 도매시장의 경쟁력 제고방안에 관한 연구", 유통과학연구, 제7권 제4호, (사)한국유통과학회.

이상윤(2009), "여성중간관리자의 리더십유형에 따른 유통기업의 서비스성과에 관한 연구", 2009 동계 정기학술대회, 초당대학교, 명지대 유통경영대학원, (사)한국유통과학회, 공동 통합주최.

이상윤(1995), [CVS는 시스템이다], 세시.

이상윤(1997), [점포경영진단지도매뉴얼], 중소기업청.

이상윤(2000), [가전제품 머천다이징], 한국체인스토어협회 출판부.

이상윤(2000), [고객관리], 상업계 고등학교 교과서, 서울보건대.

이상윤(2001), [신 유통경영 전략], 한국생산성본부.

이상윤(2001), [무재고 유통관리시스템], 한국생산성본부.

이상윤(2001), [CRM과 유통정보], 한국생산성본부.

이상윤(2001), [이익지향 계수평가 모델], 한국생산성본부.

이상윤(2001), [전략적 마케팅관리], 한국생산성본부.

이상윤(2001), [유통관리 실무], 한국능률협회.

이상윤(2005), [신 마케팅론], 서울; 도서출판 두남.

이상윤(2005), [유통실무사], 서울; 도서출판 두남.

이상윤(2006), [유통관리사 2급], 한국체인스토어협회 출판부.

이상윤(2009), [상권분석론], 서울; 도서출판 두남.

이상윤(2009), [유통학 개론], 서울; 도서출판 두남.
이상윤(2010), [유통영업관리론], 서울; 도서출판 두남.
이상윤(2010), [유통관리사 2급 한권으로 끝내기], 서울; 도서출판 범한.
이상윤(2010), [유통산업과 소매마케팅전략], 한국생산성본부.
이상윤(2010), [출점전략과 상권분석], 한국생산성본부.
이상윤(2010), [점포운영관리와 활성화전략], 한국생산성본부.
이상윤(2013), [종합물류관리론], 서울; 도서출판 두남.
이상윤(2015), [판매관리론], 서울; 도서출판 두남.
이상윤·박한혁(2016), [소매점창업론], 서울; 도서출판 두남.
이상윤·박한혁(2016), [유통시장조사론], 서울; 도서출판 두남.
이상윤(2017), [영업관리론], 서울; 도서출판 두남.
이상윤(2017), [최신유통관리론], 『개정2판』, 서울; 도서출판 두남.
이상윤·박한혁(2017), [유통정보론], 서울; 도서출판 두남.
이상윤 외 13명(2017), [경영학원론], 서울; 도서출판 두남.
이세웅(2001), 「글로벌경영과 전략」, 서울; 도서출판 두남.
이종원·정홍열(역)(1999), 「국제통합의 경제학」, 서울; 도서출판 해남.
이영민(2006), "대형할인점 입지 전·후 소규모 상점 분포의 공간적 변화에 대한 실증 연구", 석사학위논문. 서울대학교.
이용익·홍성언·김정엽·박수홍(2006), "공간연관규칙을 이용한 대형할인점의 입지분석", 대한지리학회지, 제41권 제3호.
장세진(2003), 「글로벌경쟁시대의 경영전략」, 『제3판』, 서울; 박영사.
전용욱 외(2003), 「국제경영」, 서울; 문영사.
최열·석혜주(2004), "대형할인점의 입지적 특성 및 선호요인 분석", 도시계획학회 학술저널, 국토계획, 제39권 제5호 10월.
표강근(2004), "구매자 매장선택행위가 대형할인매장 상권에 미치는 영향분석", 연세대학교 대학원 도시공학과 석사학위논문.
유통업체연감(2005년호～2017년호), 한국체인스토어협회.
리테일매거진(2005년～2017년 각월호), 한국체인스토어협회.

## 일본 참고문헌

1. 渡辺高哉(2002.1.), 勝ち組 メーカーに學ぶ サービス, 事業戰略 (PHP 研究所).
2. 石田勝啓(2002.2.), 小さな會社の 勝ち殘る 事務マニユアル, (實業之日本社).
3. 川井十郎(2001.8.), 繁盛する 飮食店は ここが 違う, (經林書房).
4. 石田均(2002.2.), 小賣店『好感度&賣上げ アシプ』, (經林書房).

5. 渡形克彦, 小林勇治(2000.8.), 小賣業の『情報 システム』活用の 具體策, (經林書房).
6. 診斷士物流研究會(2001.8.),『物流·ロジステイクス』, (經林書房).
7. 渡形克彦(2001.9.), 小賣業の『21世紀型』革新戰略, (經林書房).
8. 渡形克彦(2001.10.), 都賣業の『21世紀型』革新戰略, (經林書房).
9. 會田玲二(平成12.8), チェーソストアの 實務原則·シリース 立地調査, (實務敎育出版).
10. 田村正紀(2001.10.), 流通原理, (千倉書房).
11. 臼井秀彰, 內田明美子, 內田三知代(1999.6.),『15の 成功事例に 學ぶ』一括物流&サプライチェーソ·ロジステイクスの 具體策, (經林書房).
12. 吉原英樹, 林吉郎, 安室憲一(1998.4.), 日本企業の グローバル 經營, (東洋經濟新聞社).
13. 流通科學大學 長江流域調査隊(2000.11.), 中國流通調査, (流通科學大學 出版).
14. 横塚由光(2001.11.), 圖解えでよくわかる 流通の しくみ, (明日香出版社).
15. 渥美俊一(1962.12.), チェイソストア 能力開發の 原則, (實務敎育出版).
16. 內田一廣, 渡辺哲(1993.7.), 流通業 營業 マネジヤイの 實務, (經營實務出版).
17. 城戶崎雅崇(1996.1.), 目標營利の ぢり方が 面白いほどわかる 本, (中經出版).
18. 築山明德(昭和58.7.), 賣場づくり, (實務敎育出版).
19. 渥美俊一(昭和58.1.), 商品構成, (實務敎育出版).
20. 外益三(昭和59.7.), 流通サバイバル 戰略, (マネジメント社).
21. 波形克彦(1994.9.),『小型店』こうすれば 勝ち殘れる, (經林書房).
22. 鹽澤茂(1991.7.), イトーヨーカ堂 店長會議, (豊國印刷 株式會社).
23. 波形克彦(1994.11.), 價格破壞時代の 都賣業 小賣業の 業革, (産能大學出版部).
24. 外益三(昭和60.9.), 流通 サバイハル 戰略; 成熟社會の イス 取り 合戰, (マネジメント社).
25. 國友隆一(1994.11.), セブンーイレブンの 高收益 システム, (ぱる出版).
26. 山田理英(1994.9.), 價格·流通 激變期の ヒツト 商品學, (産能大學出版部).
27. 長谷川慶太郞(1994.10.),『超』價格破壞の 時代, (東洋經濟新報社).
28. 波形克彦(平成4.8.), 都賣業の ための 多品種少量物流 システム讀本, (ビジネス 社).
29. 內川淸雄(1993.9.), 斜めに 讀むだけで『經營分析』が しつかりわかる本, (ぱる出版).
30. 波頭亮(平成7.11.), 戰略策定槪念 企業戰略立案の 理論と 實際, (産能大學出版部).
31. 國友隆一(1993.7.), セブンーイレブン 驚異の 收益システム, (ぱる出版).
32. 國友隆一(1993.7.), セブンーイレブンの 情報革命, (ぱる出版).
33. 小林裕(1994.2.),『圖解』リエンジニアリング, (中經 出版).
34. 上保陽三(平成8.3.), (完全体系) 商品と 賣場の 計數, (株式會社 商業界).
35. 森田松太郞(1994.4.), ビジネス·ゼヨナール 新版 經營分析入門, (日本經濟新聞社).
36. 宇角英樹(1992.11.), 高利益戰略 100圖表, (經林書房).
37. 田島義博(1991.11.), 變革期の 流通 新時代への 戰略的 課題, (日本經濟新聞社).
流通經濟研究所

38. 井上崇通(1996.4.), マーケテイング 戰略と 診斷,『現代商業診斷 基礎講座』, (同友館).
39. 宮下淳, 江原淳(1994.3.), 販賣·流通情報 システムと 診斷,『現代商業診斷 基礎講座』, (同友館).
40. 高井一(2000.10.), 米國 E 流通革命, (東洋經濟新報社).
41. 月泉博(2001.3.), 流通激震! これからの『勝ち組』戰略, (日本實業出版社).
42. 湯淺和夫(平成6.9.), 物流 革命, (ビジネス社).
43. 風問吉郎(1995.2.), ストアマネジヤーの 仕事と 役割, (經營實務出版).
44. 天明茂(1995.4.), 赤子會社を 黑字にする法, (中經 出版).
45. 風問吉郎(1996.3.), 賣場主任の 仕事と 役割, (經營實務出版).
46. 角田正博(2001.5.), アメリカ 小賣業の すべて, (ぱる 出版).
47. 森文男, 原健一, 三宅康治, 村田元夫, 年商 10億円を 突破する『直營方式』多店鋪經營, (經營情報新報社).
48. 水尾順一(1996.5.), 流通業·サービス業の 市長豫測·調査, (同友館).

## 영문 참고문헌

Alexander, Nicholas(1997), *International retailing*, Blackwell.

Alexander, N., & Myers, H. (2000), "The retail internationalization process", *International Marketing Review*, Vol.17, No.4/5, pp.334-353.

Anderson, E., and Gatignon, H. (1986), "Modes of foreign entry: A transaction cost analysis and propositions," *Journal of international business studies*, vol.17, No.3.

Barney, J.B., *Gaining and sustaining competitive advantage*, Second Edition, Prentice Hall, 2002.

Benito, G.R.G., and Gripsrude G. (1992), "The expansion of foreign direct investments: Discrete rational location choices or a cultural learning process?" *Journal of international business studies*, Third quarter.

Brown, Stephen (1989), "Retail location theory: the legacy of Harold Hotelling," *Journal of retailing*, vol.65, No.4: 450, p.470.

Bucklin, L.P. (1967), "The concept of mass in intra urban shopping," *Journal of Marketing*, vol.31.

Burt, Steve(1993), "The Carrefour group: The First 25 years," *International journal of retailing*.

Clarke Ian, Horita Masahide and Mackaness William(2000), "The spatial knowledge of retail decision makers: capturing and interpreting group insight using a composite cognitive map," *Int. Rev. of Retail, Distribution and Consumer Research*, vol.10, No.3, July: 265-285.

Davies, R.L. and Rogers, D.S. (1984), *Store location and store assessment research*, John

Wiley and Sons Ltd.

Dawson, J.A. (1984), "Structural spatial relationships in the spread of hypermarket retailing," Kaynak, E., and Savitt, R. (eds.), *Comparative marketing systems*, pp.156-182, New York: Praeger.

Dawson, John A. (2001), "Toward a model of impacts of retail internationalization", *Discussion Paper of Asian Retail and Distribution Workshop at University of Marketing and Distribution Sciences*, pp.1-19.

Dunning, J. H. (1998), "The electic paradigm of international production: A restatement and dome possible extensions", *Journal of International Business Studies*, Vol.19, pp.1-31.

Evans, J., Treadgold, A., & Mavondo, F. T. (2000), "Psychic distance and the performance of international retailers", *International Marketing Review*, Vol.17, No.4/5, pp.373-381.

Ghosh, A., and McLafferty, Sara L. (1987), *Location strategies for retail and service firms*, Leyington Books D.C. Heath and Company.

Hollander S. C. (2000). "Distinguished retrospective viewpoint: Study retailing and see the world", *International Marketing Review*, Vol.17, No.4/5, pp.327-333.

John H. Dunning (1992), *Multinational Enterprises and the Global Economy*, Addison-Wesley Publishing Company, UK.

Kacker, Madhav (1985), *Transatlantic trends in retailing: Takeovers and flow of know-how*, Quorum books.

Peter T.L. Popkowski Leszczyc, Ashish Sinha, and Anna Sahgal (2004), "The effect of multipurpose shopping on pricing and location strategy for grocery stores," *Journal of retailing*, vol.80.

Porter, M.E. (1994), "The role of location in competition," *Journal of the economics of business*, vol.1, No.1.

Roger A. Kerin, P. Rajan Varadarajan & Robert A. Peterson(1992), "First Mover Advantage: A Synthesis, Conceptual Framework, and Research Propositions," *Journal of Marketing*, Vol.56.

Salmon, W. J., & Tardjaman, A. (1989), "The international of retailing," *International Journal Retailing*, Vol.4, No.2, pp.3-16.

Sternquist, B. (1997), "International expansion of US Retailers," *International Journal of Retail & Distribution Management*, Vol.25, No.8, pp.262-268.

Vida, I., and Fairhurst, A. ( ), "International expansion of retail firms: A theoretical approach for future investigations," *Journal of retailing and consumer services*, vol.5, No.3, pp.143-151.

# 찾아보기

ㅂ

## 저자 약력

■ **해항(海沆)　이 상 윤(李 相 允)**

훈포상 경력 : – 2010년도 서울신문 VISION 2010 경영혁신 대상 수상(유통산업)
- 2011년도 세종사이버대 강의제작부문 최우수상(BTA)–매장관리론
- 2011년도 (사)한국유통과학회 국제학술대회 공로상 최우수논문상 수상
- 2012/3년 (사)한국프랜차이즈경영학회 최우수논문상 수상
- 2014년도 (사)한국유통과학회 하계 동계 국제학술대회 최우수논문상
- 2014년도 스포츠동아 선정 대한민국 대표 아름다운 교육인 대상 수상
- 2016년도 (사)한국유통과학회 중국 국제동계학술대회 최우수논문상
- 2017년도 (사)한국유통과학회 인천대 국제동계학술대회 최우수논문상
- 2018년도 (사)한국유통과학회 서울대 국제하계학술대회 최우수논문상

학　　　력 : – 연세대학교 졸업(사회복지학 전공, 행정학 부전공)(1986)
- 명지대학교 유통대학원 유통학과 졸업(경영학 석사)(2000)
- 일본유통과학대학원 유통세미나과정, 프랜차이즈세미나과정 수료(2003)
- 명지대학교 일반대학원 무역학 박사과정 졸업(경영학 박사)(2005)
- 미국 훼이스 신학대학원 실천신학 박사과정 졸업(철학 박사)(2008)

자　　　격 : – 사회복지사 1급 (보건복지부)
- 인적자원관리사 (한국생산성본부)
- 경영진단사 (한국생산성본부)
- 유통지도사 (한국유통과학회)

경　　　력 : – 태인샤니그룹(SPC) 과장/진로그룹 팀장(1986–1997–12년)
- 한국능률협회그룹(KMA) 수석전문위원 /경영 컨설턴트(1995–2007)
- 한국능률협회컨설팅 프랜차이즈 최고경영자과정 주임교수(2001–2007)
- (사)한국체인스토어협회 한국유통연수원 교수(1995–2008)
- (사)한국유통과학회 명예회장(2011), 회장(2009)
- 중소기업청 시장경영진흥원 자문위원/교수(2009/2011)
- 명지대 유통경영대학원 유통학과 주임교수(2002–2011)
- 세종대 경영대학 경영학과/경영전문대학원 초빙교수–강의전담 전임(2011–2014)
- 세종사이버대 유통물류학과 외래교수(2011–2019)
- (사)한국프랜차이즈경영학회 부회장(2011–2014)
- 중소기업유통센터 전문위원(2014–2017)
- 성남시 상권활성화재단 전문위원(2014–2017)
- 미국 캐롤라인대학교 경영대학장 경영학과 정교수(2016–2019)
- 가천대 경영대학원 경영학과 겸임교수(2014–2020)
- (사)한국마트협회 경영자문위원(2019–2020)
- 한국영업관리학회 부회장(2017–2020)

- 한국인공지능학회 5대 회장(2020-2022)
- 동아시아경상학회 2대 3대 회장/명예회장(2016-2022)
- (사)한국유통과학회 회장(2009)/상임이사/유통과학대상 위원장(2004-2022)
- 한국경제신문사 한경아카데미 전문위원/교수(1997-2022)
- 한국기술교육대학교 국가직무능력표준(NCS) 자문위원(2016-2022)
- 소상공인시장진흥공단 상인대학/소상공인 자문위원 전문교수(2000-2022)

현 재 : RMI컨설팅그룹/대표, 연구소 유통21/소장(1997- )
겸 미국 훼이스 신학대학교 훼이스 로고스아카데미 세미너리 학장(2008- )
겸 한국세일즈협회 회장(2014- )
겸 한국생산성본부 경영지도위원/교수(1995- )
겸 중소벤처기업진흥공단 중소기업연수원 교수(2007- )
겸 상공회의소 CEO 최고경영자과정 교수(2000- )
겸 세종대 산업대학원 유통산업학과 겸임교수(2023- )
겸 삼성생명 법인사업부 기업경영컨설팅 고문, 중소기업유통판로지원센터장(2023- )
겸 헌법기관 대통령 직속 제21기 민주평화통일 자문회의 자문위원, 지도위원(2023- )
겸 국민통합연대 직능본부장 (2019- )

저 서 :
- [CVS는 시스템이다-세븐일레븐 유통정보전략] 역서(1995), 도서출판 세시
- [신 마케팅론](2005), 도서출판 두남
- [유통학개론](2009), 도서출판 두남
- [물류관리론](2009), 도서출판 경록
- [유통영업관리론](2010), 도서출판 두남
- [유통시장조사론](2016), 도서출판 두남
- [경영학원론](2017), 도서출판 두남
- [영업관리론](2017), 도서출판 두남
- [종합물류관리론] 개정판(2018), 도서출판 두남
- [마케팅조사론] 정선 문제집(2019), 와이제이학사고시
- [판매관리론] 개정판(2020), 도서출판 두남
- [소매점창업론] 개정판(2020), 도서출판 두남
- [유통정보론] 개정판(2022), 도서출판 두남
- [상권분석론] 개정2판(2024), 도서출판 두남
- [매장관리론] 개정2판(2024), 도서출판 두남
- [최신유통관리론] 개정3판(2024), 도서출판 두남

국가 공공기관 학술 용역 프로젝트 :
- 국립국어원, 유통 분야 전문용어 관리실태 현황조사, 책임연구원(2013.5-12)
- 서울신용보증재단, 서울시 소기업 소상공인 창업 성공실패 요인 조사분석, 책임연구원(총괄), (2014.11-2015.1)
- 서울산업진흥원, 국내 유통마케팅 기반조성 육성 고객 '중소유통(벤더) 사' 현황조사, 책임연구원(총괄) (2015.7-9) 외 다수

발표 논문(125편) 및 기타 저작물 : 한국연구재단, 국립도서관, 국회도서관 홈페이지에서 검색

■ e-mail : rmi21lee@hanmail.net

**매장관리론 – 개정2판**

초　판 1쇄 발행 —— 2010년 9월 27일
초　판 2쇄 발행 —— 2013년 1월 30일
개정판 1쇄 발행 —— 2018년 2월 15일
개정2판 1쇄 발행 —— 2024년 8월 25일
지은이 —— 이 상 윤
펴낸이 —— 전 두 표
펴낸곳 —— 도서출판 두남
서울시 강동구 성내로6길 34-16 두남빌딩
신 고 : 제25100-1988-9호
TEL : 02) 478-2066, 2067
FAX : 02) 478-2068
E-mail : dnbooks@dunam.co.kr
http://www.dunam.co.kr

**정가 32,000원**

ISBN 978-89-6414-158-8 93320